Die Sanktionierung irreführender Heilmittelwerbung

Deutsches, europäisches und internationales Strafrecht und Strafprozessrecht

Herausgegeben von
Martin Waßmer

Band 13

PETER LANG

Jasmin Bertlings

Die Sanktionierung irreführender Heilmittelwerbung

PETER LANG

Bibliografische Information der Deutschen Nationalbibliothek
Die Deutsche Nationalbibliothek verzeichnet diese Publikation in der Deutschen Nationalbibliografie; detaillierte bibliografische Daten sind im Internet über http://dnb.d-nb.de abrufbar.

Zugl.: Köln, Univ., Diss., 2020

Gedruckt auf alterungsbeständigem, säurefreiem Papier.
Druck und Bindung: CPI books GmbH, Leck

D38
ISSN 2197-8417
ISBN 978-3-631-82827-4 (Print)
E-ISBN 978-3-631-82993-6 (E-PDF)
E-ISBN 978-3-631-82994-3 (EPUB)
E-ISBN 978-3-631-82995-0 (MOBI)
DOI 10.3726/b17306

Peter Lang – Berlin · Bern · Bruxelles · New York · Oxford · Warszawa · Wien

Diese Publikation wurde begutachtet.

www.peterlang.com

Meiner Familie

Vorwort

Diese Arbeit wurde im Wintersemester 2019/2020 von der Rechtswissenschaftlichen Fakultät der Universität zu Köln als Dissertation angenommen. Sie entstand während meiner Zeit als wissenschaftliche Mitarbeiterin am Lehrstuhl für Strafrecht und Strafprozessrecht von Herrn *Prof. Dr. Dr. h.c. Martin Waßmer*. Rechtsprechung, Gesetzgebung und Literatur wurden bis Februar 2020 berücksichtigt.

Mir ist es ein besonderes Anliegen, meinen Wegbegleitern von Herzen zu danken, ohne deren Unterstützung die Erstellung dieser Arbeit nicht möglich gewesen wäre.

Zuerst möchte ich mich bei meinem akademischen Lehrer und Doktorvater Herrn *Prof. Dr. Dr. h.c. Martin Waßmer* für die Erststellung des Erstgutachtens und die hervorragende Betreuung dieser Arbeit bedanken. Mit ihm verbinden mich die vielen Jahre, in denen ich als studentische Hilfskraft, wissenschaftliche Mitarbeiterin und Doktorandin an seinem Lehrstuhl eine wissenschaftliche Heimat fand. Ich werde immer mit Stolz und Freude an die Zeit am Lehrstuhl zurückdenken und ich empfinde es als großes Glück einen fachlich so herausragenden und menschlich wunderbaren Lehrer gehabt zu haben. Sein Rückhalt und Vertrauen haben einen wesentlichen Beitrag zum Gelingen dieser Arbeit, aber auch zu meiner beruflichen und persönlichen Entwicklung geleistet.

Bedanken möchte ich mich außerdem bei Herrn *Prof. Dr. Dr. h.c. Michael Kubiciel*, der freundlicherweise das Zweitgutachten übernommen hat.

Herzlich danken möchte ich Herrn *Dr. Karl-Peter Julius* für die Förderung, die er mir hat zuteilwerden lassen und den Freiraum, den er mir besonders in der Endphase der Dissertation gelassen hat. Er war und ist mir stets ein sehr geschätzter Diskussionspartner. Die Gespräche mit ihm haben meine Arbeit bereichert. Ich bin glücklich, dass ich für einige Zeit auch für ihn tätig sein durfte.

An dieser Stelle möchte ich auch meinen Kollegen am Institut für Strafrecht und Strafprozessrecht für die freundschaftliche und professionelle Zusammenarbeit danken. Hervorheben möchte ich hierbei das Team des Lehrstuhls von Herrn *Prof. Dr. Dr. h.c. Waßmer*.

Dank gebührt auch *Moritz Dege, Britta Erdweg, Saskia Hohmann, Paula Kleinschmidt, Leon Schlömer* und *Anja Wellerdick*, welche die mühevolle Aufgabe des Korrekturlesens übernommen haben. Besonders zu Dank verpflichtet bin ich Herrn *Dr. Mario Bachmann*, der immer ein offenes Ohr für mich hatte und mir stets mit fachlichem Rat zur Seite stand.

Weiter möchte ich meinen Freunden danken, die mich während meiner Promotion begleitet und zuweilen ertragen haben.

Herzlichst danken möchte ich weiter Herrn *Dr. Johannes Kirschey* für seine positiven Impulse zur Bearbeitung und Fertigstellung des Themas.

Diese Arbeit ist meiner Familie gewidmet, die mich nicht nur während der Zeit meiner Promotion, sondern in allen Lebenslagen bedingungslos unterstützt hat.

Bedanken möchte ich mich bei meinem Großvater Herrn *Wilhelm Lorenzen* für den großzügigen Zuschuss zu den Druckkosten.

Von ganzem Herzen danke ich meiner wundervollen Schwester *Nadine Bertlings* für den innigen Zusammenhalt und ihren unerschütterlichen Glauben an mich.

Mein größter Dank gilt meinen Eltern, *Birgit* und *Ulrich Bertlings*. Sie haben mir das Studium ermöglicht und damit die Voraussetzungen für diese Arbeit geschaffen. Ihre uneingeschränkte Liebe, Unterstützung und der immerwährende Halt haben mich mein Leben lang begleitet. Sie haben stets an mich geglaubt und mich in meinen Vorhaben bestärkt. Ihr Zuspruch und das von ihnen vermittelte Gefühl der Sicherheit haben wesentlich zum Gelingen dieser Arbeit beigetragen.

Köln, im April 2020
Jasmin Bertlings

Inhaltsverzeichnis

Abkürzungsverzeichnis

A & R	Arzneimittel und Recht
a.A.	anderer Ansicht; anderer Auffassung
ABl.	Amtsblatt
Abs.	Absatz
AEUV	Vertrag über die Arbeitsweise der europäischen Union
a.F.	alte Fassung
AG	Amtsgericht
a.M.	am Main
AMG	Arzneimittelgesetz
Amtl. Begr.	Amtliche Begründung
ÄndG	Änderungsgesetz
Anm.	Anmerkung
AnwaltK	AnwaltKommentar
ApoG	Apothekengesetz
ApoR	Apotheke und Recht
Art.	Artikel
AT	Allgemeiner Teil
Aufl.	Auflage
Az.	Aktenzeichen
B2B	Business to Business
BÄO	Bundesärzteordnung
BayObLG	Bayrisches Oberstes Landesgericht
BayPrG	Bayrisches Pressegesetz
Bd.	Band
Beck-OK	Beck'scher Online Kommentar
Begr.	Begründer
Beschl.	Beschluss
BGBl.	Bundesgesetzblatt
BGH	Bundesgerichtshof
BGHSt	Entscheidungssammlung des Bundesgerichtshofs in Strafsachen
BGHZ	Entscheidungssammlung des Bundesgerichtshofs in Zivilsachen
BT	Bundestag
BT-Drs.	Drucksache des deutschen Bundestags

BtMG	Betäubungsmittelgesetz
BVerfG	Bundesverfassungsgericht
BVerfGE	Sammlung der Entscheidungen des Bundesverfassungsgerichts
BVerwG	Bundesverwaltungsgericht
BVerwGE	Sammlung der Entscheidungen des Bundesverwaltungsgerichts
CR	Computer und Recht
DAZ	Deutsche Apothekerzeitschrift
ders.	derselbe
DM	Deutsche Mark
E-Commerce	Electronic Commerce
EG	Europäische Gemeinschaft
EU	Europäische Union
EUGH	Europäischer Gerichtshof
EUV	Vertrag über die Europäische Union
EUWZ	Europäische Zeitschrift für Wirtschaftsrecht
EWG	Europäische Wirtschaftsgemeinschaft
EWR-Abkommen	Abkommen über den europäischen Wirtschaftsraum
EWS	Europäisches Wirtschafts- und Steuerrecht
Fn.	Fußnote
FS	Festschrift
GA	Goltdammer's Archiv für Strafrecht
gem.	gemäß
GenDG	Gendiagnostikgesetz
GeschlKrG	Gesetz zur Bekämpfung der Geschlechtskrankheiten
GG	Grundgesetz
GK	Großkommentar
GRUR	Gewerblicher Rechtsschutz und Urheberrecht
GRUR Int	Gewerblicher Rechtsschutz und Urheberrecht, Internationaler Teil
GS	Gedenkschrift
gStGB	georgisches Strafgesetzbuch
HeilprG	Gesetz über die berufsmäßige Ausübung der Heilkunde ohne Bestallung
Hrsg.	Herausgeber
hrsg. v.	herausgegeben von
HWG	Heilmittelwerbegesetz
HWVO	Polizeiverordnung auf dem Gebiete des Heilwesens

i.S.d.	im Sinne des
i.S.v.	im Sinne von
i.V.m.	in Verbindung mit
IGSF	Institut für Gesundheits-System-Forschung
JA	Juristische Arbeitsblätter
JR	Juristische Rundschau
Jura	Juristische Ausbildung
JuS	Juristische Schulung
JZ	JuristenZeitung
K & R	Kommunikation und Recht
KG	Kammergericht (Berlin)
KorruptionsbG	Gesetz zur Bekämpfung der Korruption vom 13. August 1997
krit.	kritisch
LFGB	Lebensmittel- und Futtermittelgesetzbuch
LG	Landgericht
lit.	Buchstabe/n
LMFG	Lebensmittel-, Bedarfsgegenstände- und Futtermittelgesetzbuch
LMBG	Lebensmittel- und Bedarfsgegenständegesetz
LMMR	Lebensmittelrecht Rechtsprechung
LPresseG NRW	Landespressegesetz NRW
LRE	Sammlung lebensmittelrechtlicher Entscheidungen
MA	Markenartikel
MDR	Monatsschrift für deutsches Recht
medstra	Zeitschrift für Medizinstrafrecht
MMR	MultiMedia und Recht
MPG	Medizinproduktegesetz
MPG-ÄndG	Medizinprodukte Änderungsgesetz
MPR	Medizin Produkte Recht, Zeitschrift für das gesamte Medizinprodukterecht
m.w.N.	mit weiteren Nachweisen
NJOZ	Neue Juristische Online Zeitschrift
NJW	Neue Juristische Wochenschrift
NJWE-WettbR	NJW-Entscheidungsdienst Wettbewerbsrecht
NJW-RR	Neue Juristische Wochenschrift Rechtsprechungs-Report
NPresseG	Niedersächsisches Pressegesetz
NStZ	Neue Zeitschrift für Strafrecht
NZV	Neue Zeitschrift für Verkehrsrecht

öAMG	Österreichisches Arzneimittelgesetz
OLG	Oberlandesgericht
OWiG	Ordnungswidrigkeitengesetz
PharmR	Pharma Recht
PKS	Polizeiliche Kriminalstatistik
PKW	Personenkraftwagen
PodG	Podologengesetz
PZ	Pharmazeutische Zeitung
RG	Reichsgericht
RGSt	Amtliche Sammlung des Reichsgerichts in Strafsachen
RL	Richtlinie
Rn.	Randnummer
SeuchGNeuG	Seuchenrechtsneuordnungsgesetz
Spstr.	Spiegelstrich
SRH VIII	Schriftenreihe zur Heilmittelwerbung, Heft 8, 1966
StGB	Strafgesetzbuch
StPO	Strafprozessordnung
StraFo	Strafverteidiger-Forum
StV	Strafverteidiger
TabakerzG	Tabakerzeugnisgesetz
TPG	Transplantationsgesetz
Urt.	Urteil
UWG	Gesetz gegen den unlauteren Wettbewerb
Var.	Variante
Verf.	Verfasser/in
VwGO	Verwaltungsgerichtsordnung
VwVfG	Verwaltungsverfahrensgesetz
WRP	Wettbewerb in Recht und Praxis
WeinG	Weingesetz
WettbR	Wettbewerbsrecht
wistra	Zeitschrift für Wirtschafts- und Steuerstrafrecht
WiVerw	Wirtschaft und Verwaltung
WRP	Wettbewerb und Recht
ZaöRV	Zeitschrift für ausländisches öffentliches Recht und Völkerrecht
ZHG	Zahnheilkundegesetz
ZIS	Zeitschrift für internationale Strafrechtsdogmatik
ZJS	Zeitschrift für das juristische Studium
ZLR	Zeitschrift für das gesamte Lebensmittelrecht

ZR	Zivilrecht
ZRP	Zeitschrift für Rechtspolitik
ZStW	Zeitschrift für die gesamte Strafrechtswissenschaft
ZUM	Zeitschrift für Urheber- und Medienrecht

Im Übrigen richten sich die Abkürzungen nach: *Kirchner, Hildebert*, Abkürzungsverzeichnis der Rechtssprache; 9. Auflage, Berlin 2018.

Einleitung

Diese Dissertation setzt sich auseinander mit der Sanktionierung der irreführenden Heilmittelwerbung nach dem Heilmittelwerbegesetz. Dabei werden insbesondere die Strafnorm des § 14 HWG sowie die Ordnungswidrigkeitennorm des § 15 Abs. 2 HWG analysiert. § 14 HWG ist die zentrale Strafvorschrift des Heilmittelwerbegesetzes. Sie zählt zum Nebenstrafrecht und ist ausschließlich für den speziell geregelten Bereich der Heilmittelwerbung anwendbar. Die Ordnungswidrigkeitennorm des § 15 Abs. 2 HWG findet ebenfalls nur auf Heilmittelwerbung Anwendung.

Die jährlichen Kosten für Gesundheitsbelange sind beträchtlich[1]: Im Jahr 2017 betrugen sie in Deutschland 375,6 Milliarden Euro. Dies entspricht 4.544 Euro je Einwohner und 11,5 Prozent des Bruttoinlandproduktes der Bundesrepublik Deutschland. Im Vergleich zum Vorjahr war ein Anstieg von 4,7 Prozent zu verzeichnen.

In der Pharmaindustrie werden immense Gewinne generiert und die Konzerne sind bereit, große Summen in die Heilmittelwerbung zu investieren.[2] Durch die Werbeanzeigen sollen die Verbraucher auf ein bestimmtes Produkt aufmerksam gemacht und der Absatz von Produkten gefördert werden.

Die Heilmittelwerbung hat in Deutschland in den letzten Jahren stark zugenommen und ist aus der deutschen Werbelandschaft nicht mehr wegzudenken.[3] Auch die Ausgaben dafür sind in den letzten Jahren stetig angestiegen.[4] Der Arzneimittelsektor folgt nach den Bereichen Automobilität, Zeitungen, Lebensmittel/Einzelhandel und Online-Dienstleistungen auf Platz fünf im Ranking der Top-20-Branchen mit den höchsten Werbeausgaben (Stand 2019).[5] Im Jahr

---

1 Hier und im Folgenden: *Statistisches Bundesamt*, Gesundheitsausgaben, abrufbar unter: https://www.destatis.de/DE/Themen/Gesellschaft-Umwelt/Gesundheit/Gesundheitsausgaben/_inhalt.html (3.12.2019).

2 *Weiss*, DLF-Kultur Interview zur Pharmabranche, abrufbar unter: http://www.deutschlandfunkkultur.de/es-gibt-keine-branche-die-so-hohe-gewinne-macht.954.de.html?dram:article_id=145120 (6.2.2020).

3 https://www.deutsche-apotheker-zeitung.de/news/artikel/2016/05/12/ausgaben-fur-arneimittelwerbung-steigen (13.6.2019).

4 https://www.deutsche-apotheker-zeitung.de/news/artikel/2016/05/12/ausgaben-fur-arneimittelwerbung-steigen (13.6.2019).

5 https://de.statista.com/statistik/daten/studie/77649/umfrage/branchen-mit-den-hoechsten-werbeausgaben-in-above-the-line-medien/ (4.12.2019).

2000 beliefen sich diese auf 547 Millionen Euro.[6] Die Ausgaben in 2017 betrugen bereits 1410,7 Millionen Euro.[7] Das beliebteste Medium war das Fernsehen, für dessen TV-Spots die Pharmaunternehmen 758 Millionen Euro ausgaben.[8] Dies entspricht 53,73 Prozent der Gesamtausgaben für Werbung.[9] Der zweite große Bereich, den die Pharmaindustrie für Werbung nutzte, sind die Publikumszeitschriften.[10] Dort beliefen sich die Ausgaben für Werbeanzeigen im Jahr 2018 auf 419,7 Millionen Euro (29,75 Prozent).[11] Die Ausgaben für Internetwerbung sind im direkten Vergleich eher gering und lagen bei lediglich 49,8 Millionen Euro (3,53 Prozent).[12] Auf die Werbung in Fachzeitschriften entfällt nur ein verhältnismäßig kleiner Anteil von lediglich 1,28 Prozent der Gesamtausgaben.[13]

Die Summe, die für Arzneimittelwerbung ausgegeben wird, hat sich von 2000 bis 2017 mehr als verdoppelt.[14] Seit 2000 erfolgte ein Anstieg von knapp 150 Prozent (149,55 Prozent).[15] Anhand der Höhe dieser Investitionen lässt sich die Größenordnung der Arzneimittelwerbung erahnen. Angesichts dieses großen Umfangs an Werbung ist die Gefahr der Irreführung besonders groß. Dies ist vor allem vor dem Hintergrund problematisch, dass es neben den finanziellen Einbußen auch zu gesundheitlichen Schädigungen der Verbraucher kommen kann.[16] Gerade im Gesundheitsbereich besteht eine hohe Irreführungsgefahr und eine damit einhergehende besondere Schutzbedürftigkeit der Verbraucher.

---

6 https://de.statista.com/statistik/daten/studie/182801/umfrage/werbeausgaben-fuer-arzneimittel-seit-2000/ (13.6.2019).

7 https://de.statista.com/statistik/daten/studie/863588/umfrage/ausgaben-fuer-arzneimittelwerbung-in-deutschland-nach-werbemedien/ (4.12.2019).

8 https://de.statista.com/statistik/daten/studie/863588/umfrage/ausgaben-fuer-arzneimittelwerbung-in-deutschland-nach-werbemedien/ (4.12.2019).

9 https://de.statista.com/statistik/daten/studie/863588/umfrage/ausgaben-fuer-arzneimittelwerbung-in-deutschland-nach-werbemedien/ (4.12.2019).

10 https://de.statista.com/statistik/daten/studie/863588/umfrage/ausgaben-fuer-arzneimittelwerbung-in-deutschland-nach-werbemedien/ (4.12.2019).

11 https://de.statista.com/statistik/daten/studie/863588/umfrage/ausgaben-fuer-arzneimittelwerbung-in-deutschland-nach-werbemedien/ (4.12.2019).

12 https://de.statista.com/statistik/daten/studie/863588/umfrage/ausgaben-fuer-arzneimittelwerbung-in-deutschland-nach-werbemedien/ (4.12.2019).

13 https://de.statista.com/statistik/daten/studie/863588/umfrage/ausgaben-fuer-arzneimittelwerbung-in-deutschland-nach-werbemedien/ (4.12.2019).

14 https://de.statista.com/statistik/daten/studie/182801/umfrage/werbeausgaben-fuer-arzneimittel-seit-2000/ (13.6.2019).

15 https://de.statista.com/statistik/daten/studie/182801/umfrage/werbeausgaben-fuer-arzneimittel-seit-2000/ (4.12.2019).

16 *Buß*, Irreführende Heilmittelwerbung, S. 1.

Ein Fall der irreführenden Heilmittelwerbung, der große mediale Aufmerksamkeit erweckte, war der Fall des angeblichen Wundermittels „Galavit“[17]: In den Medien wurde die Nachricht verbreitet, der Schauspieler Ivan Desny habe den Krebs dank des Präparats „Galavit“ besiegt. Wegen der weit angelegten Werbekampagne hofften viele Betroffene, ihre Erkrankung könne durch das Präparat geheilt werden. Der Schauspieler war jedoch nie an Krebs erkrankt. Die Werbeaussage war folglich eine große Lüge. Fast alle Patienten, die auf die Behandlung mit „Galavit“ vertraut hatten, starben wenig später.[18]

Die aktuelle Relevanz der in dieser Dissertation behandelten Thematik zeigt sich ganz besonders vor dem Hintergrund der Coronakrise. Das Virus SARS-CoV-2 („Coronavirus“) mit der daraus teilweise resultierenden und schwer bis tödlich verlaufenden Lungenkrankheit Covid-19 hatte nach seinem Ausbruch in China und einer pandemischen weltweiten Ausbreitung auch Deutschland erreicht. Zur Bekämpfung des Virus erklärte Bundeskanzlerin Angela Merkel in einer Ansprache vom 18. März 2020: „Es ist ernst. Seit der Deutschen Einheit, nein, seit dem Zweiten Weltkrieg gab es keine Herausforderung an unser Land mehr, bei der es so sehr auf unser gemeinsames solidarisches Handeln ankommt.“[19] In der Folge beschlossen die Bundesregierung und die Landesregierungen Maßnahmen, durch die die Rechte ihrer Bevölkerung stark eingeschränkt wurden.

Im Zeitraum der Veröffentlichung dieser Dissertation im Frühjahr 2020 war die Coronakrise noch nicht absehbar bewältigt, stetig werden weitere Maßnahmen mit dem Ziel beschlossen, die Pandemie einzudämmen und dadurch die allgemeine Gesundheit (auch bekannt unter dem Begriff der Volksgesundheit) sowie die Gesundheit des Einzelnen zu schützen. Die Coronakrise, bei der es um die Konfrontation mit einem Virus geht, das für jeden gefährlich werden kann, verdeutlicht in besonderem Maße, dass ein Schutz der Bevölkerung vor irreführender Heilmittelwerbung notwendig ist. Denn die Angst um die eigene

---

17 Zum Sachverhalt siehe: BGH NStZ 2010, 88 ff.
Weitergehend siehe z.B.: https://www.welt.de/wissenschaft/krebs/article2216572/Haftstrafen-fuer-Betrug-mit-falschem-Krebsmittel.html oder https://www.stern.de/panorama/stern-crime/-galavit--prozess-millionenbetrueger-landen-im-knast-3758254.html (7.2.2020).

18 https://www.bundesregierung.de/breg-de/themen/coronavirus/ansprache-der-kanzlerin-1732108 (18.4.2020).

19 https://www.bundesregierung.de/breg-de/themen/coronavirus/ansprache-der-kanzlerin-1732108 (18.4.2020).

Gesundheit birgt die nicht unerhebliche Gefahr, dass der Verstand aussetzt.[20] Die Wettbewerbszentrale warnt dementsprechend ausdrücklich vor irreführender Werbung im Zusammenhang mit der Coronakrise.[21] Auch die Presse berichtet regelmäßig von irreführender Werbung.[22] So schreibt zum Beispiel die Frankfurter Allgemeine Zeitung über Mediziner, die Impfungen gegen das SARS-CoV-2 Virus anbieten, obwohl Experten und Politiker täglich in Pressekonferenzen und Talkshows betonen, dass es derzeit noch keinen Impfstoff gegen das Virus gibt.[23]

---

20 https://www.faz.net/aktuell/wissen/medizin-ernaehrung/coronavirus-arztpraxen-klagen-ueber-unverschaemte-patienten-16700849.html (17.4.2020).

21 https://www.wettbewerbszentrale.de/de/home/_pressemitteilung/?id=363 (17.4.2020).

22 Zur irreführenden Heilmittelwerbung in Verbindung mit dem Coronavirus siehe z.B. den Beitrag im Corona-Liveticker von ntv vom 27.3. um 21.47 Uhr „Irreführende Werbung Behörde warnt vor Abzocke" abrufbar unter: www.n-tv.de (27.3.2020).

23 https://www.faz.net/aktuell/wissen/medizin-ernaehrung/coronavirus-arztpraxen-klagen-ueber-unverschaemte-patienten-16700849.html (17.4.2020).

Gang der Untersuchung

Zentraler Untersuchungsgegenstand sind § 14 HWG und § 15 Abs. 2 HWG.

Die Arbeit ist in sieben Kapitel unterteilt. Nach der Einleitung wird im zweiten Teil die Strafbarkeit der irreführenden Heilmittelwerbung analysiert.

Im ersten Kapitel wird die historische Entwicklung des Heilmittelwerbegesetzes skizziert. Es werden überblicksartig die Gesetzeslage vor Inkrafttreten des Heilmittelwerbegesetzes sowie die Umstände, welche zur Einführung des Heilmittelwerbegesetzes geführt haben, geschildert. Weiter befasst sich das erste Kapitel mit den Gesetzesänderungen und dem europarechtlichen Einfluss auf das Heilmittelwerbegesetz.

Daran anschließend wird im zweiten Kapitel ein Überblick über den Inhalt des Heilmittelwerbegesetzes gegeben und der Anwendungsbereich des Gesetzes aufgezeigt. Ebenso werden die Begriffe und Grundlagen des Heilmittelwerberechts, die elementar für das Verständnis der Arbeit sind, erläutert. Vertiefend wird auf die Begriffe des Arzneimittels und der Werbung eingegangen.

Das dritte Kapitel dieser Abhandlung stellt die Rechtslage ohne die Regelung des § 14 HWG dar. Dabei werden die Normen des Kern- und Nebenstrafrechts erörtert, welche die inkriminierte Verhaltensweise möglicherweise erfassen könnten. Untersucht werden an dieser Stelle die Körperverletzung gemäß § 223 StGB, der Betrug nach § 263 StGB und einige Normen aus dem Nebenstrafrecht, wobei an dieser Stelle insbesondere § 16 Abs. 1 UWG, der die strafbare Werbung im Wettbewerbsrecht normiert, zu nennen ist.

Das vierte Kapitel beinhaltet die Untersuchung der Strafnorm des § 14 HWG. Im Rahmen der Analyse des § 14 HWG werden insbesondere die Strafbarkeitsvoraussetzungen herausgearbeitet und näher erläutert. Darüber hinaus werden allgemeine Fragen wie der Deliktstypus, gleichzeitig aber auch Fragen zu Versuch und Vollendung sowie zu Täterschaft und Teilnahme erörtert. Zuletzt wird die Anwendbarkeit des deutschen Strafrechts auf Sachverhalte mit Auslandsbezug untersucht. In diesem Zusammenhang wird nach der Darstellung der strafanwendungsrechtlichen Regelungen auf die Vereinbarkeit der Erstreckung der deutschen Strafgewalt auf Auslandssachverhalte mit dem Völkerrecht eingegangen.

Im Anschluss an die Untersuchung des § 14 HWG erfolgt im fünften Kapitel eine Auseinandersetzung mit dem Tatbestand des § 15 Abs. 2 HWG, der die fahrlässige Zuwiderhandlung gegen das Irreführungsverbot mit einem Bußgeld ahndet. Dabei wird insbesondere das Legitimationsproblem diskutiert, welches sich aus der Ahndung der fahrlässigen Irreführung ergibt.

Das sechste Kapitel thematisiert die praktische Anwendbarkeit der Normen, insbesondere des § 14 HWG. Dabei wird eine Rechtssprechungsanalyse durchgeführt und es werden die Gründe untersucht, die zu der geringen praktischen Relevanz der Regelung beitragen. Im Anschluss daran wird der Reformbedarf erörtert. Abschließend wird ein Reformvorschlag unterbreitet.

In Kapitel sieben werden die wesentlichen Ergebnisse dieser Arbeit zusammengefasst.

1. Kapitel: Historische Entwicklung der Sanktionierung der irreführenden Heilmittelwerbung

A. Vorgängerregelungen

I. Verordnung über den Verkehr mit Geheimmitteln und ähnlichen Arzneimitteln vom 23.5.1903

Das heutige Heilmittelwerbegesetz resultiert aus einer zu Beginn des 20. Jahrhunderts einsetzenden Entwicklung. Die Pharmaindustrie erlebte einen starken Aufschwung, wodurch die Werbung für Arzneimittel im deutschen Reich zunahm. Einige Hersteller priesen ihre Arzneimittel in marktschreierischer Art und Weise an.[24] Zum Schutz der Bevölkerung vor Arzneimitteln mit unbekannten Inhaltsstoffen erließen die einzelnen Bundesstaaten infolge des Bundesratsbeschlusses vom 23.5.1903 übereinstimmende Verordnungen über den Verkehr mit Geheimmitteln[25] und ähnlichen Mitteln zur Beschränkung der Arzneimittelwerbung.[26] Begründet wurde dies insbesondere mit der psychischen Ausnahmesituation,[27] in der sich erkrankte Personen befänden und die oftmals dazu führe, dass Patienten den Werbeaussagen blind vertrauten, da das Mittel vermeintlich die letzte verbleibende Möglichkeit zur Heilung oder Schmerzlinderung

---

24 Ausführlich zu der technischen und wirtschaftlichen Entwicklung der pharmazeutischen Industrie: *Ernst*, Das „industrielle" Geheimmittel und seine Werbung, S. 95 ff., 99; ferner: *Kernd'l/Marcetus*, HWG, S. 11; *Doepner/Reese*, HWG, Einleitung, Rn. 1; *Gröning* in: Gröning/Mand/Reinhart, Heilmittelwerberecht, Bd. 1, Einleitung, Rn. 3.

25 Unter Geheimmitteln werden Heilmittel verstanden, deren genaue stoffliche Zusammensetzung geheim gehalten wurde. Noch im 19. Jahrhundert wurde Arzneien neben der stofflichen Wirkung eine mystische im Aberglauben verwurzelte Wirkung zugesprochen. Siehe dazu: *Ernst*, Das „industrielle" Geheimmittel und seine Werbung, S. 29.

26 *Doepner/Reese*, HWG, Einleitung, Rn. 1; *Gröning* in: Gröning/Mand/Reinhart, Heilmittelwerberecht, Bd. 1, Einleitung, Rn. 3.

27 *Ernst* beschreibt diese Ausnahmesituation so, dass die Werbung sich nicht an die intakten, sondern vielmehr an die körperlich und oft auch seelisch gestörten Verbraucher wendet. *Ernst*, Das „industrielle" Geheimmittel und seine Werbung, S. 96. Diese Begründung wurde auch im Regierungsentwurf und in der Gesetzesbegründung des Heilmittelwerbegesetzes angeführt. Siehe dazu: Reg. Entw. HWG in: *Kernd'l/Marcetus*, HWG, S. 55 und BT-Drs. IV 1867 S. 6 zu II.

darstelle.[28] Dieser Verordnung waren zwei Anlagen A und B beigefügt. In diesen beiden Anlagen wurden eine Reihe von Geheimmitteln aufgeführt, die einem Werbeverbot unterlagen.[29] Für alle Arzneimittel, die nicht in der Anlage vermerkt waren, bestanden keinerlei Werbebeschränkungen.[30]

Durch die Regelung der Verordnung sollte einerseits die Bevölkerung vor der Einnahme unbekannter Heilmittel bewahrt werden, andererseits galt es, die finanziellen Interessen der Verbraucher zu schützen.[31] Nach dem Ersten Weltkrieg wurde die Verordnung über den Verkehr mit Geheimmitteln und ähnlichen Arzneimitteln durch Ministerialerlasse erweitert.[32] Neben der Werbung für Arzneimittel wurde auch die Werbung für bestimmte Gegenstände und Methoden und für einige Vorrichtungen verboten.[33] Die erste im Deutschen Reich einheitlich geltende Regelung für den Bereich Arzneimittelwerbung beinhaltete das am 18.2.1927 erlassene Gesetz zur Bekämpfung der Geschlechtskrankheiten.[34] § 11 Abs. 1 GeschlKrG untersagte erstmalig für das gesamte Reich die Werbung für Mittel, Gegenstände und Verfahren gegen Geschlechtskrankheiten und Krankheiten der Geschlechtsorgane.[35] Ein Zuwiderhandeln wurde mit Geldstrafe oder Gefängnisstrafe bis zu sechs Monaten geahndet.[36] Die Strafvorschrift

---

28 *Stebner*, PharmR 2011, 126.

29 In den beiden Anlagen waren 95 Geheimmittel aufgeführt wie beispielsweise Asthmapulver, Augentropfen, Nervenfluid oder Wundsalbe. Davon 90 Mittel in der Anlage A und weitere 5 Geheimmittel in der Anlage B.

30 *Doepner/Reese*, HWG, Einleitung, Rn. 1; *Sodan/Zimmermann*, Das Spannungsfeld zwischen Patienteninformierung und dem Werbeverbot für verschreibungspflichtige Arzneimittel, S. 18; *Zimmermann* in: Nomos Kommentar, HWG, Einleitung, Rn. 4.

31 *Gröning* in: Gröning/Mand/Reinhart, Heilmittelwerberecht, Bd. 1, Einleitung, Rn. 4.

32 *Kernd'l/Marcetus*, HWG, S. 12; vgl. auch: *Doepner/Reese*, HWG, Einleitung, Rn. 2; *Gröning* in: Gröning/Mand/Reinhart, Heilmittelwerberecht, Bd. 1, Einleitung, Rn. 5; *Sodan/Zimmermann*, Das Spannungsfeld zwischen Patienteninformierung und dem Werbeverbot für verschreibungspflichtige Arzneimittel, S. 19.

33 *Kernd'l/Marcetus*, HWG, S. 12; vgl. auch: *Doepner/Reese*, HWG, Einleitung, Rn. 2; *Gröning* in: Gröning/Mand/Reinhart, Heilmittelwerberecht, Bd. 1, Einleitung, Rn. 5; *Sodan/Zimmermann*, Das Spannungsfeld zwischen Patienteninformierung und dem Werbeverbot für verschreibungspflichtige Arzneimittel, S. 19.

34 *Gröning* in: Gröning/Mand/Reinhart, Heilmittelwerberecht, Bd. 1, Einleitung, Rn. 5; *Grunewald*, Die Vollzugsdefizite des Heilmittelwerberechts, S. 111; *Sodan/Zimmermann*, Das Spannungsfeld zwischen Patienteninformierung und dem Werbeverbot für verschreibungspflichtige Arzneimittel, S. 19.

35 *Doepner/Reese*, HWG, Einleitung, Rn. 2; *Zimmermann* in: Nomos Kommentar, HWG, Einleitung, Rn. 4.

36 § 11 Gesetz zur Bekämpfung von Geschlechtskrankheiten (1927).

ist eng verknüpft mit dem Verbot der Kurpfuscherei[37], welches in § 7 GeschlKrG geregelt war.[38] Durch § 11 Abs. 1 GeschlKrG sollte verhindert werden, dass die Verbraucher aus Scham keinen Arzt aufsuchen und sich in die Hände eines Kurpfuschers begeben.[39] Dies geschah besonders in kleineren Städten regelmäßig.[40] Aufgrund der schwerwiegenden Folgen[41], die unbehandelte Geschlechtskrankheiten mit sich bringen, war das Werbeverbot gerade in dem Bereich der Geschlechtskrankheiten von großer Bedeutung.[42]

II. Polizeiverordnung über die Werbung auf dem Gebiete des Heilwesens vom 29.9.1941

Nach der Machtergreifung der Nationalsozialisten stellten diese durch das Gesetz über Wirtschaftswerbung vom 12.9.1933 die gesamte Werbung unter die Aufsicht des Reiches, genauer unter die Aufsicht des sogenannten „Werberats der Deutschen Wirtschaft"[43]. Dieser übte aufgrund des Gesetzes über Wirtschaftswerbung vom 27.10.1933 die Reichsaufsicht über das Werbewesen aus und war ermächtigt, Sachverhalte durch Richtlinien, sogenannte „Bekanntmachungen", zu regeln.[44] Im Rahmen der 17. Bekanntmachung vom 5.5.1936 erließ der Rat eine für das gesamte Reich geltende Maxime zur Heilmittelwerbung, dessen Inhalt im Wesentlichen in das Heilmittelwerbegesetz von 1965 übernommen wurde.[45] Diese Regelung, nach der ein Zuwiderhandeln mit Geldstrafe oder bis zu sechs Wochen Haft geahndet werden sollte, wurde von allen Bundesländern

37 Als Kurpfuscher bezeichnet man eine Person, die ohne ausreichende medizinische Ausbildung Kranke (regelmäßig auch falsch) behandelt.

38 *Goldbaum*, Gesetz zur Bekämpfung der Geschlechtskrankheiten, S. 47; *Hellwig*, GeschlKG, § 11 unter 1.

39 *Hellwig*, GeschlKG, § 11 unter 1.

40 *Hellwig*, GeschlKG, § 11 unter 1.

41 Zu den Folgen siehe: *Schäfer/Lehmann*, Gesetz zur Bekämpfung der Geschlechtskrankheiten, S. XII.

42 *Hellwig*, GeschlKG, § 11 unter 1.

43 *Doepner/Reese*, HWG, Einleitung, Rn. 3; *Gröning* in: Gröning/Mand/Reinhart, Heilmittelwerberecht, Bd. 1, Einleitung, Rn. 6; *Scharrenbroich*, Irreführende und strafbare Werbeanzeigen, S. 19; *Sodan/Zimmermann*, Das Spannungsfeld zwischen Patienteninformierung und dem Werbeverbot für verschreibungspflichtige Arzneimittel, S. 20.

44 *Doepner/Reese*, HWG, Einleitung, Rn. 3.

45 *Grunewald*, Die Vollzugsdefizite des Heilmittelwerberechts, S. 112.

als Polizeiverordnung erlassen.[46] Am 11.7.1941 wurde diese Maxime durch die Heilmittel-Bekanntmachung neu gefasst und erweitert.[47] Darauf basierend erließ der Reichswirtschaftsminister des Inneren am 29.9.1941 die Polizeiverordnung über Werbung auf dem Gebiete des Heilwesens, die am 1.10.1941 in Kraft trat.[48] Durch Inkrafttreten der Polizeiverordnung über die Werbung auf dem Gebiete des Heilwesens verloren alle landesrechtlichen Regelungen ihre Geltung (§ 13 HWVO).[49] Sie besaß Gültigkeit bis zum 30.6.1965.[50] Die Polizeiverordnung über Werbung auf dem Gebiete des Heilwesens und das Heilmittelwerbegesetz weisen einige inhaltliche Parallelen auf.[51] So regelte beispielsweise § 1 HWVO vergleichbar mit § 1 HWG den Anwendungsbereich des Gesetzes und § 3 HWVO normierte, ähnlich wie § 3 HWG, ein Verbot der irreführenden Werbung.[52] Aus diesem Grund besitzt die ehemalige Heilmittelwerbeverordnung auch heute eine gewisse Bedeutung für die Praxis.[53]

B. Schaffung des Heilmittelwerbegesetzes

Die Geltungsdauer der Polizeiverordnung über Werbung auf dem Gebiete des Heilwesens war auf zwanzig Jahre beschränkt, wurde jedoch aufgrund einer Ermächtigung in § 61 AMG durch Rechtsverordnung vom 24.7.1961 um weitere drei Jahre verlängert.[54] Weil die Beratungen jedoch nicht rechtzeitig abgeschlossen waren, wurde die Verlängerungsermächtigung bis zum 30.6.1965 ausgedehnt.[55]

---

46 *Doepner/Reese*, HWG, Einleitung, Rn. 3; *Gröning* in: Gröning/Mand/Reinhart, Heilmittelwerberecht, Bd. 1, Einleitung, Rn. 6; *Scharrenbroich*, Irreführende und strafbare Werbeanzeigen, S. 19 f.

47 *Gröning* in: Gröning/Mand/Reinhart, Heilmittelwerberecht, Bd. 1, Einleitung, Rn. 6.

48 *Doepner/Reese*, HWG, Einleitung, Rn. 3; *Grunewald*, Die Vollzugsdefizite des Heilmittelwerberechts, S. 113.

49 *Grunewald*, Die Vollzugsdefizite des Heilmittelwerberechts, S. 113; *Sodan/Zimmermann*, Das Spannungsfeld zwischen Patienteninformierung und dem Werbeverbot für verschreibungspflichtige Arzneimittel, S. 20.

50 *Zimmermann* in: Nomos Kommentar, HWG, Einleitung, Rn. 5.

51 *Doepner/Reese*, HWG, Einleitung, Rn. 5; *Gröning* in: Gröning/Mand/Reinhart, Heilmittelwerberecht, Bd. 1, Einleitung, Rn. 8.

52 *Doepner/Reese*, HWG, Einleitung, Rn. 5.

53 *Doepner/Reese*, HWG, Einleitung, Rn. 5.

54 *Doepner/Reese*, HWG, Einleitung, Rn. 4.

55 *Doepner/Reese*, HWG, Einleitung, Rn. 4.

Nach 1949 kamen immer mehr Bedenken bezüglich der Verfassungsmäßigkeit der Verordnung auf.[56] Die im Schrifttum angeführten Zweifel[57] teilten die obersten Gerichte nicht.[58] Trotzdem wurde insbesondere infolge des wissenschaftlichen Fortschritts und wegen der neuartigen Werbemethoden, wie zum Beispiel der Fernsehwerbung, die vor allem aus den Vereinigten Staaten nach Deutschland gebracht wurden, die Notwendigkeit einer Neuregelung des Heilmittelwerberechts deutlich.[59] Zunächst sollte dies durch einen Einschub in das Arzneimittelgesetz erfolgen.[60] Eine Regelung innerhalb des Arzneimittelgesetzes wurde letztlich jedoch abgelehnt, weil das Heilmittelwerberecht nicht ausschließlich für Arzneimittel, sondern auch für sonstige Heilmittel gelten sollte.[61]

Im Juli 1963 legte die Bundesregierung einen Gesetzesentwurf vor, der am 1.7.1965 in Kraft treten sollte. Da aber der Bundesrat wegen inhaltlicher Unstimmigkeiten[62] den Vermittlungsausschuss anrief, trat das Heilmittelwerbegesetz erst am 15.7.1965 in Kraft. Zwischen dem 1.7.1965 und dem 14.7.1965 existierte somit keine gesetzliche Regelung des Heilmittelwerberechts.[63]

Das Heilmittelwerbegesetz vom 15.7.1965 bestand aus fünf Artikeln.[64] Artikel 1 beinhaltete den eigentlichen Gesetzestext, der aus achtzehn Paragraphen bestand.[65] Der zweite und dritte Artikel beschrieben die Änderungen

56 *Gröning* in: Gröning/Mand/Reinhart, Heilmittelwerberecht, Bd. 1, Einleitung, Rn. 9; siehe auch: *Bernhardt*, Gesetz über die Werbung auf dem Gebiete des Heilwesens, S. 13; *Grunewald*, Die Vollzugsdefizite des Heilmittelwerberechts, S. 113; *Kernd'l/Marcetus*, HWG, S. 24; *Schneider*, Heilmittelwerbung, S. 29.

57 *Martens*, Die Pharmazeutische Industrie 1951, 138 ff.

58 BGH NJW 1953, 1802 ff.; BGHSt 8, 360 ff.; BVerwG NJW 1954, 1133; BVerfGE 9, 213 ff.

59 *Doepner/Reese*, HWG, Einleitung, Rn. 6; *Gröning* in: Gröning/Mand/Reinhart, Heilmittelwerberecht, Bd. 1, Einleitung, Rn. 9; *Kernd'l/Marcetus*, HWG, S. 24.

60 *Doepner/Reese*, HWG, Einleitung, Rn. 6; *Gröning* in: Gröning/Mand/Reinhart, Heilmittelwerberecht, Bd. 1, Einleitung, Rn. 9.

61 *Doepner/Reese*, HWG, Einleitung, Rn. 6; *Gröning* in: Gröning/Mand/Reinhart, Heilmittelwerberecht, Bd. 1, Einleitung, Rn. 9.

62 Siehe dazu ausführlich: *Kernd'l/Marcetus*, HWG, S. 64 ff.

63 *Doepner/Reese*, HWG, Einleitung, Rn. 12; *Gröning* in: Gröning/Mand/Reinhart, Heilmittelwerberecht, Bd. 1, Einleitung, Rn. 10; *Kohlhaas*, DAZ 1965, 1041.

64 Gesetz über die Werbung auf dem Gebiete des Heilwesens vom 15. Juli 1965, BGBl. I S. 604 ff.

65 Gesetz über die Werbung auf dem Gebiete des Heilwesens vom 15. Juli 1965, BGBl. I S. 604 ff.; *Gröning* in: Gröning/Mand/Reinhart, Heilmittelwerberecht, Bd. 1, Einleitung, Rn. 10.

des Strafgesetzbuchs und des Arzneimittelgesetzes. Die Geltung in Berlin, das Datum des Inkrafttretens und eine Übergangsregelung, die die weitere Verwendung von zuvor erstelltem Werbematerial regelte, wurden im vierten und fünften Artikel normiert.[66] Entgegen der Vorschläge von Seiten der Bundesärztekammer, die sich aus Gründen des Verbraucherschutzes für ein absolutes Werbeverbot[67] außerhalb der Fachkreise aussprach und Vorschlägen der SPD-Fraktion, welche das Verbot jedenfalls auf apothekenpflichtige Arzneimittel erstrecken wollte, erlaubte der Gesetzgeber unter bestimmten Einschränkungen auch die Publikumswerbung.[68]

C. Nachträgliche Änderungen des Heilmittelwerbegesetzes

In den Jahren 1974 und 1975 wurden Lebens- und Futtermittel aus dem Anwendungsbereich des Heilmittelwerbegesetzes herausgenommen.[69]

Mit dem Gesetz zur Neuordnung des Arzneimittelrechts vom 24.8.1976[70] wurde das Heilmittelwerbegesetz am 18.10.1978 neu bekannt gemacht.[71] Im Zuge dieser Bekanntmachung erfolgte eine Abänderung der Paragraphenreihung.[72] Seitdem nahm der Gesetzgeber weitere kleinere Änderungen[73] vor, wovon die wichtigsten im Folgenden aufgezeigt werden.

Durch die vierte AMG-Novelle regelte der Gesetzgeber, dass der standardisierte Aufklärungshinweis „Zu Risiken und Nebenwirkungen lesen Sie die Packungsbeilage und fragen Sie Ihren Arzt oder Apotheker" nach jeder Werbung verpflichtend eingeblendet beziehungsweise gesprochen werden muss.[74] Ferner wurden im Rahmen des Fünften Gesetzes zur Änderung des

---

66 *Gröning* in: Gröning/Mand/Reinhart, Heilmittelwerberecht, Bd. 1, Einleitung, Rn. 10.
67 Auch die HWVO enthielt kein absolutes Werbeverbot außerhalb der Fachkreise.
68 *Bernhardt*, Gesetz über die Werbung auf dem Gebiete des Heilwesens, S. 17; *Doepner/Reese*, HWG, Einleitung, Rn. 10; *Kernd'l/Marcetus*, HWG, S. 25.
69 *Doepner/Reese*, HWG, Einleitung, Rn. 15 f.
70 Gesetz zur Neuordnung des Arzneimittelrechts vom 24. August 1976, BGBl. I S. 2445.
71 Bekanntmachung der Neufassung des Gesetzes über die Werbung auf dem Gebiete des Heilwesens vom 18. Oktober 1978, BGBl. I S. 1677; *Doepner/Reese*, HWG, Einleitung, Rn. 20.
72 Bekanntmachung der Neufassung des Gesetzes über die Werbung auf dem Gebiete des Heilwesens vom 18. Oktober 1978, BGBl. I S. 1677; *Gröning* in: Gröning/Mand/Reinhart, Heilmittelwerberecht, Bd. 1, Einleitung, Rn. 14.
73 Ausführlich dazu siehe: *Gröning* in: Gröning/Mand/Reinhart, Heilmittelwerberecht, Bd. 1, Einleitung, Rn. 13 ff.
74 *Doepner/Reese*, HWG, Einleitung, Rn. 27.

Arzneimittelgesetzes, das vorrangig dazu diente, die am 31.3.1992 erlassenen drei Richtlinien des Rates der Europäischen Wirtschaftsgemeinschaft auf dem Gebiet des Heilmittelwerberechts umzusetzen, die § 3a HWG und § 4a HWG eingefügt, welche die Werbung für Mittel ohne arzneimittelrechtliche Zulassung und die Anforderungen an die Packungsbeilage regeln.[75] Auf die europäischen Richtlinien und deren Einfluss auf das deutsche Heilmittelwerberecht wird sogleich unter Punkt D noch ausführlicher eingegangen. Letztlich sind noch das Zwölfte Gesetz zur Änderung des Arzneimittelgesetzes, wodurch das Heilmittelwerbegesetz seinen bis heute gültigen Namen „Gesetz über die Werbung auf dem Gebiete des Heilwesens" verliehen bekam, sowie die vierzehnte AMG-Novelle hervorzuheben, durch die der Anwendungsbereich auf operative-plastisch-chirurgische Operationen ohne medizinische Notwendigkeit ausgeweitet wurde.[76]

In seiner heutigen Fassung ist das Heilmittelwerbegesetz kein Artikelgesetz mehr. Die Artikel zwei bis vier sind aufgrund von Gesetzesänderungen weggefallen und Artikel fünf ist gegenstandslos geworden.[77] Deshalb wurde im Gesetz zur Neuordnung seuchenrechtlicher Vorschriften (SeuchGNeuG) die Streichung der Überschrift „Artikel 1" vor § 1 HWG beschlossen.[78] Seit dieser Änderung besteht das Heilmittelwerbegesetz nur noch aus den §§ 1–18 HWG.

D. Einfluss europäischer Richtlinien

Das Heilmittelwerbegesetz unterliegt dem Einfluss der Europäischen Union (früher Europäische Wirtschaftsgemeinschaft (EWG) beziehungsweise Europäische Gemeinschaften (EG)). Drei das Heilmittelwerberecht betreffende Richtlinien wurden am 31.3.1992 durch den Rat der Europäischen Wirtschaftsgemeinschaft erlassen.[79] Dies waren die RL 92/27/EWG über die Etikettierung der Packungsbeilage, die RL 92/28/EWG, welche die Werbung von Humanarzneimitteln regelte, sowie die RL 92/26/EWG zur Einstufung bei der Abgabe von Humanarzneimitteln.

75 *Doepner/Reese*, HWG, Einleitung, Rn. 28; *Gröning* in: Gröning/Mand/Reinhart, Heilmittelwerberecht, Bd. 1, Einleitung, Rn. 26.

76 *Doepner/Reese*, HWG, Einleitung, Rn. 37.

77 *Gröning* in: Gröning/Mand/Reinhart, Heilmittelwerberecht, Bd. 1, Einleitung, Rn. 10.

78 Gesetz zur Neuordnung seuchenrechtlicher Vorschriften (Seuchenrechtsneuordnungsgesetz – SeuchGNeuG) vom 20. Juli 2000, BGBl. I S. 1073.

79 *Gröning* in: Gröning/Mand/Reinhart, Heilmittelwerberecht, Bd. 1, Einleitung, Rn. 22.

Richtlinien[80] sind ein legislatorisches Instrumentarium des Gemeinschaftsgesetzgebers. Sie sind für die Mitgliedstaaten hinsichtlich ihres Ziels verbindlich.[81] Gleichwohl obliegt die konkrete Wahl der Sanktionen den Mitgliedstaaten, um ihnen die Möglichkeit zu geben, nationale Besonderheiten und Rechtssetzungstraditionen zu berücksichtigen.[82]

Art. 14 RL 92/28/EWG ordnete ausdrücklich an, dass die Mitgliedstaaten Bestimmungen erlassen müssen, um Verstöße zu sanktionieren.[83] Die nationalen Regelungen, die Verstöße mittels Straftatbeständen und Ordnungswidrigkeiten ahnden, genügen den Anforderungen der Richtlinie.

Das Fünfte Gesetz zur Änderung des Arzneimittelgesetzes vom 9.8.1994 diente vorrangig der Umsetzung ebendieser Richtlinien.[84] Die drei oben genannten Richtlinien wurden im Jahr 2001 aus Gründen der Übersichtlichkeit aufgehoben und in der RL 2001/83/EG zur Schaffung eines Gemeinschaftskodex für Humanarzneimittel zusammengefasst.[85] Art. 87 Abs. 3 Spstr. 2 RL 2001/83/EG beinhaltet das europäische Verbot der irreführenden Arzneimittelwerbung in Form einer Generalklausel.[86] In Art. 99 RL 2001/83/EG wird ausdrücklich angeordnet, dass Verstöße hiergegen sanktioniert werden müssen.[87] Obwohl die europäischen Vorgaben bereits zu großen Teilen im Heilmittelwerbegesetz geregelt waren, erfolgten einige kleinere inhaltliche Änderungen.[88]

---

80 Ausführlich zu Richtlinien und deren Wirkung siehe: *Lemke*, Die Wirkung von Richtlinien.

81 *Biervert* in: Schwarze, EU-Kommentar, AEUV, Art. 288 Rn. 23; *Bleckmann*, Europarecht, Rn. 414; *Doepner/Reese*, HWG, Einleitung, Rn. 45; *Schröder* in: Streinz, EUV/AEUV, AEUV, Art. 288 Rn. 51, 61; *Schwarze* in: FS-Scholz, S. 168.

82 *Bleckmann*, Europarecht, Rn. 414; *Biervert* in: Schwarze, EU-Kommentar, AEUV, Art. 288 Rn. 23; *Doepner/Reese*, HWG, Einleitung, Rn. 45; *Geismann* in: von der Groeben/Schwarze/Hatje, AEUV, Art. 288 Rn. 44; *Gröning* in: Gröning/Mand/Reinhart, Heilmittelwerberecht, Bd. 1, § 14 Rn. 22; *Lemke*, Die Wirkung von Richtlinien, S. 7; *Schröder* in: Streinz, EUV/AEUV, AEUV, Art. 288 Rn. 72.

83 RL 92/28/EWG Art. 14: „Die Mitgliedstaaten treffen geeignete Maßnahmen, um die volle Anwendung aller Bestimmungen dieser Richtlinie sicherzustellen, und bestimmen insbesondere die Sanktionen, die bei Verstößen gegen die zur Durchführung dieser Richtlinie erlassenen Bestimmungen anzuwenden sind."

84 *Gröning* in: Gröning/Mand/Reinhart, Heilmittelwerberecht, Bd. 1, Einleitung, Rn. 22.

85 Art. 128 RL 2001/83/EG; siehe dazu auch: *Nitsche*, Zulässigkeit und Grenzen der Werbung, S. 7 f.; *Vergho*, Der Maßstab der Verbrauchererwartung im Verbraucherschutzstrafrecht, S. 257.

86 *Sosnitza* in: Zipfel/Rathke, Lebensmittelrecht, HWG, § 3 Rn. 9.

87 *Doepner/Reese*, HWG, Einleitung, Rn. 104, 112 ff.

88 *Bülow* in: Bülow/Ring/Artz/Brixius, HWG, Einführung, Rn. 5.

Die RL 2001/83/EG wurde durch die RL 2004/27/EG vom 31.3.2004 teilweise geändert. Trotz der vorgenommenen Anpassungen wichen einige Regelungen des Heilmittelwerbegesetzes weiterhin von den Vorgaben der Europäischen Union ab.[89] Das Verhältnis der europarechtlichen Vorgaben zu den nationalen Gesetzen im Heilmittelrecht war bis zu dem sogenannten Gintec-Urteil[90] des Europäischen Gerichtshof vom 8.11.2007 ungeklärt.[91] Es war umstritten, ob die RL 2001/83/EG zur Schaffung eines Gemeinschaftskodex für Humanarzneimittel eine Vollharmonisierung begründete oder ob durch sie lediglich Mindeststandards festgelegt wurden.[92] Determiniert der Gemeinschaftsgesetzgeber Mindeststandards, bedeutet das, dass diese von den nationalen Gesetzgebern zwingend in ihre nationalen Rechtsordnungen übernommen werden müssen.[93] Gleichzeitig ist es den Mitgliedsstaaten freigestellt, strengere Vorschriften zu erlassen.[94]

Das Konzept der Vollharmonisierung stellt den höchstmöglichen Harmonisierungsgrad dar.[95] In seinem Urteil zum Fall Gintec machte der Europäische Gerichtshof deutlich, dass durch die RL 2001/83/EG des Europäischen Parlaments eine vollständige Harmonisierung[96] im Bereich der Arzneimittelwerbung erfolgt sei. Dies bedeutet, dass es den Mitgliedsstaaten untersagt ist, Regelungen zu erlassen, die den gemeinschaftsrechtlichen Normen entgegenstehen.[97] Selbst Regelungen, die dem Gesundheitsschutz besser dienen als die europäischen Normen, dürfen nicht erlassen werden.[98] Eine Ausnahme davon ist nur möglich,

---

89 *Weidner/Karle*, PharmR 2010, 391.

90 EuGH LMRR 2007, 75.

91 *Weidner/Karle*, PharmR 2010, 391.

92 Schleswig Holsteinisches OLG WRP 2001, 1108, 1111; *Bülow* in: Bülow/Ring/Artz/Brixius, HWG, Einführung, Rn. 6; *Doepner/Reese*, HWG, Einleitung, Rn. 57 ff.; *Doepner/Reese*, GRUR 1998, 761, 766 ff.

93 *Buß*, Irreführende Heilmittelwerbung, S. 24; *Classen* in: von der Groeben/Schwarze/Hatje, EUV/AEUV, AEUV, Art. 114 Rn. 17; *Schröder* in: Streinz, EUV/AEUV, AEUV, Art. 114 Rn. 49.

94 *Buß*, Irreführende Heilmittelwerbung, S. 24; *Classen* in: von der Groeben/Schwarze/Hatje, EUV/AEUV, AEUV, Art. 114 Rn. 17; siehe dazu auch: *Roth* in: Gsell/Herresthal, Vollharmonisierung im Privatrecht, S. 19; *Steindorff*, EG-Vertrag und Privatrecht, S. 417 ff.

95 *Buß*, Irreführende Heilmittelwerbung, S. 24.

96 EuGH LMRR 2007, 75.

97 *Bülow* in: Bülow/Ring/Artz/Brixius, HWG, Einführung, Rn. 6; *Classen* in: von der Groeben/Schwarze/Hatje, EUV/AEUV, AEUV, Art. 114 Rn. 16; *Schröder* in: Streinz, EUV/AEUV, AEUV, Art. 114 Rn. 46.

98 *Bülow* in: Bülow/Ring/Artz/Brixius, HWG, Einführung, Rn. 8.

wenn dies ausdrücklich geregelt ist.[99] Existiert keine solche Ausnahmeregelung, legt der Gemeinschaftskodex sowohl die Mindestanforderungen als auch die zulässigen Höchstanforderungen fest.[100]

Nach diesem Urteil war das Verhältnis der europäischen Vorgaben zu den nationalen Regelungen durch den Europäischen Gerichtshof höchstrichterlich geklärt. Eine abweichende Regelung dieser Materie ist mithin nicht zulässig.

E. Zusammenfassung

Zusammenfassend ist das Heilmittelwerbegesetz das Resultat einer zu Beginn des 20. Jahrhunderts einsetzenden Entwicklung der Pharmaindustrie. Durch die Fortschritte der Pharmaunternehmen nahm die Werbung für Heilmittel zu, was eine Reglementierung erforderlich machte. Die einzelnen Bundesstaaten erließen im Jahr 1903 infolge des Bundesratsbeschlusses vom 23.5.1903 übereinstimmende Verordnungen über den Verkehr mit Geheimmitteln und ähnlichen Mitteln zur Beschränkung der Arzneimittelwerbung. Die erste im Deutschen Reich einheitlich geltende Regelung für den Bereich Arzneimittelwerbung beinhaltete das Gesetz zur Bekämpfung der Geschlechtskrankheiten von 1927. Dieses wurde zum Schutz der Verbraucher erlassen, da die Menschen zur damaligen Zeit bei Geschlechtskrankheiten oftmals aus Scham keinen Arzt aufsuchten und auf die Werbung von Kurpfuschern hereinfielen, wodurch eine effektive Behandlung unterbunden wurde. Nachdem am 12.9.1933 die Werbung unter die Reichsaufsicht des deutschen Werberates gestellt wurde, erließ dieser im Rahmen der 17. Bekanntmachung vom 5.5.1936 eine für das gesamte Reich gültige Maxime, die von allen Bundesländern als Polizeiverordnung erlassen wurde. Diese Maxime ahndete ein Zuwiderhandeln mit Geld- oder Haftstrafen. Im Rahmen der Heilmittelbekanntmachung vom 11.7.1941 wurde diese Maxime neu gefasst und erweitert, woraufhin der Reichswirtschaftsminister am 29.9.1941 die Polizeiverordnung über Werbung auf dem Gebiete des Heilwesens erließ, die am 1.10.1941 in Kraft trat. Sie bildet die Grundlage für das Heilmittelwerbegesetz. Dieses trat im Jahr 1965 in Kraft und hat bis heute Gültigkeit.

---

99 EuGH LMRR 2007, 75; siehe dazu auch: *Baierl/Kellermann*, Arzneimittelrecht, S. 223.

100 *Baierl/Kellermann*, Arzneimittelrecht, S. 224.

2. Kapitel: Grundlagen des Heilmittelwerberechts

Zur fundierten Auseinandersetzung mit der strafbaren Heilmittelwerbung ist es erforderlich, überblicksartig den Inhalt des Heilmittelwerbegesetzes sowie den Anwendungsbereich des Gesetzes zu skizzieren und sich mit einigen Begrifflichkeiten aus dem medizinischen Bereich und besonders mit dem Begriff der Werbung vertraut zu machen. Dies ist für das Verständnis und die rechtliche Einschätzung der Thematik unverzichtbar.

A. Überblick über den Inhalt des Heilmittelwerbegesetzes, §§ 1–17 HWG

§ 1 Abs. 1 HWG regelt den Anwendungsbereich des Heilmittelwerbegesetzes. Nach dem Gesetzeswortlaut findet es Anwendung auf Arzneimittel, Medizinprodukte und andere Mittel, Verfahren, Behandlungen und Gegenstände, soweit sich die Werbeaussage auf die Erkennung, Beseitigung oder Linderung von Krankheiten, Leiden, Körperschäden oder krankhaften Beschwerden bei Mensch oder Tier bezieht, sowie operative plastisch-chirurgische Eingriffe, wenn sich die Werbeaussage auf die Veränderung des menschlichen Körpers ohne medizinische Notwendigkeit bezieht. In den Absätzen zwei bis sechs wird der Anwendungsbereich präzisiert.

Eine Legaldefinition der Fachkreise liefert § 2 HWG.

Ein umfassendes Verbot der irreführenden Werbung ist in § 3 HWG normiert.[101] Dieser besteht aus zwei Sätzen. § 3 S. 1 HWG beinhaltet eine Generalklausel, die durch die Beispieltatbestände in § 3 S. 2 HWG konkretisiert wird. Gemäß § 3 S. 2 HWG liegt eine irreführende Werbung insbesondere dann vor, wenn unwahre oder zur Täuschung geeignete Angaben getätigt werden.[102]

§ 3a HWG regelt ein Werbeverbot für zulassungsbedürftige Arzneimittel. Danach ist Werbung für Arzneimittel untersagt, wenn sie nicht zugelassen sind oder als zugelassen gelten. Dies gilt gemäß § 3a S. 2 HWG auch, wenn sich die Werbung auf Anwendungsgebiete oder Darreichungsformen bezieht, die außerhalb der Zulassung liegen.

---

101 Dazu ausführlich das 5. Kapitel unter 1.

102 *Sodan/Zimmermann*, Das Spannungsfeld zwischen Patienteninformierung und dem Werbeverbot für verschreibungspflichtige Arzneimittel, S. 25.

Die inhaltlichen Anforderungen, die an Arzneimittelwerbung gestellt werden, sind in § 4 HWG festgelegt. § 4 HWG normiert einen umfassenden Katalog mit Angaben, die jede Arzneimittelwerbung enthalten muss.

§ 4a Abs. 1 HWG verbietet die Werbung im Rahmen der Verpackungsbeilage. Darüber hinaus regelt § 4a Abs. 2 HWG das Verbot außerhalb der Fachkreise für die im Rahmen der vertragsärztlichen Versorgung bestehende Verordnungsfähigkeit eines Arzneimittels zu werben.

Gemäß § 5 HWG ist es unzulässig für homöopathische Arzneimittel, die nach dem Arzneimittelgesetz registriert oder von der Registrierung freigestellt sind, mit der Angabe von Anwendungsgebieten zu werben.

Bestimmte Fälle der „Gutachtenwerbung"[103] untersagt § 6 HWG. Demnach ist eine Werbung unzulässig, wenn die Angaben zu der Person des Gutachters nicht vollständig sind. Ebenso unzulässig ist eine Werbung, wenn aus der Fachliteratur entnommene Zitate, Tabellen oder sonstige Darstellungen nicht wortgetreu übernommen werden.

§ 7 HWG regelt das Verbot von Wertreklame.[104] § 7 Abs. 1 S. 1 HWG untersagt Zuwendungen und sonstige Werbegaben (Waren oder Leistungen) anzubieten, anzukündigen oder zu gewähren oder als Angehöriger der Fachkreise anzunehmen. Etwaige Ausnahmen sind ebenfalls in § 7 HWG aufgeführt.

Die Werbung dafür, Arzneimittel im Teleshopping oder im Wege der Einzelzufuhr nach § 73 Abs. 2 Nr. 6a AMG oder nach § 73 Abs. 3 AMG zu beziehen, wird in § 8 HWG untersagt.

Die Werbung für die Erkennung oder Behandlung von Krankheiten, Leiden, Körperschäden oder krankhaften Beschwerden, die nicht auf eigener Wahrnehmung an dem zu behandelnden Menschen oder Tier beruht, die sogenannte Fernbehandlung, wird durch § 9 HWG verboten.

Die §§ 10, 11 und 12 HWG beziehen sich auf Werbung außerhalb der Fachkreise. Eine solche Publikumswerbung ist nur unter einschränkenden Voraussetzungen möglich. § 10 HWG verbietet die Werbung für bestimmte verschreibungspflichtige Arzneimittel gegenüber Laienpublikum.[105] § 11 HWG normiert ein Werbeverbot für bestimmte Werbemittel oder Werbemethoden außerhalb der Fachkreise.[106] Nach § 12 HWG ist es unzulässig, für Arzneimittel

---

103 *Sodan/Zimmermann*, Das Spannungsfeld zwischen Patienteninformierung und dem Werbeverbot für verschreibungspflichtige Arzneimittel, S. 26 m.w.N.

104 Siehe zum Verbot der Wertreklame ausführlich: *Seidl Collier*, Das heilmittelwerberechtliche Wertreklameverbot.

105 *Riegger*, Heilmittelwerberecht, S. 157.

106 *Riegger*, Heilmittelwerberecht, S. 157.

zu werben, die zur Behandlung bestimmter, in der Anlage des Heilmittelwerbegesetzes aufgeführten Krankheiten eingesetzt werden.[107]

§ 13 HWG beinhaltet ein Werbeverbot für ausländische Unternehmen, sofern diese keinen Sitz in Deutschland, einem anderen EU-Staat oder einem anderen Vertragsstaat des Abkommens über den Europäischen Wirtschaftsraum haben, der die sich aus dem Heilmittelwerbegesetz ergebenden Pflichten übernimmt.

Gemäß § 14 HWG wird das Zuwiderhandeln gegen das Irreführungsverbot des § 3 HWG unter Strafe gestellt. § 14 HWG ist die zentrale Strafvorschrift des Heilmittelwerbegesetzes. Ein Verstoß wird entweder mit Geldstrafe oder mit einer Freiheitsstrafe von bis zu einem Jahr bestraft.

In § 15 HWG sind eine Reihe von Handlungen aufgeführt, die mit einer Geldbuße geahndet werden.

§ 16 HWG beinhaltet eine Ermächtigung zur Einziehung von verbotenem Werbematerial oder sonstigen Gegenständen, wenn sich diese auf eine Tat nach §§ 14, 15 HWG beziehen.

Gemäß § 17 HWG bleiben die Vorschriften des Gesetzes gegen unlauteren Wettbewerb unberührt. Aus diesem Grund sind regelmäßig sowohl Normen des Heilmittelwerbegesetzes als auch des Gesetzes gegen unlauteren Wettbewerb einschlägig.

Im Rahmen der Strafzumessung regelt § 17 Abs. 3 OWiG, dass die Bedeutung der Ordnungswidrigkeit und der Vorwurf, der den Täter trifft, sowie die wirtschaftlichen Verhältnisse des Täters Berücksichtigung finden müssen, es sei denn, es handelt sich um geringfügige Ordnungswidrigkeiten.[108] In allen Fällen ist eine Einziehung nach § 16 HWG möglich. Neben die Geldbuße können auch Nebenfolgen, wie beispielsweise Maßregeln der Sicherung und Besserung, treten.[109]

B. Anwendungsbereich des Heilmittelwerbegesetzes

Der Anwendungsbereich ist in § 1 HWG geregelt. Nach dem Gesetzeswortlaut findet das Heilmittelwerbegesetz sachlich Anwendung auf Arzneimittel im Sinne des § 2 AMG, Medizinprodukte im Sinne des § 3 MPG und andere Mittel, Verfahren, Behandlungen und Gegenstände aus dem medizinischen Bereich, soweit sich die Werbeaussage auf die Erkennung, Beseitigung oder Linderung

---

107 *Riegger*, Heilmittelwerberecht, S. 157.

108 Dazu ausführlich: *Sackreuther* in: Beck-OK OWiG, § 17 Rn. 40 ff.

109 *Doepner/Reese*, HWG, Vor §§ 14, 15 Rn. 1.

von Krankheiten, Leiden, Körperschäden oder krankhaften Schäden bei Mensch und Tier bezieht.

Kontrovers wird diskutiert, ob der sachliche Anwendungsbereich einzuschränken ist.[110] Nach einer Ansicht soll nur solche Werbung erfasst sein, die mit den spezifischen Eigenschaften eines Arzneimittels wirbt.[111] Demzufolge wäre das Heilmittelwerbegesetz nicht anzuwenden, wenn ein Heilmittel lediglich als Wirtschaftsgut betroffen ist.[112] Als Beispiel für eine solche Werbung kann eine Entscheidung des Oberlandesgerichts Kölns angeführt werden. In dem zugrundeliegenden Fall wurde ein Arzneimittel *„zum Europapreis"* beworben, wodurch der Eindruck entstand, dass das Mittel in ganz Europa zu einem besonders günstigen Preis vertrieben werde.[113] Ebenfalls ein Beispiel, bei dem es in der Werbung ausschließlich um wirtschaftliche Gesichtspunkte ging, ist die Werbung für ein Brillengestell, welches mit dem Slogan *„Brillenfassungen zum Nulltarif"* beworben wurde.[114] Für diese Auffassung spricht, dass der primäre Schutzzweck der Gesundheitsschutz ist und dass die Beispieltatbestände des § 3 S. 2 HWG vorwiegend auf diesen Bezug nehmen.[115] Gemäß § 3 S. 2 Nr. 1 und Nr. 2 lit. a und lit. b HWG liegt eine Irreführung vor, wenn über die therapeutische Wirksamkeit, die Wirkung des Mittels oder über den Eintritt des Erfolgs oder das Ausbleiben von schädlichen Nebenwirkungen irregeführt wird. § 3 S. 2 Nr. 3 HWG weist keinen expliziten Bezug zum Gesundheitsschutz auf.

Die Gegenansicht wendet ein, dass das Heilmittelwerbegesetz neben der Gesundheit auch die wirtschaftliche Entscheidungsfreiheit[116] des Verbrauchers

110 *Buß*, Irreführende Heilmittelwerbung, S. 135; für eine Beschränkung z.B.: *Gröning* in: Gröning/Mand/Reinhart, Heilmittelwerberecht, Bd. 1, § 3 Rn. 8; a.A. BGH GRUR, 2007, 720, 721; BGH GRUR 2003, 255, 256; *Buß*, Irreführende Heilmittelwerbung, S. 135; *Doepner/Reese*, HWG, § 3 Rn. 17.

111 *Buß*, Irreführende Heilmittelwerbung, S. 135; *Gröning* in: Gröning/Mand/Reinhart, Heilmittelwerberecht, Bd. 1, § 3 Rn. 8.

112 *Buß*, Irreführende Heilmittelwerbung, S. 135; *Gröning* in: Gröning/Mand/Reinhart, Heilmittelwerberecht, Bd. 1, § 3 Rn. 8.

113 OLG Köln PharmR 1993, 300; *Artz* in: Bülow/Ring/Artz/Brixius, HWG, § 3 Rn. 35; *Gröning* in: Gröning/Mand/Reinhart, Heilmittelwerberecht, Bd. 1, § 3 Rn. 8.

114 KG Berlin WRP 1994, 184; *Gröning* in: Gröning/Mand/Reinhart, Heilmittelwerberecht, Bd. 1, § 3 Rn. 8.

115 *Buß*, Irreführende Heilmittelwerbung, S. 135; *Gröning* in: Gröning/Mand/Reinhart, Heilmittelwerberecht, Bd. 1, § 3 Rn. 8; *Reese/Holtorf* in: Dieners/Reese, Handbuch des Pharmarechts, § 11 Rn. 136.

116 Siehe zu den Schutzgütern der Regelung: 4. Kapitel unter A.

schützt.[117] Dem Wortlaut der Norm seien keine Anhaltspunkte für eine Einschränkung des Anwendungsbereichs zu entnehmen.[118] Eine solche Beschränkung würde in der Praxis zu Abgrenzungsschwierigkeiten führen.[119] Darüber hinaus kann auch eine Werbung, die ausschließlich auf das Wirtschaftsgut abstellt, eine positive Wirkung für das beworbene Produkt entfalten, sodass der Absatz des Produktes gesteigert wird.[120] Aus diesen Gründen ist eine Beschränkung des Anwendungsbereichs zu verneinen.

Bei Inkrafttreten des Gesetzes im Jahr 1965 waren die Medizinprodukte weder in § 1 HWG aufgeführt noch enthielt das Medizinproduktegesetz eine eigenständige Regelung.[121] Aus diesem Grund war streitig, ob das Heilmittelwerbegesetz gleichzeitig auf Medizinprodukte Anwendung findet.[122] Durch das zweite Medizinprodukte-Änderungsgesetz vom 13.12.2001[123] wurde § 1 Abs. 1 Nr. 1a HWG eingeführt. Dieser weitet die Anwendung des Heilmittelwerbegesetzes auf Medizinprodukte aus, sodass der Streit hinfällig geworden ist.[124] Seit Juli 2005 findet das Heilmittelwerbegesetz ebenfalls Anwendung auf operative Eingriffe der plastischen Chirurgie, die ohne medizinische Notwendigkeit erfolgen.[125]

Das Heilmittelwerbegesetz differenziert nicht zwischen den unterschiedlichen Werbemedien (Printwerbung, Fernsehwerbung etc.).[126] Erfasst sind alle Arten der Werbung, die in den oben skizzierten Anwendungsbereich fallen.

---

117 BGH GRUR, 2007, 720, 721; BGH GRUR 2003, 255, 256; *Buß*, Irreführende Heilmittelwerbung, S. 135; *Doepner/Reese*, HWG, § 3 Rn. 17; a.A. *Gröning* in: Gröning/Mand/Reinhart, Heilmittelwerberecht, Bd. 1, § 3 Rn. 8 (Alleiniger Schutz der Gesundheitsinteressen).

118 *Buß*, Irreführende Heilmittelwerbung, S. 135; *Pelchen/Anders* in: Erbs/Kohlhaas, Strafrechtliche Nebengesetze, HWG, § 1 Rn. 16.

119 *Buß*, Irreführende Heilmittelwerbung, S. 136.

120 *Buß*, Irreführende Heilmittelwerbung, S. 136; *Poschenrieder*, Werbebeschränkungen für Arzneimittel, S. 110.

121 *Reinhart*, PharmR 2002, 16, 17.

122 OLG Köln PharmR 2001, 292; *Gassner*, NJW 2002, 863, 865; *Reinhart*, WRP 2001, 627 ff.; *Rolfes*, Internetapotheken, S. 21.

123 Zweites Gesetz zur Änderung des Medizinproduktegesetzes (2. MPG-ÄndG) vom 13. Dezember 2001, BGBl. I S. 3602 (Geltung ab 1.1.2002).

124 Zweites Gesetz zur Änderung des Medizinproduktegesetzes (2. MPG-ÄndG) vom 13. Dezember 2001, BGBl. I S. 3602 (Geltung ab 1.1.2002); *Gassner*, NJW 2002, 863, 865; *Rolfes*, Internetapotheken, S. 21.

125 *Lippert* in: Wenzel, Handbuch des Fachanwalts, Kap. 21 Rn. 5; *Rieggeer*, Heilmittelwerberecht, S. 2 f.

126 *Rolfes*, Internetapotheken, S. 20.

§ 1 Abs. 4–6 HWG regelt die Fälle, in denen der Anwendungsbereich des Heilmittelwerbegesetzes nicht eröffnet ist. Dies ist gemäß § 1 Abs. 4 HWG der Fall bei Gegenständen, die der Unfallverhütung dienen, wie beispielsweise Sicherheitsgurte, Sturzhelme oder Airbags.[127] Weiter findet das Heilmittelwerbegesetz gemäß § 1 Abs. 5 HWG keine Anwendung auf Schriftwechsel und Unterlagen, die nicht Werbezwecken dienen und die zur Beantwortung einer konkreten Anfrage zu einem bestimmten Arzneimittel erforderlich sind. Damit wird klargestellt, dass Hersteller oder Unternehmer konkrete Anfragen von Verbrauchern zu bestimmten Arzneimitteln beantworten dürfen.[128] Dies ermöglicht den Verbrauchern Informationen zu erlangen, die über die Informationen in der Packungsbeilage hinausgehen.[129] Allerdings muss der Übersendung der Informationen eine konkrete Anfrage des Verbrauchers vorausgegangen sein und die übermittelten Unterlagen dürfen keinen Werbezwecken dienen.[130]

Gemäß § 1 Abs. 6 HWG ist das Heilmittelwerbegesetz ebenfalls nicht anwendbar auf Bestellformulare und die dort aufgeführten Angaben beim elektronischen Handel mit Arzneimitteln, soweit diese für eine ordnungsgemäße Bestellung notwendig sind.

C. Arzneimittel im Sinne des Arzneimittelgesetzes

An dieser Stelle werden einige erforderliche Begriffsbestimmungen vorgenommen, da die Kenntnis dieser heilmittelrechtlichen Grundbegriffe für das weitere Verständnis unabdingbar ist.

I. Grunddefinition des Arzneimittels gemäß § 2 Abs. 1 AMG

Unter einem Arzneimittel ist die „Grunddefinition“[131] im Sinne des § 2 Abs. 1 AMG zu verstehen.[132] Der Begriff des Arzneimittels wurde europarechtlich durch Art. 1 Nr. 2 RL 2001/83/EG[133] vereinheitlicht und durch die RL

---

127 *Zimmermann* in: Nomos Kommentar, HWG, § 1 Rn. 12.

128 *Pelchen/Anders* in: Erbs/Kohlhaas, Strafrechtliche Nebengesetze, HWG, § 1 Rn. 22.

129 *Pelchen/Anders* in: Erbs/Kohlhaas, Strafrechtliche Nebengesetze, HWG, § 1 Rn. 22.

130 *Pelchen/Anders* in: Erbs/Kohlhaas, Strafrechtliche Nebengesetze, HWG, § 1 Rn. 22.

131 *Müller* in: Kügel/Müller/Hofmann, AMG, § 2 Rn. 3.

132 *Fritzsche* in: Spickhoff, Medizinrecht, HWG, § 1 Rn. 20; *Zimmermann* in: Fuhrmann/Klein/Fleischfresser, § 28 Rn. 29.

133 Richtlinie 2001/83/EG des europäischen Parlaments und des Rates vom 6. November 2001 zur Schaffung eines Gemeinschaftskodexes für Humanarzneimittel, ABl. L 311 v. 28.11.2001, S. 67.

2004/27/EG[134] teilweise abgeändert.[135] Arzneimittel im Sinne des Art. 1 Nr. 2 RL 2001/83/EG sind:

> „(a) *alle Stoffe oder Stoffzusammensetzungen, die als Mittel mit Eigenschaften zur Heilung oder zur Verhütung menschlicher Krankheiten bestimmt sind, oder*
>
> (b) *alle Stoffe oder Stoffzusammensetzungen, die im oder am menschlichen Körper verwendet oder einem Menschen verabreicht werden können, um entweder die menschlichen physiologischen Funktionen durch eine pharmakologische, immunologische oder metabolische Wirkung wiederherzustellen, zu korrigieren oder zu beeinflussen oder eine medizinische Diagnose zu erstellen*"

Die europäischen Vorgaben wurden im Jahr 2009 durch § 2 AMG ins deutsche Recht überführt. In der Definition des Arzneimittels nach § 2 Abs. 1 AMG wurden die gemeinschaftsrechtlichen Vorgaben der RL 2001/83/EG sowie deren Vorgängerrichtlinie RL 65/65/EWG umgesetzt.[136]

§ 2 Abs. 1 AMG lautet in seiner jetzigen Fassung:

> *„Arzneimittel sind Stoffe oder Zubereitungen aus Stoffen,*
>
> 1. *die zur Anwendung im oder am menschlichen oder tierischen Körper bestimmt sind und als Mittel mit Eigenschaften zur Heilung oder Linderung oder zur Verhütung menschlicher oder tierischer Krankheiten oder krankhafter Beschwerden bestimmt sind oder*
> 2. *die im oder am menschlichen oder tierischen Körper angewendet oder einem Menschen oder einem Tier verabreicht werden können, um entweder*
>   a) *die physiologischen Funktionen durch eine pharmakologische, immunologische oder metabolische Wirkung wiederherzustellen, zu korrigieren oder zu beeinflussen oder*
>   b) *eine medizinische Diagnose zu erstellen."*

§ 2 AMG ist in vier Absätze untergliedert und unterscheidet zwischen sogenannten echten und unechten/fiktiven Arzneimitteln.[137] In § 2 Abs. 1 AMG sind die echten Arzneimittel aufgeführt. Entsprechend der Vorgabe gemäß Art. 1 Nr. 2 RL 2001/83/EG unterscheidet § 2 Abs. 1 AMG zwischen Arzneimitteln kraft Bestimmung, den Präsentationsarzneimitteln und Funktionsarzneimitteln.[138]

---

134 Richtlinie 2004/27/EG des europäischen Parlaments und des Rates vom 31. März 2004 zur Änderung der Richtlinie 2001/83/EG zur Schaffung eines Gemeinschaftskodexes für Humanarzneimittel.

135 *Freund* in: Münchener Kommentar zum StGB, Bd. 6, AMG, § 2 Rn. 4.

136 *Zimmermann* in: Fuhrmann/Klein/Fleischfresser, § 2 Rn. 4.

137 *Brixius/Paus* in: Nomos Kommentar, Gesamtes Medizinrecht, AMG, § 2 Rn. 1.

138 *Riegger*, Heilmittelwerberecht, S. 3; *Schmidt*, Die Zulassung von Arzneimitteln nach dem Heilmittelgesetz, S. 25.

Eine Auflistung der fiktiven Arzneimittel, den Mitteln, die zwar keine echten Arzneimittel darstellen, aber als Arzneimittel gelten, folgt in § 2 Abs. 2 AMG.[139] Dies sind unter anderem Gegenstände, Instrumente, Verbandsstoffe und chirurgisches Nahtmaterial.[140]

In Form einer Negativabgrenzung stellt § 2 Abs. 3 AMG klar, dass Lebensmittel, kosmetische Mittel, Tabakerzeugnisse, Biozid-Produkte, Futtermittel, Medizinprodukte und deren Zubehör sowie Organe keine Arzneimittel sind.

Die sogenannte Zweifelsfallregelung ist in § 2 Abs. 3a AMG normiert. Nach dieser ist ein Erzeugnis, welches sowohl die Voraussetzungen des Arzneimittelbegriffs als auch die Voraussetzungen eines der in § 2 Abs. 3 AMG aufgeführten Begrifflichkeiten erfüllt, als Arzneimittel zu behandeln.[141] Abschließend regelt § 2 Abs. 4 AMG, dass die Arzneimitteleigenschaft bei Mitteln, die als Arzneimittel zugelassen oder registriert sind, sowie bei Mitteln, die durch Rechtsverordnung von der Zulassung oder Registrierung freigestellt sind, vermutet wird.[142] Es handelt sich dabei um eine gesetzliche Fiktion.[143]

1. Präsentationsarzneimittel gemäß § 2 Abs. 1 Nr. 1 AMG

Nach dem Gesetzeswortlaut und Art. 1 Nr. 2 lit. a RL 2001/83/EG sind Präsentationsarzneimittel Stoffe oder Stoffzusammensetzungen, die zur Heilung oder zur Verhütung von Krankheiten bestimmt sind.[144] Die tatsächliche Eignung des Mittels ist irrelevant.[145] Die Stoffe werden als Präsentationsarzneimittel eingestuft, sobald ihnen bestimmte Eigenschaften zugeschrieben werden oder wenn der Eindruck vermittelt wird, dass das Produkt in Anbetracht seiner Aufmachung die betreffenden Eigenschaften besitzt.[146] Als Maßstab wird auf den *„durchschnittlich informierten, aufmerksamen und verständigen Durchschnittsverbraucher“*[147]

---

139 Siehe Wortlaut des § 2 Abs. 2 AMG: „Als Arzneimittel **gelten**“.

140 *Pfohl* in: Erbs/Kohlhaas, Strafrechtliche Nebengesetze, AMG, § 2 Rn. 24.

141 *Pfohl* in: Erbs/Kohlhaas, Strafrechtliche Nebengesetze, AMG, § 2 Rn. 45.

142 *Freund* in: Münchener Kommentar zum StGB, Bd. 6, AMG, § 2 Rn. 45; *Pfohl* in: Erbs/Kohlhaas, Strafrechtliche Nebengesetze, AMG, § 2 Rn. 46.

143 *Freund* in: Münchener Kommentar zum StGB, Bd. 6, AMG, § 2 Rn. 45; *Pfohl* in: Erbs/Kohlhaas, Strafrechtliche Nebengesetze, AMG, § 2 Rn. 46.

144 *Rehmann*, AMG, § 2 Rn. 4.

145 *Pelchen/Anders* in: Erbs/Kohlhaas, Strafrechtliche Nebengesetze, AMG, § 2 Rn. 8.

146 *Brixius/Paus* in: Nomos Kommentar, Gesamtes Medizinrecht, AMG, § 2 Rn. 2; *Freund* in: Münchener Kommentar zum StGB, Bd. 6, AMG, § 2 Rn. 5; *Pelchen/Anders* in: Erbs/Kohlhaas, Strafrechtliche Nebengesetze, AMG, § 2 Rn. 5.

147 Dazu mehr unter: *Doepner/Reese*, HWG, § 3 Rn. 57 ff.

abgestellt.[148] Entscheidend ist folglich nicht die subjektive Zweckbestimmung des Herstellers, sondern die objektive Zweckbestimmung.[149]

Kann den Mitteln die entsprechende Wirkung nachgewiesen werden, sind sie gemäß § 2 Abs. 1 Nr. 2 AMG Funktionsarzneimittel.[150] Zur Einstufung als Präsentationsarzneimittel gemäß § 2 Abs. 1 Nr. 1 AMG genügt die Zuschreibung bestimmter Eigenschaften zur Heilung, Linderung oder Verhütung von Krankheiten. Die bloße Bezeichnung als Arzneimittel ist ausreichend.[151]

a. *Stoffbegriff gemäß § 3 AMG*

Der Stoffbegriff ist in § 3 AMG geregelt. Demnach sind Stoffe gemäß § 3 Nr. 1 AMG chemische Elemente, chemische Verbindungen und deren natürlich vorkommende Gemische und Lösungen. Darüber hinaus zählen gemäß § 3 Nr. 2 AMG auch Pflanzen, Pflanzenteile, Pflanzenbestandteile, Algen, Pilze und Flechten in bearbeitetem oder unbearbeitetem Zustand unter den Stoffbegriff. Ebenfalls Stoffe gemäß § 3 Nr. 3 AMG sind Tierkörper, auch lebender Tiere, sowie Körperteile, Körperbestandteile und Stoffwechselprodukte von Mensch oder Tier in bearbeitetem oder unbearbeitetem Zustand sowie gemäß § 3 Nr. 4 AMG Mikroorganismen einschließlich Viren und deren Bestandteile oder Stoffwechselprodukte.[152]

b. *Krankheit*

Unter einer Krankheit versteht der Bundesgerichtshof jede auch „*unerhebliche oder vorübergehende Störung der normalen Beschaffenheit oder der normalen Tätigkeit des Körpers, die geheilt werden kann*".[153]

---

148 BGH GRUR 2000, 184, 186; *Brixius/Paus* in: Nomos Kommentar, Gesamtes Medizinrecht, AMG, § 2 Rn. 3; siehe auch: BGH GRUR 2006, 513, 514; BGH PharmR 2002, 400, 403; *Heßhaus* in: Spickhoff, Medizinrecht, AMG, § 2 Rn. 20; *Pelchen/Anders* in: Erbs/Kohlhaas, Strafrechtliche Nebengesetze, AMG, § 2 Rn. 5.

149 EUGH LMRR 1992, 54; BGH GRUR 2006, 513, 514; BGH PharmR 2002, 400, 403; BGH GRUR 2000, 528, 529; BGH NJW-RR 1999, 1720; *Freund* in: Münchener Kommentar zum StGB, Bd. 6, AMG, § 2 Rn. 8; *Müller* in: Kügel/Müller/Hofmann, AMG, § 2 Rn. 21; *Pelchen/Anders* in: Erbs/Kohlhaas, Strafrechtliche Nebengesetze, AMG, § 2 Rn. 5; *Rehmann*, AMG, § 2 Rn. 2.

150 *Brixius/Paus* in: Nomos Kommentar, Gesamtes Medizinrecht, AMG, § 2 Rn. 2.

151 *Brixius/Paus* in: Nomos Kommentar, Gesamtes Medizinrecht, AMG, § 2 Rn. 3; *Poschenrieder*, Werbebeschränkungen für Arzneimittel, S. 40.

152 § 3 AMG.

153 BGHSt 11, 304, 315; BGHZ 44, 208, 216; BGH NJW 1998, 820, 821 (Lebertran I); BGH NJW-RR 2003, 478 f.; BVerwG, PZ 1963, 92, 93; BVerwGE 37, 209, 214.

Nicht unter den Krankheitsbegriff fallen daher normal verlaufende Erscheinungen oder Schwankungen, denen der Körper naturgemäß ausgesetzt ist, wie beispielsweise die Menstruation, eine Schwangerschaft sowie der „übliche Alterungsprozess“[154]. Sofern solche Zustände nicht das „normale Maß“ übersteigen, stellen sie keine Abweichungen von der normalen Beschaffenheit dar.[155]

2. *Funktionsarzneimittel gemäß § 2 Abs. 1 Nr. 2 AMG*

Funktionsarzneimittel werden im Unterschied zu Präsentationsarzneimitteln durch ihre Wirkungsweise bestimmt, d.h. aufgrund objektiver Merkmale.[156] Damit ein Präparat als Funktionsarzneimittel zu qualifizieren ist, muss eine pharmakologische, immunologische oder metabolische Wirkung feststellbar sein,[157] welche auf die Wiederherstellung, die Korrektur beziehungsweise die Beeinflussung physiologischer Funktionen oder auf die Diagnosestellung gerichtet ist.[158] Ist die Wirkung des Präparats nicht wissenschaftlich nachzuweisen, kann es nicht als Funktionsarzneimittel gemäß § 2 Abs. 1 Nr. 2 AMG eingestuft werden.[159] Mittel, die auf den Körper einwirken, deren Wirkung aber nur geringfügig ist und die nur unwesentliche Auswirkungen auf den Stoffwechsel haben, wie zum Beispiel Nahrungsergänzungsmittel, sind keine Funktionsarzneimittel.[160] Im Fall der Nahrungsergänzungsmittel ist zwar eine Wirkung auf den Körper festzustellen, diese ist aber rein ernährungsphysiologischer Natur.[161]

---

154 *Rathke* in: Zipfel/Rathke, Lebensmittelrecht, LMIV, Art. 7 Rn. 431.

155 BGHSt 11, 304, 315; BGHZ 23, 184, 191; BGHZ 44, 208, 216; *Rathke* in: Zipfel/Rathke, Lebensmittelrecht, LMIV, Art. 7 Rn. 431 m.w.N.

156 *Heßhaus* in: Spickhoff, Medizinrecht, AMG, § 2 Rn. 10; *Riegger*, Heilmittelwerberecht, S. 3.

157 *Freund* in: Münchener Kommentar zum StGB, Bd. 6, AMG, § 2 Rn. 6; siehe auch: *Brixius/Paus* in: Nomos Kommentar, Gesamtes Medizinrecht, AMG, § 2 Rn. 5; *Poschenrieder*, Werbebeschränkungen für Arzneimittel, S. 42.

158 *Brixius/Paus* in: Nomos Kommentar, Gesamtes Medizinrecht, AMG, § 2 Rn. 9; *Pfohl* in: Erbs/Kohlhaas, Strafrechtliche Nebengesetze, AMG, § 2 Rn. 9.

159 *Müller* in: Kügel/Müller/Hoffmann, AMG, § 2 Rn. 87; *Brixius/Paus* in: Nomos Kommentar, Gesamtes Medizinrecht, AMG, § 2 Rn. 8.

160 *Brixius/Paus* in: Nomos Kommentar, Gesamtes Medizinrecht, AMG, § 2 Rn. 8.

161 *Brixius/Paus* in: Nomos Kommentar, Gesamtes Medizinrecht, AMG, § 2 Rn. 8.

3. *Fiktive Arzneimittel gemäß § 2 Abs. 2 AMG*

§ 2 Abs. 2 AMG listet Gegenstände auf, die keine Arzneimittel darstellen, aber als solche gelten sollen.[162] Sie werden den Arzneimitteln gleichgestellt.[163] Dies wird damit begründet, dass die Gegenstände in ähnlicher Weise wie Arzneimittel mit dem Körper in Berührung kommen.[164] Deshalb sollen sie aus Sicherheitsgründen wie Arzneimittel behandelt werden.[165] Fiktive Arzneimittel gemäß § 2 Abs. 2 Nr. 1 AMG sind Gegenstände, die ein Arzneimittel enthalten oder auf die ein Arzneimittel aufgebracht ist und die dazu bestimmt sind, dauernd oder vorübergehend mit dem menschlichen Körper verbunden zu sein. Dies sind zum Beispiel Arzneimittel tragende Verbandsstoffe, Wund-, Zug-, Rheumapflaster, Zinkleim- und Brandbinden, Kunststoffmembrane, hormon- oder kupfertragende Intrauterinpessare, im veterinärmedizinischen Bereich auch Halsbänder mit Wirkstoffen gegen Parasiten.[166] Gemäß § 2 Abs. 2 Nr. 1a AMG gelten als fiktive Arzneimittel ebenso tierärztliche Instrumente, soweit sie zur einmaligen Anwendung bestimmt sind und aus der Kennzeichnung hervorgeht, dass sie einem Verfahren zur Verminderung der Keimzahl unterzogen worden sind.[167] Dazu zählen unter anderem Einmalspritzen, Spritzkörper, Nadeln, Kanülen, Katheter und Sonden.[168] Darüber hinaus fallen auch Infusions- und Transfusionsgeräte darunter, wenn sie getrennt in den Verkehr gebracht werden.[169]

Weiter gelten nach § 2 Abs. 2 Nr. 2 AMG Gegenstände, die dazu bestimmt sind, in den tierischen Körper dauernd oder vorübergehend eingebracht zu werden, als fiktive Arzneimittel. Explizit ausgenommen werden dabei tierärztliche Instrumente. Darunter fallen zum Beispiel Implantate, Prothesen, künstliche Gelenke, Transponder, Augenlinsen oder Zahnplomben.[170] § 2 Abs. 2 Nr. 3 AMG ergänzt die fiktiven Arzneimittel um Verbandstoffe und chirurgische Nahtmaterialien.

---

162 *Baierl/Kellermann*, Arzneimittelrecht, S. 14; *Ulsenheimer* in: Handbuch des Arztrechts, § 136 Rn. 14.

163 *Nitsche*, Zulässigkeit und Grenzen der Werbung, S. 22.

164 *Freund* in: Münchener Kommentar zum StGB, Bd. 6, AMG, § 2 Rn. 22.

165 *Brixius/Paus* in: Nomos Kommentar, Gesamtes Medizinrecht, AMG, § 2 Rn. 10.

166 *Freund* in: Münchener Kommentar zum StGB, Bd. 6, AMG, § 2 Rn. 23; *Pfohl* in: Erbs/Kohlhaas, Strafrechtliche Nebengesetze, AMG, § 2 Rn. 25.

167 *Pfohl* in: Erbs/Kohlhaas, Strafrechtliche Nebengesetze, AMG, § 2 Rn. 26.

168 *Freund* in: Münchener Kommentar zum StGB, Bd. 6, AMG, § 2 Rn. 24; *Pfohl* in: Erbs/Kohlhaas, Strafrechtliche Nebengesetze, AMG, § 2 Rn. 26.

169 *Pfohl* in: Erbs/Kohlhaas, Strafrechtliche Nebengesetze, AMG, § 2 Rn. 26.

170 *Freund* in: Münchener Kommentar zum StGB, Bd. 6, AMG, § 2 Rn. 25; *Pfohl* in: Erbs/Kohlhaas, Strafrechtliche Nebengesetze, AMG, § 2 Rn. 27 m.w.N.

Zuletzt handelt es sich gemäß § 2 Abs. 2 Nr. 4 AMG auch bei Stoffen und Zubereitungen aus Stoffen, die auch im Zusammenwirken mit anderen Stoffen oder Zubereitungen aus Stoffen dazu bestimmt sind, ohne am oder im tierischen Körper angewendet zu werden, die Beschaffenheit, den Zustand oder die Funktion des tierischen Körpers erkennen zu lassen oder der Erkennung von Krankheitserregern bei Tieren zu dienen, um fiktive Arzneimittel. Diese gelten auch als eigenständige Arzneimittel, wenn sie nur in Kombination mit anderen Mitteln verwendet werden.[171] Beispiele für solche Produkte sind Test- und Kontrollsera sowie Reagenzien für Labordiagnostik.[172]

4. *Abgrenzungsproblematik*

Die Klassifizierung eines Mittels ist mitunter schwierig. Dennoch ist die Zuordnung zu einer Kategorie notwendig, da ein Produkt immer nur einer Produktgruppe angehören kann und an diese wiederum unterschiedliche Anforderungen gestellt werden.[173] Die Zugehörigkeit zu nur einer Produktgruppe ergibt sich aus dem Wortlaut des § 2 Abs. 3 AMG. Gemäß § 2 Abs. 3 AMG sind alle Stoffe, die einer der in § 2 Abs. 3 Nr. 1–8 AMG aufgeführten Gruppen zuzuordnen sind, keine Arzneimittel.

Die Einordnung eines Präparates als Arzneimittel ist unproblematisch, sofern das Mittel eine arzneimittelrechtliche Zulassung nach § 21 AMG besitzt.[174] Diese ist für Arzneimittel verpflichtend. Ohne sie darf das Produkt weder vertrieben noch beworben werden.[175] Liegt keine Zulassung vor, kann es insbesondere bei der Abgrenzung zu Medizinprodukten, Lebensmitteln und Kosmetika zu Schwierigkeiten kommen.[176] Als Beispiel sind die sogenannten „Superfoods"[177] zu nennen, die immer häufiger in den Supermarktregalen zu finden sind. Je nachdem, ob ihnen eine Wirkung nachgewiesen werden kann, sind sie entweder als Arzneimittel oder als Lebensmittel zu klassifizieren.

171 *Müller* in: Kügel/Müller/Hofmann, AMG, § 2 Rn. 135.

172 *Müller* in: Kügel/Müller/Hofmann, AMG, § 2 Rn. 135.

173 *Baierl/Kellermann*, Arzneimittelrecht, S. 16.

174 *Riegger*, Heilmittelwerberecht, S. 2.

175 § 21 AMG, § 3a HWG.

176 *Baierl/Kellermann*, Arzneimittelrecht, S. 17 ff., 49; *Gröning* in: Gröning/Mand/Reinhart, Heilmittelwerberecht, Bd. 1, § 1 Rn. 79; *Riegger*, Heilmittelwerberecht, S. 2.

177 Unter Superfoods versteht man Lebensmittel, die angeblich eine positive Wirkung auf die körperliche Gesundheit haben.

II. Medizinprodukte gemäß § 3 MPG

Seit der Neufassung des § 1 HWG sind gemäß Nr. 1a Medizinprodukte ausdrücklich in den Anwendungsbereich des Heilmittelwerbegesetzes miteinbezogen.[178] Medizinprodukte sind in § 3 Nr. 1 MPG legal definiert:

> *„Medizinprodukte sind alle einzeln oder miteinander verbunden verwendeten Instrumente, Apparate, Vorrichtungen, Software, Stoffe und Zubereitungen aus Stoffen oder andere Gegenstände einschließlich der vom Hersteller speziell zur Anwendung für diagnostische oder therapeutische Zwecke bestimmten und für ein einwandfreies Funktionieren des Medizinproduktes eingesetzten Software, die vom Hersteller zur Anwendung für Menschen mittels ihrer Funktionen zum Zwecke*
>
> *a) der Erkennung, Verhütung, Überwachung, Behandlung oder Linderung von Krankheiten,*
> *b) der Erkennung, Überwachung, Behandlung, Linderung oder Kompensierung von Verletzungen oder Behinderungen,*
> *c) der Untersuchung, der Ersetzung oder der Veränderung des anatomischen Aufbaus oder eines physiologischen Vorgangs oder*
> *d) der Empfängnisregelung*
>
> *zu dienen bestimmt sind und deren bestimmungsgemäße Hauptwirkung im oder am menschlichen Körper weder durch pharmakologisch oder immunologisch wirkende Mittel noch durch Metabolismus erreicht wird, deren Wirkungsweise aber durch solche Mittel unterstützt werden kann.“*

Anders als im Arzneimittelrecht definieren sich Medizinprodukte über die medizinische Zweckbestimmung, die der Hersteller ihnen zuschreibt, sofern diese Zweckbestimmung wissenschaftlich haltbar ist.[179] Da der Begriff des Medizinprodukts sehr weit gefasst ist, werden in § 3 MPG die wichtigsten Begriffe aus dem Medizinprodukterecht erläutert. Dies sind gemäß § 3 Nr. 1 MPG alle einzeln oder miteinander verbunden verwendeten Instrumente, Apparate, Vorrichtungen, Software, Stoffe und Zubereitungen aus Stoffen oder andere Gegenstände und Software, die zu einem der in Nr. 1 beschriebenen Zwecke genutzt werden sollen. Der Begriff des Medizinprodukts setzt sich aus drei Komponenten zusammen, die kumulativ vorliegen müssen: Der physiologischen Komponente, der medizinischen Indikation und dem Wirkmechanismus.[180]

---

178 *Greiff* in: Ratzel/Luxenburger, Handbuch Medizinrecht, Kap. 34 Rn. 37. Obwohl die Anwendung des Heilmittelwerbegesetzes auf Medizinprodukte vor der Neufassung nicht ausdrücklich geregelt war, wurde es auf diese angewandt, da sie nach herrschender Meinung unter „andere Mittel“ gefasst wurden.

179 OLG Frankfurt PharmR 2000, 17, 20; OLG Frankfurt LMRR 1996, 69; *Rehmann/Wagner*, MPG, § 3 Rn. 1.

180 *Lücker* in: Spickhoff, Medizinrecht, MPG, § 3 Rn. 2.

III. Andere Mittel, Verfahren, Behandlungen und Gegenstände

Andere Mittel sind in § 1 Abs. 2 HWG definiert. Da aber unter § 1 Abs. 1 Nr. 2 HWG eine Vielzahl an medizinischen Produkten zu subsumieren ist, wird der Anwendungsbereich dadurch eingeschränkt, dass diese Produkte nur dann in den Anwendungsbereich des Heilmittelwerbegesetzes fallen, wenn sich die Werbeaussage auf die Erkennung, Beseitigung oder Linderung von Krankheiten, Leiden, Körperschäden oder krankhaften Beschwerden bei Mensch oder Tier bezieht. Gemäß § 1 Abs. 2 HWG sind andere Mittel kosmetische Mittel im Sinne des § 4 LFGB.

Unter Gegenständen werden bewegliche Sachen, die zum Gebrauch bestimmt sind, verstanden.[181] Sie können mehrfach benutzt werden.[182] Vor allem Gegenstände zur Körperpflege im Sinne des § 5 Abs. 1 Nr. 4 LFGB, wie beispielsweise Bürsten, Kämme, Rasierer, aber auch Magnetschmuck, Moorkissen, Matratzen zur Linderung von Rheuma, Kuren, medizinische Bäder oder Bücher, die Verfahren oder Behandlungen zur Linderung oder Heilung von Krankheiten oder Leiden zum Inhalt haben.[183] Die Unterscheidung zwischen Mitteln und Gegenständen ist notwendig, da Mittel im Gegensatz zu Gegenständen für den Verbrauch bestimmt sind.[184]

Unter Verfahren und Behandlungen werden Dienstleistungen verstanden, die entweder an Menschen oder an Tieren erbracht werden.[185]

D. Werbung

Nachdem die medizinischen Begrifflichkeiten erörtert wurden, soll nun geklärt werden, was im Allgemeinen unter einer Werbung zu verstehen ist. Dies ist von entscheidender Bedeutung bei der Frage, ob die entsprechende Aussage als Werbung zu qualifizieren und daher an den strengen werberechtlichen Regelungen zu messen ist. Schließlich wird auf die heilmittelrechtlichen Besonderheiten des Begriffs eingegangen.

---

181 *Fritschke* in: Spickhoff, Medizinrecht, HWG, § 1 Rn. 22; *Sosnitza* in: Zipfel/Rathke, Lebensmittelrecht, HWG, § 1 Rn. 44; *Zimmermann* in: Nomos Kommentar, HWG, § 1 Rn. 11.

182 *Fritschke* in: Spickhoff, Medizinrecht, HWG, § 1 Rn. 22.

183 *Fritschke* in: Spickhoff, Medizinrecht, HWG, § 1 Rn. 22; *Zimmermann* in: Nomos Kommentar, HWG, § 1 Rn. 11.

184 *Fritschke* in: Spickhoff, Medizinrecht, HWG, § 1 Rn. 22; *Sosnitza* in: Zipfel/Rathke, Lebensmittelrecht, HWG, § 1 Rn. 44.

185 *Zimmermann* in: Nomos Kommentar, HWG, § 1 Rn. 11.

I. Begriff der Werbung

Diverse Wissenschaften setzen sich mit dem Begriff der Werbung auseinander. Es gibt dabei eine Vielzahl von Definitionsvorschlägen mit unterschiedlichen wissenschaftsspezifischen Begründungsansätzen. Die Festlegung auf einen einheitlichen Werbebegriff ist daher kaum möglich.[186] Dementsprechend richtet sich die Definition jeweils nach den konkreten Umständen, wie beispielsweise dem wissenschaftlichen Bereich und den jeweiligen Anwendungsgebieten.[187]

Grundsätzlich wird unter Werbung jede versuchte Meinungsbeeinflussung durch besondere Kommunikationsmittel verstanden.[188] Diese Meinungsbeeinflussung kann sich auf jeden beliebigen Gegenstand beziehen.[189] Unter einer Beeinflussung wird im soziologischen Sinne eine Handlung verstanden, die darauf abzielt, ein Verhalten zu ändern.[190] Durch die Werbung erhalten Unternehmen eine Einwirkungsmöglichkeit auf die Adressaten und können ihre Produkte in der Öffentlichkeit vermarkten.[191] Vorrangiges Ziel ist es dabei, die Willensbildung der Werbeadressaten dahingehend zu beeinflussen, dass der Kaufentschluss des Verbrauchers geweckt und dadurch der Absatz des beworbenen Produkts gesteigert wird.[192] Gleichzeitig bietet die Werbung dem Verbraucher die Möglichkeit, sich über das angepriesene Produkt zu informieren.[193] Die Werbung bildet eine Brücke zwischen dem Werbenden und den Verbrauchern.[194]

---

186 *Buß*, Irreführende Heilmittelwerbung, S. 5; *Hecker*, Strafbare Produktwerbung im Lichte des Gemeinschaftsrechts, S. 18; *Lettl*, Der lauterkeitsrechtliche Schutz vor irreführender Werbung in Europa, S. 37; *Mähling*, Werbung, Wettbewerb und Verbraucherpolitik, S. 10; *Scherer*, Privatrechtliche Grenzen der Verbraucherwerbung, S. 19.

187 *Scherer*, Privatrechtliche Grenzen der Verbraucherwerbung, S. 19.

188 *Leven* in: Gabler Wirtschaftslexikon, S. 3454; ähnlich auch: *Kilian*, Strafbare Werbung, S. 26; *Kloss*, Werbung, S. 5 f., 52; ähnlich auch: *Edlinger*, Die Strafbarkeit von Werbung, S. 4.

189 *Leven* in: Gabler Wirtschaftslexikon, S. 3454.

190 *Möller*, Die gesellschaftliche Funktion der Konsumwerbung, S. 3; *Schwarz*, Die strafrechtliche Erfassung irreführender Werbung, S. 13.

191 *Buß*, Irreführende Heilmittelwerbung, S. 5; *Edlinger*, Die Strafbarkeit von Werbung, S. 7.

192 *Buß*, Irreführende Heilmittelwerbung, S. 5; ähnlich auch: *Kilian*, Strafbare Werbung, S. 25, 28; *Kloss*, Werbung, S. 6.

193 *Buß*, Irreführende Heilmittelwerbung, S. 5; *Schneider*, WRP 1962, 385, 386 f.

194 *Schneider*, WRP 1962, 385, 387.

II. Begriff der Werbung im Sinne des Heilmittelwerbegesetzes

Der Gesetzgeber sah keine Veranlassung, den Terminus der Werbung im Heilmittelwerbegesetz zu definieren, da der Begriff der Werbung bereits in anderen Bereichen geläufig war und seine Auslegung keine besonderen Probleme hervorbrachte.[195] Der Werbebegriff wird vielmehr gemäß § 1 Abs. 1 und Abs. 3 HWG vorausgesetzt.[196] Der Gesetzgeber regelte nur den in § 1 Abs. 3 HWG aufgeführten Sonderfall des Ankündigens oder des Anbietens von Werbeaussagen.[197] Maßgeblich für die Auslegung des Begriffs der Werbung ist Art. 86 RL 2001/83/EG.[198] Dort findet sich eine Legaldefinition der Arzneimittelwerbung.

Art. 86 RL 2001/83/EG lautet wie folgt:

> *„Im Sinne dieses Titels gelten als „Werbung für Arzneimittel" alle Maßnahmen zur Information, zur Marktuntersuchung und zur Schaffung von Anreizen mit dem Ziel, die Verschreibung, die Abgabe, den Verkauf oder den Verbrauch von Arzneimitteln zu fördern."*[199]

Die RL 2001/83/EG trifft lediglich Ausführungen zur Arzneimittelwerbung. Insoweit wirkt sie vollharmonisierend. Der Anwendungsbereich des Heilmittelwerbegesetzes, der zusätzlich Werbung für Medizinprodukte und andere Mittel nach § 1 Nr. 2 HWG umfasst, ist damit umfänglicher. Unter Berücksichtigung der oben aufgeführten Definition werden unter einer Werbung im Sinne des Heilmittelwerbegesetzes also alle informationsvermittelnden und meinungsbildenden Aussagen verstanden, die darauf abzielen, *„die Aufmerksamkeit der*

---

195 BT-Drs. IV/1867 S. 5; *Baierl/Kellermann*, Arzneimittelrecht, S. 218; *Bernhardt*, Gesetz über die Werbung auf dem Gebiete des Heilwesens, S. 23; *Bongartz*, Korruptionsstrafbarkeit niedergelassener (Vertrags-)Ärzte wegen bevorzugender Verordnung von Arznei-, Heil- und Hilfsmitteln, S. 210; *Doepner*, WRP 1993, 445, 447; *Gellißen*, Arzneimittelwerbung im Internet, S. 148; *Gröning* in: Gröning/Mand/Reinhart, Heilmittelwerberecht, Bd. 1, § 1 Rn. 2; *Kohlhaas*, DAZ 1965, 1041, 1043; *Könen*, Grenzüberschreitender Versandhandel mit Humanarzneimitteln, S. 198; *Nitsche*, Zulässigkeit und Grenzen der Werbung, S. 7; *Schneider*, Heilmittelwerbung, S. 35.

196 BGH GRUR 2008, 1014, 1015; *Fritschke* in: Spickhoff, Medizinrecht, HWG, § 1 Rn. 3.

197 *Gröning* in: Gröning/Mand/Reinhart, Heilmittelwerberecht, Bd. 1, § 1 Rn. 2; *Nitsche*, Zulässigkeit und Grenzen der Werbung, S. 7; *Rolfes*, Internetapotheken, S. 22; *Sodan/Zimmermann*, Das Spannungsfeld zwischen Patienteninformierung und dem Werbeverbot für verschreibungspflichtige Arzneimittel, S. 70.

198 BGH GRUR 2008, 1014, 1015; *Fritschke* in: Spickhoff, Medizinrecht, HWG, § 1 Rn. 3.

199 Art. 86 RL 2001/83/EG; *Gellißen*, Arzneimittelwerbung im Internet, S. 149; *Poser*, Das Werbe- und Informationsverbot für verschreibungspflichtige Arzneimittel, S. 6; *Seidl Collier*, Das heilmittelwerberechtliche Wertreklameverbot, S. 55.

Adressaten zu wecken und deren Entschlüsse mit dem Ziel der Förderung des Absatzes von Waren oder Leistungen im Sinne des § 1 HWG zu beeinflussen“[200].

Diese Definition resultiert aus der RL 2001/83/EG zur Schaffung eines EU-Gemeinschaftskodexes für Humanarzneimittel und steht mit der in Art. 86 Abs. 1 RL 2001/83/EG dargelegten Begriffsbestimmung in Einklang.[201] Es ist irrelevant, ob die Werbung erkennbar als Werbung präsentiert wird; auch Presseberichte können Werbung darstellen, wenn diese sich auf ein konkretes Produkt beziehen und es in der Presseerklärung angepriesen wird.[202]

Die entscheidenden Merkmale einer Werbung im Sinne des Heilmittelwerbegesetzes sind die Beeinflussung des Verbrauchers und die Absicht der Absatzförderung des beworbenen Produktes.[203]

1. *Absatzförderungsabsicht*

Die Absatzförderungsabsicht dient der Abgrenzung von Werbung gegenüber wissenschaftlichen Darstellungen oder sonstigen wissenschaftlichen Belehrungen, die nicht in den Anwendungsbereich des Heilmittelwerbegesetzes fallen, da der Gesetzgeber nicht jede Werbehandlung strafrechtlich sanktionieren wollte.[204] Wird wissenschaftliches Material allerdings von Pharmaunternehmen im Rahmen einer Werbung für ein bestimmtes Produkt verwendet, können auch wissenschaftliche Publikationen zur Absatzförderung bestimmt sein, sodass in diesen Fällen eine Werbung im heilmittelwerberechtlichen Sinne vorliegt.[205] Gleichzeitig dient sie der Abgrenzung zu redaktioneller Berichterstattung der Presse sowie Maßnahmen der gesundheitlichen Volksbelehrung, die in der Regel ebenfalls keine Absatzförderungsabsicht aufweisen.[206] Die Absatzförderung

---

200 BGH GRUR 1995, 612, 613; ähnlich auch: BGH GRUR 1991, 860 ff.; OLG München, PharmR 1995, 339, 340 f.; *Fritschke* in: Spickhoff, Medizinrecht, HWG, § 1 Rn. 5; *Seidl Collier*, Das heilmittelwerberechtliche Wertreklameverbot, S. 54.

201 *Riegger*, Heilmittelwerberecht, S. 11.

202 LG Hamburg, PharmR 2010, 248, 250; *Fritschke* in: Spickhoff, Medizinrecht, HWG, § 1 Rn. 5, 6.

203 *Gellißen*, Arzneimittelwerbung im Internet, S. 148; *Pelchen/Anders* in: Erbs/Kohlhaas, Strafrechtliche Nebengesetze, HWG, § 1 Rn. 1, 2; *Schulz*: in Binder/Vesting, Beck-OK zum Rundfunkrecht, § 2 Rn. 92; *Seidl Collier*, Das heilmittelwerberechtliche Wertreklameverbot, S. 55.

204 *Sodan/Zimmermann*, Das Spannungsfeld zwischen Patienteninformierung und dem Werbeverbot für verschreibungspflichtige Arzneimittel, S. 72.

205 *Nitsche*, Zulässigkeit und Grenzen der Werbung, S. 19.

206 *Sodan/Zimmermann*, Das Spannungsfeld zwischen Patienteninformierung und dem Werbeverbot für verschreibungspflichtige Arzneimittel, S. 72.

muss nicht der einzige Beweggrund sein.[207] Es besteht dahingehend Einigkeit, dass das Heilmittelwerberecht ausschließlich auf Wirtschaftswerbung, d.h. Werbung mit einer ökonomischen Zielrichtung[208] Anwendung findet.[209] Werbung für ein Heilmittel liegt nach Ansicht des Bundesverfassungsgerichts dann vor, wenn ein Heilmittel eindeutig beschrieben und angepriesen wird und der Verkehr dadurch zur Entscheidung für eine Behandlung mit einem Mittel dieser Art verleitet werden kann.[210] Eine solche Anpreisung kann in Wort, Bild, Ton oder in einem Verkaufsgespräch geschehen.[211]

§§ 10, 11 Abs. 1 S. 1 AMG schreiben für Arzneimittel bestimmte Pflichtangaben vor. Diese müssen auf dem Behältnis und der Packungsbeilage abgedruckt werden. Diese Pflichtangaben nach §§ 10, 11 Abs. 1 S. 1 AMG mögen auch geeignet sein, den Absatz zu fördern. Dennoch unterliegen diese Pflichtangaben nicht den Verboten des Heilmittelwerbegesetzes, da das Heilmittelwerbegesetz nicht etwas verbieten kann, was das Arzneimittelgesetz ausdrücklich fordert.[212] Enthält die Verpackung oder die Packungsbeilage aber über die §§ 10, 11 Abs. 1 S. 1 AMG hinausgehende Informationen, die einen werbenden Charakter besitzen oder wird die Verpackung beziehungsweise die Packungsbeilage explizit für Werbung genutzt, ist das Heilmittelwerbegesetz darauf ebenfalls anwendbar.[213]

---

207 BGH GRUR 1983, 393, 395; OLG Köln PharmR 1993, 261, 268 f.; *Doepner/Reese*, HWG, § 1 Rn. 51 m.w.N.; *Gröning* in: Gröning/Mand/Reinhart, Heilmittelwerberecht, Bd. 1, § 1 Rn. 15; *Brixius* in: Bülow/Ring/Artz/Brixius, HWG, § 1 Rn. 2, 5; *Nitsche*, Zulässigkeit und Grenzen der Werbung, S. 12; *Poser*, Das Werbe- und Informationsverbot für verschreibungspflichtige Arzneimittel, S. 12; *Schulz* in: Binder/Vesting, Beck-OK zum Rundfunkrecht, § 2 Rn. 92.

208 *Buß*, Irreführende Heilmittelwerbung, S. 5; *Kaiser*, Werbung – Theorie und Praxis werblicher Beeinflussung, S. 3; *Lettl*, Der lauterkeitsrechtliche Schutz vor irreführender Werbung in Europa, S. 37; *Scherer*, Privatrechtliche Grenzen der Verbraucherwerbung, S. 20.

209 BT-Drs. IV/1867 S. 5 zu I; *Bernhardt*, Gesetz über die Werbung auf dem Gebiete des Heilwesens, S. 23.

210 BVerfG LMRR 2007, 40.

211 BayObLG LMRR 1969, 20; *Sosnitza* in: Zipfel/Rathke, Lebensmittelrecht, HWG, § 1 Rn. 19; ähnlich auch: *Dominicus*, Der Schutz des Verbrauchers vor irreführender Werbung, S. 44.

212 *Fritschke* in: Spickhoff, Medizinrecht, HWG, § 1 Rn. 8.

213 BGH NJW 1992, 751 f.

2. *Produktbezogenheit*

Eine weitere Voraussetzung einer heilmittelrechtlichen Werbung ist die Produktbezogenheit der Werbeaussage.[214] Reine Imagewerbung, die sich ausschließlich auf das Unternehmen bezieht, fällt nicht unter den heilmittelrechtlichen Werbebegriff.[215] Ob es sich bei einer Werbung um eine Imagewerbung oder um eine produktbezogene Werbung handelt, wird durch eine Gesamtbetrachtung der Werbeanzeige ermittelt.[216] Keine Produktbezogenheit liegt bei einer unternehmensbezogenen Schockwerbung vor.[217]

Früher wurde zudem zwischen Reklame und Sachinformationen unterschieden.[218] Diese Unterscheidung wird heute nicht mehr vorgenommen. Inzwischen ist anerkannt, dass auch sachlich nüchterne Informationen eine Werbung darstellen können.[219]

3. *Arten der Werbung*

Das Heilmittelwerbegesetz unterscheidet zwischen Fachkreiswerbung und Publikumswerbung.[220] Diese Unterscheidung wird mit der vorhandenen beziehungsweise

---

214 *Brixius in:* Bülow/Ring/Artz/Brixius, HWG, § 1 Rn. 3; ausführlich zu diesem Thema: *Doepner*, WRP 1993, 445, 446; *Nitsche*, Zulässigkeit und Grenzen der Werbung, S. 12; *Strunz*, Heilmittelwerbegesetz, Wettbewerbsrecht und Verbraucherschutz, S. 36.

215 *Brixius* in: Bülow/Ring/Artz/Brixius, HWG, § 1 Rn. 3; *Bongartz*, Korruptionsstrafbarkeit niedergelassener (Vertrags-)Ärzte wegen bevorzugender Verordnung von Arznei-, Heil- und Hilfsmitteln, S. 210; *Fritschke* in: Spickhoff, Medizinrecht, HWG, § 1 Rn. 6, 9; *Gellißen*, Arzneimittelwerbung im Internet, S. 150; *Nitsche*, Zulässigkeit und Grenzen der Werbung, S. 12 f.; *Sosnitza* in: Zipfel/Rathke, Lebensmittelrecht, HWG, § 1 Rn. 22.

216 BGH GRUR 1992, 873; OLG Hamburg GRUR-RR 2003, 352, 353; *Brixius* in: Bülow/Ring/Artz/Brixius, HWG, § 1 Rn. 3; *Gellißen*, Arzneimittelwerbung im Internet, S. 150; *Riegger*, Heilmittelwerberecht, S. 12; *Rolfes*, Internetapotheken, S. 23; *Nitsche*, Zulässigkeit und Grenzen der Werbung, S. 13; *Seidl Collier*, Das heilmittelwerberechtliche Wertreklameverbot, S. 55; *Sosnitza* in: Zipfel/Rathke, Lebensmittelrecht, HWG, § 1 Rn. 22.

217 *Brixius* in: Bülow/Ring/Artz/Brixius, HWG, § 1 Rn. 3.

218 BGH GRUR 1970, 558, 560.

219 *Riegger*, Heilmittelwerberecht, S. 10; *Strunz*, Heilmittelwerbegesetz, Wettbewerbsrecht und Verbraucherschutz, S. 33.

220 *Buß*, Irreführende Heilmittelwerbung, S. 7; *Seidl Collier*, Das heilmittelwerberechtliche Wertreklameverbot, S. 58.

nicht vorhandenen Sachkunde der Personen begründet.[221] Aufgrund ihrer medizinischen Kenntnisse können Fachkundige eine Werbung differenzierter betrachten und bewerten.[222] Das Risiko einer Irreführung ist bei Angehörigen der Fachkreise wesentlich geringer als bei einem Laien.[223] Weitere Arten der Werbung stellen das (Wissenschafts-)Sponsoring und zum Teil auch wissenschaftliche Aussagen und Publikationen dar. Unter (Wissenschafts)-Sponsoring versteht man die finanzielle oder sonstige Förderung von Ereignissen durch Unternehmen, die an dem Ereignis und seinem Veranstalter nicht beteiligt sind, um auf diese Weise ihren Namen, ihre Marke, ihre Tätigkeit oder ihre Leistungen zu fördern.[224] Das Sponsoring unterfällt jedoch regelmäßig nicht dem Anwendungsbereich des Heilmittelwerbegesetzes, da es an einem konkreten Produktbezug fehlt.[225] Darum wird auf das (Wissenschafts-) Sponsoring im Rahmen dieser Abhandlung nicht weiter eingegangen. Das Gleiche gilt für die wissenschaftlichen Darstellungen und Publikationen. Auch sie werden im Rahmen dieser Arbeit nicht näher ausgeführt, da nur ein geringer Anteil an wissenschaftlichen Darstellungen und Publikationen als Werbung im Sinne des Heilmittelwerbegesetzes zu deklarieren ist. In den meisten Fällen fehlt es bei wissenschaftlichen Darstellungen und Publikationen an der Absatzförderungsabsicht.[226] Nur in wenigen Fällen dienen wissenschaftlichen Beiträge auch der Absatzförderung und sind als Werbung zu qualifizieren.

Die Fachkreiswerbung und die Publikumswerbung werden im Folgenden näher erörtert.

a. Fachkreiswerbung

Der Fachkreis ist in § 2 HWG legal definiert. Nach dem Gesetzeswortlaut sind Fachkreise Angehörige der Heilberufe oder des Heilgewerbes, Einrichtungen, die der Gesundheit von Mensch oder Tier dienen oder sonstige Personen, soweit sie mit Arzneimitteln, Medizinprodukten, Verfahren, Behandlungen, Gegenständen oder anderen Mitteln erlaubterweise Handel treiben oder sie in Ausübung ihres Berufes anwenden. Die Polizeiverordnung auf dem Gebiete des

---

221 *Buß*, Irreführende Heilmittelwerbung, S. 7; *Doepner/Reese*, HWG, § 2 Rn. 10; *Gröning* in: Gröning/Mand/Reinhart, Heilmittelwerberecht, Bd. 1, § 2 Rn. 6; *Seidl Collier*, Das heilmittelwerberechtliche Wertreklameverbot, S. 58.

222 *Fritschke* in: Spickhoff, Medizinrecht, HWG, § 2 Rn. 2.

223 *Fritschke* in: Spickhoff, Medizinrecht, HWG, § 2 Rn. 2.

224 *Fritschke* in: Spickhoff, Medizinrecht, HWG, § 1 Rn. 15.

225 *Fritschke* in: Spickhoff, Medizinrecht, HWG, § 1 Rn. 15.

226 *Fritschke* in: Spickhoff, Medizinrecht, HWG, § 1 Rn. 16.

Heilwesens, die dem Heilmittelwerbegesetz voranging ist, zählte die zu den Fachkreisen gehörigen Berufsgruppen einzeln auf. Im Heilmittelwerbegesetz erfolgt keine detaillierte Auflistung mehr. Vielmehr enthält es eine allgemeine Beschreibung, durch die auch neuere Berufe mit eingeschlossen werden.[227] Die in § 2 HWG genannten Untergruppen, bei denen es zu Überscheidungen kommen kann, sollen sogleich kurz erörtert werden.

aa. Heilberufe

Der Begriff des Heilberufes gemäß § 2 HWG ist weit auszulegen. Er umfasst alle Personen, die selbstständig oder abhängig einen Dienst für die Gesundheit von Mensch oder Tier erbringen.[228] Unter die Heilberufe fallen nur solche Personen, die nicht gewerblich tätig sind, da ansonsten die Unterscheidung zwischen Heilberufen und Angehörigen des Heilgewerbes hinfällig wäre.[229] Zu den Heilberufen zählen die Angehörigen der Heilberufe selbst sowie die Angehörigen der Heilhilfsberufe. Dies sind unter anderem: Ärzte/innen, Zahnärzte/innen, Tierärzte/innen, Apotheker/innen, Heilpraktiker/innen, Psychotherapeuten/innen, Hebammen, Krankenpfleger/innen und Krankenschwestern (einschließlich der Helfer/innen), medizinisch-technische Assistenten/innen, pharmazeutisch-technische Assistenten/innen, Krankengymnasten/innen, Masseure/innen und medizinische Bademeister/innen.[230] Nicht unter die Heilberufe zu subsumieren sind solche Berufe, deren Aufgabenbereich eher der Gesundheitsverwaltung zuzuordnen sind, wie medizinisch-kaufmännische Angestellte oder medizinische Dokumentationsassistenten/innen.[231] Ferner zählen Desinfektoren/innen, Sozialarbeiter/innen und Gesundheitsaufseher/innen nicht zu den Heilberufen.[232]

bb. Angehörige des Heilgewerbes

Unter Angehörigen des Heilgewerbes werden die Berufsgruppen zusammengefasst, welche die oben genannten Heilhilfsberufe freigewerblich verrichten.[233]

---

227 *Pelchen/Anders* in: Erbs/Kohlhaas, Strafrechtliche Nebengesetze, HWG, § 2 Rn. 1.

228 *Doepner/Reese*, HWG, § 2 Rn. 11; *Ring* in: Bülow/Ring/Artz/Brixius, HWG, § 2 Rn. 6; *Seidl Collier*, Das heilmittelwerberechtliche Wertreklameverbot, S. 59.

229 *Sosnitza* in: Zipfel/Rathke, Lebensmittelrecht, HWG, § 2 Rn. 5.

230 *Pelchen/Anders* in: Erbs/Kohlhaas, Strafrechtliche Nebengesetze, HWG, § 2 Rn. 2; *Sosnitza* in: Zipfel/Rathke, Lebensmittelrecht, HWG, § 2 Rn. 5.

231 *Seidl Collier*, Das heilmittelwerberechtliche Wertreklameverbot, S. 59.

232 *Ring* in: Bülow/Ring/Artz/Brixius, HWG, § 2 Rn. 9; *Seidl Collier*, Das heilmittelwerberechtliche Wertreklameverbot, S. 60.

233 *Pelchen/Anders* in: Erbs/Kohlhaas, Strafrechtliche Nebengesetze, HWG, § 2 Rn. 3.

Auch Orthopäden/innen, Bandagisten/innen und Optiker/innen werden unter die Angehörigen des Heilgewerbes gefasst.[234]

cc. Einrichtungen, die der Gesundheit von Mensch und Tier dienen

Zu den Einrichtungen, die der Gesundheit von Mensch und Tier dienen, gehören Krankenhäuser, Sanatorien und Kuranstalten. Sie können sowohl privatrechtlich als auch öffentlich-rechtlich organisiert sein. Auch Gesundheitsämter, Veterinärämter, chemische und medizinische Untersuchungsämter, Impfanstalten und zentrale medizinische Beschaffungsstellen fallen unter den Einrichtungsbegriff.[235] Ebenso erfasst werden Ausbildungsstätten für Heilberufe.[236]

dd. Personen, die mit Arzneimitteln etc. erlaubterweise Handel treiben

Personen, die mit Arzneimitteln Handel treiben, sind insbesondere pharmazeutische Unternehmer/innen und Großhändler/innen, Drogisten/innen, Reformhäuser, Einzelhändler/innen und Handelsvertreter/innen, wenn sie sich innerhalb des gesetzlichen Rahmens bewegen.[237] Weiter sind Tierärzte/innen im Rahmen ihres Dispensierrechts, nicht aber Tierheilpraktiker/innen durch den Anwendungsbereich erfasst.[238] Personen, die mit lebensmittelrechtlich relevanten Kosmetika und Bedarfsgegenständen handeln, zählen ebenfalls nicht zu der genannten Personengruppe.[239]

---

234 *Sosnitza* in: Zipfel/Rathke, Lebensmittelrecht, HWG, § 2 Rn. 6.

235 *Fritschke* in: Spickhoff, Medizinrecht, HWG, § 2 Rn. 6; *Pelchen/Anders* in: Erbs/Kohlhaas, Strafrechtliche Nebengesetze, HWG, § 2 Rn. 4; *Seidl Collier*, Das heilmittelwerberechtliche Wertreklameverbot, S. 60; *Sosnitza* in: Zipfel/Rathke, Lebensmittelrecht, HWG, § 2 Rn. 7.

236 *Pelchen/Anders* in: Erbs/Kohlhaas, Strafrechtliche Nebengesetze, HWG, § 2 Rn. 4; *Seidl Collier*, Das heilmittelwerberechtliche Wertreklameverbot, S. 60; *Sosnitza* in: Zipfel/Rathke, Lebensmittelrecht, HWG, § 2 Rn. 7.

237 *Pelchen/Anders* in: Erbs/Kohlhaas, Strafrechtliche Nebengesetze, HWG, § 2 Rn. 5; *Sosnitza* in: Zipfel/Rathke, Lebensmittelrecht, HWG, § 2 Rn. 8.

238 *Fritschke* in: Spickhoff, Medizinrecht, HWG, § 2 Rn. 7; *Pelchen/Anders* in: Erbs/Kohlhaas, Strafrechtliche Nebengesetze, HWG, § 2 Rn. 5; *Sosnitza* in: Zipfel/Rathke, Lebensmittelrecht, HWG, § 2 Rn. 8.

239 *Fritschke* in: Spickhoff, Medizinrecht, HWG, § 2 Rn. 7; *Sosnitza* in: Zipfel/Rathke, Lebensmittelrecht, HWG, § 2 Rn. 8.

b. Publikumswerbung

Eine Publikumswerbung liegt vor, wenn sich die Werbung nicht an Fachkreise gemäß § 2 HWG richtet. Die Publikumswerbung unterliegt im Vergleich zur Fachkreiswerbung zusätzlichen Beschränkungen gemäß §§ 10 Abs. 2, 11, 12 HWG.[240] Im Gegensatz zu den Angehörigen der Fachkreise hat der durchschnittliche Verbraucher keine medizinische oder pharmazeutische Vorbildung, sodass die Gefahr einer Beeinflussung oder einer Irreführung wesentlich größer ist.[241] Dies führt dazu, dass in bestimmten Fällen außerhalb der Fachkreise entweder gar nicht (vergleiche § 10 Abs. 2 HWG) oder nur mit gewissen Einschränkungen geworben werden darf (vergleiche §§ 11, 12 HWG).[242]

E. Zusammenfassung

Der Arzneimittelbegriff wird in § 2 AMG legal definiert. Durch die Einführung des § 2 AMG wurden die gemeinschaftsrechtlichen Vorgaben der RL 2001/83/EG ins deutsche Recht überführt, die in der Folge durch die RL 2004/27/EG modifiziert wurden. Den gemeinschaftsrechtlichen Vorgaben entsprechend unterscheidet § 2 AMG zwischen Funktions- und Präsentationsarzneimitteln.

Eine Legaldefinition der Werbung ist im Heilmittelwerbegesetz nicht enthalten. Allerdings existiert in Art. 86 RL 2001/83/EG eine gemeinschaftsrechtliche Definition der Arzneimittelwerbung. Darüber hinaus findet sich in Art. 2 lit. b der RL 2006/114/EG eine Legaldefinition der irreführenden Werbung. Die heilmittelwerberechtlichen Vorschriften finden lediglich Anwendung auf Werbung mit ökonomischer Zielrichtung. Das Heilmittelwerbegesetz erfasst somit nur einen Teilbereich der Werbung. Grund dafür ist, dass der Gesetzgeber nicht alle Verhaltensweisen strafrechtlich sanktionieren wollte.[243] Auf diese Weise versucht der Gesetzgeber die widerstreitenden Interessen – den Gesundheitsschutz einerseits und das Informationsbedürfnis der Verbraucher andererseits – in Einklang zu bringen.

---

240 *Doepner/Reese*, HWG, § 2 Rn. 9.

241 *Doepner/Reese*, HWG, § 2 Rn. 10.

242 Siehe: §§ 11, 12 HWG.

243 Selbiges gilt auch im Lauterkeitsrecht: *Kilian*, Strafbare Werbung, S. 33.

3. Kapitel: Rechtslage ohne die heilmittelwerberechtliche Regelung

Im Vorfeld der Analyse des § 14 HWG wird die Rechtslage ohne die Regelung des § 14 HWG dargestellt. Es wird untersucht, ob vor Erlass des § 14 HWG ein hinreichender Schutz des Verbrauchers vor irreführender Heilmittelwerbung gewährleistet war. Hierbei wird zunächst geprüft, ob solche Regelungen im Kernstrafrecht zu finden sind.

Die möglichen Gesundheitsgefahren durch Einnahme eines Präparats infolge einer irreführenden Werbemaßnahme könnten durch die Körperverletzungsdelikte gemäß §§ 223 ff. StGB geschützt sein. Gleichzeitig könnten etwaige finanzielle Einbußen der Verbraucher durch den Betrugstatbestand gemäß § 263 StGB erfasst sein.

Im Bereich des Nebenstrafrechts kommt darüber hinaus eine Strafbarkeit wegen strafbarer Werbung gemäß § 16 Abs. 1 UWG oder wegen eines Verstoßes gegen lebensmittelrechtliche Irreführungstatbestände in Betracht. Diese Tatbestände sollen nun mit Blick auf die in § 14 HWG inkriminierte Verhaltensweise untersucht und von dieser abgegrenzt werden.

A. Körperverletzungsdelikte §§ 223 ff. StGB

Da die primären Schutzzwecke des Heilmittelwerbegesetzes der Gesundheitsschutz des Einzelnen und der Allgemeinheit sind[244], wird mit der Untersuchung einer Strafbarkeit gemäß §§ 223 ff. StGB begonnen. Dabei ist zwischen einer vollendeten Körperverletzung und einer versuchten Körperverletzung zu differenzieren.

Im Rahmen der Körperverletzungsdelikte kann grundsätzlich an zwei Handlungen angeknüpft werden: zum einen an die Einnahme des Medikamentes und zum anderen daran, dass der Patient es aufgrund der Einnahme des beworbenen Produktes unterlässt, ein wirksameres Präparat einzunehmen, beziehungsweise, dass er ein solches verspätet einnimmt. Für den Fall der Nichteinnahme beziehungsweise der verspäteten Einnahme eines wirksamen Präparates ist weiter zu fragen, ob dies gleichfalls unter den Tatbestand der Körperverletzung subsumiert werden kann.[245]

---

244 Siehe dazu später ausführlich: Kapitel 4 unter A.

245 Siehe dazu bejahend: *Ast/Lorenz*, medstra 2018, 135, 138.

Bevor auf die unterschiedlichen Konstellationen einer möglichen Körperverletzung eingegangen wird, ist vorab zu untersuchen, ob es sich in Fällen der irreführenden Heilmittelwerbung um eine unmittelbare Täterschaft des Werbenden handelt, oder ob eine andere Form der Täterschaft gegeben ist. Um einen Körperverletzungserfolg durch eine irreführende Heilmittelwerbung herbeizuführen, bedarf es einer Mitwirkungshandlung des Geschädigten. Nachdem der Kaufentschluss des Opfers durch die Werbung geweckt wurde, muss das Opfer das Medikament selbst einnehmen beziehungsweise die Entscheidung treffen, ein anderes wirksames Präparat nicht einzunehmen.

In diesen Konstellationen wird die Figur der mittelbaren Selbstschädigung, also des Handelns des Opfers als vorsatzloses Werkzeug gegen sich selbst, diskutiert.[246] Bei Anerkennung der mittelbaren Selbstschädigung als eine Form der mittelbaren Täterschaft wird das Verhalten des Opfers dem mittelbaren Täter über § 25 Abs. 1 Alt. 2 StGB zugerechnet.[247]

I. Mittelbare Selbstschädigung gemäß § 25 Abs. 1 Alt. 2 StGB

Eine mittelbare Täterschaft gemäß § 25 Abs. 1 Alt. 2 StGB erfordert die Begehung *„durch einen anderen“*. Im Gegensatz zur unmittelbaren Täterschaft gemäß § 25 Abs. 1 Alt. 2 StGB, bei der die Tat durch den Täter *„selbst“* ausgeführt wird, bedient sich der mittelbare Täter eines menschlichen Werkzeugs.[248] Es sind somit grundsätzlich drei Personen beteiligt: der auch als Tatmittler bezeichnete Vordermann, der Hintermann (mittelbarer Täter) und das Tatopfer.

Bei den Selbstschädigungsfällen liegt die Besonderheit darin, dass der Tatmittler und das Opfer identisch sind.[249] Es liegt daher nicht die übliche Drei-Personen-Konstellation vor, sondern lediglich eine Zwei-Personen-Konstellation.

Weitere Voraussetzung für eine mittelbare Täterschaft ist, dass der Tatmittler einen Defekt (Strafbarkeitsdefizit) ausweist, den der mittelbare Täter hervorruft

---

246 Der BGH sah in dem Giftfallen-Fall (BGHSt 43, 177, 182) eine der mittelbaren Täterschaft verwandte Struktur, da hier das Opfer als Werkzeug gegen sich selbst eingesetzt wird. Siehe dazu auch: *Gössel*, JR 1976, 248, 250; *Schild* in: Nomos Kommentar, StGB, § 25 Rn. 99 m.w.N.; *Schumann* in: FS-Puppe, S. 971 ff.; *Weddig*, Mittelbare Täterschaft und Versuchsbeginn bei der Giftfalle, S. 17 ff.

247 *Heine/Weißer* in: Schönke/Schröder, StGB, § 25 Rn. 8.

248 *Heckler*, NStZ 1999, 79; *Lackner/Kühl*, StGB, § 25 Rn. 2; *Schild* in: Nomos Kommentar, StGB, § 25 Rn. 75; *Waßmer* in: AnwaltK-StGB, § 25 Rn. 7.

249 *Heckler*, NStZ 1999, 79; *Weddig*, Mittelbare Täterschaft und Versuchsbeginn bei der Giftfalle, S. 26.

oder ausnutzt.[250] Die Rechtsprechung stellt bei der Beurteilung, ob eine mittelbare Täterschaft vorliegt, auf die innere Willensrichtung des Täters ab; sie nimmt eine mittelbare Täterschaft an, wenn der Täter sog. „Täterwillen" besitzt.[251] Dieser wird im Rahmen einer objektiv wertenden Gesamtbetrachtung ermittelt.[252] Als Kriterien zur Bestimmung des Täterwillens werden der Grad des eigenen Interesses, der Umfang der Tatbeteiligung und die Tatherrschaft beziehungsweise der Wille zur Tatherrschaft herangezogen.[253] Die Literatur fordert hingegen zu Recht, dass der mittelbare Täter die objektive Tatherrschaft über das Geschehen besitzt.[254]

Das Strafbarkeitsdefizit ergibt sich aus einer tatsächlichen oder rechtlichen Unterlegenheit des Tatmittlers.[255] In Anlehnung an Roxin werden drei Fallgruppen unterschieden: Tatherrschaft kraft überlegenen Willens, kraft überlegenen Wissens und kraft Organisationsherrschaft.[256]

Im Fall einer irreführenden Werbung kommt eine Überlegenheit des mittelbaren Täters aufgrund Wissensherrschaft in Betracht. Der Verbraucher unterliegt einer Fehlvorstellung hinsichtlich des Heilmittels. Ohne vorangegangene Irreführung hätte er das Heilmittel weder gekauft noch eingenommen oder es unterlassen, ein anderes Mittel nicht einzunehmen. Gemäß § 223 StGB macht sich wegen einer Körperverletzung strafbar, wer eine *„andere"* Person körperlich misshandelt oder an der Gesundheit schädigt. Die §§ 223 ff. StGB setzen also die Verletzung eines *„anderen"* Menschen voraus. Da der Verbraucher aber sich selbst schädigt, ist das Handeln des Verbrauchers tatbestandslos. Dass die Entscheidung der Einnahme oder der Nichteinnahme beim Verbraucher liegt und zu einer dadurch bedingten Unsicherheit im Tatplan führt, hat keinerlei Auswirkungen auf die Tatherrschaft des Hintermanns.[257]

---

250 *Ingelfinger* in: Dölling/Duttge/König/Rössner, Gesamtes Strafrecht, § 25 Rn. 13; *Kudlich* in: Beck-OK StGB, § 25 Rn. 20; *Waßmer* in: AnwaltK-StGB, § 25 Rn. 10.

251 Statt vieler: BGHSt 49, 166, 169; BGHSt 51, 219, 221.

252 BGHSt 49, 166, 169; BGHSt 51, 219, 221; *Waßmer* in: AnwaltK-StGB, § 25 Rn. 15.

253 *Waßmer* in: AnwaltK-StGB, § 25 Rn. 15.

254 *Fischer*, StGB, § 25 Rn. 5; *Joecks* in: Münchener Kommentar zum StGB, Bd. 1, StGB, § 24 Rn. 54 ff.; *Joecks/Jäger*, Studienkommentar StGB, § 25 Rn. 20; *Kudlich* in: Beck-OK StGB, § 25 Rn. 20.

255 *Heckler*, NStZ 1999, 79.

256 Dazu ausführlich: *Roxin*, Täterschaft und Tatherrschaft; *Roxin*, GA 1963, 193 ff.

257 *Roxin*, Täterschaft und Tatherrschaft, S. 173.

Ein großer Teil des Schrifttums favorisiert in vergleichbaren Konstellationen eine Lösung über die mittelbare Täterschaft.[258] Begründet wird dies mit dem Wortlaut des § 25 Abs. 1 Alt. 2 StGB. Dem Wortlaut *„durch einen anderen"* könne nicht entnommen werden, dass zwingend ein Drei-Personen-Verhältnis erforderlich sei.[259] Vielmehr zeige er, dass eine Personenverschiedenheit zwischen dem Tatmittler und dem mittelbaren Täter bestehen müsse.[260] Ein *„anderer"* im Sinne des § 25 Abs. 1 Alt. 2 StGB könne auch das Tatopfer selbst sein.[261] Für diese Ansicht spricht der Vergleich mit anderen Vorschriften. Bei dem Tatbestand der Hehlerei beispielsweise spricht der Wortlaut explizit von einem *„Dritten"*. Der Begriff des *„Dritten"* erfordert im Gegensatz zu dem Begriff des *„anderen"* ein Drei-Personen-Verhältnis.[262] Die Wahl des Terminus des *„anderen"* spiegelt folglich die gesetzgeberische Entscheidung wieder, dass keine Drei-Personen-Konstellation erforderlich ist.[263]

Umstritten ist auch die Behandlung solcher Fälle, in denen der Tatmittler lediglich einem Motivirrtum unterliegt.[264] Teilweise wird auch bei dem Vorliegen von Motivirrtümern eine mittelbare Täterschaft angenommen.[265] Andere

---

258 *Baier*, JA 1999, 771, 772 f.; *Blei*, Strafrecht AT, § 72 1b; *Bottke*, GA 1983, 22, 32; *Gössel*, JR 1998, 291, 295, *Heckler*, NStZ 1999, 79; *Heine/Weißer* in: Schönke/Schröder, StGB, § 25 Rn. 12; *Hünerfeld* ZStW 1987, 228, 236; *Jescheck/Weigend*, Lehrbuch des Strafrechts, S. 665 f.; *Kadel*, GA 1983, 299, 306; *Krack*, ZStW 1998, 611, 628; *Kudlich*, JuS 1998, 596; *Küpper*, GA 1998, 519, 520; *Martin*, JuS 1998, 273; *Schild*, Täterschaft als Tatherrschaft, S. 19; *Schild* in: Nomos Kommentar, StGB, § 25 Rn. 75; *Schumann* in: FS-Puppe, S. 972 ff.; *Waßmer* in: AnwaltK-StGB, § 25 Rn. 15.

259 *Kudlich*, JuS 1998, 596, 597; *Weddig*, Mittelbare Täterschaft und Versuchsbeginn bei der Giftfalle, S. 37; a.A. z.B. *Spendel*, JR 1997, 133, 134 (Fn. 9).

260 *Kudlich*, JuS 1998, 596, 597; *Weddig*, Mittelbare Täterschaft und Versuchsbeginn bei der Giftfalle, S. 37.

261 *Baier*, JA 1999, 771, 772; *Küpper*, GA 1998, 519, 520; *Weddig*, Mittelbare Täterschaft und Versuchsbeginn bei der Giftfalle, S. 37.

262 *Baier*, JA 1999, 771, 772; *Weddig*, Mittelbare Täterschaft und Versuchsbeginn bei der Giftfalle, S. 37.

263 *Baier*, JA 1999, 771, 772; *Weddig*, Mittelbare Täterschaft und Versuchsbeginn bei der Giftfalle, S. 37.

264 *Charalambakis*, GA 1986, 485, 501; *Heine/Weißer* in: Schönke/Schröder, StGB, § 25 Rn. 12; *Hünerfeld*, ZStW 1987, 228, 236; *Küpper*, GA 1998, 519, 520; *Neumann*, JA 1987, 244, 250.

265 BGHSt 32, 38, 41 ff. (Sirius Fall); *Brandts/Schlehofer*, JZ 1987, 442, 443 ff.; *Neumann*, JA 1987, 244, 250. Eine ausführliche Auseinandersetzung mit den unterschiedlichen Ansichten findet sich bei: *Charalambakis*, GA 1986, 485 ff.

verlangen neben den Voraussetzungen der mittelbaren Täterschaft, dass das Opfer in eine mit § 20 StGB vergleichbare Situation gebracht werden muss.[266]

Eine mit § 20 StGB vergleichbare Situation liegt bei den Verbrauchern, die ein Heilmittel aufgrund einer irreführenden Werbung kaufen und einnehmen, allerdings regelmäßig nicht vor.

Die Gegenansicht lehnt die Konstruktion der mittelbaren Täterschaft gegen sich selbst grundsätzlich ab.[267] Nach der Gegenansicht liegt auch dann, wenn das Opfer eine Mitwirkungshandlung tätigt, eine Form der unmittelbaren Täterschaft vor.[268] Argumentiert wird damit, dass der Täter bereits durch die Täuschung des Opfers auf dieses einwirke und es zu einer Selbstschädigung veranlasse.[269] Für die Annahme einer unmittelbaren Täterschaft ist auch der Wortlaut des § 22 StGB anzuführen. Gemäß § 22 StGB versucht eine Straftat, wer nach seiner Vorstellung von der Tat zur Verwirklichung des Tatbestandes unmittelbar ansetzt. Demnach muss der Täter, nicht das Opfer, unmittelbar zur Tat ansetzen. Der Wortlaut des § 25 Abs. 1 Alt. 2 StGB ist ebenfalls deutlich, indem er von einem *„anderen"* spricht. Mit dem Begriff des *„anderen"* ist entgegen der oben gemachten Ausführungen eine andere (dritte) Person gemeint.

Die Argumente der Gegenansicht können jedoch nicht überzeugen. Zu Recht beziehen sich die Befürworter der Lösung über die Grundsätze der mittelbaren Täterschaft auf den Wortlaut des § 25 Abs. 2 StGB. Der Formulierung *„durch einen anderen"* kann keinerlei Einschränkung dahingehend entnommen werden, dass ein *„anderer"* zwingend eine dritte Person sein muss. Dies wird bei einem Vergleich mit anderen strafrechtlichen Vorschriften bestätigt, bei denen der Gesetzgeber auch von einem *„Dritten"* spricht. Die Nutzung zweier verschiedener Begriffe legt eine unterschiedliche Bedeutung dieser Begrifflichkeiten nahe.

---

266 *Heine/Weißer* in: Schönke/Schröder, StGB, § 25 Rn. 12.

267 *Beling*, Die Lehre vom Verbrechen, S. 418; *Ingelfinger* in: Dölling/Duttge/König/Rössner, Gesamtes Strafrecht, § 25 Rn. 11; *Johannes*, Mittelbare Täterschaft bei rechtmäßigem Handeln des Werkzeuges ein Scheinproblem, S. 16 ff.; *Herzberg*, Mittelbare Täterschaft bei rechtmäßig oder unverboten handelndem Werkzeug, S. 47; *Spendel*, JuS 1974, 749, 751 f.; *Spendel*, JR 1997, 133, 134 (Fn. 9); *Spendel* in: FS-Lüderssen, S. 606 f.

268 *Schild* in: Nomos Kommentar, StGB, § 25 Rn. 47; *Weddig*, Mittelbare Täterschaft und Versuchsbeginn bei der Giftfalle, S. 37.

269 *Herzberg*, Mittelbare Täterschaft bei rechtmäßig oder unverboten handelndem Werkzeug, S. 54; *Spendel*, JuS 1974, 749, 752.

Darüber hinaus ist das Abstellen auf die Täuschung und den damit in Gang gesetzten Kausalverlauf anstelle der eigentlichen Körperverletzungshandlung abzulehnen. Die Körperverletzungshandlung ist nicht die täuschende Einwirkung durch die Werbung auf das Opfer, sondern die Einnahme des Präparats beziehungsweise die Nichteinnahme eines wirksamen Mittels. Aus diesem Grunde muss die schädigende Handlung und nicht die vorgelagerte Einwirkungshandlung als Anknüpfungspunkt für die Körperverletzung herangezogen werden. Durch Anerkennung einer mittelbaren Selbstschädigung können Konstellationen wie eine irreführende Werbung sachgerecht erfasst werden.

Zuletzt vermag auch das Argument der Gegenansicht, dass nach dem Wortlaut von § 22 StGB der Täter, nicht jedoch das Opfer, zur Tat ansetzen muss, nicht zu überzeugen. Denn im Falle einer mittelbaren Täterschaft gegen sich selbst nimmt das Opfer eine Doppelrolle ein. Es ist gleichzeitig vorsatzloses Werkzeug (Tatmittler) und Opfer der Tat. In dem Moment, in dem das Opfer also zur selbstschädigen Handlung ansetzt, setzt es unmittelbar zur Tat in seiner Rolle als Tatmittler an. Das Opfer besitzt in diesen Konstellationen die alleinige Tatherrschaft. Nur das Opfer entscheidet, ob es das Heilmittel einnimmt oder nicht. Der Werbende besitzt keinerlei Tatherrschaft über das Geschehen. Das Ansetzen des Opfers in seiner Rolle als Tatmittler ist gleichzeitig auch als ein Ansetzen des Täters zur Tat zu werten, da ihm das Handeln des Tatmittlers wie eigenes Handeln zugerechnet wird.

Im Ergebnis sprechen somit die besseren Argumente für die Anerkennung einer mittelbaren Selbstschädigung im Falle der irreführenden Heilmittelwerbung. Das Handeln des Tatopfers wird dem Werbenden daher gemäß § 25 Abs. 1 Alt. 2 StGB wie eigenes Handeln zugerechnet, wenn die tatbestandlichen Voraussetzungen der Körperverletzung gegeben sind.

II. Tatbestandsvoraussetzungen der vollendeten Körperverletzung

Der einfachen Körperverletzung gemäß § 223 Abs. 1 StGB macht sich strafbar, wer eine andere Person körperlich misshandelt oder an der Gesundheit schädigt. Die §§ 223 ff. StGB schützen zuvorderst die körperliche Unversehrtheit.[270] Darunter werden sowohl die körperliche Integrität als auch die Gesundheit gefasst.

270 *Eschelbach* in: Beck-OK StGB, § 223 Rn. 1; *Eser/Sternberg-Lieben* in: Schönke/Schröder, StGB, § 223 Rn. 1; *Eser*, ZStW 1997, 3 ff.; *Schroth* in: Roxin/Schroth, Handbuch des Medizinstrafrechts, S. 25.

1. *Taterfolg*

Die irreführende Heilmittelwerbung kann nur dann als Körperverletzung verfolgt werden, wenn der tatbestandliche Erfolg in Form einer körperlichen Misshandlung oder einer Gesundheitsschädigung eingetreten ist.

Eine körperliche Misshandlung ist eine üble, unangemessene Behandlung, die das körperliche Wohlbefinden nicht unerheblich beeinträchtigt.[271] Eine körperliche Misshandlung durch irreführende Werbung als üble und unangemessene Behandlung des Verbrauchers ist kaum vorstellbar. In Betracht kommt folglich nur eine Gesundheitsschädigung. Eine Gesundheitsschädigung erfordert das Hervorrufen, Verlängern oder Steigern eines vom Normalzustand nachteilig abweichenden Zustands.[272] Die Art und Weise der Zufügung sowie die Tatsache, dass das Opfer dabei Schmerzen erleidet, ist irrelevant.[273] Von einer Gesundheitsschädigung ist auszugehen, wenn durch den Täter ein pathologischer Zustand hervorgerufen oder intensiviert wurde.[274] Durch die Einnahme des Medikamentes könnte ein negativ vom Normalzustand hervorgerufen werden. Dabei sind drei verschiedene Konstellationen zu unterscheiden:

a. *Keine Auswirkungen auf den menschlichen Körper bei gleichbleibendem Gesundheitszustand*

Der Verbraucher nimmt ein Präparat zu sich, welches keine Auswirkungen auf den menschlichen Körper hat. Der Gesundheitszustand des Verbrauchers bleibt unverändert. Es kommt nicht zu einem negativ vom Normalzustand abweichenden Zustand durch die Einnahme des Präparats.[275] Eine Gesundheitsschädigung ist in diesen Fällen zu verneinen. Ein Beispiel hierfür sind unwirksame Schlankheitspräparate ohne Auswirkungen auf den menschlichen Organismus.

---

271 BGH NStZ 2007, 404; OLG München NStZ 2008, 632; *Dölling* in: Dölling/Duttge/König/Rössner, Gesamtes Strafrecht, § 223 Rn. 4; *Joecks (Hardtung)* in: Münchener Kommentar zum StGB, Bd. 4, StGB, § 223 Rn. 4; *Knauer/Brose* in: Spickhoff, Medizinrecht, StGB, § 223 Rn. 3; *Lackner/Kühl*, StGB, § 223 Rn. 5; *Sternberg-Lieben* in: Schönke/Schröder, StGB, § 223 Rn. 3.

272 OLG München NStZ 2008, 632; *Knauer/Brose* in: Spickhoff, Medizinrecht, StGB, § 223 Rn. 3; *Paeffgen/Böse* in: Nomos Kommentar, StGB, § 223 Rn. 14; *Schroth* in: Roxin/Schroth, Handbuch des Medizinstrafrechts, S. 25.

273 *Schroth* in: Roxin/Schroth, Handbuch des Medizinstrafrechts, S. 25.

274 *Eschelbach* in: Beck-OK StGB, § 223 Rn. 24; *Joecks (Hardtung)* in: Münchener Kommentar zum StGB, Bd. 4, StGB, § 223 Rn. 29; *Lackner/Kühl*, StGB, § 223 Rn. 5; *Schroth* in: Roxin/Schroth, Handbuch des Medizinstrafrechts, S. 25.

275 Ähnlich auch: *Samson*, NJW 1978, 1182, 1184.

b. Andere Auswirkungen auf den menschlichen Körper

Besitzt das Medikament eine von der Werbung für das Präparat abweichende Wirkung, liegt eine Gesundheitsschädigung vor. Grundsätzlich stellt jede Einnahme eines Wirkstoffes (d.h. eines Stoffes, der Auswirkungen auf den Organismus besitzt) einen negativen, vom Normalzustand abweichenden Zustand und damit eine Gesundheitsschädigung dar.[276]

Die Einnahme des Medikaments wird jedoch im Regelfall durch die Einwilligung des Verbrauchers gedeckt sein, sodass eine Körperverletzung mangels Rechtswidrigkeit ausscheidet. Wird ein Medikament irreführend beworben, erstreckt sich die Einwilligung des Verbrauchers jedoch ausschließlich auf die Wirkung des Medikaments in der Art und Weise, wie der Verbraucher es nach den in der Werbung gegebenen Angaben verstehen durfte. Besitzt das Medikament andere Auswirkungen auf den Körper, ist die Einnahme des Mittels folglich nicht mehr von der Einwilligung des Verbrauchers gedeckt, weil die Einwilligung dann auf einer Täuschung basiert.[277]

c. Keine Auswirkungen auf den menschlichen Körper und Nichteinnahme eines wirksamen Mittels

Die letzte Variante ist die, dass das Medikament unwirksam ist und der Verbraucher aufgrund der Einnahme dieses Mittels ein anderes wirksames Medikament nicht einnimmt. Durch die Einnahme wird also kein negativ vom Normalzustand abweichender Zustand hervorgerufen, da die Einnahme eines wirkungslosen Mittels keinerlei Auswirkungen auf den menschlichen Körper hat. Der bestehende Zustand bleibt unverändert. Fraglich ist aber, ob die Vereitelung einer Heilungschance unter die Gesundheitsschädigung zu fassen ist. Teilweise wird im Schrifttum vertreten, dass die Vereitelung einer Heilungschance eine Gesundheitsschädigung darstelle.[278] Problematisch ist jedoch die Nachweisbarkeit einer solchen Heilungschance, mithin die Kausalität. Aufgrund der Komplexität der körperlichen Prozesse ist die Prognose, ob eine Krankheit heilbar war oder das Leben des Patienten hätte verlängert werden können, nur durch statistisch ermittelte Wahrscheinlichkeiten zu bestimmen.[279] Bei dem Unterlassen

---

276 Ähnlich sieht es: *Schroth* in: Roxin/Schroth, Handbuch des Medizinstrafrechts, S. 27. Demnach ist in der Medikamentengabe immer eine körperliche Misshandlung zu sehen. Der Begriff der körperlichen Misshandlung müsse nach Ansicht von Schroth weiter gefasst bzw. verändert werden.

277 *Schroth* in: FS-Volk, S. 731.

278 So auch: *Ast/Lorenz*, medstra 2018, 135, 138; *Samson*, NJW 1978, 1182, 1185.

279 *Ast/Lorenz*, medstra 2018, 135, 138.

einer Therapie kann nie mit an Sicherheit grenzender Wahrscheinlichkeit festgestellt werden, ob die Vereitelung der Therapie zu einer Verlängerung der Lebenszeit beziehungsweise zum Überleben des Patienten geführt hätte.[280]

Ein Beispiel, bei dem ebenfalls der Nachweis der Kausalität bei Unterlassen einer Therapie diskutiert wurde, war der Göttinger Transplantationsskandal.[281] In dem Fall des Göttinger Transplantationsskandals hatte ein Arzt die Daten seiner Patienten gefälscht, die ein Spenderorgan benötigten. Durch die falschen Angaben wurde seinen Patienten ein besserer Listenplatz auf der Warteliste für Spenderorgane zugewiesen. In der Folge erhielten sie anstelle anderer auf Organspenden wartender Patienten ein Transplantat.

Der Arzt wurde wegen versuchten Totschlags und Körperverletzung mit Todesfolge angeklagt. In der ersten Instanz sprach das Landgericht Göttingen den Angeklagten frei. Der Bundesgerichtshof bestätigte den Freispruch des Landgerichts Göttingen.

Grund für den Freispruch waren unter anderem die Nachweisprobleme hinsichtlich der Kausalität zwischen der verhinderten Transplantation und dem Körperverletzungs- beziehungsweise Tötungserfolg.[282] Im Göttinger Transplantationsskandal konnte keine Aussage dahingehend getroffen werden, ob bei den Patienten mit an Sicherheit grenzender Wahrscheinlichkeit eine Lebensverlängerung oder eine Heilung eingetreten wäre, wenn die Transplantation ordnungsgemäß durchgeführt worden wäre. Da ein hypothetischer Kausalverlauf nie sicher vorhergesagt werden kann, machen ebendiese Nachweisschwierigkeiten – wie der Göttinger Transplantationsskandal zeigt – eine Ahndung als Körperverletzung nahezu unmöglich.

Aufgrund dieser Unwägbarkeiten ist die Vereitelung einer Heilungschance nicht tatbestandlich im Sinne des § 223 StGB.

3. *Subjektiver Tatbestand*

Der Betreiber der Werbung müsste vorsätzlich gehandelt haben. Hinsichtlich der Tatsache, dass das Medikament von den Verbrauchern gekauft und eingenommen wird, handelt der Werbende wissentlich und willentlich. Regelmäßig beabsichtigt der Werbetreibende aber ausschließlich die Absatzförderung des beworbenen Produktes, sodass er jedenfalls ohne Schädigungsabsicht handelt.

---

280 *Ast/Lorenz*, medstra 2018, 135, 138; so auch schon: BGH im Fall des Göttinger Transplantationsskandals BGH NStZ 2017, 707.

281 Zum Sachverhalt siehe: BGH NStZ 2017, 701 ff.

282 BGH NStZ 2017, 701, 705.

In diesen Fällen kommt hinsichtlich des Eintritts eines Körperverletzungserfolgs nur Eventualvorsatz in Betracht.

Hat der Werbende Kenntnis davon, dass das beworbene Heilmittel andere Auswirkungen auf den menschlichen Körper hat, als die beworbenen Auswirkungen, handelt der er hinsichtlich der Gesundheitsschädigung jedenfalls mit bedingtem Vorsatz. Denn eine Gesundheitsschädigung liegt bereits durch die Einnahme des Wirkstoffs vor.

Die Fälle der irreführenden Heilmittelwerbung, in denen eine Gesundheitsschädigung eintritt, werden folglich durch den Tatbestand der Körperverletzung gemäß § 223 StGB erfasst. Die Konstellationen der irreführenden Heilmittelwerbung, in denen kein Taterfolg eingetreten ist, fallen nicht in den Anwendungsbereich der Körperverletzungsdelikte. Die irreführende Heilmittelwerbung wird somit nicht hinreichend durch die §§ 223 ff. StGB erfasst.

III. Versuchte Körperverletzung

Ebenso kommt eine Strafbarkeit wegen versuchter Körperverletzung in Betracht. Bei der Körperverletzung gemäß § 223 Abs. 1 StGB handelt es sich um ein Vergehen im Sinne des § 12 Abs. 2 StGB. Gemäß § 23 Abs. 1 StGB ist der Versuch eines Vergehens nur strafbar, wenn dies ausdrücklich bestimmt ist. § 223 Abs. 2 StGB normiert die Strafbarkeit der versuchten Körperverletzung. Eine mögliche Bedeutung der Versuchsstrafbarkeit im Medizinprodukterecht bei bedingt vorsätzlicher Gesundheitsschädigung hat bisher in der Praxis wenig Beachtung gefunden.[283]

Voraussetzung für eine versuchte Körperverletzung ist, dass das Delikt nicht vollendet wurde, der Täter gemäß § 22 StGB unmittelbar zur Tatbestandsverwirklichung angesetzt hat und er Tatentschluss bezüglich der Verwirklichung einer Körperverletzung hatte.[284]

1. *Keine Vollendung*

Nachdem zuvor die Strafbarkeit der versuchten Körperverletzung positiv festgestellt wurde, dürfte weiter keine Vollendung eingetreten sein. Die Körperverletzung ist nicht vollendet, solange der Taterfolg nicht eingetreten ist. Der Taterfolg ist der Eintritt einer Gesundheitsschädigung in Form einer anderen Auswirkung

---

283 *Fischer*, StGB, § 223 Rn. 55.

284 Gemäß § 22 StGB liegt ein Versuch dann vor, wenn der Täter nach seiner Vorstellung der Tat zur Verwirklichung des Tatbestands unmittelbar angesetzt hat.

als der Beworbenen auf den menschlichen Organismus. Bei Veröffentlichung einer Werbeanzeige tritt nicht zwingend ein Körperverletzungserfolg ein. Regelmäßig ist der Tatbestand der Körperverletzung mangels Eintritts des tatbestandlichen Erfolgs nicht erfüllt.

2. *Tatentschluss*

Weiter müsste der Täter zur Tat entschlossen sein. Der Tatentschluss ist zu bejahen, wenn der Täter jedenfalls mit Eventualvorsatz bezüglich der Gesundheitsschädigung gehandelt hat. Der Werbende hat regelmäßig das Ziel, den Absatz des Medikaments zu steigern. Er handelt also hinsichtlich der Tatsache, dass das Medikament von den Verbrauchern gekauft und eingenommen wird, wissentlich und willentlich. Der Täter war daher zur Tat entschlossen.

3. *Unmittelbares Ansetzen*

Der Täter muss darüber hinaus unmittelbar zur Tat angesetzt haben. Ein unmittelbares Ansetzen ist dann gegeben, wenn der Täter subjektiv die Schwelle zum „Jetzt-geht's-los" überschreitet und objektiv zur tatbestandsmäßigen Handlung ansetzt, sodass sein Tun ohne Zwischenakte in die Tatbestandsverwirklichung einmündet.[285]

Der Zeitpunkt des Versuchsbeginns bei mittelbarer Täterschaft ist umstritten.[286] Zum einen kann auf die Einwirkungshandlung des mittelbaren Täters auf den Tatmittler abgestellt werden. Teilweise wird der Beginn dieser Einwirkung als maßgeblicher Zeitpunkt angesehen.[287] Stellt man auf den Beginn der Einwirkung ab, erfolgt der Eintritt in das Versuchsstadium zu einem sehr frühen Zeitpunkt. Darum ist nach herrschender Ansicht der Abschluss der Einwirkung auf das Opfer und das Aus-der-Hand-Geben des Geschehensablaufs der Zeitpunkt

---

285 BGHSt 26, 201, 203; BGHSt 28, 162, 163; BGHSt 36, 249, 250; BGH NStZ 2008, 209; BGH NStZ 2014, 633; mit Anm. *Brüning*, ZJS 2014, 454, 456; *Cornelius* in: Beck-OK StGB, § 22 Rn. 35; *Hoffmann-Holland* in: Münchener Kommentar zum StGB, Bd. 1, StGB, § 22 Rn. 109; *Jescheck/Weigend*, Lehrbuch des Strafrechts, S. 519.

286 Ausführlich zur Abgrenzung zwischen strafloser Vorbereitung und strafbarem Versuch siehe die Ausführungen von: *Krack*, ZStW 1998, 611, 624; *Papageorgiou-Gonatas*, Wo liegt die Grenze zwischen Vorbereitungshandlungen und Versuch? und *Schilling*, Der Verbrechensversuch des Mittäters und des mittelbaren Täters.

287 *Puppe*, GA 2013, 514, 530 ff.

des Versuchsbeginns bei mittelbarer Täterschaft, sofern der Täter davon ausgeht, dass der Tatmittler die tatbestandsmäßige Handlung vornehmen wird.[288]

Anders beurteilt die Gesamtbetrachtungslehre den Versuchsbeginn bei mittelbarer Täterschaft.[289] Die Gesamtbetrachtungslehre nimmt erst dann einen Versuch an, wenn der Tatmittler unmittelbar zur Tat ansetzt.[290] Der Zeitpunkt des Eintritts in das Versuchsstadium durch den Tatmittler ist allerdings zu spät. Denn tritt der Tatmittler nicht in das Versuchsstadium ein, besteht keine Möglichkeit mehr, den Hintermann strafrechtlich zur Verantwortung zu ziehen. Nach der Gesamtbetrachtungslehre besteht somit eine Strafbarkeitslücke.

Zweckmäßig ist es daher auf den Abschluss der Einwirkung des mittelbaren Täters auf den Tatmittler abzustellen. Der mittelbare Täter gibt bereits mit Abschluss der Einwirkungshandlung die Tatherrschaft auf und hat ab diesem Zeitpunkt keinerlei Einwirkungsmöglichkeit mehr auf das weitere Geschehen. Aus diesem Grunde ist der Zeitpunkt, in dem der mittelbare Täter auf den Tatmittler einwirkt, der maßgebliche Zeitpunkt zur Beurteilung des Versuchsbeginns.

Folglich ist zu fragen, wie die Einwirkung des mittelbaren Täters auf den Tatmittler im Fall der irreführenden Werbung erfolgt. Bei der Veröffentlichung einer irreführenden Heilmittelwerbung muss die Werbung vom Verbraucher wahrgenommen werden. Die Einwirkung des mittelbaren Täters auf den Tatmittler geschieht durch die Werbung. In dem Moment, in dem der Verbraucher Kenntnis von der irreführenden Werbung nimmt, ist die Einwirkung abgeschlossen und das unmittelbare Ansetzen zu bejahen. Demnach liegt in den Fällen der irreführenden Werbung, in denen dem Werbenden bekannt ist, dass das beworbene Produkt abweichende Auswirkungen auf den menschlichen Organismus besitzt, eine versuchte Körperverletzung gemäß §§ 223 Abs. 2, 22, 23 Abs. 1 StGB vor.

---

288 BGHSt 30, 363, 365; BGHSt 40, 257, 269; *Baumann/Weber/Mitsch*, Strafrecht AT, § 29 Rn. 155; *Herzberg*, MDR 1973, 89, 94; *Roxin* in: FS-Maurach, S. 227 ff.; *Schilling*, Der Verbrechensversuch des Mittäters und des mittelbaren Täters, S. 104.

289 *Bung*, JA 2007, 868, 871; *Eschenbach*, Jura 1992, 637, 645; *Haas*, Theorie der Tatherrschaft und ihre Grundlagen, 2008, 80 ff.; *Kadel*, GA 1983, 299, 301 ff.; *Köhler*, Strafrecht AT, S. 541 f.; *Krack*, ZStW 1998, 611, 628; *Krüger*, Der Versuchsbeginn bei mittelbarer Täterschaft, S. 83 ff.; *Kühl*, JuS 1983, 180, 181 f.; *Küper*, JZ 1983, 361, 366 ff.; *Küpper*, GA 1986, 437, 446 f.

290 *Küper*, JZ 1983, 361, 366 ff.; *Kühl*, JuS 1983, 180, 181 f.

IV. Zwischenergebnis

Durch die Körperverletzungstatbestände werden nur bestimmte Fälle der irreführenden Heilmittelwerbung erfasst. Die vollendete Körperverletzung greift erst, wenn der tatbestandliche Erfolg eingetreten ist. Dieser Zeitpunkt ist jedoch zu spät, weil sich die Verbraucher, die auf eine irreführende Heilmittelwerbung vertrauen, in einer spezifischen Notlage befinden und damit besonders schutzbedürftig sind.[291] Darüber hinaus bergen Heilmittel, anders als gewöhnliche Gebrauchsmittel, regelmäßig gesundheitliche Risiken. Diese Risiken wie beispielsweise Neben- und Wechselwirkungen oder eine erhöhte Sucht- beziehungsweise Missbrauchsgefahr rechtfertigen einen frühzeitig einsetzenden Schutz.[292] Ist kein Erfolg eingetreten, kommt eine versuchte Körperverletzung in Betracht. Eine versuchte Körperverletzung liegt vor, wenn der mittelbare Täter Kenntnis davon hat, dass das beworbene Produkt andere als die beworbenen Auswirkungen auf den menschlichen Organismus besitzt. Ist das Produkt wirkungslos, sodass die Einnahme keinerlei Auswirkungen auf den menschlichen Körper hat und hat der Werbende Kenntnis von der Wirkungslosigkeit des Produktes, ist der Tatbestand der versuchten Körperverletzung nicht erfüllt.

Da durch die Körperverletzungstatbestände nur ein Teil der Fälle der irreführenden Heilmittelwerbung erfasst werden, ist der durch die Körperverletzungstatbestände gewährleistete Schutz lückenhaft.

B. Betrug § 263 StGB

Im Zusammenhang mit den etwaigen finanziellen Einbußen ist ebenso eine Strafbarkeit wegen Betrugs gemäß § 263 StGB in Betracht zu ziehen. Durch den Kauf eines irreführend beworbenen Heilmittels kann es für die Verbraucher zu finanziellen Nachteilen kommen. Die Betrugsvorschriften schützen das Vermögen.[293]

Gemäß § 263 StGB macht sich strafbar, wer in der Absicht sich oder einem Dritten einen rechtswidrigen Vermögensvorteil zu verschaffen, das Vermögen eines anderen dadurch beschädigt, dass er durch Vorspiegelung falscher oder

291 BT-Drs. IV 1867 S. 5 zu I; *Doepner/Reese*, HWG, Einleitung, Rn. 140; *Hamm/Bücker*, Gesetz über die Werbung auf dem Gebiet des Heilwesens, S. 11.

292 *Doepner/Reese*, HWG, Einleitung, Rn. 140.

293 *Beukelmann* in: Beck-OK StGB, § 263 Rn. 1; *Gaidzik* in: Nomos Kommentar, Gesamtes Medizinrecht, StGB, § 263 Rn. 1; *Heger/Petzsche* in: Leitner/Rosenau, Wirtschafts- und Steuerstrafrecht, StGB, § 263 Rn. 2; *Lackner/Kühl*, StGB, § 263 Rn. 2; *Perron* in: Schönke/Schröder, StGB, § 263 Rn. 1/2; *Satzger*, Jura 2009, 518.

durch Entstellung beziehungsweise Unterdrückung wahrer Tatsachen einen Irrtum erregt oder unterhält. Der Täter muss, indem er über Tatsachen täuscht, einen Irrtum beim Getäuschten erregen, infolgedessen der Getäuschte eine Vermögensverfügung tätigt, die wiederrum einen Vermögensschaden zur Folge hat.

Bevor auf die einzelnen Tatbestandsvoraussetzungen des Betrugs eingegangen wird, ist zu prüfen, wer als Täter in Betracht kommt. Im Falle der irreführenden Heilmittelwerbung sind mehrere Personen beteiligt: Der Hersteller, der irreführend wirbt, ein Zwischenhändler, der das Produkt vertreibt (Apotheker) und der Endverbraucher, der das Produkt kauft. Da der Apotheker in der Regel keine Kenntnis darüber hat, ob die Werbung der Wahrheit entspricht oder ob es sich um eine irreführende Werbung handelt, kommt eine Begehung in mittelbarer Täterschaft in Betracht. Bei Vorliegen einer mittelbaren Täterschaft wird das Verhalten des Tatmittlers dem mittelbaren Täter wie eigenes Handeln zugerechnet.[294]

I. Mittelbare Täterschaft

Die mittelbare Täterschaft[295] ist in § 25 Abs. 1 Alt. 2 StGB geregelt. Demnach ist mittelbarer Täter, wer die Tat *„durch einen anderen"* begeht. Indem der mittelbare Täter die Tat *„durch einen anderen"* begeht, bedient er sich eines menschlichen Werkzeugs.[296] Bei der mittelbaren Täterschaft sind also grundsätzlich drei Personen beteiligt: der Vordermann (Tatmittler), der Hintermann (mittelbarer Täter) und das Tatopfer. Die mittelbare Täterschaft zeichnet sich dadurch aus, dass der mittelbare Täter ein Strafbarkeitsdefizit des Tatmittlers ausnutzt oder hervorruft, welches aufgrund einer tatsächlichen oder rechtlichen Unterlegenheit des Tatmittlers besteht, und der mittelbare Täter die Tatherrschaft über das Geschehen besitzt.[297]

Vorliegend kommt eine Unterlegenheit des Vordermanns kraft überlegenen Wissens des Hintermanns in Betracht. Der Hintermann hat Kenntnis davon, dass die Werbung eine Täuschung über Tatsachen beinhaltet und durch die Täuschung ein Irrtum erregt oder unterhalten wird, der zu einer Vermögensverfügung

294 *Heine/Weißer* in: Schönke/Schröder, StGB, § 25 Rn. 8.

295 Siehe ausführlich zur mittelbaren Täterschaft in diesem Kapitel unter: A. I.

296 *Heckler*, NStZ 1999, 79; *Lackner/Kühl*, StGB, § 25 Rn. 2; *Schild* in: Nomos Kommentar, StGB, § 25 Rn. 75.

297 *Heckler*, NStZ 1999, 79; *Ingelfinger* in: Dölling/Duttge/König/Rössner, Gesamtes Strafrecht, § 25 Rn. 13; *Joecks* in: Münchener Kommentar zum StGB, Bd. 1, StGB, § 24 Rn. 54 ff.; *Kudlich* in: Beck-OK StGB, § 25 Rn. 20.

des Getäuschten und schlussendlich zu einem Vermögensschaden führt. Denn dem Zwischenhändler ist regelmäßig nicht bekannt, dass es sich bei den Werbeangaben um irreführende Angaben handelt. Er besitzt folglich keinen Vorsatz hinsichtlich der Täuschung, der Erregung eines Irrtums sowie der Vermögensverfügung und des Schadenseintritts. Er ist vorsatzloses Werkzeug des Hintermanns. Diese Unkenntnis des Apothekers nutzt der Werbende bewusst für seine Zwecke aus, sodass die Tatherrschaft des Hintermanns aufgrund überlegenen Wissens gegeben ist. In Fällen der irreführenden Heilmittelwerbung liegt also gleichzeitig eine Körperverletzung in mittelbarer Täterschaft vor. Folglich wird das Handeln des Tatmittlers (Apotheker) dem mittelbaren Täter wie eigenes Handeln zugerechnet, wenn die tatbestandlichen Voraussetzungen des Betrugs erfüllt sind.

II. Tatbestandsvoraussetzungen

1. Täuschung über Tatsachen

Die irreführende Heilmittelwerbung müsste eine Täuschung über Tatsachen enthalten. Täuschungshandlung ist die Vorspiegelung falscher Tatsachen, die Entstellung oder Unterdrückung wahrer Tatsachen. Die Täuschung kann durch ein aktives Tun oder durch ein pflichtwidriges Unterlassen erfolgen. Tatsachen sind alle vergangenen und gegenwärtigen Zustände, die objektiv bestimmt und dem Beweis zugänglich sind.[298] Unter Tatsachen fallen nach herrschender Meinung sowohl äußere Tatsachen, wie beispielsweise die Zahlungsfähigkeit einer Person, als auch innere Tatsachen wie Absichten, Motive, Überzeugungen, Kenntnisse und Vorstellungen.[299] Kann der Werbung eine bestimmte Aussage entnommen werden, durch die der Adressat dieser Werbung über Tatsachen getäuscht wird, liegt darin eine Täuschung durch den Hersteller.[300] Eine Täuschung ist

---

298 *Beuckelmann* in: Beck-OK StGB, § 263 Rn. 3; *Hefendehl* in: Münchener Kommentar zum StGB, Bd. 5, StGB, § 263 Rn. 75; *Waßmer* in: Bank- und Kapitalmarktrecht, Kap. 1, Rn. 310; vgl. auch die Ausführungen zum Tatsachenbegriff von *Bitzilekis* in: FS-Hirsch, 1999, S. 29 ff.

299 *Waßmer* in: Bank- und Kapitalmarktrecht, Kap. 1, Rn. 310.

300 Eine Täuschung durch Prospektwerbung nahm auch das LG Hildesheim im Abgasskandal an. Da der Hersteller in diesem Fall jedoch keine konkrete Aussage zu den in diesem Fall relevanten NOx-Emmissionen machte wurde in diesem Fall eine konkludente Täuschung angenommen. Nachzulesen ist die Entscheidung des LG Hildesheim in: LG Hildesheim, DAR 2017, 83, 86. Zustimmend: *Brand*, wistra 2019, 169, 171; *Hefendehl* in: Münchener Kommentar zum StGB, Bd. 5; StGB, § 263 Rn. 124.

anzunehmen, wenn in der Werbung eine bestimmte Tatsache behauptet wird, die erweislich unwahr ist. Dies wäre der Fall, wenn bei einem Medikament ein Anwendungsbereich für eine bestimmte Krankheit behauptet wird, für den das Mittel nicht anwendbar ist. Einer solchen Aussage kann entnommen werden, dass das Mittel auch bei Beschwerden des in der Werbung angegebenen Anwendungsbereiches einsetzbar ist.

Bei einer irreführenden Werbung werden aber nicht zwingend falsche Tatsachen vorgespiegelt, wahre Tatsachen entstellt oder unterdrückt. Eine Tatsache kann wahr sein, aber gleichzeitig missverständlich. Missverständlich bedeutet, dass die Aussage nicht eindeutig ist und daher leicht zu einem Missverständnis führen kann. Bei Vorliegen einer missverständlichen Aussage handelt es sich nicht um eine Täuschung über Tatsachen, sodass eine Werbung mit missverständlichen Aussagen nicht vom Betrugstatbestand erfasst wird. Eine Werbung mit einer missverständlichen Aussage stellt aber eine irreführende Werbung dar. Folglich werden nicht alle Fälle der irreführenden Werbung durch den Betrugstatbestand erfasst.

2. *Irrtum*

Durch die Täuschung müsste ein Irrtum erregt oder unterhalten werden. Zwischen der Täuschungshandlung und dem Irrtum muss also ein Kausalzusammenhang bestehen.[301] Unter einem Irrtum[302] ist eine der Wirklichkeit widersprechende Tatsachenvorstellung zu verstehen.[303] Ob der Irrtum vermeidbar war, ist irrelevant. Der Schutz des § 263 StGB besteht auch bei besonderer Leichtgläubigkeit oder Naivität des Opfers.[304] Vielfach werden die Verbraucher bei einer irreführenden Werbung jedoch Zweifel bezüglich des Wahrheitsgehalts der Werbeaussage hegen. Streitig ist, ob ein Irrtum auch bei Zweifeln des Opfers an der Richtigkeit der Tatsachenangaben angenommen werden kann.[305]

---

301 *Gaede* in: FS-Roxin II, S. 981; *Tiedemann* in: Leipziger Kommentar, StGB, Bd. 9/1, § 263 Rn. 93; *Waßmer* in: Bank- und Kapitalmarktrecht, Kap. 1, Rn. 320.

302 Einem Irrtum können nur Menschen unterliegen. Wird eine Datenverarbeitungsanlage „getäuscht“, werden diese Fälle unter den Tatbestand des Computerbetrugs gemäß § 263a StGB gefasst.

303 *Fischer*, StGB, § 263 Rn. 54; *Hoyer* in: Systematischer Kommentar StGB, Bd. 5, § 263 Rn. 63; *Hefendehl* in: Münchener Kommentar StGB, Bd. 5, StGB, § 263 Rn. 249; *Tiedemann* in: Leipziger Kommentar StGB, Bd. 9/1, § 263 Rn. 77.

304 *Perron* in: Schönke/Schröder, StGB, § 263 Rn. 32a.

305 BGHSt 24, 257, 260; BGH NStZ 2003, 313, 314; *Hefendehl* in: Münchener Kommentar zum StGB, Bd. 5, StGB, § 263 Rn. 271 ff.; *Joecks/Jäger*, Studienkommentar StGB, § 263 Rn. 75 ff.

Nach der herrschenden Meinung schließen Zweifel einen Irrtum nicht aus, solange der Getäuschte die Wahrheit der Tatsache noch für möglich hält.[306] Eine Mindermeinung vertritt unter Bezugnahme auf einen viktimodogmatischen Ansatz die Auffassung, dass der Betrugstatbestand bei zweifelnden Opfern wegen deren verminderter Schutzbedürftigkeit nicht anwendbar ist.[307]

In seiner Grundsatzentscheidung aus dem Jahr 2002[308] argumentiert der Bundesgerichtshof, dass die viktimologisch motivierten Ansätze zur Einschränkung des Betrugstatbestands wegen geringerer Schutzbedürftigkeit des zweifelnden Tatopfers im Wortlaut des § 263 StGB keine Stütze fänden.[309] Auch derjenige, der an der Wahrheit einer behaupteten, für seine Entscheidung über eine Vermögensverfügung erheblichen Tatsache zweifle, sei in den Schutzbereich des Betrugstatbestandes einbezogen.[310] Der Auffassung des Bundesgerichtshofs ist zuzustimmen. Die Einbeziehung Zweifelnder scheint insbesondere vor dem Hintergrund eines umfassenden Verbraucherschutzes geboten. Ein abgestufter Schutz würde den Verbraucher, der den Sachverhalt prüft und nachdenkt, benachteiligen, da dieser nicht mehr in den Schutzbereich der Regelung fiele. Dies stünde auch im Widerspruch dazu, dass der Schutz des § 263 StGB auch bei besonderer Leichtgläubigkeit oder Naivität des Opfers besteht, da die Vermeidbarkeit des Irrtums irrelevant ist.[311] Richtigerweise schließen Zweifel das Vorliegen eines Irrtums also nicht aus.

Um zu ermitteln, ob durch eine irreführende Werbung ein Irrtum beim Adressaten hervorgerufen wurde, ist festzustellen, welche konkreten Vorstellungen sich der Käufer bezüglich der Werbung macht. Eine irreführende Heilmittelwerbung führt nicht zwangsläufig zu einem Irrtum beim Verbraucher. Es ist nicht auszuschließen, dass der Adressat eine unwahre Aussage erkennt und daher keinem Irrtum hinsichtlich dieser Tatsache unterliegt. Die Irrtumserregung beim Adressaten ist folglich nicht zwingend und steht in Abhängigkeit zu der individuellen Auffassungsgabe des Adressaten. Es ist daher im Einzelfall zu

---

306 BGHSt 24, 257, 260; BGH NStZ 2003, 313, 314; *Beukelmann* in: Beck-OK StGB, § 263 Rn. 27; *Joecks/Jäger*, Studienkommentar StGB, § 263 Rn. 75; *Waßmer* in: Bank- und Kapitalmarktrecht, Kap. 1, Rn. 319.

307 *Schünemann*, NStZ 1986, 193 ff.; *Schünemann*, NStZ 1986, 439 ff. m.w.N.; vgl. auch: *Mühlbauer*, NStZ 2003, 650, 652; *Schünemann*, Das System des strafrechtlichen Unrechts, S. 61 ff.

308 BGH NStZ 2003, 313, 314.

309 BGH NStZ 2003, 313, 314.

310 BGH NStZ 2003, 313, 314.

311 *Perron* in: Schönke/Schröder, StGB, § 263 Rn. 32a.

prüfen, welche Vorstellung der Adressat von der irreführenden Werbung hatte. Fallen die Vorstellung des Adressaten und die Wirklichkeit auseinander, unterliegt der Adressat einer Fehlvorstellung und damit einem Irrtum.

3. Vermögensverfügung

Darüber hinaus muss eine Vermögensverfügung getätigt werden, die kausal auf die Täuschungshandlung und den dadurch erregten oder unterhaltenen Irrtum zurückzuführen ist. Der Getäuschte muss aufgrund des erregten oder unterhaltenen Irrtums eine Vermögensverfügung tätigen.[312] Unter einer Vermögensverfügung wird jedes rechtliche oder tatsächliche Handeln, Dulden oder Unterlassen, welches unmittelbar zu einer Vermögensminderung führt, verstanden.[313] Unmittelbar meint, dass das Opferverhalten ohne zusätzliche deliktische Zwischenakte des Täters zu einer Vermögensminderung führt.[314]

Entschließt sich der Adressat einer irreführenden Werbung das beworbene Produkt käuflich zu erwerben, verfügt dieser über sein Vermögen. Bei Abschluss eines Vertrags, der aufgrund einer Täuschung zustande kommt, wird in einem ersten Schritt ein (anfechtbarer) Vertrag geschlossen, der in einem zweiten Schritt erfüllt wird.[315] Mit Vertragsabschluss und Eingehung der Verbindlichkeit hat der Getäuschte einen Anspruch auf eine möglicherweise minderwertige oder wertlose Leistung erworben.[316] Bei Minderwertigkeit oder Wertlosigkeit der Leistung liegt bereits bei Eingehung der Verbindlichkeit ein Eingehungsbetrug vor.[317] Dies ist der Fall, wenn das erworbene Heilmittel die beworbenen

---

312 *Hefendehl* in: Münchener Kommentar zum StGB, Bd. 5, StGB, § 263 Rn. 295; *Perron* in: Schönke/Schröder, StGB, § 263 Rn. 54.

313 BGHSt 14, 170, 171; *Beukelmann* in: Beck-OK StGB, § 263 Rn. 31; *Dannecker* in: Graf/Jäger/Wittig, Wirtschafts- und Steuerstrafrecht, StGB, § 263 Rn. 70; *Perron* in: Schönke/Schröder, StGB, § 263 Rn. 55; *Satzger*, Jura 2009, 518; *Waßmer* in: Bank- und Kapitalmarktrecht, Kap. 1, Rn. 320.

314 BGHSt 14, 170, 171; BGH GA 1966, 212; BGH NStZ 2016, 674, 675; *Dannecker* in: Graf/Jäger/Wittig, Wirtschafts- und Steuerstrafrecht, StGB, § 263 Rn. 72; *Fischer*, StGB, § 263 Rn. 76; *Perron* in: Schönke/Schröder, StGB, § 263 Rn. 61; *Tiedemann* in: Leipziger Kommentar, StGB, Bd. 9/1, § 263 Rn. 98; siehe auch: *Jäger*, JuS 2010, 761 ff.; kritisch dazu: *Backmann*, Abgrenzung des Betrugs von Diebstahl und Unterschlagung, S. 68 f.; *Kindhäuser* in: FS-Bemmann, 339, 352; *Stuckenberg*, ZStW 2006, 878, 903.

315 *Joecks/Jäger*, Studienkommentar StGB, § 263 Rn. 127.

316 *Joecks/Jäger*, Studienkommentar StGB, § 263 Rn. 128.

317 *Joecks/Jäger*, Studienkommentar StGB, § 263 Rn. 128 f.

Eigenschaften wegen Minderwertigkeit beziehungsweise Wirkungslosigkeit nicht erfüllt. Es wird im Rahmen des Heilmittelerwerbs sodann ganz regelmäßig auch ein Erfüllungsbetrug vorliegen. Ein solcher ist dann anzunehmen, wenn der Getäuschte bei Erfüllung des Vertrages einen minderwertigen oder wertlosen Gegenstand erhält.[318] Der Abschluss und die Erfüllung des Vertrages (Geldzahlung und Erhalt der Leistung) fallen beim Heilmittelkauf entsprechend eng zusammen, dass sowohl ein Eingehungsbetrug als auch ein Erfüllungsbetrug gegeben sind.

4. *Vermögensschaden*

Zur Erfüllung des Betrugstatbestandes muss ferner ein Vermögensschaden eintreten.[319] Ein Schaden ist eine Vermögenseinbuße des Getäuschten oder eines Dritten.[320] Diese Vermögenseinbuße muss unmittelbar durch die Vermögensverfügung des Getäuschten hervorgerufen werden.[321]

Der Vermögensschaden wird nach der wirtschaftlichen Betrachtungsweise durch einen ex ante Vergleich ermittelt.[322] Dabei wird die Vermögenslage des Geschädigten unmittelbar vor und nach der Vermögensverfügung verglichen (Prinzip der Gesamtsaldierung).[323]

---

318 *Joecks/Jäger*, Studienkommentar StGB, § 263 Rn. 127.

319 *Dannecker* in: Graf/Jäger/Wittig, Wirtschafts- und Steuerstrafrecht, StGB, § 263 Rn. 77; *Gercke* in: Spindler/Schuster, Recht der elektronischen Medien, § 263 Rn. 8; *Kindhäuser* in: Nomos Kommentar, StGB, § 263 Rn. 226; *Rengier*, Strafrecht BT I, § 13 Rn. 117.

320 *Lackner/Kühl*, StGB, § 263 Rn. 32; Ausführlich zum Dreicksbetrug siehe: *Perron* in: Schönke/Schröder, StGB, Vor § 263 Rn. 65 ff.; *Schuhr* in: Spickhoff, Medizinrecht, StGB, § 263 Rn. 31.

321 BGHSt 14, 170, 171; *Beukelmann* in: Beck-OK, StGB, § 263 Rn. 32; *Duttge* in: Dölling/Duttge/König/Rössner, Gesamtes Strafrecht, § 263 Rn. 37; *Dannecker* in: Graf/Jäger/Wittig, Wirtschafts- und Steuerstrafrecht, StGB, § 263 Rn. 77 m.w.N.

322 *Becker/Rönnau*, JuS 2017, 975; *Beukelmann* in: Beck-OK StGB, § 263 Rn. 39, 51; *Lackner/Kühl*, StGB, § 263 Rn. 33; so auch: *Waßmer* in: Graf/Jäger/Wittig, Wirtschafts- und Steuerstrafrecht, StGB, § 266 Rn. 168 zur Ermittlung des Vermögensschadens bei der Untreue. Dasselbe Prinzip ist ebenfalls bei § 263 StGB anzuwenden.

323 BGH NStZ 2011, 638, 639; *Duttge* in: Dölling/Duttge/König/Rössner, Gesamtes Strafrecht, § 263 Rn. 37; *Eisele/Bechtel*, JuS 2018, 97; *Hefendehl* in: Münchener Kommentar zum StGB, Bd. 5, StGB, § 263 Rn. 530, 533; *Perron* in: Schönke/Schröder, StGB, § 263 Rn. 99; *Schuhr* in: Spickhoff, Medizinrecht, StGB, § 263 Rn. 36; *Satzger*, Jura 2009, 518; *Waßmer* in: Graf/Jäger/Wittig, Wirtschafts- und Steuerstrafrecht, StGB, § 266 Rn. 168.

Die vermögensmindernden Leistungen sind vom Ausgangsvermögen abzuziehen und gleichzeitig sind die Vermögenszuflüsse durch Gegenleistungen des Täuschenden, falls vorhanden, zu addieren.[324] Ein Vermögensschaden ist zu bejahen, wenn der ermittelte Wert unter dem Ausgangswert liegt.[325] Daraus folgt, dass das Ausbleiben einer Vermögensvermehrung nicht dem Tatbestand des § 263 StGB unterfällt.[326] Daher ist zu untersuchen, ob in Folge der irreführenden Werbung ein Vermögensschaden beim Verbraucher eintritt.

a. Bestimmung des objektiven Marktwertes

Der Wert der Zu- und Abflüsse ist anhand des jeweiligen Verkehrs- oder Marktwerts zu bestimmen.[327] Dabei können normative Gesichtspunkte eine Rolle spielen, soweit die wirtschaftliche Betrachtungsweise dadurch nicht verdrängt oder überlagert wird.

Der Marktwert ist der erzielbare Wettbewerbspreis eines Produkts unter Berücksichtigung unterschiedlicher Umsatzstufen (Hersteller – Großhändler – Einzelhändler – Endverbraucher).[328] Wird ein marktübliches Umsatzgeschäft getätigt, d.h. erhält der Verfügende eine marktübliche Gegenleistung, liegt kein Vermögensschaden vor. Denn bei der Festlegung des objektiven Marktwertes werden individuelle Interessen nicht berücksichtigt.

Neu zugelassene Medikamente stehen zunächst unter Patentschutz.[329] Die Hersteller müssen für alle Arzneimittel, die neu eingeführt werden, Nachweise über den zusätzlichen Nutzen für die Patienten vorlegen. Der Gemeinsame Bundesausschuss legt anschließend fest, ob das Präparat einen Zusatznutzen besitzt.[330] Darauf basierend wird mit den gesetzlichen Krankenversicherungen

---

324 *Dannecker* in: Graf/Jäger/Wittig, Wirtschafts- und Steuerstrafrecht, StGB, § 263 Rn. 86; *Eisele/Bechtel*, JuS 2018, 97; *Eisele*, Strafrecht BT II, Rn. 574.

325 *Eisele*, Strafrecht BT II, Rn. 574.

326 BGH NJW 1985, 2428; BGH NJW 1991, 2273; BGH NJW 2004, 2603, 2604 mit Anm. *Kudlich* JuS 2005, 81, 82; OLG Köln NStZ 2000, 481; *Backmann*, Abgrenzung des Betrugs von Diebstahl und Unterschlagung, S. 42; *Beukelmann*, Beck-OK StGB, § 263 Rn. 55; *Eisele/Bechtel*, JuS 2018, 97, 98; *Eisele*, Strafrecht BT II, Rn. 575.

327 BGHSt 57, 95, 115; *Beukelmann* in: Beck-OK StGB, § 263 Rn. 52; *Dannecker* in: Graf/Jäger/Wittig, Wirtschafts- und Steuerstrafrecht, StGB, § 263 Rn. 88; *Hefendehl* in: Münchener Kommentar zum StGB, Bd. 5, StGB, § 263 Rn. 533, 542; *Perron* in: Schönke/Schröder, StGB, § 263 Rn. 99; *Schuhr* in: Spickhoff, Medizinrecht, StGB, § 263 Rn. 36.

328 *Becker/Rönnau*, JuS 2017, 975, 976.

329 Hier und im Folgenden: https://www.bundesgesundheitsministerium.de/arzneimittelpreise.html (7.2.2020).

330 Ebenda.

ein Erstattungsbetrag vereinbart, der ab dem dreizehnten Monat nach der Markteinführung gilt. Im ersten Jahr bestimmt der Hersteller den Preis des Mittels. Dieser Preis ist dann der objektive Marktwert des Arzneimittels. Nach Ablauf des Patents können andere Unternehmen die Wirkstoffe produzieren und unter ihrem Namen auf den Markt bringen (Generika).[331] Der Preis wird ab diesem Zeitpunkt durch den allgemeinen Wettbewerb bestimmt. Bei sonstigen Heilmitteln, die keine Arzneimittel darstellen, wie beispielsweise Verbandsmaterial, wird der Wert des Produkts ausschließlich durch den allgemeinen Wettbewerb festgelegt. In Bezug auf die irreführende Heilmittelwerbung ist dabei zwischen den folgenden Fallgruppen zu differenzieren:

aa. Erhebliche Irreführung mit Auswirkungen auf den objektiven Marktwert

Eine erhebliche Irreführung ist eine solche, die sich auf wesentliche Merkmale des Produkts, die wiederrum Einfluss auf den Marktwert oder die Zulassung des Heilmittels haben, bezieht. Liegt eine Irreführung bezüglich solcher Faktoren vor, die sich auf die Zulassung des Mittels auswirken, hat dies gleichfalls Auswirkungen auf den Marktwert des Heilmittels, da ein nicht zugelassenes Mittel entweder gar keinen Marktwert oder jedenfalls einen deutlich geringeren Marktwert besitzt. Eine Irreführung bezüglich der Zulassungsvoraussetzungen ist in Deutschland jedoch kaum denkbar, da das Zulassungsverfahren strengen Voraussetzungen unterliegt und eine diesbezügliche Irreführung ausschließen dürfte.

Betrifft die Irreführung keine die Zulassung beeinflussenden Merkmale, sondern andere wesentliche Faktoren wie beispielsweise die Inhaltsstoffe, führt dies ebenfalls zu einer Minderung des Wertes und damit zu einem Schaden in Höhe dieses Minderwertes.

bb. Geringfügige Irreführung ohne Auswirkungen auf den objektiven Marktwert

Eine Werbehandlung zielt nicht immer darauf ab, einen Schaden beim Verbraucher hervorzurufen. Oftmals soll der Verbraucher nur zu dem Kauf eines bestimmten Mittels bewegt werden. Handelt es sich also nur um eine geringfügige Irreführung, die keine Auswirkungen auf den Marktwert hat, gilt der objektive Marktwert des Arzneimittels. Das Mittel ist trotzdem den vom Verbraucher gezahlten Preis wert. Ein Schaden liegt in diesen Fällen daher nicht vor.

---

331 Ebenda.

b. Zweckverfehlung

Der Verbraucher, der ein Medikament kauft, kauft dies üblicherweise zu dem Zweck, dass durch die Einnahme die Linderung seiner Beschwerden beziehungsweise die Heilung seiner Krankheit eintritt. Tritt dieser gewünschte Zweck nicht ein, könnte auch bei ausgeglichenen Geschäften, also bei Geschäften, bei denen das Medikament seinen Preis wert ist, möglicherweise über die Grundsätze der Zweckverfehlung ein Schaden angenommen werden. Wird bei einem Geschäft ein bestimmter Zweck verfolgt, ist die Erreichung dieses Zwecks jedoch grundsätzlich nicht durch § 263 StGB geschützt, wenn der Vermögensverfügung ein Ausgleich gegenübersteht.[332] Denn die Zweckverfehlung allein begründet keinen Schaden.[333] In diesen Fällen liegt regelmäßig nur ein unbeachtlicher Motivirrtum des Verfügenden vor.

c. Individueller Schadenseinschlag

Bei ausgeglichenen Geschäften, d.h. wenn das erworbene Heilmittel seinen Preis wert ist, könnte sich ein Schaden möglicherweise aus den Grundsätzen des individuellen Schadenseinschlags ergeben. Der individuelle Schadenseinschlag erfasst solche Fälle, bei denen eine Vermögensminderung zwar durch eine Gegenleistung ausgeglichen wird, die Gegenleistung für den Geschädigten aber nicht brauchbar ist.[334] Denn ein Vermögenswert besitzt nicht für jeden Menschen denselben Wert.[335] Die Lehre vom personalen Schadenseinschlag lässt eine Modifikation der objektiven Schadensermittlung zu, wenn die objektiv gleichwertige Gegenleistung unter Berücksichtigung der persönlichen und wirtschaftlichen Verhältnisse des Geschädigten sowie dem verfolgten Zweck subjektiv ohne Wert für den Geschädigten ist.[336]

Ein individueller Schadenseinschlag wird seit einer Leitentscheidung des Bundesgerichtshofs[337] in drei Fallgruppen anerkannt:

---

332 BGH NJW 1992, 2167; BGH NJW 1995, 539; BGH wistra 2003, 457, 459 f.; *Schuhr* in: Spickhoff, Medizinrecht, StGB, § 263 Rn. 36; a.A. *Fischer*, StGB, § 263 Rn. 137 ff. m.w.N.

333 BGH wistra 2003, 457, 459 f.; *Schuhr* in: Spickhoff, Medizinrecht, StGB, § 263 Rn. 36; a.A. *Fischer*, StGB, § 263 Rn. 137 ff. m.w.N.

334 *Beukelmann* in: Beck-OK StGB, § 263 Rn. 60; *Perron* in: Schönke/Schröder, StGB, § 263 Rn. 121.

335 RGSt 16, 1, 6 ff.; BGHSt 16, 321, 326; *Becker/Rönnau*, JuS 2017, 975, 976; *Perron* in: Schönke/Schröder, StGB, § 263 Rn. 121.

336 *Satzger*, Jura 2009, 518, 522.

337 BGHSt 16, 321 ff.

1. Die vertragliche Leistung kann nicht oder nicht in vollem Umfang für den vom Vermögensinhaber vertraglich vorausgesetzten Zweck oder in anderer zumutbarer Weise verwendet werden.[338] Dies ist zum Beispiel der Fall, wenn einem völlig Ungebildeten eine Enzyklopädie verkauft wird.[339] In diesem Fall ist die erhaltene Gegenleistung zwar ihren Preis wert, aber für den Geschädigten intellektuell nicht durchschaubar und daher unbrauchbar.[340]
2. Der Geschädigte wird durch die getätigte Vermögensverfügung zu vermögensschädigenden Maßnahmen genötigt.[341] Das bedeutet, der Geschädigte muss zur Erfüllung des Vertrages ein anderes wirtschaftlich ungünstiges Geschäft abschließen.[342] Eine solche schädigende Maßnahme kann beispielsweise der Abschluss eines Kreditvertrags zu ungünstigen Konditionen sein, sodass er zukünftig zu hohe Zinsen an den Kreditgeber zahlen muss oder der Verkauf von Wertanlagen zu einem schlechten Kurs.[343]
3. Der Geschädigte kann infolge der eingegangenen Verpflichtung nicht mehr über die Mittel verfügen, die zur ordnungsmäßigen Erfüllung seiner Verbindlichkeiten oder sonst für eine seinen persönlichen Verhältnissen angemessene Wirtschafts- oder Lebensführung unerlässlich sind.[344] Dies wird zum Beispiel angenommen, wenn die Gefahr besteht, dass der Geschädigte bestehende oder neu aufgenommene Zahlungsverbindlichkeiten nicht oder nicht vollständig erfüllen kann oder, wenn er mit den ihm verbleibenden Mitteln lediglich die notdürftigsten Bedürfnisse befriedigen kann.[345] Dies ist anzunehmen, wenn die monatlichen Raten der eingegangenen Verpflichtung so hoch sind, dass nicht mehr ausreichend Geld zu einer angemessenen Lebensführung beim Geschädigten verbleibt.

Die Fallgruppen zwei und drei besitzen anders als die erste Fallgruppe nur eine geringe praktische Bedeutung.[346] Im Fall der irreführenden Heilmittelwerbung handelt es sich in den meisten Fällen nicht um große Vermögenswerte, sodass

---

338 *Beukelmann* in: Beck-OK StGB, § 263 Rn. 62; *Fischer*, StGB, § 263 Rn. 147a; *Kindhäuser* in: Nomos Kommentar, StGB, § 263 Rn. 308.

339 Ähnlich: BGHSt 23, 300 ff.; OLG Köln, NJW 1976, 1222.

340 *Hefendehl* in: Münchener Kommentar zum StGB, Bd. 5, StGB, § 263 Rn. 801.

341 *Hefendehl* in: Münchener Kommentar zum StGB, Bd. 5, StGB, § 263 Rn. 799.

342 BGHSt 16, 321, 326.

343 *Beukelmann* in: Beck-OK StGB, § 263 Rn. 63.

344 *Beukelmann* in: Beck-OK StGB, § 263 Rn. 64; *Hefendehl* in: Münchener Kommentar zum StGB, Bd. 5, StGB, § 263 Rn. 799.

345 BGHSt 16, 321, 328.

346 *Rengier*, Strafrecht BT I, § 13 Rn. 181.

die Fallgruppen zwei und drei auch im Bereich der Heilmittelwerbung in der Praxis keine besondere Relevanz besitzen. Zwar ist es denkbar, dass der Wert des beworbenen Heilmittels derart hoch ist, dass der Geschädigte sich für den Erwerb in eine existenzbedrohende Situation bringt. Diese Konstellation dürfte aber in der Praxis kaum vorkommen.

Der Kauf eines unwirksamen Heilmittels aufgrund einer irreführenden Werbung könnte unter die erste Fallgruppe fallen. Da es sich bei dem Konstrukt des individuellen Schadenseinschlags jedoch um eine Ausnahmeregelung handelt, ist ein restriktiver Umgang bei der Anerkennung eines individuellen Schadens geboten.

Hefendehl fordert daher zur Einschränkung des individuellen Schadenseinschlags eine individuelle kommunikative Beziehung zwischen dem Täter und dem Opfer dergestalt, dass gerade zur individuellen Eignung Stellung genommen wird.[347] Im Rahmen dieser individuellen Absprache müsse eine Zweckvereinbarung zwischen den Vertragsparteien getroffen werden und der Geschädigte müsse die Leistung zu dem vertraglich vereinbarten Zweck nicht nutzen können. Der Verbraucher erwirbt das Heilmittel mit dem Ziel, dass durch die Einnahme des Präparats ein bestimmter Erfolg eintritt, wie zum Beispiel eine Schmerzlinderung oder die Heilung der Krankheit etc. Fraglich ist, ob bei dem Kauf des Heilmittels zwischen den Vertragsparteien eine solche individuelle Zweckvereinbarung getroffen wurde.

Der Hersteller und der Verbraucher treten allerdings zu keinem Zeitpunkt in persönlichen Kontakt, da der Kauf eines Arzneimittels regelmäßig über einen Zwischenhändler, den Apotheker, abgewickelt wird. Zwischen dem Hersteller und dem Verbraucher findet also keine persönliche Kommunikation statt, in der über besondere Details wie die individuelle Eignung gesprochen wird. Eine solche persönliche Kommunikation ist nach *Hefendehl* jedoch eine zwingende Voraussetzung für die Anerkennung eines individuellen Schadenseinschlags.[348] Folgt man *Hefendehls* Auffassung, wäre der individuelle Schadenseinschlag mangels einer persönlichen kommunikativen Beziehung zwischen Hersteller und Verbraucher abzulehnen, sodass kein Vermögensschaden im Sinne des § 263 StGB vorläge.

Die herrschende Meinung verzichtet auf das Erfordernis einer persönlichen Kommunikation zwischen Täter und Opfer. Ohne das Erfordernis einer persönlichen kommunikativen Beziehung könnte ein Vermögensschaden über

---

347 *Hefendehl* in: Münchener Kommentar zum StGB, Bd. 5, StGB, § 263 Rn. 794.
348 *Hefendehl* in: Münchener Kommentar zum StGB, Bd. 5, StGB, § 263 Rn. 794.

die Grundsätze des individuellen Schadenseinschlags angenommen werden. Dazu müsste das beworbene Präparat aufgrund des Irrtums, dem der Verbraucher unterlegen ist, für den Verbraucher unbrauchbar sein. Die Annahme eines individuellen Schadens wäre in solchen Fällen jedoch zu weitreichend, da es sich bei der Konstruktion des individuellen Schadenseinschlags um eine Ausnahmekonstruktion handelt, sodass bei der Anerkennung eines individuellen Schadenseinschlags Zurückhaltung geübt werden sollte. Würde man im Fall der irreführenden Werbung einen individuellen Schaden anerkennen, käme es wegen der enormen Reichweite, die eine Werbung erzielt, zu einer ausufernden Betrugsstrafbarkeit. Dies ist insbesondere auch vor dem Hintergrund der hohen Strafandrohung des Betrugs (bis zu fünf Jahren) abzulehnen. Aus diesen Gründen ist der Ansicht von *Hefendehl* zu folgen und zur Einschränkung des individuellen Schadenseinschlags eine persönliche kommunikative Beziehung zwischen Täter und Opfer zu fordern. Mangels einer persönlichen Kommunikation, in deren Rahmen die individuelle Eignung thematisiert wird, scheidet ein individueller Schadenseinschlag in den Fällen der irreführenden Heilmittelwerbung aus. Es liegt somit kein Vermögensschaden vor.

5. *Subjektiver Tatbestand*

Der Täter müsste vorsätzlich gehandelt haben. Bedingter Vorsatz ist ausreichend. Dem Täter muss also die Wirkung der Täuschung bewusst sein und er muss den Irrtum und den Vermögensschaden beim Verbraucher jedenfalls billigend in Kauf nehmen. Ist dem Täter bekannt, dass durch die Werbung über Tatsachen getäuscht wird, nimmt er die Erregung oder Aufrechterhaltung eines Irrtums und den Vermögensschaden des Verbrauchers billigend in Kauf.

Weiter muss er die Absicht stoffgleicher Selbst- oder Drittzueignung besessen haben.[349] Der Vorteil, den der Hersteller durch die Täuschung erlangt, stammt allerdings nicht stoffgleich aus dem Vermögen des geschädigten Verbrauchers, da zwischen dem Hersteller und dem Verbraucher keine vertragliche Beziehung besteht. Der Verbraucher schließt den Vertrag regelmäßig mit dem Apotheker. Um ihr Endziel (Verkauf einer großen Menge Heilmittel) zu erreichen, ist jedoch die Bereicherung des Apothekers als Zwischenziel erforderlich. Der Hersteller handelt folglich mit Drittbereicherungsabsicht gegenüber dem Apotheker. Der erstrebte Vorteil ist auch rechtswidrig, da hierauf kein Rechtsanspruch bestand. Der Vorsatz des Täters erstreckt sich auf das Bewusstsein der Rechtswidrigkeit

349 *Beukelmann* in: Beck-OK StGB, § 263 Rn. 76 ff.

des zugunsten des Apothekers angestrebten Vermögensvorteils. Über diesen Umweg ist die Absicht einer stoffgleichen Drittbereicherung zu bejahen.

III. Versuchter Betrug

Infrage kommt zudem eine Strafbarkeit wegen versuchten Betruges gemäß §§ 263 Abs. 1, Abs. 2, 22, 23 Abs. 1 StGB. § 263 StGB ist mit einer Freiheitsstrafe bis zu fünf Jahren ein Vergehen gemäß § 12 Abs. 2 StGB. Die Strafbarkeit des versuchten Betrugs ist in § 263 Abs. 2 StGB geregelt.

Voraussetzung für einen versuchten Betrug ist, dass das Delikt nicht vollendet wurde, der Täter Tatentschluss bezüglich der Verwirklichung eines Betruges besessen und er gemäß § 22 StGB unmittelbar zur Tat angesetzt hat.

1. Keine Vollendung

Zur Bejahung einer Versuchsstrafbarkeit darf keine Vollendung eingetreten sein. Die Vollendung ist zu verneinen, wenn der Taterfolg ausgeblieben ist. Der tatbestandliche Erfolg des Betrugs ist der Eintritt eines Vermögensschadens beim Tatopfer. Viele Werbehandlungen sind nicht darauf ausgerichtet, einen finanziellen Nachteil bei den Verbrauchern hervorzurufen. Denn das beworbene Mittel ist oftmals den gezahlten Kaufpreis wert, weil die Irreführung nur geringfügig war und daher keine Auswirkungen auf den objektiven Marktwert hat.[350] Ein Vermögensschaden tritt daher regelmäßig nicht ein.

2. Tatentschluss

Der Täter musste zur Begehung eines Betruges entschlossen gewesen sein. Er müsste also vorsätzlich hinsichtlich der Täuschung über Tatsachen, des Hervorrufen oder Aufrechterhaltens eines Irrtums, der Vermögensverfügung und des Eintritts eines Vermögensschadens gehandelt haben.

Hat der Werbende Kenntnis davon, dass es sich bei den Werbeaussagen um unwahre Tatsachen handelt, handelt er mit Vorsatz hinsichtlich der Täuschung über Tatsachen und jedenfalls mit bedingtem Vorsatz bezüglich der Erregung beziehungsweise der Aufrechterhaltung eines Irrtums. Da der Werbende mit der Werbung eine Absatzsteigerung des beworbenen Produktes bezweckt, besitzt er auch auf die Tätigung einer Vermögensverfügung gerichteten Vorsatz. Die Absatzsteigerung ist aber regelmäßig der einzige Beweggrund für die

---

350 Siehe in diesem Kapitel unter: B. II. 4. a. bb.

Werbeanzeige. Ist das Produkt „seinen Preis wert", liegt also jedenfalls hinsichtlich des Schadenseintritts kein Vorsatz von Seiten des Werbenden vor.

In den Fällen, in denen der Werbende positive Kenntnis von der Unwahrheit der Tatsachen sowie der Minderwertigkeit des beworbenen Produktes hat, handelt er vorsätzlich, sodass der Tatentschluss hinsichtlich der Begehung eines Betrugs vorliegt. Hat der Werbende hingegen keine Kenntnis von der Unwahrheit der Tatsachen oder ist das Produkt „seinen Preis wert", ist der Tatentschluss zu verneinen.

3. *Unmittelbares Ansetzen*

Kann ein Tatentschluss angenommen werden, muss der Täter darüber hinaus gemäß § 22 StGB unmittelbar zur Tat ansetzen. Im Falle der irreführenden Werbung handelt es sich um einen Betrug in mittelbarer Täterschaft.[351]

Wie bereits bei der Körperverletzung dargestellt, ist der Versuchsbeginn bei der mittelbaren Täterschaft umstritten.[352] Die herrschende Meinung stellt auf den Abschluss der Einwirkung durch den mittelbaren Täter auf das Opfer und das Aus-der-Hand-Geben des Geschehensablaufs ab, sofern der Täter davon ausgeht, dass der Tatmittler die tatbestandsmäßige Handlung vornehmen werde.[353] In dem Moment, in dem der mittelbare Täter seine Einwirkung beendet, gibt er den Geschehensablauf aus den Händen und hat keine Möglichkeit mehr auf den Geschehensablauf einzuwirken.

Im Fall der irreführenden Werbung erfolgt die Einwirkung des mittelbaren Täters auf den Tatmittler in Form der irreführenden Werbung. Bei der Veröffentlichung der irreführenden Heilmittelwerbung muss die Werbung also nur noch vom Verbraucher wahrgenommen werden. Die Einwirkung des mittelbaren Täters auf den Tatmittler ist abgeschlossen, wenn der Verbraucher die irreführende Werbung zur Kenntnis genommen hat. Zu diesem Zeitpunkt setzt auch der mittelbare Täter zur Tat an, da ihm das Handeln des Tatmittlers wie eigenes Handeln zugerechnet wird. Ein unmittelbares Ansetzen ist folglich zu bejahen.

---

351 Zum Versuchsbeginn bei mittelbarer Täterschaft siehe in diesem Kapitel unter: A. II.

352 Ausführlich zur Abgrenzung zwischen strafloser Vorbereitung und strafbarem Versuch siehe die Ausführungen von: *Krack*, ZStW 1998, 611, 624; *Papageorgiou-Gonatas*, Wo liegt die Grenze zwischen Vorbereitungshandlungen und Versuch?; *Schilling*, Der Verbrechensversuch des Mittäters und des mittelbaren Täters.

353 BGHSt 30, 363, 365; BGHSt 40, 257, 269; *Baumann/Weber/Mitsch*, Strafrecht AT, § 29 Rn. 155; *Herzberg*, MDR 1973, 89, 94; *Roxin* in: FS-Maurach, S. 227 ff.; *Schilling*, Der Verbrechensversuch des Mittäters und des mittelbaren Täters, S. 104.

Besitzt der Werbende also positive Kenntnis von den abweichenden Auswirkungen auf den menschlichen Organismus, liegt gleichzeitig eine versuchte Körperverletzung gemäß §§ 223 Abs. 2, 22, 23 Abs. 1 StGB vor.

IV. Zwischenergebnis

Durch den Betrugstatbestand wird nur ein Teil der denkbaren Fälle abgedeckt. Wie dargelegt, fallen einige Fallkonstellationen nicht unter den Tatbestand des § 263 StGB. Dies sind zum Beispiel die Fälle, in denen keine Täuschung über Tatsachen erfolgt, weil nur mit einer missverständlichen Aussage geworben wird. Nicht einschlägig ist § 263 StGB auch in den Fällen, in denen der Adressat keinem Irrtum unterliegt. Regelmäßig führt eine irreführende Heilmittelwerbung auch nicht zu einem Schaden, da das Heilmittel den gezahlten Preis wert ist. Auch über die Grundsätze des individuellen Schadenseinschlags kann kein Schaden angenommen werden, da der Hersteller und der Verbraucher nicht in persönlichen Kontakt treten und es an einer nach zutreffender Auffassung zu fordernden persönlichen Kommunikation zwischen Täter und Opfer mangelt, in der zu der konkreten Eignung Stellung bezogen wird.

Ein versuchter Betrug scheitert regelmäßig am Vorliegen des Tatentschlusses, da der Täter keinen Vorsatz bezüglich des Eintritts eines Vermögensschadens hat. Die Betrugsvorschriften bieten folglich nur einen lückenhaften Schutz. Ohne § 14 HWG besteht eine Regelungslücke.

C. Gesetz gegen unlauteren Wettbewerb § 16 Abs. 1 UWG (§ 4 UWG a.F.)

In § 4 UWG a.F. war bis zur UWG-Reform die strafbare Werbung im Wettbewerbsrecht geregelt. Im Rahmen der UWG-Reform[354] im Jahr 2004 wurden die lauterkeitsrechtlichen Straftatbestände der §§ 16–19 UWG neu gegliedert und teilweise geändert.[355] Die Straftatbestände der irreführenden Werbung (§ 4 UWG a.F.) und der progressiven Kundenwerbung (§ 6c UWG a.F.) wurden in § 16 UWG – Strafbare Werbung – übernommen.[356] § 16 UWG gliedert sich in zwei Absätze. § 16 Abs. 1 UWG greift die Regelung des § 4 UWG a.F. auf und verbietet die irreführende Werbung.[357] Im Unterschied zum früheren

354 BGBl. I S. 1414.

355 *Waßmer* in: Teplitzky/Peifer/Leistner, Bd. 3, UWG, § 16 Rn. 1.

356 *Puchinger*, Irreführung durch Informationspflichtverletzung, S. 190; *Waßmer* in: Teplitzky/Peifer/Leistner, UWG, Bd. 3, § 16 Rn. 1.

357 Begr. RegE UWG zu § 16 Abs. 1, BT-Drs. 15/1487, S. 26; *Lettl*, Das neue UWG, S. 317.

§ 4 UWG a.F.[358] werden durch § 16 Abs. 1 UWG ausschließlich geschäftliche Handlungen erfasst, da der Tatbestand ein irreführendes Werben verlangt, welches eine geschäftliche Handlung darstellt.[359] § 16 Abs. 2 UWG untersagt die progressive Kundenwerbung. Für diese Abhandlung wird das Augenmerk ausschließlich auf § 16 Abs. 1 UWG gelegt. Dieser hat neben dem Verbraucherschutz das Ziel, das Allgemeininteresse am Erhalt eines leistungsfähigen Wettbewerbs und die Mitbewerber zu schützen.[360]

I. Irreführendes Werben durch unwahre Angaben in öffentlichen Bekanntmachungen

Der Täter muss mit unwahren Angaben in öffentlichen Bekanntmachungen und Mitteilungen, die für einen größeren Kreis an Personen bestimmt sind, irreführend werben.

1. Unwahre Angaben

Zur Verwirklichung des objektiven Tatbestands des § 16 Abs. 1 UWG müssen unwahre Angaben gemacht werden. Folglich sanktioniert der § 16 Abs. 1 UWG einen kommunikativen Vorgang des Handelnden.[361] Angaben sind nachprüfbare, d.h. dem Beweis zugängliche Aussagen des Werbenden.[362] Der Begriff der Angabe ist dabei weit gefasst.[363] Unter den Begriff der Angaben fallen Werturteile, wie beispielsweise Bewertungen und Prognosen, wenn ihre Aussage inhaltlich überprüfbar ist.[364] Keine Angaben stellen reine Meinungsäußerungen

---

358 Hierzu: *Alexander*, WRP 2004, 407, 414; *Brammsen* in: Münchener Kommentar zum Lauterkeitsrecht, Bd. 2, UWG § 16 Rn. 6 f.

359 *Köhler/Bornkamm/Feddersen*, UWG, § 16 Rn. 5; *Waßmer* in: Teplitzky/Peifer/Leistner, UWG, Bd. 3, § 16 Rn. 12.

360 *Ekey* in: Heidelberger Kommentar Wettbewerbsrecht, UWG, § 16 Rn. 4; *Kilian*, Strafbare Werbung, S. 20; *Trepper* in: Nomos Kommentar, UWG, § 16 Rn. 2.

361 *Hohmann* in: Münchener Kommentar zum StGB, Bd. 7, UWG, § 16 Rn. 14.

362 BGH NJW-RR 1991, 1061 ff.; *Diemer* in: Erbs/Kohlhaas, Strafrechtliche Nebengesetze, UWG, § 16 Rn. 10; *Dominicus*, Der Schutz des Verbrauchers vor irreführender Werbung, S. 43; *Hohmann* in: Münchener Kommentar zum StGB, Bd. 7, UWG, § 16 Rn. 15; *Kilian*, Strafbare Werbung, S. 34; *Rengier* in: Fezer/Büscher/Obergfell, UWG, § 16 Rn. 50; *Ernst* in: juris Praxiskommentar UWG, § 16 Rn. 5.

363 BGH GRUR 1963, 482, 483; *Diemer* in: Erbs/Kohlhaas, Strafrechtliche Nebengesetze, UWG, § 16 Rn. 10; *Kilian*, Strafbare Werbung, S. 34; *Ohly/Sosnitza*, UWG, § 16 Rn. 6.

364 *Diemer* in: Erbs/Kohlhaas, Strafrechtliche Nebengesetze, UWG, § 16 Rn. 11; *Ernst* in: juris Praxiskommentar UWG, § 16 Rn. 5; *Kilian*, Strafbare Werbung, S. 34.

und Äußerungen über Nichttatsachen[365] sowie offensichtlich reklamehafte Übertreibungen dar.[366] Die Art und Weise, wie die Angabe geäußert wird, ist irrelevant. Konkludente Verlautbarungen sind ebenfalls ausreichend.[367]

§ 16 Abs. 1 UWG setzt ferner die Unwahrheit der Angaben voraus. Die Beurteilung der Unwahrheit einer Angabe wird nach herrschender Auffassung ausschließlich objektiv bestimmt.[368] Eine Angabe ist unwahr, wenn ihr tatsächlicher Inhalt von den objektiven Tatsachen abweicht.[369]

Bei einer irreführenden Heilmittelwerbung werden jedoch nicht zwingend unwahre Angaben getätigt. Auch mit wahren Angaben kann irreführend geworben werden, wenn die Werbeaussage missverständlich ist. In diesen Fällen liegt keine Werbung durch unwahre Angaben vor.

2. *Irreführendes Werben*

Der Täter muss mit den unwahren Angaben irreführend werben. Werbung im Sinne des § 16 Abs. 1 UWG ist *„jede Äußerung bei der Ausübung eines Handels, Gewerbes, Handwerks oder freien Berufs mit dem Ziel, den Absatz von Waren oder die Erbringung von Dienstleistungen, einschließlich unbeweglicher Sachen, Rechte und Verpflichtungen, zu fördern“*[370]. Irreführend ist eine Werbung, wenn sie geeignet ist, bei einem nicht unerheblichen Teil der Adressaten eine Fehlvorstellung hervorzurufen, die von Bedeutung für die Kaufentscheidung ist.[371] Erfasst wird sowohl Werbung für das eigene Unternehmen als auch Werbung für

---

365 *Hohmann* in: Münchener Kommentar zum StGB, Bd. 7, UWG, § 16 Rn. 15.

366 *Ernst* in: juris Praxiskommentar UWG, § 16 Rn. 5 m.w.N.

367 *Diemer* in: Erbs/Kohlhaas, Strafrechtliche Nebengesetze, UWG, § 16 Rn. 12; *Kilian*, Strafbare Werbung, S. 34.

368 KG JR 1968, 433 f.; vgl. auch: OLG Stuttgart NJW 1982, 115; *Köhler/Bornkamm/Feddersen*, UWG, § 16 Rn. 10 ff. m.w.N.; *Diemer* in: Erbs/Kohlhaas, Strafrechtliche Nebengesetze, UWG, § 16 Rn. 16; *Tiedemann*, Wettbewerb und Strafrecht, S. 35; *ders.*, Wirtschaftsstrafrecht und Wirtschaftskriminalität, Bd. 2, S. 35; *Klug*, GRUR 1975, 217, 219, 223; *Grebing*, wistra 1982, 83, 86; *Meyer/Möhrenschlager*, WiVerw 1982, 21, 24; *Richter*, wistra 1987, 117, 119; *Scharrenbroich*, Irreführende und strafbare Werbeanzeigen, S. 77; a.A. *Lampe* in: FS-Lange, S. 461; *Otto*, GRUR 1982, 274, 280.

369 *Diemer* in: Erbs/Kohlhaas, Strafrechtliche Nebengesetze, UWG, § 16 Rn. 16; *Kilian*, Strafbare Werbung, S. 47; *Rengier* in: Fezer/Büscher/Obergfell, UWG, § 16 Rn. 62.

370 *Rengier* in: Fezer/Büscher/Obergfell, UWG, § 16 Rn. 76.

371 BT-Drs. 15/1487, S. 19; *Kilian*, Strafbare Werbung, S. 57; *Rengier* in: Fezer/Büscher/Obergfell, UWG, § 16 Rn. 77; ähnlich auch: *Dominicus*, Der Schutz des Verbrauchers vor irreführender Werbung, S. 152.

ein fremdes Unternehmen.[372] Für die Erfüllung des § 16 Abs. 1 UWG bedarf es keiner eingetretenen Täuschung; die Täuschungseignung genügt.[373]

Zur Verwirklichung des Tatbestands des § 16 Abs. 1 UWG muss gleichzeitig die Wesentlichkeitsschwelle überschritten worden sein.[374] Diese ist dann überschritten, wenn die Werbung für die Entscheidung eines durchschnittlichen Verbrauchers[375] maßgeblich von Bedeutung ist.[376]

3. *Öffentliche Bekanntmachung / für einen größeren Personenkreis bestimmte Mitteilungen*

§ 16 Abs. 1 UWG fordert weiter, dass mit der unwahren Angabe in öffentlichen Bekanntmachungen und Mitteilungen, die für einen größeren Personenkreis bestimmt sind, geworben wird.[377] Dadurch soll sichergestellt werden, dass eine Strafbarkeit erst begründet wird, wenn eine Vielzahl an Personen potentiell gefährdet ist.[378] Unter öffentlichen Bekanntmachungen werden solche Werbeformen verstanden, die sich an die Allgemeinheit, also an Jedermann, richten.[379] Die potentielle Empfängerzahl darf nicht begrenzt oder begrenzbar sein.[380] Es ist irrelevant, ob die Allgemeinheit tatsächlich Kenntnis von der Werbung nimmt.[381] Vom Anwendungsbereich des § 16 Abs. 1 UWG nicht erfasst wird Werbung, die sich an Einzelpersonen richtet[382] und weder zur Verbreitung in der

---

372 *Rengier* in: Fezer/Büscher/Obergfell, UWG, § 16 Rn. 76.

373 *Alexander*, WRP 2004, 407, 410, 415; *Ernst* in: juris Praxiskommentar, § 16 Rn. 9; *Karaaslan*, Strafbare Werbung bei Online-Auktionen, S. 141.

374 *Rengier* in: Fezer/Büscher/Obergfell, UWG, § 16 Rn. 76.

375 Nach inzwischen herrschender Meinung gilt das Leitbild des durchschnittlich informierten, aufmerksamen und verständigen Durchschnittsverbrauchers, welches auch im Wortlaut des § 3 Abs. 4 S. 1 UWG Niederschlag gefunden hat. Siehe dazu: *Alexander*, WRP 2004, 407, 414 und *Dannecker*, ZStW 2005, 695, 711.

376 *Rengier* in: Fezer/Büscher/Obergfell, UWG, § 16 Rn. 79.

377 BGH GRUR 1972, 479 f.; *Ernst* in: juris Praxiskommentar, § 16 Rn. 9; *Ohly/Sosnitza*, UWG, § 16 Rn. 12.

378 *Kilian*, Strafbare Werbung, S. 77; *Ruhs*, Strafbare Werbung, S. 194.

379 RGSt 63, 107, 110; *Kilian*, Strafbare Werbung, S. 77; *Ohly/Sosnitza*, UWG, § 16 Rn. 12; *Többens*, WRP 2005, 552, 553.

380 *Brammsen* in: Münchener Kommentar zum Lauterkeitsrecht, Bd. 2, UWG, § 16 Rn. 55; *Edlinger*, Die Strafbarkeit von Werbung, S. 108; *Ohly/Sosnitza*, UWG, § 16 Rn. 13.

381 RGSt 63, 107, 110; *Kilian*, Strafbare Werbung, S. 77; *Többens*, WRP 2005, 552, 553.

382 *Ernst* in: juris Praxiskommentar, § 16 Rn. 9.

Öffentlichkeit geeignet noch dazu bestimmt ist[383] sowie Mitteilungen, die sich lediglich an einen kleinen Personenkreis richten.

Richtet sich eine Heilmittelwerbung also nur an Einzelpersonen oder an kleine Personenkreise, unterfällt sie nicht dem Tatbestand der strafbaren Werbung des § 16 Abs. 1 UWG. Damit wird ein Teil der Heilmittelwerbung nicht durch die Regelung des § 16 Abs. 1 UWG erfasst. Es besteht eine Regelungslücke.

II. Vorsatz

Zur Verwirklichung des Tatbestands des § 16 Abs. 1 UWG muss der Täter vorsätzlich handeln. Der Vorsatz muss bezüglich all jener Umstände vorliegen, welche die Unwahrheit der Angabe und deren Eignung zur Irreführung begründen.[384] Bedingter Vorsatz ist dabei ausreichend.[385] Dieser liegt vor, wenn der Täter die Unwahrheit der Angaben und die Eignung zur Irreführung jedenfalls für möglich gehalten und billigend in Kauf genommen hat.

Darüber hinaus muss der Täter die Absicht haben, den Anschein eines besonders günstigen Angebots hervorzurufen.[386] Diese Absicht erfordert dolus directus ersten Grades (direkten Vorsatz).[387] Ziel des Täters muss es sein, den Werbeadressaten durch die Erweckung des Anscheins eines besonders günstigen Angebots zum Kauf zu verleiten.[388]

Im Rahmen der Heilmittelwerbung liegt jedoch nicht immer die Absicht vor, den Anschein eines besonders günstigen Angebots erwecken zu wollen. Regelmäßig dient eine Heilmittelwerbung allein der Absatzförderung und zielt auch nicht auf die Erweckung eines besonders günstigen Angebots ab. Fehlt die Absicht, den Anschein eines besonders günstigen Angebots zu erwecken gänzlich oder besitzt der Werbende diesbezüglich nur bedingten Vorsatz, ist der Tatbestand des § 16 Abs. 1 UWG nicht erfüllt.

---

383 *Kilian*, Strafbare Werbung, S. 77; *Köhler/Bornkamm/Feddersen*, UWG, § 16 Rn. 14; *Rengier* in: Fezer/Büscher/Obergfell, UWG, § 16 Rn. 86 f.

384 BayObLG WRP, 1977, 524, 525; *Ohly/Sosnitza*, UWG, § 16 Rn. 15.

385 RGSt 47, 161, 163; RGSt 63, 120, 122; *Ohly/Sosnitza*, UWG, § 16 Rn. 15; *Ruhs*, Strafbare Werbung, S. 195.

386 *Alexander*, WRP 2004, 407, 416; *Ernst* in: juris Praxiskommentar, UWG, § 16 Rn. 12; *Diemer* in: Erbs/Kohlhaas, Strafrechtliche Nebengesetze, UWG, § 16 Rn. 102.

387 *Diemer* in: Erbs/Kohlhaas, Strafrechtliche Nebengesetze, UWG, § 16 Rn. 102; *Lackner/Kühl*, StGB, § 15 Rn. 19; *Ohly/Sosnitza*, UWG, § 16 Rn. 16; *Sternberg-Lieben* in: Schönke/Schröder, StGB, § 15 Rn. 66.

388 *Ohly/Sosnitza*, UWG, § 16 Rn. 16.

III. Zwischenergebnis

Werden bei einer irreführenden Heilmittelwerbung keine unwahren Angaben getätigt, werden diese Fälle nicht durch § 16 Abs. 1 UWG erfasst. Irreführende Heilmittelwerbung, die nicht in öffentlichen Bekanntmachungen oder Verlautbarungen veröffentlicht wird, erfüllt ebenfalls nicht den Tatbestand des § 16 Abs. 1 UWG. Nicht unter den Tatbestand fallen die Konstellationen der irreführenden Heilmittelwerbung, in denen der Täter keinen dolus directus ersten Grades bezüglich der Anscheinserweckung eines besonders günstigen Angebots besitzt. Im Versuch ist die strafbare Werbung gemäß § 16 Abs. 1 UWG nicht strafbar. Der durch § 16 Abs. 1 UWG gewährleistete Schutz ist nicht ausreichend.

D. Lebensmittel- und Futtermittelgesetzbuch § 11 Abs. 1 LFGB und § 60 Abs. 1 LFGB

Das Lebensmittelrecht schützt einerseits die menschliche Gesundheit und andererseits die Verbraucher vor Täuschung und Irreführung.[389]

Aus diesem Grunde normiert § 11 Abs. 1 LFGB i.V.m. Art. 7, 8 und 36 VO 1169/2011 EU ein Verbot der irreführenden Werbung für Lebensmittel. § 11 LFGB setzt keinen Vermögensschaden voraus. Zur Erfüllung des Tatbestandes ist die Irreführungseignung ausreichend.[390] Gemäß § 59 Abs. 1 Nr. 7 LFGB werden vorsätzliche Zuwiderhandlungen als Straftat verfolgt und mit Freiheitsstrafe bis zu einem Jahr oder mit Geldstrafe bestraft. Die Regelung des Lebens- und Futtermittelgesetzbuches gilt jedoch ausschließlich für Lebensmittel. Heilmittel sind keine Lebensmittel und fallen nicht unter den Anwendungsbereich des Gesetzes.[391] Die irreführende Heilmittelwerbung wird nicht von § 11 Abs. 1 LFGB erfasst. Das Gleiche gilt für fahrlässige Verstöße gegen das lebensmittelrechtliche Irreführungsverbot, die durch § 60 Abs. 1 Nr. 2 LFGB mit einem Bußgeld geahndet werden.

E. Sonstige Irreführungsverbote

Weitere Irreführungsverbote sind in § 27 Abs. 1 Satz 1 LFGB (Kosmetika), § 33 Abs. 1 LFGB (Bedarfsgegenstände) und Art. 48 der EG Weinmarktverordnung

389 *Dannecker*, Entsanktionierung, S. 14, 17; *Schwarz*, Die strafrechtliche Erfassung von irreführender Werbung, S. 110.

390 *Erbs/Kohlhaas*, Strafrechtliche Nebengesetze, LFGB, § 11 Rn. 3.

391 Produkte können immer nur einer Kategorie zugeordnet werden. Siehe dazu: *Baierl/Kellermann*, Arzneimittelrecht, S. 16.

1493/1999 EG i.V.m. § 25 Abs. 1 WeinG zu finden. Durch die aufgezeigten Irreführungsverbote kann jedoch kein hinreichender Schutz gewährleistet werden, da Heilmittel nicht unter die jeweiligen Anwendungsbereiche der Gesetze fallen.

F. Zusammenfassung/Ergebnis

Durch § 14 HWG wird die irreführende Heilmittelwerbung unter Strafe gestellt. Eine Betrachtung der sonstigen Straftatbestände hat gezeigt, dass die irreführende Heilmittelwerbung sich auf Verhaltensweisen erstreckt, die durch das Kern- und Nebenstrafrecht nicht vollständig abgedeckt werden. Es besteht nur ein lückenhafter Schutz.

Das Kernstrafrecht vermag eine irreführende Werbung nicht zu verhindern. Zwar kommen die Körperverletzungstatbestände in den Fällen einer bereits eingetretenen Gesundheitsschädigung zur Anwendung. Voraussetzung ist jedoch der Eintritt eines tatbestandlichen Erfolgs in Form einer körperlichen Misshandlung oder einer Gesundheitsschädigung. Ohne deren Eintritt sind die §§ 223 ff. StGB nicht einschlägig.

Die versuchte Körperverletzung greift nur dann, wenn der Täter weiß, dass das Produkt andere Auswirkungen als die Beworbenen auf den menschlichen Organismus hat. Die Fälle, in denen das Medikament wirkungslos ist und der körperliche Zustand unverändert bleibt, werden hingegen nicht durch die versuchte Körperverletzung erfasst. Durch die Körperverletzungstatbestände wird somit kein ausreichender Schutz gewährleistet.

Der Tatbestand des Betrugs gemäß § 263 StGB erfasst die irreführende Heilmittelwerbung ebenfalls nicht hinreichend. Zu der Verwirklichung des Betrugstatbestandes bedarf es einer Täuschung über Tatsachen, einer Irrtumserregung und das Opfer muss einen kausal auf der Vermögensverfügung beruhenden Vermögenschaden erleiden. Liegt also eine irreführende Werbung vor, die keine Täuschung über Tatsachen enthält, sondern nur eine missverständliche Aussage, fällt die Werbung nicht unter den Tatbestand des § 263 StGB. Ebenfalls nicht von § 263 StGB erfasst werden die Fälle, in denen der Adressat keinem Irrtum unterliegt oder kein Vermögensschaden eingetreten ist. Letztere sind die Konstellationen, bei denen das erworbene Heilmittel seinen Preis wert ist und ein ausgeglichenes Geschäft vorliegt. Die Begründung eines individuellen Schadens ist dann mangels individueller kommunikativer Beziehung nicht möglich, die zu Recht zu fordern ist. Ein versuchter Betrug scheitert regelmäßig daran, dass der Täter nicht unmittelbar zur Tat angesetzt hat und der Werbende keinen Tatentschluss bezüglich des Schadenseintritts besitzt.

Die irreführende Heilmittelwerbung wird ebenso nicht von § 16 Abs. 1 UWG vollumfänglich erfasst. Dieser regelt die strafbare Werbung im Wettbewerbsrecht. Zentrales Schutzgut der wettbewerbsrechtlichen Regelung ist der faire Leistungswettbewerb.[392] § 16 Abs. 1 UWG fordert unwahre Angaben sowie dolus directus ersten Grades bezüglich der Erweckung des Anscheins eines besonders günstigen Angebots. Werden keine unwahren Angaben, sondern nur irreführende Angaben getätigt oder besitzt der Werbende nur bedingten Vorsatz bezüglich der Erweckung eines besonders günstigen Angebots, gewährleistet § 16 Abs. 1 UWG keinen Schutz. Weiter müssen die unwahren Angaben in öffentlichen Bekanntmachungen oder Verlautbarungen veröffentlicht werden. Wird die irreführende Heilmittelwerbung nur einem kleinen begrenzten Personenkreis gegenüber veröffentlicht, ist § 16 Abs. 1 UWG nicht anwendbar.

Durch die sonstigen Irreführungstatbestände aus dem Lebensmittelrecht wird auch kein hinreichender Schutz gewährt, da diese nur für Lebensmittel gelten und Heilmittel nicht in den Anwendungsbereich dieser Gesetze fallen.

Es bleibt daher festzustellen, dass die Tatbestände aus dem Kern- und Nebenstrafrecht zu eng sind und nur einen lückenhaften Schutz bieten. § 14 HWG soll diese Lücken schließen.

---

392 *Doepner/Reese*, HWG, Einleitung, Rn. 143.

4. Kapitel: Strafbarkeit der irreführenden Heilmittelwerbung gemäß § 14 HWG

Im Folgenden wird der Straftatbestand des § 14 HWG einer ausführlichen Analyse unterzogen. Im Rahmen dieser Untersuchung werden die Strafbarkeitsvoraussetzungen diskutiert. Darüber hinaus werden die geschützten Rechtsgüter, die Deliktsnatur, Versuch und Vollendung, Täterschaft und Teilnahme sowie die Verjährung der Vorschrift erörtert. Zusätzlich wird das Strafanwendungsrecht diskutiert, wobei auch auf die völkerrechtliche Vereinbarkeit einer Strafgewalterstreckung auf Auslandssachverhalte eingegangen wird.

Gemäß § 14 HWG wird ein Verstoß gegen das Verbot der irreführenden Werbung (§ 3 HWG) mit Freiheitsstrafe bis zu einem Jahr oder mit Geldstrafe bestraft.[393] § 14 HWG ist aufgrund der geringen Strafandrohung ein Vergehen gemäß § 12 Abs. 2 StGB. Die Geldstrafe reicht gemäß § 40 Abs. 1 S. 2 StGB von fünf Tagessätzen bis zu dreihundertsechzig Tagessätzen und kann gemäß § 40 Abs. 2 S. 3 StGB zwischen einem Euro und dreißigtausend Euro betragen. Neben der Strafandrohung ist eine Einziehung des Werbematerials nach § 16 HWG möglich. Die Vorschrift zählt zum Nebenstrafrecht. Zur Erfüllung des Tatbestands muss entweder ein Verstoß gegen eine in § 3 S. 2 HWG aufgeführte Tatbestandsalternative oder gegen die Generalklausel des § 3 S. 1 HWG gegeben sein.[394]

A. Rechtsgut

Zunächst sollen die Schutzgüter der Regelung des § 14 HWG dargelegt werden. § 14 HWG schützt nicht nur ein einziges Rechtsgut, sondern dient dem Schutz mehrerer Rechtsgüter.

---

393 Siehe hierzu: § 14 HWG; ebenso: *Riegger*, Heilmittelwerberecht, S. 237; *Ulsenheimer* in: Handbuch des Arztrechts, § 164 Rn. 24.

394 *Bülow* in: Bülow/Ring/Artz/Brixius, HWG, § 14 Rn. 1.

I. Gesundheit

Nach der herrschenden Meinung schützt § 14 HWG vordergründig die Gesundheitsinteressen des Einzelnen und der Allgemeinheit.[395]

Das Schutzgut der Gesundheit hat seinen Ursprung in dem Grundrecht auf körperliche Unversehrtheit, welches in Art. 2 Abs. 2 S. 1 GG garantiert ist. Es wurde ursprünglich, genauso wie das Recht auf Leben, als Zeichen gegen die Gräueltaten zu Zeiten des Nationalsozialismus in das Grundgesetz aufgenommen.[396] Keine der deutschen Verfassungen zuvor enthielt eine vergleichbare Garantie.[397] Grund dafür war, dass das Recht auf Leben und körperliche Gesundheit als zu selbstverständlich galt und eine Normierung als unnötig erachtet wurde.[398] Die Verbrechen während der nationalsozialistischen Diktatur führten jedoch dazu, dass diese Gewissheit erschüttert wurde und der Schutz des Lebens und der körperlichen Unversehrtheit grundgesetzlich verankert wurde.[399]

Der Schutzbereich des Art. 2 Abs. 2 S. 1 GG umfasst sowohl die Integrität der körperlichen Substanz als auch die psychische Gesundheit.[400] Dies ergibt sich aus dem Zusammenhang des Art. 2 Abs. 2 S. 1 GG mit der Menschenwürde.[401] Diese ist gleichfalls nicht nur auf den körperlichen Bereich beschränkt.[402] Die Abgrenzung zwischen der körperlichen Unversehrtheit und der Gesundheit bereitet jedoch zuweilen Schwierigkeiten.[403] Die körperliche Unversehrtheit lässt sich durch einen Vergleich des körperlichen Zustands vor und nach einer gesetzten Ursache gut bestimmen.[404] Die Gesundheit hingegen kann nicht so einfach definiert werden. Entweder ist sie ein Idealzustand, der nicht erreicht werden kann, oder sie bedeutet die Abwesenheit körperlicher Funktionsstörungen.[405]

---

395 *Doepner/Reese*, HWG, § 3 Rn. 17; *Kleist/Albrecht/Hoffmann*, HWG, § 14 Rn. 2; *Ulsenheimer*, Handbuch des Arztrechts, § 164 Rn. 24.

396 *Lang* in: Beck-OK GG, Art. 2 Rn. 55; *Leisner/Goerlich*, Das Recht auf Leben, S. 52; *Di Fabio* in: Maunz/Dürig, GG, Art. 2 Abs. 2 S. 1 Rn. 55 m.w.N.

397 *Lang* in: Beck-OK GG, Art. 2 Rn. 55.

398 *Lang* in: Beck-OK GG, Art. 2 Rn. 55.

399 *Lang* in: Beck-OK GG, Art. 2 Rn. 55.

400 BVerfGE 56, 54, 74 f.; *Di Fabio* in: Maunz/Dürig, GG, Art. 2 Abs. 2 S. 1 Rn. 55; *Lang* in: Beck-OK GG, Art. 2 Rn. 62.

401 BVerfGE 56, 54, 74 f.; *Kingreen/Poscher*, Staatsrecht II, § 9 Rn. 472.

402 BVerfGE 56, 54, 74 f.; *Kingreen/Poscher*, Staatsrecht II, § 9 Rn. 472.

403 *Di Fabio* in: Maunz/Dürig, GG, Art. 2 Abs. 2 S. 1 Rn. 57.

404 *Di Fabio* in: Maunz/Dürig, GG, Art. 2 Abs. 2 S. 1 Rn. 57.

405 *Di Fabio* in: Maunz/Dürig, GG, Art. 2 Abs. 2 S. 1 Rn. 57.

Bei einer strafrechtlichen Betrachtung erscheint es sinnvoll, die Gesundheit als die Abwesenheit körperlicher Funktionsstörungen zu definieren, da auf diese Weise zur Feststellung einer Gesundheitsschädigung lediglich die Funktionsstörungen ermittelt werden müssen.

Im Fall des § 14 HWG sollen die Verbraucher vor Gesundheitsgefahren bewahrt werden, die aus einem durch eine irreführende Werbung hervorgerufenen Kaufentschluss resultieren. Diese können einerseits in der Einnahme des Mittels selbst, aber auch in der verspäteten Einnahme eines wirksameren Medikamentes liegen.

Neben der individuellen Gesundheit soll gleichzeitig die allgemeine Gesundheit geschützt werden, die auch unter dem Begriff der Volksgesundheit bekannt ist. Unter der allgemeinen Gesundheit oder Volksgesundheit ist das Interesse des Staates an einem gesunden Bürgerbestand und damit einer funktionsfähigen Gesellschaft zu verstehen.[406]

In Anbetracht der nationalsozialistischen Vergangenheit[407] des Begriffs der Volksgesundheit sollte allerdings von der Begrifflichkeit der Volksgesundheit Abstand genommen werden und von allgemeiner oder öffentlicher Gesundheit gesprochen werden.[408] Darüber hinaus ist die Anknüpfung an das deutsche Volk nicht sinnvoll; ein völkisches Denken, nach dem im Mittelpunkt die Gemeinschaft und das Wohl der Gesamtheit steht, an deren Aufbau jeder nach besten Kräften mitzuwirken hat[409], ist der heutigen Gesellschaft fremd.

Die öffentliche Gesundheit wird durch eine Reihe von Normen geschützt.[410] Gleichwohl ist das Universalrechtsgut[411] der öffentlichen Gesundheit

---

406 *Haberl*, Die Strafbarkeit des Umgangs mit „nicht geringen Mengen", S. 57; *Oğlakcıoğlu*, Der allgemeine Teil des Betäubungsmittelstrafrechts, S. 74. Die Funktionsfähigkeit der Gesellschaft wird auch vom Gesetzgeber in BT-Drs. VI/1877, S. 5 genannt.

407 *Arias*, Im Dienste der Volksgesundheit: Frauen – Gesundheitswesen – Nationalsozialismus; *Christians*, Amtsgewalt und Volksgesundheit – das öffentliche Gesundheitswesen im nationalsozialistischen München; *Eichhorn*, Anstiftung und Beihilfe zum Selbstmord, S. 3.

408 *Heyers/Bergmann* in: Nomos Kommentar, Gesamtes Medizinrecht, BÄO, § 1 Rn. 31.

409 *Eichhorn*, Anstiftung und Beihilfe zum Selbstmord, S. 3 m.w.N.

410 Vorschriften zum Schutz der Volksgesundheit finden sich beispielweise im: AMG, BtMG, MPG, ApoG, HeilprG, PodG, ZHG; siehe dazu: *Dittert* in: Münchener Anwaltshandbuch, Gewerblicher Rechtsschutz, § 14 Rn. 44 ff.; *Weber*, BtMG, § 1 Rn. 3.

411 Zur Unterscheidung von Individual- und Universalrechtsgütern siehe: *Jäger*, Strafgesetzgebung und Rechtsgüterschutz bei Sittlichkeitsdelikten, S. 15 ff.

umstritten.[412] Teilweise wird angemerkt, dass ein staatliches Interesse an der Gesundheit der Bürger dazu genutzt werde, die Funktionsfähigkeit der Gesellschaft sicherzustellen.[413] Der Bürger werde vom Staat zur Durchsetzung staatlicher Interessen funktionalisiert.[414] Die Subjektsqualität des einzelnen Bürgers werde aufgehoben und somit gegen die Menschenwürdegarantie des Art. 1 GG und Art. 2 Abs. 1 GG verstoßen.[415] Anders sei es nur dann zu beurteilen, wenn das Rechtsgut der allgemeinen Gesundheit „mehr" beinhalte als nur die allgemeine Gesundhaltungspflicht.[416] Das Rechtsgut müsse auch den allgemeinen Gesundheitsschutz im Interesse der einzelnen Bürger gewährleisten.[417]

§ 14 HWG schützt neben der allgemeinen Gesundheit ebenso die Gesundheit des Einzelnen. Der Gesetzgeber bezweckt durch § 14 HWG somit auch den Schutz von Individualrechtsgütern. In dem Fall des § 14 HWG liegt es nahe, dass durch das Rechtsgut der Volksgesundheit nicht ausschließlich die allgemeine Gesundhaltungspflicht geschützt werden soll. Vielmehr soll der allgemeine Gesundheitsschutz im Interesse der einzelnen Bürger sichergestellt werden. Es liegt also kein Verstoß gegen die Menschenwürdegarantie des Art. 1, Art. 2 Abs. 1 GG vor.

Daneben wird kritisiert, Universalrechtsgüter seien zu vage und großflächig formuliert.[418] Nach Auffassung von *Hassemer* entferne sich das deutsche Strafrecht durch die Einführung von Universalrechtsgütern wie beispielsweise der allgemeinen Gesundheit und der gleichzeitigen Ausgestaltung vieler Tatbestände als abstrakte Gefährdungsdelikte immer mehr vom ursprünglichen Konzept des Strafgesetzbuches, dem Individualrechtsgüterschutz[419] durch Erfolgsdelikte.[420] Da es bei abstrakten Gefährdungsdelikten[421] keines Erfolgseintritts bedürfe,

---

412 BGHSt 37, 179 ff.; BGHSt 31, 163, 168; BGH StV 1983, 202; kritisch zum Rechtsgut der Volksgesundheit als Schutzgut im Betäubungsmittelstrafrecht: *Hohmann/Matt*, JuS 1993, 370 ff.; *Hoyer*, StV 1993, 128 ff.; *Nestler-Tremel*, StV 1992, 273 ff.

413 *Haberl*, Die Strafbarkeit des Umgangs mit „nicht geringen Mengen", S. 58.

414 *Haberl*, Die Strafbarkeit des Umgangs mit „nicht geringen Mengen", S. 58.

415 *Haberl*, Die Strafbarkeit des Umgangs mit „nicht geringen Mengen", S. 60.

416 *Haberl*, Die Strafbarkeit des Umgangs mit „nicht geringen Mengen", S. 60.

417 *Haberl*, Die Strafbarkeit des Umgangs mit „nicht geringen Mengen", S. 60.

418 *Hassemer*, NStZ 1989, 553, 557; *Oğlakcıoğlu* in: Münchener Kommentar zum StGB, Bd. 6, BtMG, Vor § 29 Rn. 18.

419 Sog. personale Rechtsgutslehre; siehe *Hassemer/Neumann* in: Nomos Kommentar, StGB, Vor § 1 Rn. 131 ff.; *Jahn/Ziemann*, JZ 2014, 943, 946.

420 *Hassemer*, NStZ 1989, 553, 558; *Hassemer*, ZRP 1992, 378, 383; ähnlich auch: *Volk*, Glücksspiele im Internet, S. 158 f.

421 Auch die Legitimität der Existenz abstrakter Gefährdungsdelikte wird in Frage gestellt. Siehe dazu: *Poenig*, Die strafrechtliche Haftung des Linkanbieters, S. 149 ff. m.w.N.

werde die Beweisführung für die Gerichte vereinfacht.[422] Das Kausalitätserfordernis zwischen Tathandlung und Taterfolg entfalle.[423] Es bedürfe lediglich der Herbeiführung einer Gefahrenlage für das geschützte Rechtsgut.[424]

Für den Bürger wird es zunehmend komplizierter zu erkennen, wann ein strafbares Verhalten gegeben ist. Demnach sollte bei der Einführung von Universalrechtsgütern Zurückhaltung geübt werden. Universalrechtsgüter sollten nur bei besonders wichtigen Gütern der Gesellschaft zum Einsatz gebracht werden. Es ist daher zu fragen, ob die Gesundheit der Allgemeinheit ein solch wichtiges Rechtsgut darstellt, dass in diesem Falle der Einsatz eines Universalrechtsgutes gerechtfertigt erscheint.

Dabei ist zunächst herauszustellen, dass die Bundesrepublik Deutschland ein Sozialstaat ist. Ein Sozialstaat ist ein Staat, der sich um soziale Gerechtigkeit bemüht und sich um die soziale Sicherheit seiner Bürgerinnen und Bürger kümmert.[425] Die Bundesrepublik Deutschland ist ihren Bürgern gegenüber verpflichtet soziale Gerechtigkeit zu gewährleisten. Die Kosten für Krankheit und Behandlung werden im Regelfall von den gesetzlichen Krankenkassen und damit der Gesellschaft getragen. Der Staat hat ein Interesse daran, dass seine Bürger gesund sind, da die Krankheitskosten eines Einzelnen Kosten für die Gesamtgesellschaft bedeuten. Auf diese Weise wird auch der einzelne Bürger durch das Rechtsgut der öffentlichen Gesundheit geschützt. Die allgemeine Gesundheit ist ein wichtiges Schutzgut, welches den Einsatz eines Universalrechtsguts rechtfertigt.

II. Finanzielle Interessen

Die finanziellen Interessen des Verbrauchers sind ebenso Schutzgut des § 14 HWG. Der Verbraucher soll vor wirtschaftlichen Nachteilen geschützt werden, da jede Kaufentscheidung, die auf einer irreführenden Werbung beruht, neben einer möglichen Gesundheitsgefahr gleichzeitig eine Vermögenseinbuße zur Folge haben kann.[426] Dies wäre beispielsweise der Fall, wenn ein Produkt, für das

422 *Hassemer*, NStZ 1989, 553, 558.

423 *Hassemer* bezeichnet dies als eine Lockerung der Kausalität. *Hassemer*, NStZ 1989, 553, 558.

424 *Hassemer* bezeichnet dies als eine Lockerung der Kausalität. *Hassemer*, NStZ 1989, 553, 558.

425 *Bundeszentrale für politische Bildung*, Stichwort: Sozialstaat.

426 BVerfG GRUR 2007, 720, 721; *Bernhardt*, Gesetz über die Werbung auf dem Gebiete des Heilwesens, S. 42; *Doepner/Reese*, HWG, § 3 Rn. 17; *Grunewald*, Die Vollzugsdefizite des Heilmittelwerberechts, S. 141 f.; *Hamm/Bücker*, Gesetz über die Werbung auf dem Gebiet des Heilwesens, S. 51.

mit der Tatsache geworben wird, es besitze keine Nebenwirkungen, wegen der im Beipackzettel aufgeführten schädlichen Nebenwirkungen nicht eingenommen wird und der Käufer das Medikament bei vorheriger Kenntnis der Nebenwirkungen nicht erworben hätte.[427] In diesem Fall hat der Verbraucher Ausgaben getätigt, die er nicht getätigt hätte, wenn das Produkt nicht irreführend beworben worden wäre.

Obwohl § 14 HWG den Schutz der finanziellen Interessen bezweckt, ist es kein Vermögensdelikt.[428] Es kommt nicht darauf an, dass jemand getäuscht wird und infolgedessen ein Vermögensschaden eingetreten ist.[429] Die bloße Irreführungseignung genügt.[430] Das Vermögen wird ausreichend über die Betrugsvorschriften abgesichert. Der Schutz des § 14 HWG erstreckt sich nicht nur auf Verbraucher, sondern auf alle Abnehmer.[431] Demnach sind auch Groß- und Einzelhandel sowie Heilkundige und Berater vom Schutzbereich mitumfasst.[432]

III. Zusammenfassung/Ergebnis

Die von § 14 HWG geschützten Rechtsgüter sind die Gesundheit des Einzelnen, die Gesundheit der Allgemeinheit und die finanziellen Interessen der Verbraucher. Dabei handelt es sich um hochrangige schützenswerte Güter der Gesellschaft. Die körperliche Unversehrtheit und das Vermögen werden grundrechtlich durch Art. 2 Abs. 2 GG und Art. 14 GG garantiert.

Der Gesundheitssektor ist ein umsatzstarker Bereich. Die Hersteller streben an, mit ihren Produkten Gewinne zu erwirtschaften. Die wirtschaftlichen Interessen der Hersteller und die Tatsache, dass es sich um hochrangige Rechtsgüter handelt, wiegen so schwer, dass der Gesetzgeber sie hinreichend schützen muss.

B. Deliktscharakter des § 14 HWG

§ 14 HWG ist der einzige Straftatbestand im Heilmittelwerbegesetz.[433] Bei der Regelung handelt es sich um ein sogenanntes Blankettstrafgesetz.[434] Blankettstrafgesetze sind förmliche Gesetze, welche lediglich die Strafbarkeitsvoraussetzungen

---

427 *Grunewald*, Die Vollzugsdefizite des Heilmittelwerberechts, S. 141 f.
428 *Doepner/Reese*, HWG, § 3 Rn. 18.
429 *Doepner/Reese*, HWG, § 3 Rn. 18.
430 *Doepner/Reese*, HWG, § 3 Rn. 18.
431 *Doepner/Reese*, HWG, § 3 Rn. 17.
432 *Doepner/Reese*, HWG, § 3 Rn. 17.
433 *Fritschke* in: Spickhoff, Medizinrecht, HWG, § 14 Rn. 1.
434 Ausführlich zu Blankettgesetzen siehe: *Dietmeier*, Blankettstrafrecht.

sowie Art und Maß der Strafe bestimmen (Blankettsanktionsnorm) und die Festlegung der Gebote oder Verbote anderen Gesetzen, sonstigen Rechtsvorschriften oder Verwaltungsakten (Blankettausfüllungsnorm) überlassen.[435] § 14 HWG beinhaltet die Strafandrohung. Im Weiteren verweist er auf § 3 HWG[436], der den Tatbestand näher umschreibt.[437]

Bei der Deliktsart ist zunächst zwischen Erfolgs- und Tätigkeitsdelikten zu differenzieren. Die Unterscheidung bei Erfolgs- und Tätigkeitsdelikten knüpft an die Tathandlung und den dadurch hervorgerufenen Taterfolg an.[438] Tätigkeitsdelikte bestrafen bereits die Vornahme einer bestimmten Handlung.[439] Die Verwirklichung eines Erfolgsdelikts setzt den Eintritt eines bestimmten tatbestandlichen Erfolges voraus.

Weiter wird zwischen Verletzungs- und Tätigkeitsdelikten differenziert. Je nachdem, ob der Tatbestand eine Verletzung oder lediglich eine Gefährdung des geschützten Rechtsguts verlangt, spricht man von Verletzungs- oder Gefährdungsdelikten.[440] Letztere erfordern lediglich eine Bedrohung des geschützten Rechtsguts.[441]

I. Einordnung als Verletzungsdelikt

Der Straftatbestand der irreführenden Werbung könnte als Verletzungsdelikt einzustufen sein. Dafür spricht die Tatsache, dass der § 14 HWG nur die Tathandlung – das irreführende Werben – benennt. Regelmäßig ist bei Verletzungsdelikten im Tatbestand nur die Handlung aufgeführt, da sich die Verletzung des Rechtsguts ausschließlich aus der Struktur des Tatbestands ergibt.[442] Zur Erfüllung des Tatbestandes müsste eine Verletzung des geschützten Gutes eintreten. § 14 HWG verlangt jedoch keinen Täuschungserfolg. Ausreichend ist die

435 *Buddendiek/Rutkowski*, Lexikon des Nebenstrafrechts, Stichwort: Blankettvorschriften.

436 Dazu später ausführlich in diesem Kapitel unter: Punkt C. I.

437 *Doepner/Reese*, HWG, § 14 Rn. 1.

438 *Rengier*, Strafrecht AT, § 10 Rn. 2.

439 *Doepner/Reese*, HWG, Vor §§ 14, 15 Rn. 34; *Rengier*, Strafrecht AT, § 10 Rn. 7; *Saliger* in: Nomos Kommentar, StGB, § 78a Rn. 17; *Zieschang* in: Nomos Kommentar, StGB, § 316 Rn. 9.

440 *Rengier*, Strafrecht AT, § 10 Rn. 9 ff.; *Roxin*, Strafrecht Allgemeiner Teil, Bd. 1, § 10 Rn. 123.

441 *Roxin*, Strafrecht Allgemeiner Teil, Bd. 1, § 10 Rn. 124.

442 *Kratz*, Nicht-konsentierte gendiagnostische Untersuchungen, S. 103. Siehe dazu z.B: § 303 StGB: Wer rechtswidrig eine fremde Sache beschädigt oder zerstört […] oder § 212 StGB: Wer einen Menschen tötet, ohne Mörder zu sein […].

Täuschungseignung. Die irreführende Heilmittelwerbung gemäß § 14 HWG ist daher kein Verletzungsdelikt.

II. Einordnung als Gefährdungsdelikt

Möglicherweise ist § 14 HWG als Gefährdungsdelikt einzuordnen. Es wird zwischen abstrakten und konkreten Gefährdungsdelikten unterschieden.[443] Bei konkreten Gefährdungsdelikten muss keine konkrete Beeinträchtigung des Rechtsguts eingetreten sein, jedoch muss im individuellen Fall eine konkrete Gefahr für das geschützte Objekt bestanden haben.[444] Der Eintritt beziehungsweise das Ausbleiben des Erfolgs hängt nur vom Zufall ab.[445] Bei abstrakten Gefährdungsdelikten bedarf es keiner konkreten Gefährdung.[446] Der Grund für die Inkriminierung einer Verhaltensweise resultiert bereits aus der Gefährlichkeit der Handlung, da diese leicht in eine konkrete Gefahr umschlagen kann.[447]

Bei der Einordnung der Norm ist bei der Heilmittelwerbung zwischen Publikumswerbung und Fachkreiswerbung zu differenzieren.

a. Publikumswerbung

Die Einordnung des § 14 HWG in Bezug auf Öffentlichkeitswerbung als konkretes Gefährdungsdelikt scheitert schon an der Normstruktur, da § 14 HWG

443 *Jeßberger*, JR 2001, 428, 433; *Poenig*, Die strafrechtliche Haftung des Linkanbieters, S. 143.

444 *Roxin*, Strafrecht Allgemeiner Teil, Bd. 1, § 10 Rn. 124; *Poenig*, Die strafrechtliche Haftung des Linkanbieters, S. 144; *Volk*, Glücksspiele im Internet, S. 150.

445 BGH JZ 1985, 399; *Poenig*, Die strafrechtliche Haftung des Linkanbieters, S. 144; *Roxin*, Strafrecht Allgemeiner Teil, Bd. 1, § 10 Rn. 124. Hier führt *Roxin* den § 315c StGB an. Dabei muss eine Gefahr für Leib und Leben eines anderen oder fremde Sachen von bedeutendem Wert bestehen.

446 *Radtke* in: Münchener Kommentar zum StGB, Bd. 5, StGB, Vor § 306 Rn. 6 f.; *Zieschang* in: Nomos Kommentar, StGB, § 316 Rn. 2; ausführlich dazu: *Dong-mao*, Abstrakte Gefährdungstatbestände im Wirtschaftsstrafrecht, S. 32.

447 *Cramer* in: Schönke/Schröder, StGB, Vor §§ 306 ff. Rn. 4; *Gröning* in: Gröning/Mand/Reinhart, Heilmittelwerberecht, Bd. 1, Vor § 3 Rn. 8; *Jescheck/Weigend*, Lehrbuchs des Strafrechts, S. 264; *Jofer*, Strafverfolgung im Internet, S. 105; *Radtke* in: Münchener Kommentar zum StGB, Bd. 5, StGB, Vor § 306 Rn. 6; *Roxin*, Strafrecht Allgemeiner Teil, Bd. 1, § 10 Rn. 124 (Als klassische Beispiele nennt *Roxin* die Brandstiftungsdelikte gem. § 306 ff. StGB.); *Volk*, Glücksspiel im Internet, S. 149 f.; *Wessels/Beulke/Satzger*, Strafrecht AT, Rn. 44, *Zieschang* in: FS-Wolter, S. 559.

keine konkrete Gefährdung des Rechtsguts fordert.[448] Die konkrete Gefährdung ist kein Tatbestandsmerkmal, vielmehr der gesetzgeberische Anlass der Strafnorm.[449] Darüber hinaus wäre eine Ausgestaltung als konkretes Gefährdungsdelikt nicht zielführend, da die Festlegung auf konkrete Gefährdungen auf spekulativen Erwartungen beruht.[450] Eine konkrete Gefährdung wäre darüber hinaus nur schwer nachzuweisen und würde in der Praxis zu Nachweisschwierigkeiten führen. Das Ziel des Gesetzgebers – einen umfassenden umfassenden Gesundheitsschutz des Verbrauchers zu gewährleisten – wird durch ein abstraktes Gefährdungsdelikt besser erreicht, da der Schutz zu einem früheren Zeitpunkt eintritt als bei konkreten Gefährdungsdelikten.[451]

Auch unter Berücksichtigung der europäischen Vorgaben gelangt man zu keinem anderen Ergebnis. Aufgrund der vollharmonisierenden Wirkung[452] der RL 2001/83/EG zur Schaffung eines Gemeinschaftskodex für Humanarzneimittel müssen die gemeinschaftsrechtlichen Vorgaben beachtet und diesen muss bei der Transformation europäischer Vorgaben in nationales Recht Rechnung getragen werden.[453]

Art. 90 RL 2001/83/EG, der die Öffentlichkeitswerbung regelt, verzichtet auf den Nachweis einer konkreten Gefahr.[454] § 14 HWG ist in Bezug auf die Publikumswerbung nicht als konkretes Gefährdungsdelikt zu klassifizieren.

In Betracht kommt die Einordnung als abstrakt-konkretes Gefährdungsdelikt.[455] Dieser Deliktstypus, der von *Schröder* das erste Mal als abstrakt-konkretes Gefährdungsdelikt bezeichnet wurde, ist auch unter dem Begriff des Eignungsdelikts[456] oder als potentielles Gefährdungsdelikt bekannt.[457] Dieser Deliktstypus

448 *Fritzsche* in: Spickhoff, Medizinrecht, HWG, § 3 Rn. 1; a.A. *Doepner/Reese*, HWG, § 3 Rn. 18, 21. Nach Ansicht von *Reese* ist § 3 HWG als konkretes Gefährdungsdelikt zu klassifizieren, da eine konkrete Irreführungseignung erforderlich ist.

449 *Gröning* in: Gröning/Mand/Reinhart, Heilmittelwerberecht, Bd. 1, Vor § 3 Rn. 8.

450 Ähnlich auch im Lauterkeitsrecht bei der Strafnorm des § 16 UWG. Siehe dazu: *Kilian*, Strafbare Werbung, S. 24.

451 BT-Drs. IV 1867 S. 5 zu I.

452 Siehe dazu das 1. Kapitel unter D.

453 *Buß*, Irreführende Heilmittelwerbung, S. 137.

454 *Buß*, Irreführende Heilmittelwerbung, S. 137.

455 Siehe dazu auch: *Gröning* in: Gröning/Mand/Reinhart, Heilmittelwerberecht, Bd. 1, Vor § 3 Rn. 8; *Roxin*, Strafrecht Allgemeiner Teil, Bd. 1, § 11 Rn. 127; *Volk*, Glücksspiele im Internet, S. 149; *Wessels/Beulke/Satzger*, Strafrecht AT, Rn. 45.

456 *Hoyer*, Die Eignungsdelikte, S. 16 ff.; *Roxin*, Strafrecht Allgemeiner Teil, Bd. 1, § 11 Rn. 127.

457 *Schröder*, JZ 1967, 522.

stellt eine Mischform zwischen abstraktem und konkretem Gefährdungsdelikt dar.[458] Gleichwohl sind die potentiellen Gefährdungsdelikte den abstrakten Gefährdungsdelikten zuzuordnen.[459] Abstrakt-konkrete Gefährdungsdelikte setzen eine potentielle Gefahr voraus, weshalb sie auch als potentielle Gefährdungsdelikte bezeichnet werden.[460] Eine potentielle Gefahr bedeutet, dass eine generelle Eignung des Verhaltens gegeben sein muss, einen bestimmten Verletzungserfolg herbeizuführen.[461] § 14 HWG fordert eine generelle Irreführungseignung.

Für die Einordnung als abstrakt-konkretes Gefährdungsdelikt spricht ebenso der Schutzzweck des Gesetzes. Das Heilmittelwerbegesetz schützt die Gesundheit des Einzelnen und der Allgemeinheit. Durch die Strafnorm sollen Gesundheitsgefahren schon im Vorfeld sanktioniert werden, da die Gefahren durch eine unreflektierte Selbstmedikation unüberschaubar sind. Ein effektiver Verbraucherschutz gebietet es, nicht erst abzuwarten, bis eine Gefährdung eingetreten ist. Dieses Ziel wird durch die Ausgestaltung als abstrakt-konkretes Gefährdungsdelikt erreicht. Aus diesem Grund sind auch in anderen Bereichen wie zum Beispiel im Lebensmittelrecht oder im Lauterkeitsrecht die Vorschriften zum Täuschungsschutz ebenfalls als abstrakte Gefährdungsdelikte ausgeformt.[462] Die Ausgestaltung als abstrakt-konkretes Gefährdungsdelikt trägt ebenso den heilmittelwerberechtlichen Besonderheiten Rechnung. Die Abläufe im Bereich der Werbung sowie das Verbraucherverhalten sind von vielen unterschiedlichen Faktoren abhängig und nur schwer zu kalkulieren. Als Ergebnis ist festzuhalten, dass es sich bei § 14 HWG hinsichtlich der Öffentlichkeitswerbung um ein abstrakt-konkretes Gefährdungsdelikt handelt.

---

458 *Lackner/Kühl*, StGB, Vor § 13 Rn. 32; *Volk*, Glücksspiele im Internet, S. 155.

459 *Cramer* in: Schönke/Schröder, StGB, Vor §§ 306 ff. Rn. 4; *Roxin*, Strafrecht Allgemeiner Teil, Bd. 1, § 10 Rn. 124, § 11 Rn. 127; a.A. *Hoyer*, Die Eignungsdelikte, S. 181 ff.; *Schröder*, JZ 1967, 522, 523 ff.; *Zieschang* in: FS-Wolter, S. 557, 559.

460 *Buß*, Irreführende Heilmittelwerbung, S. 137; *Kappel*, Das Ubiquitätsprinzip im Internet, S. 122.

461 *Poenig*, Die strafrechtliche Haftung des Linkanbieters, S. 145.

462 RGSt 46, 275, 277 f.; *Hecker*, Strafbare Produktwerbung im Lichte des Gemeinschaftsrechts, S. 187; *Köhler/Bornkamm/Feddersen*, UWG, § 16 Rn. 4; *Rengier* in: Fezer/Büscher/Obergfell, UWG, § 16 Rn. 32; *Roth*, Strafbare Werbung und die Neuen Medien, S. 54; *Ruhs*, Strafbare Werbung, S. 146.

b. Fachkreiswerbung

Hinsichtlich der Fachkreiswerbung sind zur Bestimmung der Deliktsnatur gleichfalls die europäischen Vorgaben heranzuziehen. Die RL 2001/83/EG unterscheidet zwischen der Generalklausel in den Art. 87 Abs. 3 Spstr. 2 RL 2001/83/EG und den Spezialtatbeständen in Art. 89, 90 RL 2001/83/EG, die ausschließlich für Öffentlichkeitswerbung gelten.[463] Die europäische Generalklausel lässt eine lediglich abstrakte Gefahr nicht ausreichen.[464] Demnach sind die nationalen Konkretisierungen der Generalklausel bezüglich Werbung für Fachkreise als konkrete Gefährdungsdelikte zu verstehen.[465] Liegt folglich eine Fachkreiswerbung vor, ist eine konkrete Gefährdung im Einzelfall nachzuweisen.[466] Das heißt, es muss eine konkrete Irreführungsgefahr gegenüber dem Fachpublikum bestehen. Dies wäre zum Beispiel der Fall, wenn eine irreführende Heilmittelwerbung im Rahmen einer Fachveranstaltung gegenüber Fachpublikum (Ärztekongress) geäußert würde und die Werbung so formuliert ist, dass auch Fachpublikum einer Irreführung unterliegen kann.

III. Zusammenfassung/Ergebnis

Eine Kategorisierung des § 14 HWG als Verletzungsdelikt scheidet bereits aus strukturellen Gründen aus, da zur Verwirklichung des Tatbestands kein Verletzungserfolg erforderlich ist. Tatbestandsmäßig ist bereits die Eignung zur Täuschung.[467] Bei der Einordnung des Tatbestandes ist zwischen Öffentlichkeitswerbung und Fachkreiswerbung zu differenzieren. Für den Bereich der Publikumswerbung ist keine konkrete Gefährdung des Rechtsguts notwendig. Vorausgesetzt wird eine potentielle Gefahr, mithin handelt es sich um ein abstrakt-konkretes Gefährdungsdelikt.[468] Hinsichtlich der Fachkreiswerbung lässt der Gemeinschaftskodex eine abstrakte Gefahr nicht ausreichen, sodass es sich in Bezug auf die Fachkreiswerbung um ein konkretes Gefährdungsdelikt handelt.

---

463 *Buß*, Irreführende Heilmittelwerbung, S. 138.

464 *Buß*, Irreführende Heilmittelwerbung, S. 138 f.

465 *Buß*, Irreführende Heilmittelwerbung, S. 139.

466 *Buß*, Irreführende Heilmittelwerbung, S. 139.

467 *Vergho*, Der Maßstab der Verbrauchererwartung im Verbraucherschutzstrafrecht, S. 256 f.

468 So auch: *Bülow*, WRP 1995, 897; *Bülow*, GRUR 2005, 482, 486.

C. Strafbarkeitsvoraussetzungen nach § 14 HWG

Im Folgenden sollen nun die Strafbarkeitsvoraussetzungen des § 14 HWG erläutert werden. Dieser lautet wie folgt:

> *„Wer dem Verbot der irreführenden Werbung (§ 3) zuwiderhandelt, wird mit Freiheitsstrafe bis zu einem Jahr oder mit Geldstrafe bestraft."*

I. Tathandlung: Zuwiderhandlung gegen das Verbot der irreführenden Werbung gemäß § 3 HWG

Strafbar ist eine Zuwiderhandlung gegen das Verbot der irreführenden Werbung, welches in § 3 HWG geregelt ist. Die Vorschrift konkretisiert den Grundsatz der Wahrheit bei Arzneimittelwerbung.[469] § 3 HWG trägt den spezifischen Gefährdungslagen im Gesundheitsbereich Rechnung.[470] Der Irreführungstatbestand ist die zentrale Vorschrift des Heilmittelwerberechts.[471]

Er besteht aus zwei Sätzen. § 3 S. 1 HWG regelt den allgemeinen Irreführungstatbestand. Dies ergibt sich aus dem Wort „insbesondere" in § 3 S. 2 HWG.[472] § 3 S. 1 HWG ist als Generalklausel formuliert.[473] § 3 S. 2 HWG führt einige heilmittelrechtliche Konkretisierungen auf.[474] Sie dienen der Wahrung des Bestimmtheitsgrundsatzes gemäß Art. 103 Abs. 2 GG.[475] Die Aufzählung des § 3 S. 2 HWG ist nicht abschließend.[476] Sie normiert vielmehr Beispieltatbestände.[477] Der Irreführungstatbestand ist knapp gehalten und macht keine Ausführungen zum sachlichen Anwendungsbereich, sodass auf den allgemeinen

---

469 BT-Drs. IV 1867 S. 6 zu § 2; *Strunz*, Heilmittelwerbegesetz, Wettbewerbsrecht und Verbraucherschutz, S. 60.

470 *Buß*, Irreführende Heilmittelwerbung, S. 134.

471 *Buß*, Irreführende Heilmittelwerbung, S. 134; *Greiff* in: Ratzel/Luxenburger, Handbuch Medizinrecht, Kap. 34 Rn. 40; *Strunz*, Heilmittelwerbegesetz, Wettbewerbsrecht und Verbraucherschutz, S. 60.

472 *Gröning* in: Gröning/Mand/Reinhart, Heilmittelwerberecht, Bd. 1, § 3 Rn. 7; *Grunewald*, Die Vollzugsdefizite des Heilmittelwerberechts, S. 141.

473 *Doepner*, WRP 1979, 333; *Fritschke* in: Spickhoff, Medizinrecht, HWG, § 3 Rn. 1.

474 *Fritschke* in: Spickhoff, Medizinrecht, HWG, § 3 Rn. 1.

475 *Buß*, Irreführende Heilmittelwerbung, S. 136; *Doepner/Reese*, HWG, § 3 Rn. 19.

476 *Ulsenheimer*, Handbuch des Arztrechts, § 164 Rn. 26; *Vergho*, Der Maßstab der Verbrauchererwartung im Verbraucherschutzstrafrecht, S. 256.

477 *Gröning* in: Gröning/Mand/Reinhart, Heilmittelwerberecht, Bd. 1, § 14 Rn. 5; *Ulsenheimer*, Handbuch des Arztrechts, § 164 Rn. 26.

Anwendungsbereich des § 1 HWG zurückgegriffen wird.[478] Das Verbot des § 3 HWG bezieht sich folglich nur auf Heilmittel.[479]

1. *Der allgemeine Irreführungstatbestand*

§ 3 S. 1 HWG untersagt allgemein die irreführende Werbung.[480] Er ist im Verhältnis zu § 3 S. 2 HWG eine eigenständige Tatbestandsalternative.[481] Die Generalklausel des § 3 S. 1 HWG kann erfüllt sein, wenn keine der Varianten des § 3 S. 2 HWG einschlägig ist.[482] Entscheidend für die Beurteilung, ob eine Irreführung anzunehmen ist, ist der Empfängerhorizont der jeweiligen Adressatenkreise.[483] Entgegen dem Gesetzeswortlaut des § 3 S. 1 HWG bedarf es keiner tatsächlichen Irreführung.[484] Dies läuft parallel zu den Anforderungen des § 5 Abs. 1 S. 1 UWG, der irreführende geschäftliche Handlungen im Lauterkeitsrecht normiert. Gemäß § 5 Abs. 1 S. 1 UWG ist eine geschäftliche Handlung erforderlich, die geeignet ist, den Verbraucher oder einen sonstigen Marktteilnehmer zu einer geschäftlichen Entscheidung zu veranlassen, die er andernfalls nicht getroffen hätte. Die Regelung des § 5 Abs. 1 S. 1 UWG richtet sich gegen jede irreführende Handlung, mithin fällt auch Werbung unter § 5 Abs. 1 S. 1 UWG.[485]

Die Reichweite der Generalklausel des § 3 S. 1 HWG ist umstritten.[486] Teilweise wird wegen des neutralen Wortlautes der Regelung die Ansicht vertreten, dass die Generalklausel jegliche verbraucherrelevante Irreführung erfasse, sofern sich diese auf Heilmittel beziehe.[487] Die Gegenauffassung zieht zur Bestimmung der Reichweite der Generalklausel die Beispieltatbestände des

---

478 *Buß*, Irreführende Heilmittelwerbung, S. 135; siehe zum Anwendungsbereich des § 1 HWG ausführlich das 2. Kapitel unter B.

479 *Fritschke* in: Spickhoff, Medizinrecht, HWG, § 3 Rn. 2.

480 *Greiff* in: Ratzel/Luxenburger, Handbuch Medizinrecht, Kap. 34 Rn. 40.

481 *Buß*, Irreführende Heilmittelwerbung, S. 136; *Gröning* in: Gröning/Mand/Reinhart, Heilmittelwerberecht, Bd. 1, § 3 Rn. 7.

482 *Greiff* in: Ratzel/Luxenburger, Handbuch Medizinrecht, Kap. 34 Rn. 40.

483 *Greiff* in: Ratzel/Luxenburger, Handbuch Medizinrecht, Kap. 34 Rn. 40.

484 *Doepner/Reese*, HWG, § 3 Rn. 18, § 14 Rn. 1; *Fritschke* in: Spickhoff, Medizinrecht, HWG, § 3 Rn. 3; *Pelchen/Anders* in: Erbs/Kohlhaas, Strafrechtliche Nebengesetze, HWG, § 14 Rn. 1.

485 *Ohly/Sosnitza*, UWG, § 5 Rn. 9.

486 *Doepner/Reese*, HWG, § 3 Rn. 20; *Gröning* in: Gröning/Mand/Reinhart, Heilmittelwerberecht, Bd. 1, § 3 Rn. 8.

487 *Doepner/Reese*, HWG, § 3 Rn. 20.

§ 3 S. 2 HWG heran.[488] Diese brächten zum Ausdruck, welche Arten von irreführender Werbung von § 3 HWG erfasst sein sollen.[489] Die Generalklausel dürfe nicht dazu genutzt werden, die Beispieltatbestände unbegrenzt auszuweiten.[490] Der ersten Ansicht ist aufgrund der ausufernden Strafrechtsanwendung nicht zu folgen. Vielmehr ist der zweiten Ansicht Vorzug zu gewähren, die eine am Schutzzweck orientierte Auslegung der Generalklausel befürwortet. Nach dieser Auffassung ist die Generalklausel im Lichte des sachlichen Anwendungsbereichs des Heilmittelwerbegesetzes einschränkend auszulegen.[491] Erfasst sind nur solche irreführenden Werbeaussagen, die sich auf die Funktion der beworbenen Heilmittel beziehen.[492] Um in den Anwendungsbereich von § 3 S. 1 HWG zu fallen, müssen die Werbeaussagen zumindest im weitesten Sinne auf die Verhütung, Erkennung, Beseitigung oder Linderung von Krankheiten, Leiden oder Körperschäden gerichtet sein.[493] Im Rahmen dieser Auffassung stellt sich weitergehend die Frage, ob eine Werbung, in der das Heilmittel als Wirtschaftsgut Gegenstand der Irreführung ist, ebenfalls vom Anwendungsbereich der Generalklausel erfasst wird. Nach Ansicht von *Gröning* fällt eine solche Werbung wegen der restriktiven Auslegung nicht unter § 3 S. 1 HWG. Es bestehe lediglich ein entfernter Zusammenhang zwischen dem Gesundheitsschutz des Verbrauchers und der Werbeaussage.[494] Vor finanzieller Übervorteilung werde der Verbraucher in diesen Fällen ausreichend durch das Wettbewerbsrecht geschützt.[495] Eine solche Werbung stellte zum Beispiel die Werbung für ein Brillengestell dar, welches zum „*Nulltarif*“[496] beworben wurde, oder die Werbung für ein Medikament zum „*Europapreis*“[497]. Nach der Gegenansicht sind ebenso Werbeanzeigen durch § 3 S. 1 HWG erfasst, bei denen sich die Irreführung auf das Heilmittel als wirtschaftliches Gut bezieht.[498]

---

488 *Gröning* in: Gröning/Mand/Reinhart, Heilmittelwerberecht, Bd. 1, § 3 Rn. 8.
489 *Gröning* in: Gröning/Mand/Reinhart, Heilmittelwerberecht, Bd. 1, § 3 Rn. 8.
490 *Gröning* in: Gröning/Mand/Reinhart, Heilmittelwerberecht, Bd. 1, § 3 Rn. 8.
491 *Gröning* in: Gröning/Mand/Reinhart, Heilmittelwerberecht, Bd. 1, § 3 Rn. 8.
492 *Gröning* in: Gröning/Mand/Reinhart, Heilmittelwerberecht, Bd. 1, § 3 Rn. 8.
493 *Gröning* in: Gröning/Mand/Reinhart, Heilmittelwerberecht, Bd. 1, § 3 Rn. 8.
494 *Gröning* in: Gröning/Mand/Reinhart, Heilmittelwerberecht, Bd. 1, § 3 Rn. 8.
495 *Gröning* in: Gröning/Mand/Reinhart, Heilmittelwerberecht, Bd. 1, § 3 Rn. 8.
496 KG Berlin WRP 1994, 184 ff.
497 OLG Köln PharmR 1993, 300 ff.
498 *Doepner/Reese*, HWG, § 3 Rn. 20 m.w.N.; *Gröning* in: Gröning/Mand/Reinhart, Heilmittelwerberecht, Bd. 1, § 3 Rn. 8.

Der letztgenannten Ansicht ist zu folgen. Zwar wird der Verbraucher in finanzieller Hinsicht auch über § 3 UWG geschützt. Nach der ersten Ansicht entfiele jedoch auch der strafrechtliche Schutz über § 14 HWG, sofern eine solche Werbung nicht in den Anwendungsbereich des § 3 S. 1 HWG fällt. Wegen der hochrangigen Schutzgüter, der Gesundheit des Einzelnen, der öffentlichen Gesundheit und des Schutzes der Verbraucher vor finanziellen Nachteilen, sollte die Möglichkeit einer strafrechtlichen Verfolgung auch bei Werbeanzeigen, bei denen sich die Irreführung ausschließlich auf das Heilmittel als Wirtschaftsgut bezieht, gegeben sein. Auch Werbeanzeigen, die lediglich hinsichtlich des Heilmittels als Wirtschaftsgut irreführend sind, können eine Gesundheitsgefährdung für den Verbraucher darstellen.

a. Irreführendes Werben

Zur Erfüllung des Tatbestands des § 14 HWG muss eine irreführende Werbung vorliegen. Der Begriff der irreführenden Werbung ist weder im Gesetz gegen den unlauteren Wettbewerb noch im Heilmittelwerbegesetz legal definiert.[499] Bei der Beurteilung, ob eine Aussage irreführend ist, ist als maßgebliches Kriterium der Zweck des Heilmittelwerbegesetzes, der Gesundheitsschutz, heranzuziehen.[500]

Eine Irreführung liegt vor, wenn die Vorstellungen der Umworbenen von dem beworbenen Produkt nicht mit der Wirklichkeit übereinstimmen.[501] Eine Irreführung ist also dann anzunehmen, wenn eine „*Divergenz zwischen Bedeutungsvorstellung und Wirklichkeit*"[502] besteht. Im Unterschied zum Irrtum im Sinne des § 263 StGB bedarf es für eine Irreführung keiner vorangegangenen Täuschung.

§ 14 HWG i.V.m. § 3 HWG verlangt auch keinen Irreführungserfolg, sondern lediglich eine irreführende Werbung.[503] Eine solche liegt vor, wenn die Werbung geeignet ist, die Adressaten in die Irre zu führen.[504] Um bewerten zu können,

---

499 *Artz* in: Bülow/Ring/Artz/Brixius, HWG, § 3 Rn. 4.

500 *Sosnitza* in: Zipfel/Rathke, Lebensmittelrecht, HWG, § 3 Rn. 15.

501 *Dehlfing*, Das Recht der irreführenden Werbung in Deutschland, Großbritannien und Frankreich, S. 15; *Lettl*, Der lauterkeitsrechtliche Schutz vor irreführender Werbung in Europa, S. 38; ähnlich auch: *Greiff* in: Ratzel/Luxenburger, Handbuch Medizinrecht, Kap. 34 Rn. 41; *Poschenrieder*, Werbebeschränkungen für Arzneimittel, S. 111.

502 *Artz* in: Bülow/Ring/Artz/Brixius, HWG, § 3 Rn. 6; *Dehlfing*, Das Recht der irreführenden Werbung in Deutschland, Großbritannien und Frankreich, S. 15; *Doepner/Reese*, HWG, § 3 Rn. 223; *Lampe* in: FS-Lange, S. 461; *Zimmermann* in: Nomos Kommentar, HWG, § 3 Rn. 2; *Zimmermann* in: Fuhrmann/Klein/Fleischfresser, § 28 Rn. 50.

503 *Pelchen/Anders* in: Erbs/Kohlhaas, Strafrechtliche Nebengesetze, HWG, § 3 Rn. 5.

504 *Pelchen/Anders* in: Erbs/Kohlhaas, Strafrechtliche Nebengesetze, HWG, § 3 Rn. 5.

ob es sich um eine irreführende Werbung handelt, muss daher zunächst der Verkehrskreis ermittelt werden, an den die Werbung gerichtet ist.[505] Bei einer Irreführung gemäß § 3 HWG ist insbesondere zwischen Fachkreis- und Publikumswerbung zu unterscheiden.[506]

In einem nächsten Schritt ist das allgemeine Verständnis des angesprochenen Verkehrskreises zu eruieren.[507] Abschließend wird untersucht, ob die Werbeangabe nach dem Verständnis der Adressaten unzutreffend ist.[508] Die größte Prognoseunsicherheit beinhaltet die Ermittlung des Verkehrsverständnisses.[509] Je nachdem, welches Verbraucherleitbild[510] als Maßstab angelegt wird, fällt die Beurteilung unterschiedlich aus.[511]

Eine Definition könnte aus Art. 2 lit. b RL 2006/114/EG des europäischen Parlaments und des Rates vom 12.12.2006 über irreführende und vergleichende Werbung abgeleitet werden. Dieser beinhaltet eine Definition der irreführenden Werbung. Laut Art. 2 lit. b RL 2006/114/EG ist dies jede Werbung,

> *„die in irgendeiner Weise – einschließlich ihrer Aufmachung – die Personen, an die sie sich richtet oder die von ihr erreicht werden, täuscht oder zu täuschen geeignet ist und die infolge der ihr innewohnenden Täuschung ihr wirtschaftliches Verhalten beeinflussen kann oder aus diesen Gründen einen Mitbewerber schädigt oder zu schädigen geeignet ist“*[512].

Kennzeichnend bei der gemeinschaftsrechtlichen Definition ist das Element der Täuschung. Irreführende Werbung liegt demnach vor, wenn die Werbung in *„täuschender Weise auf die angesprochenen Verbraucherkreise einwirkt und falsche Vorstellungen hervorruft“*[513] beziehungsweise geeignet ist, falsche Vorstellungen hervorzurufen.

Diese Definition läuft parallel zur Definition der irreführenden geschäftlichen Handlung gemäß § 5 UWG, der ebenfalls die Vorgaben der RL 2006/114/EG umgesetzt hat.[514] § 5 UWG regelt die zivilrechtlichen Folgen der irreführenden

---

505 *Riegger*, Heilmittelwerberecht, S. 29.

506 *Mand* in: Prütting, Medizinrecht, HWG, § 3 Rn. 30 ff.; *Riegger*, Heilmittelwerberecht, S. 29.

507 *Riegger*, Heilmittelwerberecht, S. 29; *Schneider*, Heilmittelwerbung, S. 52.

508 *Riegger*, Heilmittelwerberecht, S. 29.

509 *Riegger*, Heilmittelwerberecht, S. 29.

510 Ausführlich zum Verbraucherleitbild siehe c.

511 *Riegger*, Heilmittelwerberecht, S. 29.

512 Art. 2 lit. b RL 2006/114/EG.

513 *Buß*, Irreführende Heilmittelwerbung, S. 15.

514 *Ohly/Sosnitza*, UWG, § 5 Rn. 9.

Werbung im Lauterkeitsrecht.[515] Nach dem Willen des Gesetzgebers sollen durch § 5 UWG die zivilrechtlichen Folgen der irreführenden Werbung umfassend geregelt werden. Ferner ist der Begriff der irreführenden Werbung deckungsgleich mit den irreführenden Angaben in § 16 Abs. 1 UWG, der die vorsätzliche irreführende Werbung strafrechtlich sanktioniert, sofern dessen Anwendungsbereich eröffnet ist.[516]

aa. Irreführung durch unwahre Tatsachenbehauptung

Der offensichtlichste Fall der Irreführung liegt in der Äußerung unwahrer Angaben.[517] Eine Irreführung ist abzulehnen, wenn eine objektiv falsche unwahre Aussage von den Adressaten in der korrekten Bedeutung verstanden wird.[518] Dieser Fall tritt jedoch nur selten ein.

bb. Irreführung durch wahre Tatsachenbehauptungen

Eine Irreführung muss nicht zwingend auf unwahren Tatsachenbehauptungen beruhen; auch wahre Tatsachenbehauptungen können den Verbraucher in die Irre führen.[519] Nach Ansicht des Bundesgerichtshofs muss eine wahre Tatsachenbehauptung geeignet sein, einen nicht unerheblichen Teil der Empfänger zu täuschen.[520] Dies ist zum Beispiel gegeben, wenn die Adressaten den zutreffenden Angaben eine falsche Information entnehmen oder wenn Eigenschafen eines Produkts als Besonderheiten ausgewiesen werden, obwohl diese Eigenschaften bei Produkten dieser Art selbstverständlich sind.[521] Dies ist regelmäßig der Fall,

---

515 *Peifer/Obergfell* in: Fezer/Büscher/Obergfell, UWG, § 5 Rn. 24.

516 *Peifer/Obergfell* in: Fezer/Büscher/Obergfell, UWG, § 5 Rn. 24.

517 *Buß*, Irreführende Heilmittelwerbung, S. 173; *Köhler/Bornkamm/Feddersen*, UWG, § 5 Rn. 1.54; *Riegger*, Heilmittelwerberecht, S. 30.

518 *Buß*, Irreführende Heilmittelwerbung, S. 173.

519 *Artz* in: Bülow/Ring/Artz/Brixius, HWG, § 3 Rn. 9; *Buß*, Irreführende Heilmittelwerbung, S. 175; *Dominicus*, Der Schutz des Verbrauchers vor irreführender Werbung, S. 45; *Schneider*, Heilmittelwerbung, S. 52; *Zimmermann* in: Fuhrmann/Klein/Fleischfresser, § 28 Rn. 50.

520 BGH GRUR 1958, 39, 40; BGH GRUR 1965, 96, 98; OLG Hamburg WRP 1982, 424; *Dominicus*, Der Schutz des Verbrauchers vor irreführender Werbung, S. 45.

521 *Buß*, Irreführende Heilmittelwerbung, S. 175.
Ersteres wurde z.B. in dem Fall der Cupresa-Kunstseide angenommen. Dort warb der Hersteller mit dem Begriff der Seide, der grundsätzlich als Oberbegriff für Naturseide und künstlich hergestellte Seide verwendet wird. In diesem Fall nahm der BGH an, dass die Werbung mit dem Begriff Seide bei einem nicht unerheblichen Teil der Käufer den Eindruck erwecken würde, dass es sich bei den so bezeichneten

wenn die Adressaten aufgrund mangelnder Branchenkenntnisse nicht überblicken können, welche Eigenschaften gesetzlich fixiert und daher üblich sind.[522]

cc. Irreführung durch Unterlassen

Eine Irreführung kann unter bestimmten Voraussetzungen auch durch das Verschweigen von Informationen in Betracht kommen, sofern bestimmte Informationen für das Verständnis notwendig sind und diesbezüglich eine Aufklärungspflicht besteht.[523]

Eine Aufklärungspflicht stellt jedoch eine Ausnahme dar, da die Adressaten sich zwar auf die in der Werbung getätigten Aussagen verlassen, aber keine in allen Einzelheiten vollständige und in allen Punkten neutrale Darstellung erwarten.[524] Ein Vollständigkeitsgebot existiert nicht, weshalb für die Begründung einer Aufklärungspflicht besondere Umstände vorliegen müssen, wie beispielsweise eine gesetzliche Kennzeichnungspflicht gemäß § 4 HWG.[525] Darüber hinaus kann eine Aufklärungspflicht aus der besonderen Bedeutung innerhalb des Verkehrsverständnisses resultieren.[526] Eine Irreführung wird angenommen, wenn durch das Verschweigen bestimmter Angaben ein falsches Verkehrsverständnis hinsichtlich des beworbenen Produktes hervorgerufen wird.[527] Eine Irreführung

---

Erzeugnissen um ganz oder teilweise aus Naturseide hergestellte Produkte handele. Siehe dazu: BGHZ 13, 244, 253.

522 *Buß*, Irreführende Heilmittelwerbung, S. 175.

523 *Poschenrieder*, Werbebeschränkungen für Arzneimittel, S. 111; siehe dazu auch: *Gröning* in: Gröning/Mand/Reinhart, Heilmittelwerberecht, Bd. 1, § 3 Rn. 5, 41; *Pelchen/Anders* in: Erbs/Kohlhaas, Strafrechtliche Nebengesetze, HWG, § 3 Rn. 4; *Strunz*, Heilmittelwerbegesetz, Wettbewerbsrecht und Verbraucherschutz, S. 79.

524 *Strunz*, Heilmittelwerbegesetz, Wettbewerbsrecht und Verbraucherschutz, S. 79 f. m.w.N.

525 *Strunz*, Heilmittelwerbegesetz, Wettbewerbsrecht und Verbraucherschutz, S. 80 m.w.N.

526 BGH GRUR 1964, 269, 271; BGH GRUR 1977, 494, 496; *Strunz*, Heilmittelwerbegesetz, Wettbewerbsrecht und Verbraucherschutz, S. 80 m.w.N.

527 BGH GRUR 1977, 494, 496; BGH GRUR 1982, 437; *Schneider*, Heilmittelwerbung, S. 51; *Strunz*, Heilmittelwerbegesetz, Wettbewerbsrecht und Verbraucherschutz, S. 80 m.w.N.
Eine Irreführung durch Unterlassen wurde vom Bundesgerichtshof z.B. angenommen, als mit der Aussage „Test Gut" für ein von der Stiftung Warentest mit „gut" bezeichnetes Erzeugnis geworben wurde, obwohl das Erzeugnis mit dieser Note unter dem Noten-Durchschnitt der getesteten Waren geblieben war. In diesem Fall hatte der Werbende die Zahl und die Noten der besser beurteilten Erzeugnisse nicht angegeben. Siehe dazu: BGH GRUR 1982, 437 ff.

durch Schweigen liegt ebenso bei einer einseitigen Auswahl von Anerkennungs- und Empfehlungsschreiben vor, wenn eine beträchtliche Anzahl an negativen Äußerungen oder geschäftliche Beziehungen zwischen dem Werbenden und dem Gutachter beziehungsweise zu dem sich zu dem Produkt Äußernden verschwiegen werden.[528] In diesem Fall wird durch die einseitige Auswahl an Informationen ein verzerrtes Bild des Produktes hervorgerufen.

b. Irreführungsquote

Zur Bejahung einer Irreführung muss eine qualitative Eignung zur Irreführung gegeben sein.[529] Um eine qualitative Eignung anzunehmen, müssen weitere quantitative Voraussetzungen erfüllt sein, das heißt, es muss eine bestimmte Irreführungsquote erreicht werden.[530] Das Gemeinschaftsrecht enthält keine Vorgaben für eine Mindestirreführungsquote, sodass die Festlegung einer Quote den nationalen Gerichten überlassen bleibt.[531] Die Rechtsprechung sieht die quantitativen Voraussetzungen als erfüllt an, wenn ein nicht unerheblicher Teil der Werbungsadressaten durch die Werbeaussage irregeführt wird.[532] Die Bewertung, wann ein nicht unerheblicher Teil der Adressaten anzunehmen ist, muss im Einzelfall getroffen werden.[533] Maßgeblich zu berücksichtigen sind für die Beurteilung *„Art und Besonderheiten der Ware oder Leistung, Art und Ausmaß der Werbung, die Intensität der Irreführung, deren Gefährlichkeit für die Allgemeinheit und der Grad der Betroffenheit der Mitbewerber und Verbraucher*“[534]. Regelmäßig nimmt der Bundesgerichtshof eine Irreführung an, wenn zehn Prozent der Adressaten tatsächlich irregeführt werden.[535] Im Bereich der Gesundheitswerbung legt der Bundesgerichtshof jedoch strengere Maßstäbe an und lässt niedrigere Quote als

---

528 *Strunz*, Heilmittelwerbegesetz, Wettbewerbsrecht und Verbraucherschutz, S. 81.

529 *Gröning* in: Gröning/Mand/Reinhart, Heilmittelwerberecht, Bd. 1, § 3 Rn. 5; *Poschenrieder*, Werbebeschränkungen für Arzneimittel, S. 111.

530 *Gröning* in: Gröning/Mand/Reinhart, Heilmittelwerberecht, Bd. 1, § 3 Rn. 6.

531 *Ruhs*, Strafbare Werbung, S. 179.

532 BGH WRP 1996, 1018 f.; *Dominicus*, Der Schutz des Verbrauchers vor irreführender Werbung, S. 40; *Gröning* in: Gröning/Mand/Reinhart, Heilmittelwerberecht, Bd. 1, Vor § 3 Rn. 6 und § 3 Rn. 6; *Poschenrieder*, Werbebeschränkungen für Arzneimittel, S. 111 f.

533 BGH GRUR 1991, 852, 855; BGH GRUR 1992, 874, 876; BGH GRUR 1994, 519, 521; *Büttner*, GRUR 1996, 533 ff.; *Kilian*, Strafbare Werbung, S. 73; *Teplitzky* in: FS-Vieregge, S. 853 ff.

534 *Poschenrieder*, Werbebeschränkungen für Arzneimittel, S. 112.

535 BGH GRUR 1992, 66, 67; OLG München GRUR 1983, 339, 340; *Nill*, Der strafrechtliche Täuschungsschutz gegen irreführende Werbung, S. 101.

in anderen Bereichen ausreichen.[536] Dieses sogenannte „Strengeprinzip"[537] rührt daher, dass das Schutzgut Gesundheit einen hohen Stellenwert genießt und die irreführende Heilmittelwerbung gleichzeitig mit großen Gefahren verbunden sein kann.[538]

Die Beurteilung, ob die Werbung geeignet ist, einen nicht unerheblichen Teil der Adressaten irrezuführen, obliegt den Richtern, die diese Entscheidung aufgrund eigener Sachkunde und Lebenserfahrung treffen.[539] Dieser Bewertung ist das normative Verbraucherleitbild zugrunde zu legen.

Eine besondere Bedeutung hat die Irreführungsquote für die Frage des Unterlassens und die in § 4 HWG normierten Pflichtangaben. § 4 HWG listet eine Reihe von Angaben auf, die jede Werbung für Arzneimittel beinhalten muss. Bei den in § 4 HWG normierten Pflichtangaben ist allerdings problematisch, dass diese nur von einer geringen Anzahl an Personen gelesen werden. Laut *Gröning* lesen lediglich zwei bis drei Prozent der Verbraucher die Pflichtangaben im Beipackzettel.[540] Bei nur zwei bis drei Prozent ist die notwendige Irreführungsquote nicht erfüllt, sodass der Straftatbestand der irreführenden Heilmittelwerbung nicht verwirklicht wäre. Gleichwohl liegt in diesen ein Verstoß gegen § 4 HWG vor. Nach einer repräsentativen Umfrage, die in der Ärztezeitung im Mai 2019 veröffentlicht wurde, sollen jedoch 19 Prozent der Verbraucher den Beipackzettel lesen.[541] Bei einem Wert von 19 Prozent wäre die zu erreichende Irreführungsquote[542] erfüllt und eine Irreführung auch bei dem Unterlassen von Pflichtangaben anzunehmen.

---

536 *Gröning* in: Gröning/Mand/Reinhart, Heilmittelwerberecht, Bd. 1, § 3 Rn. 6; *Poschenrieder*, Werbebeschränkungen für Arzneimittel, S. 112.

537 *Braun*, MPR 2014, 193, 194.

538 *Braun*, MPR 2014, 193, 194; *Doepner/Reese*, HWG, § 3 Rn. 41; *Feddersen*, GRUR 2013, 127 ff.; *Vergho*, Der Maßstab der Verbrauchererwartung im Verbraucherschutzstrafrecht, S. 260.

539 *Gröning* in: Gröning/Mand/Reinhart, Heilmittelwerberecht, Bd. 1, § 3 Rn. 6; *Poschenrieder*, Werbebeschränkungen für Arzneimittel, S. 112.

540 *Gröning* in: Gröning/Mand/Reinhart, Heilmittelwerberecht, Bd. 1, § 3 Rn. 5, 41.

541 https://www.aerztezeitung.de/praxis_wirtschaft/rezepte/article/987871/medikamente-nur-jeder-fuenfte-deutsche-liest-beipackzettel.html (4.9.2019).

542 Zur Irreführungsquote siehe ausführlich in diesem Kapitel unter C. I. 1. b.

c. *Verbraucherleitbild*

Das Verständnis dieses Kriteriums unterlag in der jüngeren Vergangenheit starken Veränderungen, namentlich durch europäische Harmonisierungsbestrebungen.[543] Es bildet das Einfallstor für die Europäisierung des deutschen Heilmittelwerberechts. Nach früherer höchstrichterlicher Rechtsprechung genügte es bereits, dass ein flüchtiger Betrachter der Werbemaßnahme in die Irre geführt werden konnte.[544] Der Bundesgerichtshof strebte damit noch bis zum Jahre 1999 einen allumfassenden Verbraucherschutz an. Schließlich setzte sich die Auffassung des Europäischen Gerichtshofs durch.[545] Nunmehr gilt das Leitbild eines durchschnittlich informierten und verständigen Verbrauchers, der das fragliche Werbeverhalten mit einer der Situation angemessenen Aufmerksamkeit verfolgt.[546] Das Verbraucherleitbild gilt ebenso für das Wettbewerbsrecht. Im Zuge der UWG-Reform im Jahr 2004 hat der Gesetzgeber den Maßstab des durchschnittlich informierten, situationsadäquat aufmerksamen und verständigen Verbrauchers für § 5 UWG und § 16 UWG übernommen.[547]

aa. Konkretisierung

Das Verbraucherleitbild ist maßgeblicher Bestandteil des Begriffs der Irreführung gemäß § 14 HWG. Maßgebend ist das Leitbild eines „durchschnittlich informierten und verständigen Verbrauchers, der das fragliche Werbeverhalten mit einer der Situation angemessenen Aufmerksamkeit verfolgt“[548]. Nun ist zu fragen, wie das Verbraucherleitbild zu verstehen ist.

---

543 *Doepner*, WRP 1997, 999 ff.; *Krell* in: Graf/Jäger/Wittig, Wirtschafts- und Steuerstrafrecht, UWG, § 16 Rn. 28; *Reinbacher* in: Leitner/Rosenau, Wirtschafts- und Steuerstrafrecht, UWG, § 16 Rn. 3 m.w.N.; *Vergho*, wistra 2010, 86; *Wittig*, Wirtschaftsstrafrecht, § 33 Rn. 11.

544 BGH GRUR 1998, 415; BGH GRUR 1957, 128 ff.; *Buß*, Irreführende Heilmittelwerbung, S. 142; *Hecker*, Strafbare Produktwerbung im Lichte des Gemeinschaftsrechts, S. 48; *Leible*, EuZW 1998, 526, 528.

545 In seinen grundlegenden Entscheidungen in Sachen „*Gut-Springenheide*“ vom 16. Juli 1998 und „*Lifting-Creme*“ vom 13. Januar 2000 legte der EuGH den gemeinschaftsrechtlichen Irreführungsbegriff dahingehend aus, dass für die Beurteilung der Irreführung auf die mutmaßliche Erwartung eines „durchschnittlich informierten, aufmerksamen und verständigen Durchschnittsverbrauchers“ abzustellen ist.

546 BGHZ 156, 250, 252 f.; BGH MMR 2005, 309, 311; BGH NJW 2004, 1163; BGH NJW 2001, 3262, 3263 jeweils m.w.N.

547 BT-Drs. 15/1487, S. 19; *Kilian*, Strafbare Werbung, S. 60.

548 BGHZ 156, 250, 252 f.; BGH WRP 2005, 480, 483; BGH WRP 2004, 339, 341; BGH NJW 2001, 3262, 3263 jeweils m.w.N.

(1) Auslegung des Wortes „durchschnittlich"

Unter Zugrundelegung des zuvor aufgeführten Verbraucherleitbildes ist zunächst zu klären, ob sich die Durchschnittlichkeit auch auf die Verständigkeit und die Aufmerksamkeit des Verbrauchers bezieht oder ausschließlich auf die Informiertheit.[549] Der Satzaufbau der oben genannten Definition legt nahe, die Durchschnittlichkeit beziehe sich ausschließlich auf die Informiertheit, nicht hingegen auf die Verständigkeit beziehungsweise die Aufmerksamkeit, weshalb für letztere andere Maßstäbe anzulegen seien.[550]

Diesbezüglich gibt die englische sowie die französische Fassung der (Grundsatz-) Entscheidung zum Verbraucherleitbild „Gut-Springenheide"[551] Aufschluss.[552] In der englischen Fassung heißt es: „*the presumed expectations of an average consumer who is reasonably well-informed and reasonably observant and circumspect*"[553]. Die französische Fassung lautet: „*raisonnablement attentif et avise*"[554].

In der englischen und französischen Fassung der oben genannten Entscheidung bezieht sich die Durchschnittlichkeit eindeutig auch auf die Verständigkeit und die Aufmerksamkeit des Verbrauchers.[555] Nur die deutsche Fassung der Entscheidung „Gut-Springenheide" impliziert eine abweichende Bedeutung.[556] Diese war vom Europäischen Gerichtshof nicht beabsichtigt.[557] Als Ergebnis ist somit festzuhalten, dass das Verbraucherleitbild nicht von einem allseits informierten, sehr verständigen und stets aufmerksamen Verbraucher ausgeht, da ebendiese Kriterien durch das Wort „durchschnittlich" relativiert werden.[558]

(2) Durchschnittliche Informiertheit

Weiter ist zu klären, was unter einer durchschnittlichen Informiertheit zu verstehen ist und welche Kenntnisse der Verbraucher besitzen muss, um dem Durchschnittsverbraucher zu entsprechen. Eine durchschnittliche Informiertheit erfordert einen „normalen" oder „mittleren" Kenntnisstand über den Bereich,

549 *Kilian*, Strafbare Werbung, S. 60.
550 *Kilian*, Strafbare Werbung, S. 60.
551 EUGH GRUR Int 1998, 795.
552 *Kilian*, Strafbare Werbung, S. 60.
553 EUGH, C-210/96 „Gut-Springenheide" (Englische Fassung), Rn. 31.
554 EUGH, C-210/96 „Gut-Springenheide" (Französische Fassung), Rn. 31.
555 So auch: *Kilian*, Strafbare Werbung, S. 60; *Lettl*, GRUR 2004, 449, 453.
556 EUGH GRUR Int 1998, 795; so auch: *Kilian*, Strafbare Werbung, S. 61.
557 So auch schon: *Kilian*, Strafbare Werbung, S. 61.
558 So auch schon: *Kilian*, Strafbare Werbung, S. 61.

aus dem die beworbene Ware stammt.[559] Unter dem normalen Kenntnisstand wird der Kenntnisstand verstanden, der von einem Durchschnittsverbraucher ohne Einholung weiterer Informationen zu erwarten ist.[560] Die Einholung weiterer Informationen wird vom Verbraucher nicht verlangt, da dies den Verbraucher über Gebühr belasten würde und aufgrund der Masse an Werbung praktisch kaum möglich ist.[561]

Die individuelle Informiertheit variiert bei den einzelnen Verbrauchern aufgrund ihrer persönlichen Interessen und des Grades der jeweiligen Alltagsnutzung des Produkts.[562] Das persönliche Interesse spielt für das Verbraucherleitbild keine Rolle.[563] Es kommt allein auf den durchschnittlichen Verbraucher und damit die durchschnittliche Informiertheit an. Der Grad der Alltagsnutzung hingegen besitzt eine große Bedeutung für die Bestimmung der durchschnittlichen Informiertheit des Verbrauchers.[564] Bei Produkten des täglichen Bedarfs wird eine höhere Kenntnis des Verbrauchers vorausgesetzt als bei Produkten, die nur selten konsumiert werden und daher eine geringere Bekanntheit aufweisen.[565] Beschränkt sich die Werbung auf eine bestimmte Zielgruppe, ist der durchschnittliche Kenntnisstand dieser spezifischen Gruppe als Bewertungsmaßstab heranzuziehen.[566]

Zusammenfassend ist festzuhalten, dass sich die durchschnittliche Informiertheit auf den zu erwartenden Kenntnisstand eines Verbrauchers bezieht, ohne dass dieser sich weitergehende Informationen zu dem Produkt einholt. Je nach Art des Produktes differiert der zu erwartende Kenntnisstand. Bei Gegenständen, welche einen hohen Grad der Alltagsnutzung aufweisen, wird ein höherer Kenntnisstand erwartet als bei Produkten, die nur selten im Alltag genutzt werden.

---

559 *Helm* in: FS-Tilmann, S. 136; *Kilian*, Strafbare Werbung, S. 61; *Lettl*, GRUR 2004, 449, 454.

560 *Helm* in: FS-Tilmann, S. 142; *Lettl*, GRUR 2004, 449, 454.

561 *Kilian*, Strafbare Werbung, S. 61.

562 *Kilian*, Strafbare Werbung, S. 61.

563 *Kilian*, Strafbare Werbung, S. 61.

564 *Kilian*, Strafbare Werbung, S. 61.

565 *Kilian*, Strafbare Werbung, S. 61.

566 *Kilian*, Strafbare Werbung, S. 62.

(3) Durchschnittliche Verständigkeit

Die Verständigkeit einer Person meint ein *„besonnenes, rationales Handeln der betroffenen Person“*[567]. Eine durchschnittliche, d.h. angemessene Verständigkeit ist anzunehmen, wenn der Verbraucher dazu befähigt ist, die ihm zur Verfügung gestellten Informationen einzuordnen, kritisch zu hinterfragen und etwaige Vergleichsangebote sachgerecht zu prüfen.[568] Ebenfalls unter den Begriff der Verständigkeit fällt das Reaktionsbewusstsein der Verbraucher auf Veränderungen des Marktes zu reagieren.[569]

(4) Angemessene Aufmerksamkeit

Die letzte Anforderung, die an den Verbraucher gestellt wird, ist die angemessene Aufmerksamkeit. Zur Bestimmung der angemessenen Aufmerksamkeit wird in der Literatur regelmäßig auf die Art des beworbenen Produktes abgestellt.[570] Es werden drei verschiedene Produktgruppen unterschieden: Erfahrungs-, Such- und Vertrauensgüter.[571] Auf diese Unterscheidung greifen auch der Bundesgerichtshof[572] und der Europäische Gerichtshof[573] zurück.

Unter Erfahrungsgütern werden häufig gekaufte, günstige und meist kurzlebige Produkte des täglichen Bedarfs gefasst, die vom Durchschnittsverbraucher regelmäßig ohne längere Überlegung konsumiert werden.[574] Darunter fallen beispielsweise Butter, Milch oder Eier.[575] Suchgüter sind Güter von längerer Lebensdauer, bei denen der Verbraucher eine gezielte Auswahl trifft.[576] Als klassisches Beispiel ist der PKW zu nennen. Bei Vertrauensgütern handelt es sich um Produkte, bei denen der Verbraucher in besonderer Weise auf die Expertise des Verkäufers beziehungsweise des Händlers vertrauen muss, da ihm diesbezüglich die

567 *Kilian*, Strafbare Werbung, S. 62; vgl. auch: *Köhler/Bornkamm/Feddersen*, UWG, § 1 Rn. 34. Dort wird der Begriff der Verständigkeit gleichgesetzt mit den Begriffen Umsichtigkeit und Kritikfähigkeit.

568 *Kilian*, Strafbare Werbung, S. 61; *Lettl*, GRUR 2004, 449, 455; *Ruhs*, Strafbare Werbung, S. 179.

569 *Kilian*, Strafbare Werbung, S. 62.

570 *Kilian*, Strafbare Werbung, S. 63; *Lettl*, GRUR 2004, 449, 454; *Ruhs*, Strafbare Werbung, S. 178 ff.; *Köhler/Bornkamm/Feddersen*, UWG, § 1 Rn. 34.

571 Zur Differenzierung der einzelnen Produktgruppen siehe: *Lettl*, GRUR 2004, 449, 454; *Ruhs*, Strafbare Werbung, S. 178 ff.; *Köhler/Bornkamm/Feddersen*, UWG, § 1 Rn. 34.

572 BGH GRUR 2003, 626, 627.

573 EuGH GRUR Int 1999, 734, 736.

574 *Lettl*, GRUR 2004, 449, 454.

575 *Kilian*, Strafbare Werbung, S. 63; *Lettl*, GRUR 2004, 449, 454.

576 *Kilian*, Strafbare Werbung, S. 63; *Lettl*, GRUR 2004, 449, 454.

nötige Sachkenntnis fehlt.[577] Dazu zählen zum Beispiel Börsengeschäfte, Antiquitäten und ärztliche Behandlungen.[578]

Bezüglich der ersten Produktgruppe, den Erfahrungsgütern, wird den Verbrauchern die geringste Aufmerksamkeit abverlangt.[579] Bei Suchgütern und Vertrauensgütern wird aufsteigend eine größere Aufmerksamkeit erwartet, sodass eine Irreführung bei letzteren nur unter gesteigerten Anforderungen möglich ist.[580]

Der Bundesgerichtshof übernahm das Verbraucherleitbild des Europäischen Gerichtshofs mit einer kleinen Änderung.[581] Er fordert anstelle einer angemessenen Aufmerksamkeit eine *„situationsadäquate Aufmerksamkeit"*[582]. Durch diese Anpassung macht der Bundesgerichtshof deutlich, dass ein Abstellen allein auf die Angemessenheit nicht ausreicht, sondern dass die Situation, in welcher der Verbraucher die Werbung wahrnimmt, Beachtung finden muss[583].

In einem Urteil aus dem Jahr 2011 führte der Europäische Gerichtshof aus, dass der anzulegende Maßstab die angemessene Aufmerksamkeit *„unter Berücksichtigung sozialer, kultureller und sprachlicher Faktoren"* ist.[584] Er machte deutlich, dass das Verbraucherleitbild an die tatsächlichen Gegebenheiten anzupassen ist.[585] Gleichwohl hielt der Europäische Gerichtshof an der angemessenen Aufmerksamkeit fest.[586]

Die unterschiedliche Bezeichnung des geforderten Grades an Aufmerksamkeit macht jedoch im Ergebnis keinen Unterschied. Angemessen meint den gegebenen Umständen entsprechend. Zwar hebt der Bundesgerichtshof durch den Begriff der *„situationsadäquaten Aufmerksamkeit"* besonders hervor, dass die jeweilige Situation des Verbrauchers zu beachten ist. Eine Würdigung dieser Umstände nimmt der Europäische Gerichtshof aber ebenso bei der Beurteilung der Angemessenheit vor.

---

577 *Kilian*, Strafbare Werbung, S. 63; *Lettl*, GRUR 2004, 449, 454.
578 *Kilian*, Strafbare Werbung, S. 63; *Lettl*, GRUR 2004, 449, 454.
579 *Kilian*, Strafbare Werbung, S. 63; *Ruhs*, Strafbare Werbung, S. 178.
580 *Kilian*, Strafbare Werbung, S. 63.
581 BGH GRUR 2000, 619, 621; *Kilian*, Strafbare Werbung, S. 64.
582 BGH GRUR 2000, 619, 621; BGH GRUR 2018, 431, 434; *Kilian*, Strafbare Werbung, S. 64.
583 *Kilian*, Strafbare Werbung, S. 64.
584 EuGH GRUR Int 2011, 726, 729.
585 EuGH GRUR Int 2011, 726, 729.
586 Siehe dazu z.B.: EuGH NJW 2019, 207, 212.

bb. Zusammenfassung/Ergebnis

Der zugrundeliegende Maßstab ist der eines durchschnittlich informierten und verständigen Verbrauchers, der die Situation mit einer angemessenen Aufmerksamkeit verfolgt.[587] Das Wort „durchschnittlich" bezieht sich nicht nur auf die Informiertheit, sondern ebenso auf die Verständigkeit und die Aufmerksamkeit, die dem Verbraucher abverlangt wird. Aufgrund dieser Relativierung ist nicht von einem allseits informierten, sehr verständigen Verbraucher auszugehen. Unter einer durchschnittlichen Informiertheit ist der normale Kenntnisstand zu verstehen. Die Einholung weiterer Informationen wird nicht erwartet. Ein Verbraucher besitzt eine durchschnittliche Verständigkeit, sofern er dazu befähigt ist, die ihm zur Verfügung gestellten Informationen einzuordnen, kritisch zu hinterfragen und etwaige Vergleichsangebote sachgerecht zu prüfen. Der Verbraucher muss ferner angemessen aufmerksam sein. Der Grad der Aufmerksamkeit richtet sich nach dem beworbenen Produkt und unterliegt je nach Art des Produktes unterschiedlichen Anforderungen. Handelt es sich um einen Gegenstand des täglichen Bedarfs, gelten andere Maßstäbe als für Produkte, die eher selten konsumiert werden und bei denen der Verbraucher besonders auf die Expertise des Verkäufers angewiesen ist.

2. Die Beispieltatbestände des § 3 S. 2 HWG

§ 3 S. 2 HWG führt einige Beispieltatbestände auf. Sie beschreiben einzelne, häufig vorkommende Sonderfälle der irreführenden Werbung.[588] Sie dienen der Konkretisierung der Generalklausel in § 3 S. 1 HWG und somit der Wahrung des Bestimmtheitsgrundsatzes.[589] Die Generalklausel in § 3 S. 1 HWG wird durch § 3 S. 2 HWG nicht eingeschränkt, vielmehr wird bei Vorliegen einer der genannten Varianten eine Irreführung unwiderleglich vermutet.[590] Dies ergibt sich vor allem aus der Formulierung „insbesondere"[591]. Die in § 3 S. 2 HWG

587 BGH GRUR 2000, 619, 621; BVerwGE 97, 132, 135, 138; EUGH GRUR 1998, 795; *Dannecker*, ZStW 2005, 697, 706; *Lettl*, GRUR Int 2004, 85; *Poschenrieder*, Werbebeschränkungen für Arzneimittel, S. 112 f.; *Roth*, Strafbare Werbung und die Neuen Medien, S. 26; *Zimmermann* in: Fuhrmann/Klein/Fleischfresser, § 28 Rn. 50.

588 *Riegger*, Heilmittelwerberecht, S. 39.

589 *Doepner*, WRP 1979, 333, 335; *Doepner/Reese*, HWG, § 3 Rn. 19; *Buß*, Irreführende Heilmittelwerbung, S. 136.

590 *Buß*, Irreführende Heilmittelwerbung, S. 180; *Greiff* in: Ratzel/Luxenburger, Handbuch Medizinrecht, Kap. 34 Rn. 40; *Gröning* in: Gröning/Mand/Reinhart, Heilmittelwerberecht, Bd. 1, § 3 Rn. 9.

591 *Buß*, Irreführende Heilmittelwerbung, S. 136; *Kohlhaas*, DAZ 1965, 1041, 1043.

aufgeführten Beispiele sind nicht abschließend und entfalten keine Sperrwirkung.[592] Gleichwohl verbleibt für die Generalklausel des § 3 S. 1 HWG nur ein geringer Anwendungsbereich, da die Beispieltatbestände bereits einen Großteil an Irreführungssachverhalten abdecken.[593] Andere Konstellationen der irreführenden Werbung sind aber durchaus denkbar.[594] Gemäß § 3 S. 2 HWG liegt eine Irreführung vor,

„1. wenn Arzneimitteln, Medizinprodukten, Verfahren, Behandlungen, Gegenständen oder anderen Mitteln eine therapeutische Wirksamkeit oder Wirkungen beigelegt werden, die sie nicht haben,
2. wenn fälschlich der Eindruck erweckt wird, da[ss]
a) ein Erfolg mit Sicherheit erwartet werden kann,
b) bei bestimmungsgemäßem oder längerem Gebrauch keine schädlichen Wirkungen eintreten,
c) die Werbung nicht zu Zwecken des Wettbewerbs veranstaltet wird,
3. wenn unwahre oder zur Täuschung geeignete Angaben
a) über die Zusammensetzung oder Beschaffenheit von Arzneimitteln, Medizinprodukten, Gegenständen oder anderen Mitteln oder über die Art und Weise der Verfahren oder Behandlungen oder
b) über die Person, Vorbildung, Befähigung oder Erfolge des Herstellers, Erfinders oder der für sie tätigen oder tätig gewesenen Personen gemacht werden.“

a. *Irreführung gemäß § 3 S. 2 Nr. 1 HWG*

Eine Irreführung gemäß § 3 S. 2 Nr. 1 HWG ist anzunehmen, wenn im Rahmen der Werbung für das Heilmittel behauptet wird, das Mittel besitze eine bestimmte Wirkung oder eine therapeutische Wirksamkeit, über die das Mittel tatsächlich nicht verfügt. Nach der Gesetzesbegründung müssen werbliche Aussagen über die Wirkung von Arzneimitteln entweder wissenschaftlich oder praktisch-empirisch nachgewiesen sein.[595]

---

592 *Doepner/Reese*, HWG, § 3 Rn. 20, 256; *Gröning* in: Gröning/Mand/Reinhart, Heilmittelwerberecht, Bd. 1, § 3 Rn. 9; *Sosnitza* in: Zipfel/Rathke, Lebensmittelrecht, HWG, § 3 Rn. 18.

593 *Gröning* in: Gröning/Mand/Reinhart, Heilmittelwerberecht, Bd. 1, § 3 Rn. 9; *Riegger*, Heilmittelwerberecht, S. 39.

594 *Doepner/Reese*, HWG, § 3 Rn. 20; *Sosnitza* in: Zipfel/Rathke, Lebensmittelrecht, HWG, § 3 Rn. 18.

595 BT-Drs. IV 1867 S. 6 zu § 2 zu Nr. 1.

§ 3 S. 2 Nr. 1 HWG differenziert zwischen der therapeutischen Wirksamkeit und der Wirkung. Diese Unterscheidung wurde in der ursprünglichen Fassung aus dem Jahre 1965 nicht vorgenommen.[596]

Gemäß § 3 S. 2 Nr. 1 HWG a.F. lag eine irreführende Werbung vor, wenn Arzneimitteln, Verfahren, Gegenständen oder anderen Mitteln Wirkungen beigelegt wurden, die sie nach medizinischen Erkenntnissen nicht besitzen. Die therapeutische Wirksamkeit wurde in § 3 S. 2 Nr. 1 HWG a.F. unter den Begriff der Wirkung gefasst, weshalb eine Differenzierung zwischen den beiden Begriffen nicht notwendig war.[597]

Diese Handhabung widersprach allerdings den Regelungen des Arzneimittelgesetzes, wonach den Begriffen eine differente Bedeutung zukommt.[598] Trotz der Tatsache, dass eine solche Unterscheidung im heilmittelwerberechtlichen Kontext nicht zwingend erforderlich ist, wurde der § 3 S. 2 Nr. 1 HWG dahingehend ergänzt, dass er heute zwischen der therapeutischen Wirksamkeit und den Wirkungen des Mittels differenziert.[599]

aa. Therapeutische Wirksamkeit

Als „therapeutisch" werden solche Maßnahmen bezeichnet, die die Heilung oder Beseitigung krankhafter Beschwerden zum Ziel haben.[600] Die therapeutische Wirksamkeit ist *„die nach Häufigkeit und Ausmaß zu bewertende, auf Grund pharmakologischer Wirkungen zustande kommende Beeinflussung des Ablaufs einer Krankheit oder eine sonst beabsichtigte Veränderung physischer oder psychischer Vorgänge"*[601]. Gemeint sind nicht nur die Reaktionen auf die Anwendung, sondern auch der Erfolg der Therapie selbst, der dem Arzneimittel beigelegt wird.[602] Es handelt sich um einen wertenden Begriff.[603] Es werden die beobachteten Wirkungen mit dem erwarteten Therapieziel in Beziehung gesetzt und nach dem therapeutischen Effekt bewertet.[604]

---

596 *Buß*, Irreführende Heilmittelwerbung, S. 180; *Gröning* in: Gröning/Mand/Reinhart, Heilmittelwerberecht, Bd. 1, § 3 Rn. 10.

597 *Buß*, Irreführende Heilmittelwerbung, S. 180; *Gröning* in: Gröning/Mand/Reinhart, Heilmittelwerberecht, Bd. 1, § 3 Rn. 10.

598 *Buß*, Irreführende Heilmittelwerbung, S. 180; *Doepner/Reese*, HWG, § 3 Rn. 265.

599 *Buß*, Irreführende Heilmittelwerbung, S. 180.

600 *Sosnitza* in: Zipfel/Rathke, Lebensmittelrecht, HWG, § 3 Rn. 21.

601 *Sosnitza* in: Zipfel/Rathke, Lebensmittelrecht, HWG, § 3 Rn. 22.

602 *Gröning* in: Gröning/Mand/Reinhart, Heilmittelwerberecht, Bd. 1, § 3 Rn. 11; *Poschenrieder*, Werbebeschränkungen für Arzneimittel, S. 113.

603 *Gröning* in: Gröning/Mand/Reinhart, Heilmittelwerberecht, Bd. 1, § 3 Rn. 11.

604 *Gröning* in: Gröning/Mand/Reinhart, Heilmittelwerberecht, Bd. 1, § 3 Rn. 11.

bb. Wirkung

Unter der Wirkung eines Arzneimittels werden die Reaktionen des Körpers auf die Anwendung des Mittels verstanden.[605] Gemeint sind die aufgrund der chemischen oder physikalischen Eigenschaften eines Heilmittels hervorgerufenen Veränderungen des Zustandes, der Körperfunktionen oder eines Körperorgans.[606] Im Unterschied zu Aussagen über die Wirksamkeit werden bei Aussagen über die Wirkung eines Heilmittels keine Angaben über das Ergebnis der Verwendung vorausgesetzt.[607]

cc. Nichtvorliegen

§ 3 S. 2 Nr. 1 HWG verlangt, dass den beworbenen Mitteln eine Wirkung oder eine therapeutische Wirksamkeit beigelegt wird, die das Heilmittel nicht aufweist.[608] Demzufolge ist es erlaubt, mit Angaben über die Wirkung oder die therapeutische Wirksamkeit zu werben, sofern die Werbeaussage diesbezüglich den Tatsachen entspricht.[609] Nachweislich falsche Aussagen sind als irreführend zu werten.[610] Fraglich ist, welche Anforderungen an den Nachweis dieser Wirkungen beziehungsweise der therapeutischen Wirksamkeit zu stellen sind.[611] Ist es ausreichend, wenn bestimmte Effekte vereinzelt festgestellt wurden oder bedarf es einer nahezu hundertprozentigen Sicherheit, dass bestimmte Wirkungen oder eine Wirksamkeit eintreten, um eine Irreführung zu verneinen?[612] Grundsätzlich können Wirkungen oder Wirksamkeiten nie genau vorhergesagt werden, da ein Präparat nicht bei allen Menschen die gleichen Wirkungen hervorruft und daher nicht immer gleich wirksam ist.[613] Es kann daher kein Nachweis erbracht

---

605 *Buß*, Irreführende Heilmittelwerbung, S. 180; *Doepner/Reese*, HWG, § 3 Rn. 266; *Gröning* in: Gröning/Mand/Reinhart, Heilmittelwerberecht, Bd. 1, § 3 Rn. 11; *Poschenrieder*, Werbebeschränkungen für Arzneimittel, S. 113; *Sosnitza* in: Zipfel/Rathke, Lebensmittelrecht, HWG, § 3 Rn. 23.

606 *Buß*, Irreführende Heilmittelwerbung, S. 180; *Sosnitza* in: Zipfel/Rathke, Lebensmittelrecht, HWG, § 3 Rn. 23.

607 *Sosnitza* in: Zipfel/Rathke, Lebensmittelrecht, HWG, § 3 Rn. 23.

608 *Buß*, Irreführende Heilmittelwerbung, S. 180; *Sosnitza* in: Zipfel/Rathke, Lebensmittelrecht, HWG, § 3 Rn. 24.

609 *Gröning* in: Gröning/Mand/Reinhart, Heilmittelwerberecht, Bd. 1, § 3 Rn. 12; *Sosnitza* in: Zipfel/Rathke, Lebensmittelrecht, HWG, § 3 Rn. 24.

610 *Sosnitza* in: Zipfel/Rathke, Lebensmittelrecht, HWG, § 3 Rn. 24.

611 *Gröning* in: Gröning/Mand/Reinhart, Heilmittelwerberecht, Bd. 1, § 3 Rn. 13.

612 *Buß*, Irreführende Heilmittelwerbung, S. 181; *Gröning* in: Gröning/Mand/Reinhart, Heilmittelwerberecht, Bd. 1, § 3 Rn. 13.

613 *Buß*, Irreführende Heilmittelwerbung, S. 181; *Riegger*, Heilmittelwerberecht, S. 39.

werden, der eine hundertprozentige Sicherheit gewährleistet.[614] Deshalb kann es nicht genügen, wenn bestimmte Wirkungen oder Wirksamkeiten nur vereinzelt festgestellt wurden.[615] Im Ergebnis wird daher ein hinreichender Nachweis der Wirkung beziehungsweise der Wirksamkeit gefordert.[616] Auf welche Art und Weise ein solcher zu erbringen ist, kann dem Heilmittelwerbegesetz nicht entnommen werden. In Betracht kommen ein wissenschaftlicher Nachweis, der regelmäßig in Form von Studien erbracht wird, und der Nachweis durch praktische Erfahrungen.[617] Eine Ausnahme gilt für homöopathische Arzneimittel. Da es bei homöopathischen Mitteln wesensmäßig ist, dass der Wirkstoff stark verdünnt ist und dieser kaum nachweisbar ist, gelten bei der Heilmittelwerbung für homöopathische Präparate geringere Anforderungen.[618] Die Erwartungshaltung, die an die Wirkung beziehungsweise die Wirksamkeit homöopathischer Mittel gestellt wird, ist eine andere als bei konventionellen Arzneimitteln, bei denen davon ausgegangen wird, dass nur mit hinreichend gesicherten Angaben geworben wird.[619] Ebenfalls als irreführend einzustufen ist die Aussage, dass ein Mittel wirksam gegen einen bestimmten Zustand sei, wenn das Mittel nicht die Ursachen zu bekämpfen vermag, sondern nur dazu imstande ist, die Symptome zu lindern.[620]

Im Zivilprozess gilt grundsätzlich auch bei gesundheitsbezogenen Werbeaussagen der allgemeine, zu § 3 UWG entwickelte Grundsatz, dass den Kläger die Darlegungs- und Beweislast für die Unrichtigkeit der angegriffenen Werbeanzeige trifft.[621] Allerdings hat der Bundesgerichtshof festgelegt, dass bei Verwendung von Aussagen in einer Werbung, die eine fachlich umstrittenen Frage betreffen, der Werbende dadurch die Verantwortung für die Richtigkeit der Aussage übernimmt, dass er sich für diese Aussage entscheidet und mit ihr wirbt.[622]

---

614 *Buß*, Irreführende Heilmittelwerbung, S. 181; *Riegger*, Heilmittelwerberecht, S. 39.

615 *Buß*, Irreführende Heilmittelwerbung, S. 181.

616 BGH GRUR 1971, 153, 155; BGH GRUR 2002, 273, 274 f.; *Buß*, Irreführende Heilmittelwerbung, S. 181; *Riegger*, Heilmittelwerberecht, S. 40.

617 *Buß*, Irreführende Heilmittelwerbung, S. 182; *Schneider*, Heilmittelwerbung, S. 55.

618 Siehe dazu: OLG Hamburg NJOZ 2002, 1581 ff. In diesem Urteil stellt das OLG Hamburg klar, dass alleine die Unterdosierung bei homöopathischen Heilmitteln nicht für die Irreführung der Werbung herangezogen werden kann, da die geringe Dosierung Wesensmerkmal der Therapieform der Homöopathie sei.

619 *Riegger*, Heilmittelwerberecht, S. 40.

620 BGH LMRR 1983, 64; *Sosnitza* in: Zipfel/Rathke, Lebensmittelrecht, HWG, § 3 Rn. 24.

621 *Gröning* in: Gröning/Mand/Reinhart, Heilmittelwerberecht, Bd. 1, § 3 Rn. 17.

622 BGH WRP 1958, 237 f.; *Eckert*, ZLR 1977, 153, 172; *Gröning* in: Gröning/Mand/Reinhart, Heilmittelwerberecht, Bd. 1, § 3 Rn. 17; *Höpker*, WRP 1965, 424, 426; *Sosnitza*

Dies gilt insbesondere bei Mitteln der Gesundheitspflege, da solchen Präparaten eine besonders hohe Schädigungsgefahr innewohnt.[623]

Wird mit einer fachlich umstrittenen Ansicht geworben, muss der Werbende diese Tatsache offenlegen. Tut er dies nicht und erweckt er den Eindruck, seine Auffassung sei wissenschaftlich unangefochten, muss der Kläger nur die fachliche Umstrittenheit beweisen.[624] Eine erfolgreiche Verteidigung von Seiten des Beklagten kann ausschließlich durch den Beweis der Richtigkeit seiner Aussage gelingen.[625] Diesen Beweis kann der Beklagte nur führen, indem er mittels wissenschaftlicher Erkenntnisse oder praktischer Erfahrungen einen Nachweis erbringt.[626] Regelmäßig erfolgt dies in Form eines Sachverständigengutachtens.[627] Die Grundlage für die Beurteilung, ob eine Irreführung gegeben ist, ist das Verständnis der angesprochenen Verkehrskreise.[628] Es scheint unwahrscheinlich, dass die angesprochenen Verbraucher bei jedem Wirksamkeitsversprechen annähmen, dass dieses auf wissenschaftlichen Erkenntnissen beruhe.[629] Bevor also dem Beklagten die Beweislast für die Wirksamkeit eines Präparates aufgebürdet werden kann, muss einzelfallbezogen geprüft werden, ob in diesem Fall die Werbung suggeriert, dass eine fachliche Unumstrittenheit bestünde.[630] Nur in diesem Falle ist eine Beweislastumkehr gerechtfertigt.[631]

Im Strafprozess gilt die Beweislastumkehr nicht. Im Strafverfahren liegt die Beweislast beim Staat. Dies ergibt sich aus der Unschuldsvermutung, die in Art. 6 Abs. 2 EMRK normiert ist und aus dem Rechtsstaatsprinzip gemäß Art. 28 Abs. 1 GG abgeleitet wird. Danach gilt jede Person bis zum Beweis ihrer Schuld als unschuldig.

Die Tatsache, dass die Anforderungen an den Nachweis dieser Wirkungen beziehungsweise der therapeutischen Wirksamkeit durch § 3 HWG nicht

---

in: Zipfel/Rathke, Lebensmittelrecht, HWG, § 3 Rn. 12; a.A. *Schneider*, Heilmittelwerbung, S. 55 f.: Eine Beweislastumkehr ist nur im Zivilprozess möglich. Aus rechtsstaatlichen Gründen könne es keine Beweislastumkehr im Strafprozess geben.

623 BGH WRP 1971, 26, 29; *Gröning* in: Gröning/Mand/Reinhart, Heilmittelwerberecht, Bd. 1, § 3 Rn. 17.

624 *Gröning* in: Gröning/Mand/Reinhart, Heilmittelwerberecht, Bd. 1, § 3 Rn. 17.

625 *Gröning* in: Gröning/Mand/Reinhart, Heilmittelwerberecht, Bd. 1, § 3 Rn. 17.

626 *Gröning* in: Gröning/Mand/Reinhart, Heilmittelwerberecht, Bd. 1, § 3 Rn. 17.

627 *Gröning* in: Gröning/Mand/Reinhart, Heilmittelwerberecht, Bd. 1, § 3 Rn. 17.

628 *Gröning* in: Gröning/Mand/Reinhart, Heilmittelwerberecht, Bd. 1, § 3 Rn. 18.

629 *Gröning* in: Gröning/Mand/Reinhart, Heilmittelwerberecht, Bd. 1, § 3 Rn. 18.

630 *Gröning* in: Gröning/Mand/Reinhart, Heilmittelwerberecht, Bd. 1, § 3 Rn. 18.

631 *Gröning* in: Gröning/Mand/Reinhart, Heilmittelwerberecht, Bd. 1, § 3 Rn. 18.

genauer präzisiert werden, lässt einen Bewertungsspielraum für das Tatgericht offen. Bereits in der Vergangenheit gab es Bestrebungen, den § 3 HWG diesbezüglich zu präzisieren, was zukünftig zu mehr Rechtssicherheit führen würde.[632] Auf diese Vorschläge zur Präzisierung des § 3 HWG wird im Rahmen der Diskussion um einen Reformbedarf der Sanktionierung der irreführenden Heilmittelwerbung im sechsten Kapitel vertieft eingegangen.

dd. Kasuistik

Diesen zunächst abstrakten Ausführungen sollen zur Verdeutlichung einige Beispiele aus der Rechtsprechung[633] folgen.

In der Entscheidung des Oberlandesgerichts Hamm vom 25.09.2008 wurde ein Schieferstollen auf der Internetseite des Betreibers als „*Heilstollen*" beworben: „*O, der Heilstollen im S. – Wunder der Natur*"[634].

Nach Auffassung des Gerichts werde durch die Werbung suggeriert, der Heilstollen könne Krankheiten beseitigen oder lindern, da „heilen" die Beseitigung von Krankheiten bedeute.[635] Die Tatsache, dass die Werbeanzeige keine konkreten Krankheiten benenne, die durch einen Aufenthalt in dem Stollen geheilt würden, stehe der Anwendung nicht entgegen, da nach dem allgemeinen Verkehrsverständnis die Werbung so zu verstehen sei, dass der Stollen eine heilende Wirkung im Hinblick auf Atemwegserkrankungen und Hauterkrankungen besitze.[636] Das Oberlandesgericht Hamm wertete diese Angabe als irreführend.[637] Eine Täuschungseignung der Werbung läge vor, weil der Stollen die ihm beigemessene heilende Wirkung bei Atemwegserkrankungen und Hauterkrankungen nicht besitze.[638] Es existiere kein wissenschaftlicher Nachweis, der belege, dass der Stollen irgendeine Krankheit heilen könne.[639] Insbesondere die vorgelegten Studien reichten für einen Wirksamkeitsnachweis nicht aus.[640] Der Entscheidung des Oberlandesgerichts ist zuzustimmen. Bei dem Begriff des „Heilstollens" geht ein durchschnittlicher Verbraucher davon aus, dass der

---

632 Dazu ausführlich: *Doepner*, WRP 1979, 333, 334.

633 Eine Liste mit älteren Beispielen aus der Rechtsprechung findet sich bei *Schneider*, Heilmittelwerbung, S. 53 f., 57 ff.

634 OLG Hamm GRUR-RR 2009, 186.

635 OLG Hamm GRUR-RR 2009, 186, 187.

636 OLG Hamm GRUR-RR 2009, 186, 187.

637 OLG Hamm GRUR-RR 2009, 186 ff.

638 OLG Hamm GRUR-RR 2009, 186, 187 f.

639 OLG Hamm GRUR-RR 2009, 186, 188.

640 OLG Hamm GRUR-RR 2009, 186, 187 f.

Stollen eine heilende, d.h. die Krankheiten beseitigende oder jedenfalls eine lindernde Wirkung besitzt. Diese Annahme ist keineswegs abwegig, da bestimmte örtliche Gegebenheiten positive Wirkungen auf einzelne Krankheitsbilder besitzen. So wohnt zum Beispiel der salzigen Meeresluft eine positive Wirkung bei asthmatischen Erkrankungen inne. In Bezug auf den Stollen konnte eine solche heilende Wirkung allerdings nicht nachgewiesen werden, sodass mit einer solchen auch nicht geworben werden darf.

Bei der Werbung eines Bluthochdruckmittels, die Gegenstand einer Entscheidung des Oberlandesgerichts Hamburg war, sah man in der Werbeanzeige einen Vater mit seinem Kind am Strand vor Dünengras.[641] Im Hintergrund war eine ruhige Wasseroberfläche und am Horizont eine Sandbank, über der sich der Himmel erstreckt, zu erkennen.[642] Vater und Kind reißen die Arme in die Höhe und wirken beide gesund und vital.[643] Überschrieben war die Anzeige mit den Worten *„Blutdruck senken mit voller Kraft“*[644]. Das Blutdruckmittel ist zur Einnahme durch Kinder ungeeignet, worauf in der Gebrauchsanweisung ausdrücklich hingewiesen wurde.[645] Das Gericht vertrat die Auffassung, dass wenn in der Werbeanzeige für ein Blutdruckmittel ein Mann und ein Kind abgebildet seien und beide gleichermaßen betont kraftvoll und vital wirkten, würden die angesprochenen Fachkreise das Bild in Beziehung zur Anwendung des Arzneimittels bringen, und zwar in ihrer fachlichen Vorkenntnis, dass es auch Patienten unter achtzehn Jahren gebe, die an Hypertonie litten.[646] Mangels einer Differenzierung in der Werbeaussage entstünde der Eindruck, das Mittel könne unbedenklich (auch) bei Kindern eingesetzt werden.[647] Das Bild gebe keinerlei Anhaltspunkte, die zu einer gegenteiligen Annahme führten.[648] Die Verbraucher würden hinsichtlich der Patientengruppe, für die das Medikament bestimmt ist, getäuscht.[649] Demnach läge eine Irreführung in Bezug auf die Wirksamkeit bei Kindern vor. Die Werbeaussage: *„Blutdruck senken voller Kraft“* mache ebenfalls keine Unterscheidung zwischen Erwachsenen und Kindern, wodurch dieser

---

641 OLG Hamburg, Urt. v. 2.6.2005, Az. 3 U 1/05, BeckRS 2006, 06253, Rn. 4.
642 OLG Hamburg, Urt. v. 2.6.2005, Az. 3 U 1/05, BeckRS 2006, 06253, Rn. 4.
643 OLG Hamburg, Urt. v. 2.6.2005, Az. 3 U 1/05, BeckRS 2006, 06253, Rn. 4.
644 OLG Hamburg, Urt. v. 2.6.2005, Az. 3 U 1/05, BeckRS 2006, 06253, Rn. 4.
645 OLG Hamburg, Urt. v. 2.6.2005, Az. 3 U 1/05, BeckRS 2006, 06253, Rn. 50.
646 OLG Hamburg, Urt. v. 2.6.2005, Az. 3 U 1/05, BeckRS 2006, 06253, Rn. 45; *Riegger*, Heilmittelwerberecht, S. 54.
647 OLG Hamburg, Urt. v. 2.6.2005, Az. 3 U 1/05, BeckRS 2006, 06253, Rn. 42.
648 OLG Hamburg, Urt. v. 2.6.2005, Az. 3 U 1/05, BeckRS 2006, 06253, Rn. 47 f.
649 *Riegger*, Heilmittelwerberecht, S. 54.

Eindruck verstärkt werde.[650] Die Werbung wurde daher vom Oberlandesgericht Hamburg zu Recht als irreführend bewertet.

Werden der Vater und das Kind gleichermaßen präsent dargestellt, ist es für den Verkehr nicht ersichtlich, wessen Blutdruck durch das beworbene Präparat gesenkt wurde. Das Gleiche gilt auch bei dem Text der Werbeanzeige. Mangels Differenzierung liegt es auch hier nahe, dass dieser Text auf beide abgebildeten Personen Bezug nimmt und das Mittel daher sowohl für Erwachsene als auch für Kinder eingesetzt werden kann. Anders liegt der Fall, wenn der Vater deutlich im Fokus der Werbung steht, was in dieser Werbeanzeige nicht der Fall war, oder der Text sich eindeutig nur auf eine Person bezieht.

In einem weiteren Fall des Oberlandesgerichts Hamburg hatte ein Pharmaunternehmen ein Immunsuppressivum beworben, ohne darauf hinzuweisen, dass das Arzneimittel nur in Kombination mit einem anderen Präparat arzneimittelrechtlich zugelassen war.[651] Immunsuppressiva sind Arzneimittel, die bei Organtransplantationen verwendet werden.[652] Sie sollen die Immunreaktionen des Empfängers gegen das fremde Transplantat abschwächen.[653] Laut dem Oberlandesgericht Hamburg werde aufgrund dieses fehlenden Hinweises der Eindruck erweckt, bestimmte Wirkungen dieser Kombinationstherapie seien ausschließlich auf das beworbene Mittel zurückzuführen.[654] Darüber hinaus entstehe der Eindruck, das Mittel könne auch ohne das Kombinationspräparat unbedenklich eingenommen werden.[655] Die beschriebene Werbung suggeriere dem Verbraucher, das beworbene Mittel allein brächte diese Wirkung hervor und sei daher auch ohne das Kombinationspräparat wirksam.

Die Wertung des Oberlandesgerichts Hamburg ist nicht zu beanstanden. Wird in einer Werbung verschwiegen, dass das Mittel nur in Kombination mit einem anderen Präparat zulässig ist, stellt dies nach dem allgemeinen Verkehrsverständnis eine Irreführung dar. Ohne diese fehlende Information geht der durchschnittliche Verbraucher davon aus, dass das Medikament ohne weitere

---

650 *Riegger*, Heilmittelwerberecht, S. 54.

651 OLG Hamburg, Urt. v. 23.6.2005, Az. 3 U 12/05, BeckRS 2006, 07864 (Leitsatz); https://www.judicialis.de/Oberlandesgericht-Hamburg_3-U-12-05_Urteil_23.06.2005.html (Volltext); *Riegger*, Heilmittelwerberecht, S. 54.

652 *o.V.*, DAZ 2001, 34.

653 *o.V.*, DAZ 2001, 34.

654 OLG Hamburg, Urt. v. 23.6.2005, Az. 3 U 12/05, BeckRS 2006, 07864 (Leitsatz); https://www.judicialis.de/Oberlandesgericht-Hamburg_3-U-12-05_Urteil_23.06.2005.html (Volltext); *Riegger*, Heilmittelwerberecht, S. 54.

655 OLG Hamburg, Urt. v. 23.6.2005, Az. 3 U 12/05, BeckRS 2006, 07864.

Präparate eingenommen werden kann und die beschriebenen Wirkungen ausschließlich auf die Einnahme des beworbenen Mittels zurückzuführen sind.

Das Oberlandesgericht Köln hatte über die Werbung für eine „Anti-Cellulite-Hose" zu entscheiden. Die Hose wurde mit Aussagen wie „*lässt die Cellulite wegschmelzen*", „*Das Geheimnis des in einer Klinikstudie nachgewiesenen Erfolgs beruht auf der speziellen Mikromassage, die vom Gewebe dieses kleidsamen Massagegeräts ausgeht.*" oder „*Innerhalb von 8 Wochen gelang es, in rund 95 % der Fälle eine Reduzierung des Oberschenkelumfangs um zwei bis neun Zentimeter zu erreichen*" beworben.[656]

Zu Recht stellte das Oberlandesgericht Köln bei dieser Entscheidung klar, dass die therapeutische Wirksamkeit umstritten sei und die Werbung auf diese Tatsache hinweisen müsse.[657] Ohne einen solchen Hinweis auf die Umstrittenheit der Wirksamkeit geht der durchschnittliche Verbraucher davon aus, dass er auf die durch die klinische Studie nachgewiesenen Ergebnisse vertrauen kann.

b. Irreführung gemäß § 3 S. 2 Nr. 2 lit. a HWG

Eine Irreführung gemäß § 3 S. 2 Nr. 2 HWG ist gegeben, wenn durch eine Werbung bei dem Verbraucher im Hinblick auf den Erfolgseintritt, das Nichtauftreten von Nebenwirkungen oder die Tatsache, dass die Werbung nicht zu Wettbewerbszwecken veranstaltet wird, ein falscher Eindruck vermittelt wird. Dieser Vorschrift liegt die Erkenntnis zugrunde, dass aufgrund der unterschiedlichen Krankheitsverläufe sowie der körperlichen Konstitution der Patienten ein sicherer Erfolg eines Heilmittels nie zugesagt werden kann.[658] Demzufolge kann ein individuelles Therapieversagen nicht generell verneint und ein Erfolg nicht zugesichert werden.[659]

---

656 OLG Köln PharmR 1997, 143.

657 *Gröning* in: Gröning/Mand/Reinhart, Heilmittelwerberecht, Bd. 1, § 3 Rn. 26.

658 *Artz* in: Bülow/Ring/Arzt/Brixius, HWG, § 3 Rn. 65; *Buß*, Irreführende Heilmittelwerbung, S. 206; *Doepner/Reese*, HWG, § 3 Rn. 310; *Fritzsche* in: Spickhoff, Medizinrecht, HWG, § 3 Rn. 12; *Reese/Holtorf* in: Dieners/Reese, Handbuch des Pharmarechts, § 11 Rn. 165.

659 *Artz* in: Bülow/Ring/Arzt/Brixius, HWG, § 3 Rn. 65; *Buß*, Irreführende Heilmittelwerbung, S. 206; *Doepner/Reese*, HWG, § 3 Rn. 310; *Fritzsche* in: Spickhoff, Medizinrecht, HWG, § 3 Rn. 12; *Reese/Holtorf* in: Dieners/Reese, Handbuch des Pharmarechts, § 11 Rn. 165.

aa. Fälschliche Erfolgsversprechen

Gemäß § 3 S. 2 Nr. 2 lit. a HWG liegt eine Irreführung vor, wenn mit fälschlichen Erfolgsversprechen geworben wird. Dazu muss beim Verbraucher der Eindruck entstehen, dass ein Erfolg mit an Sicherheit grenzender Wahrscheinlichkeit zu erwarten ist.[660]

Sowohl in § 3 S. 2 Nr. 1 HWG als auch in § 3 S. 2 Nr. 2 lit. a HWG wird ein Erfolg vorausgesetzt. Wird gemäß § 3 S. 2 Nr. 1 HWG einem Mittel eine bestimmte therapeutische Wirksamkeit zugesprochen, die das Mittel nicht besitzt, impliziert dies einen bestimmten Erfolg bei Einnahme des Heilmittels.[661]

Bei der Zusage einer therapeutischen Wirksamkeit liegt jedoch lediglich eine Täuschung hinsichtlich des Umfangs der Anwendungsmöglichkeiten vor.[662] Bei § 3 S. 2 Nr. 2 lit. a HWG hingegen wird der Verbraucher hinsichtlich der Erfolgswahrscheinlichkeit getäuscht. Der Verbraucher wird zu der Annahme verleitet, ein Erfolg sei mit an Sicherheit grenzender Wahrscheinlichkeit zu erwarten.[663] Diese Beteuerung des Erfolgs ist der entscheidende Unterschied zwischen § 3 S. 2 Nr. 1 HWG und § 3 S. 2 Nr. 2 lit. a HWG.[664]

bb. Erwecken eines fälschlichen Eindrucks in Bezug auf den Eintritt eines sicheren Erfolgs

Eine Garantie oder ein ausdrückliches Erfolgsversprechen sind nicht notwendig.[665] Es reicht aus, wenn bei dem Verbraucher fälschlich der Eindruck erweckt wird, dass durch das genommene Mittel ein Erfolg erwartet werden kann. Das Erwecken eines fälschlichen Eindrucks ist gleichzusetzen mit dem Begriff der Irreführung.[666] Gleichwohl verbietet der Wortlaut des § 3 S. 2 Nr. 2 lit. a HWG die Werbung mit Erfolgsversprechen nicht grundsätzlich. Eine Werbung kann

---

660 *Buß*, Irreführende Heilmittelwerbung, S. 206; *Gröning* in: Gröning/Mand/Reinhart, Heilmittelwerberecht, Bd. 1, § 3 Rn. 27; *Riegger*, Heilmittelwerberecht, S. 55.

661 *Doepner/Reese*, HWG, § 3 Rn. 310; *Gröning* in: Gröning/Mand/Reinhart, Heilmittelwerberecht, Bd. 1, § 3 Rn. 27.

662 *Gröning* in: Gröning/Mand/Reinhart, Heilmittelwerberecht, Bd. 1, § 3 Rn. 27.

663 *Gröning* in: Gröning/Mand/Reinhart, Heilmittelwerberecht, Bd. 1, § 3 Rn. 27; *Poschenrieder*, Werbebeschränkungen für Arzneimittel, S. 116; *Riegger*, Heilmittelwerberecht, S. 55.

664 *Gröning* in: Gröning/Mand/Reinhart, Heilmittelwerberecht, Bd. 1, § 3 Rn. 27; *Poschenrieder*, Werbebeschränkungen für Arzneimittel, S. 116.

665 *Doepner/Reese*, HWG, § 3 Rn. 312.

666 *Buß*, Irreführende Heilmittelwerbung, S. 206; *Doepner/Reese*, HWG, § 3 Rn. 311; *Gröning* in: Gröning/Mand/Reinhart, Heilmittelwerberecht, Bd. 1, § 3 Rn. 28.

Erfolgsversprechen beinhalten, wenn eine hinreichende Faktenabsicherung gegeben ist.[667] In diesem Fall liegt kein Verstoß gegen § 3 S. 2 Nr. 2 lit. a HWG vor.

Der Tatbestand ist regelmäßig erfüllt, wenn der Eindruck erweckt wird, dass ein Behandlungserfolg mit an Sicherheit grenzender Wahrscheinlichkeit erwartet werden kann.[668] Eine Ausnahme wird bei „einfachen" Krankheiten gemacht.[669] Darunter werden solche Krankheiten verstanden, bei denen bei ordnungsgemäßer Einnahme des Präparats eine Genesung generell zu erwarten ist. In diesen Fällen ist auch eine Werbung, die vorgibt, der Behandlungserfolg werde sicher eintreten, nicht grundsätzlich verboten.[670] Das zeigt die Entscheidung des Oberlandesgerichts Hamburg aus dem Jahr 2007, in der die Werbeaussage „*Wirkt sehr schnell – schon nach wenigen Sekunden ist die Nase wieder frei*" für ein Schnupfenmittel als zulässig erachtet wurde.[671]

Allgemeine Anpreisungen werden nicht durch § 3 S. 2 Nr. 2 lit. a HWG erfasst. Sie sind weder eine Garantie noch ein ausdrückliches Erfolgsversprechen. Aussagen wie „*Besserung bei…*" oder „*lindert Schmerzen*" sind zu abstrakt und daher nicht tatbestandsmäßig.[672]

cc. Implizite Erfolgsversprechen

Ein implizites Erfolgsversprechen stellt ebenfalls eine irreführende Werbung dar. Ein solches liegt vor, wenn dem Kunden bei Nichterfolg oder mangelnder Zufriedenheit der Kaufpreis zurückerstattet werden soll.[673] Eine Kaufpreiserstattung erweckt bei den Verbrauchern regelmäßig den Eindruck, dass ein Produkt überdurchschnittlich gut sei, weil ein gewinnorientiertes Unternehmen es sich nicht leisten könne, einer großen Anzahl an Kaufpreiserstattungen ausgesetzt zu sein.[674] Daraus resultiere der Schluss, dass der Unternehmer von dem Erfolg seines Produktes überzeugt sein müsse.[675] Der Bundesgerichtshof sah bereits in der Aussage „*6-Tage-zur-Probe*" im Rahmen einer Werbung für ein

---

667 *Buß*, Irreführende Heilmittelwerbung, S. 206; *Riegger*, Heilmittelwerberecht, S. 55.

668 *Riegger*, Heilmittelwerberecht, S. 55.

669 *Buß*, Irreführende Heilmittelwerbung, S. 206.

670 *Buß*, Irreführende Heilmittelwerbung, S. 206; *Riegger*, Heilmittelwerberecht, S. 55.

671 OLG Hamburg NJOZ 2007, 5162 ff.

672 *Buß*, Irreführende Heilmittelwerbung, S. 209.

673 OLG Düsseldorf, GRUR 1982, 622 ff.; *Riegger*, Heilmittelwerberecht, S. 56.

674 *Buß*, Irreführende Heilmittelwerbung, S. 208; *Gröning* in: Gröning/Mand/Reinhart, Heilmittelwerberecht, Bd. 1, § 3 Rn. 31; *Riegger*, Heilmittelwerberecht, S. 55; *Schneider*, Heilmittelwerbung, S. 60.

675 *Buß*, Irreführende Heilmittelwerbung, S. 208.

Vibrations-Massagekissen einen Verstoß gegen § 3 S. 2 Nr. 2 lit. a HWG, da die kostenfreie Überlassung zur Probe bei den Interessenten einen sicheren Erfolg suggeriere.[676] Wird ein Produkt mit der Aussage „*6-Tage-zur-Probe*“ beworben, sei dies vergleichbar mit einer Geld-Zurück-Garantie.[677] Fraglich ist, ob diese Rechtsprechung weiterhin aufrechterhalten werden kann. Durch die Vielzahl an Werbungen, mit denen der durchschnittliche Verbraucher heutzutage konfrontiert wird, ist er an Anreizsysteme wie implizite Erfolgsversprechen gewöhnt.[678] Diese geänderten Umstände im Hinblick auf die Verbrauchererwartung müssen auch bei der Auslegung der Norm Berücksichtigung finden, sodass zukünftig ein strengerer Maßstab in Bezug auf Erfolgsversprechen angewandt werden sollte.

dd. Kasuistik

Auch an dieser Stelle sollen zur Verdeutlichung weitere Beispiele aus der Rechtsprechung folgen.

Ein unzulässiges Erfolgsversprechen wird von den Gerichten angenommen, wenn die Werbung suggeriert, dass ein sicherer Behandlungserfolg eintreten wird, wie zum Beispiel bei den Aussagen „*wirkt sicher*“ oder „*kennt kein Versagen*“[679]. Auch Garantieversprechen werden von der Rechtsprechung regelmäßig als unzulässig erachtet.[680] Ein Beispiel, bei dem ein unzulässiges Garantieversprechen bejaht wurde, ist die Werbung für ein Schlankheitsmittel mit der Aussage „*Wir machen Sie schlank*“[681].

Bei dem Fall LOTOS aus dem Jahr 1982 wurde der gleichnamige „China Schlanktee-LOTOS“ mit den folgenden Aussagen beworben:

> *„Jetzt liegt es bei Ihnen! Überzeugen Sie sich selbst und bestellen Sie noch heute mit vollster Zufriedenheits-Garantie und Anspruch auf volle Kaufpreisrückerstattung“, „Tee trinken und mühelos abnehmen“, „China-Schlanktee ist viel gesünder und zehnmal so wirksam, wie Hungern oder Dauerlaufen – das sagen Ärzte und Apotheker!“, „Tee trinken und abnehmen ist ein müheloses Vergnügen und hilft hundertprozentig – außer bei seltenen Fällen von krankhafter Fettsucht!“, „Echter China Schlanktee LOTOS ist unglaublich wirksam.“*[682]

---

676 BGH NJW 1519, 1520; *Gröning* in: Gröning/Mand/Reinhart, Heilmittelwerberecht, Bd. 1, § 3 Rn. 31.

677 *Gröning* in: Gröning/Mand/Reinhart, Heilmittelwerberecht, Bd. 1, § 3 Rn. 31.

678 *Buß*, Irreführende Heilmittelwerbung, S. 208; ähnlich auch: *Gröning* in: Gröning/Mand/Reinhart, Heilmittelwerberecht, Bd. 1, § 3 Rn. 31.

679 *Riegger*, Heilmittelwerberecht, S. 55 f.

680 *Riegger*, Heilmittelwerberecht, S. 56; *Ohly/Sosnitza*, UWG, § 5 Rn. 557.

681 OLG Hamm, GRUR 1984, 140, 141 f.

682 OLG Düsseldorf GRUR 1982, 622, 623.

In dieser Entscheidung stellte das Oberlandesgericht Hamburg zu Recht fest, dass es sich bei den angeführten Werbeaussagen um unzulässige Werbung im Sinne des § 3 S. 2 Nr. 2 lit. a handelt.[683] Nach Auffassung des Gerichts sei es unbeachtlich, ob der Tee im Einzelfall Erfolge erziele, da eine nennenswerte Gewichtsverminderung, ein Abbau von Fettpolstern oder eine Beseitigung der Cellulitis, auch wenn diese nicht auf krankhaften Zuständen beruhen, nicht bei jedem Menschen mit Sicherheit erwartet werden könne.[684] Dazu seien die Ursachen der genannten Erscheinungen zu vielschichtig.[685] Die Werbeaussagen riefen den falschen Eindruck eines sicheren Erfolges des China-Schlanktees schon deshalb hervor, weil ein Erfolg „garantiert" oder „volle, (vollste) Zufriedenheits-Garantie und Anspruch auf Kaufpreisrückgewährung" und „hundertprozentige Hilfe" versprochen werden.[686]

Darüber hinaus enthalte die Aussage „*China-Schlanktee ist viel gesünder und zehnmal so wirksam wie Hungern oder Dauerlaufen – das sagen Ärzte und Apotheker*" neben einer Erfolgszusage die Angabe ärztlicher oder anderweitiger fachlicher Empfehlung.[687] Eine Werbung für Arzneimittel mit solchen Empfehlungen sei außerhalb der Fachkreise gemäß § 11 Nr. 2 HWG untersagt.[688] Der Wertung des Gerichts ist vollumfänglich zuzustimmen. Die Nutzung des Begriffs der Zufriedenheitsgarantie führt beim Verbraucher zu der Annahme, dass ein Erfolg garantiert ist, das heißt, dass er sicher eintreten werde. Auch die Aussage, Ärzte und Apotheker sagten der Tee sei viel gesünder und wirksamer als Hungern und sportliche Aktivitäten, stellt eine irreführende Werbeaussage dar. Den Aussagen eines Arztes oder eines Apothekers bringt der Verbraucher ein höheres Vertrauen entgegen als einer Person ohne medizinische Vorbildung.

In einem anderen Fall wurde dem Oberlandesgericht Hamburg die Frage vorgelegt, ob die Werbeaussage „*schon nach zwei Wochen spüren Sie den Erfolg*" ein unzulässiges Werbeversprechen darstellt.[689] Das Gericht bewertete dies zu Recht als ein unzulässiges Erfolgsversprechen gemäß § 3 S. 2 Nr. 2 HWG. Dem Verbraucher werde aufgrund der persönlichen Ansprache in Verbindung mit dem Begriff „Erfolg" suggeriert, das Mittel weise eine sichere Wirksamkeit auf.[690] Ein

683 Siehe dazu auch: *Riegger*, Heilmittelwerberecht, S. 56.
684 OLG Düsseldorf GRUR 1982, 622, 625.
685 OLG Düsseldorf GRUR 1982, 622, 625.
686 OLG Düsseldorf GRUR 1982, 622, 625.
687 OLG Düsseldorf GRUR 1982, 622, 625.
688 OLG Düsseldorf GRUR 1982, 622, 625.
689 OLG Hamburg GRUR 1999, 97.
690 Siehe auch: *Riegger*, Heilmittelwerberecht, S. 57.

Erfolgsversprechen ist aber auch ohne die persönliche Ansprache zu bejahen. Durch die persönliche Ansprache wird der positive Effekt der Aussage nur noch verstärkt.

Auch die Werbung eines Heilpraktikers für THX-Kuren[691] mit dem Slogan *„Hoffnung für Millionen auch bei vielen sogenannten unheilbaren Leiden"* hielt der Bundesgerichtshof für einen Verstoß gegen § 3 S. 2 Nr. 2 lit. a HWG.[692] Der Werbende brächte mit seiner Aussage zum Ausdruck, die angebotene Heilbehandlung sei im Stande, Altersleiden und chronische Krankheiten zu heilen oder andere bisher unheilbare Leiden – wie beispielsweise Asthma, Rheuma, Migräne oder Krebs – zu lindern.[693] Zumindest ein relevanter Teil der Adressaten würden den Erfolg einer solchen Behandlung als sicher voraussetzen und sich dieser Behandlung unterziehen, obwohl ein Erfolg nicht mit Sicherheit zu erwarten sei.[694] Bei diesem Fall des Bundesgerichtshofs ist problematisch, dass in der Werbung nicht ausdrücklich von einem Erfolg gesprochen wird. Die Rede ist lediglich davon, dass die Patienten Hoffnung schöpfen können. Der Bundesgerichtshof hielt diese Formulierung für ausreichend, um den Tatbestand des § 3 S. 2 Nr. 2 HWG zu erfüllen und wertete die Aussage als unzulässig. Diese Bewertung ist im Hinblick auf einen umfassenden Verbraucherschutz richtig.

In einem weiteren Fall[695] des Oberlandesgerichts Zweibrücken wurde ein Migränepräparat mit den folgenden Aussagen beworben:

> *„mit einer Erfolgsquote von 95 %"; „mit großem Erfolg"; „Die Therapiemethode (…) hat sich auch bei Migräne hervorragend bewährt."; „Neue Hoffnung für Millionen! Der Migräne-Killer – Heilung aus der Pistole. Die Erfolgsquote der Therapie liegt bei über 90 Prozent!"*[696]

Das Oberlandesgericht Zweibrücken befand diese Aussagen gemäß § 3 S. 2 Nr. 2 HWG zu Recht als unzulässig. Die Aussage *„mit einer Erfolgsquote von 95 %"* erwecke bei den Verbrauchern fälschlicherweise den Eindruck,

---

691 Unter einer THX-Kur (Thymus-Extrakt-Kur) ist ein Naturheilverfahren mit Hormonen der Thymusdrüse zu verstehen. Dadurch sollen die körpereigenen Abwehrkräfte gestärkt werden. Regelmäßig wird die THX-Therapie auch zur Krebsbehandlung angeboten.

692 BGH WRP 1984, 262 ff.

693 BGH WRP 1984, 262, 263; *Gröning* in: Gröning/Mand/Reinhart, Heilmittelwerberecht, Bd. 1, § 3 Rn. 31.

694 BGH WRP 1984, 262, 263; *Gröning* in: Gröning/Mand/Reinhart, Heilmittelwerberecht, Bd. 1, § 3 Rn. 31.

695 OLG Zweibrücken, Urt. v. 13.12.2001, Az. 4 U 68/01, BeckRS 2001, 30227352.

696 OLG Zweibrücken, Urt. v. 13.12.2001, Az. 4 U 68/01, BeckRS 2001, 30227352.

dass eine Heilung mit an Sicherheit grenzender Wahrscheinlichkeit zu erwarten sei.[697] Es könne zwar davon ausgegangen werden, dass die Verbraucher sich bewusst seien, dass Heilbehandlungen nur in wenigen Ausnahmefällen einen Erfolg garantieren können.[698] Gleichwohl suggeriere die Werbung mit oben genannter Aussage, insbesondere wegen der hohen Zahl an geheilten Patienten, dass bei diesem Präparat mit einer Heilung gerechnet werden könne.[699] Dasselbe gelte auch für die Behauptung *„mit großem Erfolg“*[700]. Dies suggeriere dem Verbraucher, dass das Mittel nahezu sichere Erfolgsaussichten besitze.[701] Die Feststellung *„Die Therapiemethode (…) hat sich auch bei Migräne hervorragend bewährt“* stelle ebenfalls ein unzulässiges Erfolgsversprechen dar.[702] Es werde der Eindruck vermittelt, die Behandlungsmethode verspreche für jede Form der Migräne Heilung oder Linderung.[703] Auch durch den Werbetext *„Neue Hoffnung für Millionen! Der Migräne-Killer – Heilung aus der Pistole. Die Erfolgsquote der Therapie liegt bei über 90 Prozent!“* werde der Verbraucher über den Erfolg des Präparats getäuscht.[704] Auch hier werde dem Verbraucher vorgespiegelt, dass eine nahezu sichere Heilung erwartet werden könne.[705] Bei dieser Werbung wird ausdrücklich von Erfolgen gesprochen. Diese explizite Bezugnahme erfüllt zweifelsohne den Tatbestand des § 3 S. 2 lit. a HWG.

Ebenso lag in zwei Fällen[706], in denen die Mittel mit *„stärker als“* die zu behandelnde Krankheit beworben wurden, nach Auffassung des Landgerichts Hamburg ein unzulässiges Erfolgsversprechen gemäß § 3 S. 2 lit. a HWG vor, da den Verbrauchern suggeriert werde, ein Therapieerfolg könne mit an Sicherheit grenzender Wahrscheinlichkeit erwartet werden.[707] Dieser Wertung ist zuzustimmen. Durch die Formulierung, dass das Präparat stärker sei als die Krankheit, geht der Verbraucher davon aus, dass ein Behandlungserfolg mit Sicherheit eintreten wird.

---

697 OLG Zweibrücken, Urt. v. 13.12.2001, Az. 4 U 68/01, BeckRS 2001, 30227352.
698 OLG Zweibrücken, Urt. v. 13.12.2001, Az. 4 U 68/01, BeckRS 2001, 30227352.
699 OLG Zweibrücken, Urt. v. 13.12.2001, Az. 4 U 68/01, BeckRS 2001, 30227352.
700 OLG Zweibrücken, Urt. v. 13.12.2001, Az. 4 U 68/01, BeckRS 2001, 30227352.
701 OLG Zweibrücken, Urt. v. 13.12.2001, Az. 4 U 68/01, BeckRS 2001, 30227352.
702 OLG Zweibrücken, Urt. v. 13.12.2001, Az. 4 U 68/01, BeckRS 2001, 30227352.
703 OLG Zweibrücken, Urt. v. 13.12.2001, Az. 4 U 68/01, BeckRS 2001, 30227352.
704 OLG Zweibrücken, Urt. v. 13.12.2001, Az. 4 U 68/01, BeckRS 2001, 30227352.
705 OLG Zweibrücken, Urt. v. 13.12.2001, Az. 4 U 68/01, BeckRS 2001, 30227352.
706 LG Hamburg, Urt. v. 16.11.2005, Az. 315 O 575/05: „Stärker als Hepatitis C“; LG Hamburg, Beschl. v. 15.8.2007, Az. 315 O 723/07 „Stärker als die Grippe“.
707 Siehe auch: *Riegger*, Heilmittelwerberecht, S. 57.

c. *Irreführung gemäß § 3 S. 2 Nr. 2 lit. b HWG*

Gemäß § 3 S. 2 Nr. 2 lit. b HWG liegt eine Irreführung vor, wenn fälschlicherweise der Eindruck erweckt wird, dass bei bestimmungsgemäßem oder längerem Gebrauch keine schädlichen Nebenwirkungen eintreten. Denn Nebenwirkungen können nie gänzlich ausgeschlossen werden, da Medikamente in die körperlichen Funktionen und den Organismus eingreifen.[708] Auch wenn nach bisherigem Kenntnisstand keine Nebenwirkungen eingetreten sind, können diese für die Zukunft durchaus eintreten.[709] Demzufolge darf die Werbung nur die Aussage machen, dass keine Nebenwirkungen bekannt sind.[710]

aa. Schädliche Wirkungen

Unter schädlichen Wirkungen werden alle körperlichen Reaktionen gefasst, welche die Gesundheit von Mensch oder Tier unmittelbar oder mittelbar nachteilig beeinflussen.[711] Zur näheren Bestimmung des Begriffs ist § 5 AMG heranzuziehen.[712] Gemäß § 5 AMG ist es verboten, bedenkliche Mittel in den Verkehr zu bringen. Der Begriff „bedenklich" ist in Abs. 2 legal definiert: *„Bedenklich sind Arzneimittel, bei denen der begründete Verdacht besteht, dass sie bei bestimmungsgemäßem Gebrauch schädliche Wirkungen haben, die über ein nach den Erkenntnissen der Wissenschaft vertretbares Maß hinausgehen."* Zu den schädlichen Wirkungen zählen Nebenwirkungen und Kontraindikationen, nicht jedoch Wechselwirkungen mit anderen Arzneimitteln, weil sie nicht ausschließlich auf die Anwendung des Mittels zurückzuführen sind, sondern erst durch die Kombination von mehreren Arzneimitteln zustande kommen und den Patienten ausschließlich über die Verträglichkeit mit anderen Präparaten informieren.[713] Der Anwendungsbereich des § 3 S. 2 Nr. 2 lit. b HWG ist sehr weit gefasst.[714] Auch die mit der Anwendung eines Mittels typischerweise einhergehenden Reaktionen sind erfasst und fallen in den Anwendungsbereich der Strafvorschrift des

---

708 *Greiff* in: Ratzel/Luxenburger, Handbuch Medizinrecht, Kap. 34 Rn. 47; *Reese/Holtorf* in: Dieners/Reese, Handbuch des Pharmarechts, § 11 Rn. 170.

709 *Buß*, Irreführende Heilmittelwerbung, S. 212.

710 *Buß*, Irreführende Heilmittelwerbung, S. 212.

711 *Doepner/Reese*, HWG, § 3 Rn. 333; *Gröning* in: Gröning/Mand/Reinhart, Heilmittelwerberecht, Bd. 1, § 3 Rn. 37 m.w.N.

712 *Gröning* in: Gröning/Mand/Reinhart, Heilmittelwerberecht, Bd. 1, § 3 Rn. 37.

713 BGH, WRP 1994, 605, 605 ff.; *Gröning* in: Gröning/Mand/Reinhart, Heilmittelwerberecht, Bd. 1, § 3 Rn. 37; *Poschenrieder*, Werbebeschränkungen für Arzneimittel, S. 117; a.A. *Doepner/Reese*, HWG, § 3 Rn. 333.

714 *Gröning* in: Gröning/Mand/Reinhart, Heilmittelwerberecht, Bd. 1, § 3 Rn. 37.

§ 14 HWG.[715] Aus diesem Grund dürfen keine allzu hohen Anforderungen an die Hinweispflichten gestellt werden, da ansonsten ein Missverhältnis zwischen dem Unrechtsgehalt der Tathandlung und den Rechtsfolgen entstünde, was insbesondere beim Unterlassen von möglichen Warnhinweisen relevant würde.[716]

bb. Bestimmungsmäßiger oder längerer Gebrauch

Durch die Verwendung des Begriffes „Gebrauch“ schränkt der Gesetzgeber den Anwendungsbereich von § 3 S. 2 Nr. 2 lit. b HWG auf Arzneimittel, Medizinprodukte und andere Mittel ein, da Verfahren und Behandlungen nicht „gebraucht“, sondern nur angewendet werden können.[717] Eine entsprechende Anwendung des § 3 S. 2 lit. b HWG auf Verfahren und Behandlungen ist aufgrund des Analogieverbotes abzulehnen.[718] Es besteht ferner kein Bedarf die Vorschriften entsprechend anzuwenden, da § 3 S. 2 lit. b HWG den Verbraucher schützen soll, wenn er Mittel ohne ärztliche Kontrolle verwendet.[719] Bei einer Behandlung liegt eine solche Situation regelmäßig nicht vor, da der Patient in Kontakt zu der behandelnden Person steht.[720] Unter dem bestimmungsgemäßen Gebrauch wird die Anwendung des Präparats nach der allgemeinen oder der konkreten Bestimmung des Heilmittels verstanden.[721] Der bestimmungsgemäße Gebrauch ergibt sich aus einer Gesamtbetrachtung der für die Einnahme des Präparats wichtigsten Fakten, wie etwa die Art des Wirkstoffs, seine Wirkungsweise, seine Einsatzgebiete und die übliche Einnahmedauer.[722]

cc. Erwecken eines fälschlichen Eindrucks in Bezug auf das Ausbleiben von Nebenwirkungen

Bei § 3 S. 2 Nr. 2 lit. b HWG muss der Eindruck des Ausbleibens von Nebenwirkungen fälschlicherweise erweckt werden.[723] Diese Formulierung ist – genau wie bei § 3 S. 2 Nr. 2 lit. a HWG – mit dem Begriff der Irreführung gleichzusetzen.[724]

---

715 *Gröning* in: Gröning/Mand/Reinhart, Heilmittelwerberecht, Bd. 1, § 3 Rn. 37.

716 *Gröning* in: Gröning/Mand/Reinhart, Heilmittelwerberecht, Bd. 1, § 3 Rn. 37.

717 *Buß*, Irreführende Heilmittelwerbung, S. 213; *Gröning* in: Gröning/Mand/Reinhart, Heilmittelwerberecht, Bd. 1, § 3 Rn. 38.

718 Ähnlich: *Gröning* in: Gröning/Mand/Reinhart, Heilmittelwerberecht, Bd. 1, § 3 Rn. 39.

719 *Gröning* in: Gröning/Mand/Reinhart, Heilmittelwerberecht, Bd. 1, § 3 Rn. 39.

720 *Gröning* in: Gröning/Mand/Reinhart, Heilmittelwerberecht, Bd. 1, § 3 Rn. 39.

721 *Doepner/Reese*, HWG, § 3 Rn. 331; *Schneider*, Heilmittelwerbung, S. 61.

722 *Gröning* in: Gröning/Mand/Reinhart, Heilmittelwerberecht, Bd. 1, § 3 Rn. 38.

723 *Buß*, Irreführende Heilmittelwerbung, S. 213.

724 *Buß*, Irreführende Heilmittelwerbung, S. 213; *Doepner/Reese*, HWG, § 3 Rn. 334; *Gröning* in: Gröning/Mand/Reinhart, Heilmittelwerberecht, Bd. 1, § 3 Rn. 40.

Eine Erfüllung des Tatbestandes durch Unterlassen ist bei entsprechender Aufklärungspflicht ebenfalls möglich.[725] Arzneimittel gemäß § 2 Abs. 1 AMG oder § 2 Abs. 2 AMG unterliegen nach § 4 HWG der Verpflichtung, in der Packungsbeilage bestimmte Angaben zum Präparat zu machen.[726] Bei Arzneimitteln, die gemäß § 2 Abs. 1 AMG oder § 2 Abs. 2 AMG Pflichtangaben enthalten müssen, bestehen neben dieser Verpflichtung in der Regel keine weiteren Aufklärungspflichten.[727] Werden in den Pflichtangaben bekannte Nebenwirkungen oder Kontraindikationen nicht benannt, folgt daraus nicht zwingend ein Verstoß gegen § 3 S. 2 lit. b HWG.[728] Die Pflichtangaben werden nach Ansicht von *Gröning* allerdings nur von wenigen Verbrauchern gelesen (zwei bis drei Prozent).[729] Eine solch geringe Quote erfüllt die quantitativen Anforderungen, die an die Irreführungseignung gestellt werden, nicht.[730] Demzufolge läge in diesen Fällen kein Verstoß gegen § 3 HWG und damit auch keine Strafbarkeit gemäß § 14 HWG vor.[731] Eine Verletzung des § 4 HWG ist davon unabhängig gegeben. Nach einer repräsentativen Umfrage aus dem Jahre Mai 2019 sollen jedoch 19 Prozent der Verbraucher den Beipackzettel lesen.[732] Bei einem Wert von 19 Prozent wäre die zu erreichende Irreführungsquote[733] erfüllt sodass eine Irreführung anzunehmen wäre.[734]

dd. Kasuistik

Auch an dieser Stelle sollen zur Verdeutlichung einige weitere Beispiele aus der Rechtsprechung folgen.

In einem Fall, über den das Kammergericht Berlin im Jahr 1992 zu entscheiden hatte, bewarb ein Pharmaunternehmen sein Schmerzmittel „T“ mit dem folgenden Inserat: *„T Schmerztabletten. Rasch wirksam. Gut verträglich.“*[735] Die

---

725 *Buß*, Irreführende Heilmittelwerbung, S. 213; *Gröning* in: Gröning/Mand/Reinhart, Heilmittelwerberecht, Bd. 1, § 3 Rn. 41.
726 *Gröning* in: Gröning/Mand/Reinhart, Heilmittelwerberecht, Bd. 1, § 3 Rn. 41.
727 *Gröning* in: Gröning/Mand/Reinhart, Heilmittelwerberecht, Bd. 1, § 3 Rn. 41.
728 *Gröning* in: Gröning/Mand/Reinhart, Heilmittelwerberecht, Bd. 1, § 3 Rn. 41.
729 *Gröning* in: Gröning/Mand/Reinhart, Heilmittelwerberecht, Bd. 1, § 3 Rn. 41.
730 *Gröning* in: Gröning/Mand/Reinhart, Heilmittelwerberecht, Bd. 1, § 3 Rn. 41.
731 *Gröning* in: Gröning/Mand/Reinhart, Heilmittelwerberecht, Bd. 1, § 3 Rn. 41.
732 https://www.aerztezeitung.de/praxis_wirtschaft/rezepte/article/987871/medikamente-nur-jeder-fuenfte-deutsche-liest-beipackzettel.html (4.9.2019).
733 Zur Irreführungsquote siehe ausführlich in diesem Kapitel unter C. I. 1. b.
734 Siehe dazu auch die Ausführungen zur Irreführungsquote unter C. I. 1. b.
735 KG Berlin NJW-RR 1992, 301.

Angabe, dass das Medikament gut verträglich sei, wurde in der Werbeanzeige dreimal verwendet.[736] Zweimal wurde mit diesem Text als Blickfang geworben.[737] Das Kammergericht entschied, dass die Angabe *„gut verträglich"* bei einer Blickfangwerbung im wettbewerbsrechtlichen Sinne gegen die guten Sitten verstößt (§ 1 UWG) und irreführend ist (§ 3 UWG a.F.).[738] Zu Recht begründete es seine Ansicht damit, dass aufgrund der Undifferenziertheit der Aussage ein nicht unwesentlicher Teil der angesprochenen Verkehrskreise die Angabe *„gut verträglich"* dahingehend missverstünde, dass die gute Verträglichkeit auch bei längerem Gebrauch gegeben sei und nicht mit unerwünschten Begleiterscheinungen zu rechnen sei.[739] Dieser Irrtum sei auch relevant.[740] Es gebe durchaus Zustände, etwa häufig bis dauernd auftretende Kopfschmerzen (und sei es auch nur als Symptom einer immer wieder verspürten, beinahe alltäglichen Abgeschlagenheit und Unpässlichkeit), die bei den Betroffenen das Bedürfnis nach einer mehr oder weniger regelmäßigen Einnahme von Schmerztabletten entstehen ließen.[741] Die Vorstellung, das Präparat sei auch bei längerem Gebrauch *„gut verträglich"* sei daher geeignet, den Kauf des Mittels für sinnvoll zu erachten.[742] Anders verhalte es sich, wenn die Angabe nicht als Blickfang erfolge.[743]

Als zulässig erachtete das Landgericht Hamburg[744] die Aussage *„allgemeines Nebenwirkungsprofil und renales Sicherheitsprofil ähnlich wie Placebo"*, mit der ein Krebsmedikament beworben wurde, obwohl dieses Medikament nicht frei von Nebenwirkungen war.[745] Diese Entscheidung erscheint jedoch mit Blick auf das Verbraucherleitbild problematisch. Die Aussage könnte ein durchschnittlicher Verbraucher dahingehend verstehen, dass das Medikament keine oder nur geringe Nebenwirkungen aufweist, da bei der Einnahme von Placebo üblicherweise keine Nebenwirkungen erwartet werden. Die Kenntnis des Fachterminus *„renal"* – die Nieren betreffend – kann von einem durchschnittlichen Verbraucher ohne medizinische Vorbildung nicht erwartet werden, sodass diese Aussage geeignet ist, die Verbraucher in die Irre zu führen.

---

736 KG Berlin NJW-RR 1992, 301.
737 KG Berlin NJW-RR 1992, 301.
738 KG Berlin NJW-RR 1992, 301, 302.
739 KG Berlin NJW-RR 1992, 301, 302.
740 KG Berlin NJW-RR 1992, 301, 302.
741 KG Berlin NJW-RR 1992, 301, 302.
742 KG Berlin NJW-RR 1992, 301, 302.
743 KG Berlin NJW-RR 1992, 301, 302.
744 LG Hamburg, Urt. v. 1.6.2006, Az. 327 O 722/05, BeckRS 2006, 13698.
745 *Riegger*, Heilmittelwerberecht, S. 61.

d. *Irreführung gemäß § 3 S. 2 Nr. 2 lit. c HWG*

Bei der Vorspiegelung, dass die Werbung nicht der Absatzförderung diene, ist eine Irreführung gemäß § 3 S. 2 Nr. 2 lit. c HWG anzunehmen. Diese Konstellation erfasst die Fälle der getarnten Werbung und dient dem Schutz der Verbraucher vor Täuschungen über die Motivation des Werbenden.[746] Grundsätzlich ist dem Verbraucher bewusst, dass eine Werbung vordergründig die Absatzförderung bezweckt.[747] Demzufolge tritt der Verbraucher einer Werbung, die er als solche erkennt, mit der nötigen Skepsis entgegen.[748] Wird der Verbraucher getäuscht und glaubt er, die Werbung diene nicht der Absatzförderung, besteht die Gefahr, dass der Verbraucher der Werbung mehr Vertrauen schenkt, da er davon ausgeht, der Werbende handele nicht aus kommerziellen Gründen.[749] Eine solche Täuschung kommt regelmäßig dann in Betracht, wenn sich die Werbung als wissenschaftlicher, publizistischer oder karitativer Beitrag darstellt.[750]

Der Begriff der Werbung in § 3 S. 2 lit. c HWG unterscheidet sich vom allgemein im Heilmittelwerbegesetz maßgeblichen Begriff.[751] Grundsätzlich setzt eine Werbung im heilmittelwerberechtlichen Sinne eine Absatzförderungsabsicht des Werbenden voraus. Tritt jedoch die Absatzförderungsabsicht offen zu Tage, kann nicht gleichzeitig eine Verschleierungswerbung vorliegen.[752] Daher meint eine Werbung im Sinne von § 3 S. 2 lit. c HWG Maßnahmen, die geeignet sind, den Absatz eines Produkts zu fördern, die bei einem nicht unerheblichen Teil der angesprochenen Verkehrskreise jedoch den Eindruck vermitteln, dass keine Absatzförderung bezweckt wird.[753]

Ergänzt wird die Regelung des § 3 S. 2 Nr. 2 lit. c HWG durch § 11 Abs. 1 Nr. 9 HWG. Dieser verbietet die sogenannte Schleichwerbung. Eine Schleichwerbung liegt vor, wenn nicht ersichtlich ist, dass es sich um eine Werbung handelt, die der Absatzförderung des Produkts dient. § 11 Abs. 1 Nr. 9 HWG

---

746 *Buß*, Irreführende Heilmittelwerbung, S. 217; *Greiff* in: Ratzel/Luxenburger, Handbuch Medizinrecht, Kap. 34 Rn. 49; *Riegger*, Heilmittelwerberecht, S. 62.

747 *Gröning* in: Gröning/Mand/Reinhart, Heilmittelwerberecht, Bd. 1, § 3 Rn. 43.

748 *Buß*, Irreführende Heilmittelwerbung, S. 217; *Gröning* in: Gröning/Mand/Reinhart, Heilmittelwerberecht, Bd. 1, § 3 Rn. 43.

749 *Buß*, Irreführende Heilmittelwerbung, S. 217; *Gröning* in: Gröning/Mand/Reinhart, Heilmittelwerberecht, Bd. 1, § 3 Rn. 43; *Reese/Holtorf* in: Dieners/Reese, Handbuch des Pharmarechts, § 11 Rn. 176.

750 *Buß*, Irreführende Heilmittelwerbung, S. 218; *Doepner/Reese*, HWG, § 3 Rn. 343.

751 *Gröning* in: Gröning/Mand/Reinhart, Heilmittelwerberecht, Bd. 1, § 3 Rn. 44.

752 *Gröning* in: Gröning/Mand/Reinhart, Heilmittelwerberecht, Bd. 1, § 3 Rn. 44.

753 *Gröning* in: Gröning/Mand/Reinhart, Heilmittelwerberecht, Bd. 1, § 3 Rn. 44.

wird i.V.m. § 15 Abs. 1 HWG als Ordnungswidrigkeit geahndet. Gemäß § 11 Abs. 1 Nr. 9 HWG ist eine Werbung für Arzneimittel, Verfahren, Behandlungen, Gegenstände oder andere Mittel „mit Veröffentlichungen, deren Werbezweck missverständlich oder nicht deutlich erkennbar ist", untersagt. Durch die Existenz dieser ergänzenden Vorschrift wird die hohe Bedeutung, die der Gesetzgeber dieser Thematik beimisst, deutlich.[754] Grund für die Regelung ist, dass der Verbraucher eine grundsätzliche Skepsis gegenüber kommerziellen Kommunikationsformen besitzt.[755] Wird jedoch verschleiert, dass es sich um eine kommerzielle Werbung handelt, d.h. stellt sich die Werbung als „objektiv-neutrale" Schleichwerbung dar, genießt sie eine höhere Glaubwürdigkeit, als es eine als Absatzwerbung erkennbare Werbung tut.[756] § 11 Abs. 1 Nr. 9 HWG ist im Unterschied zu § 3 S. 2 Nr. 2 lit. c HWG auf Publikumswerbung und Veröffentlichungen beschränkt.[757] Mündliche Werbeveranstaltungen und Kongresse sind nicht vom Anwendungsbereich umfasst.[758] Bei Veröffentlichungen außerhalb der Fachkreise kommt es jedoch zu einer Überschneidung der beiden Regelungen.[759] Die beiden Normen stehen dann in Tateinheit nebeneinander.[760] Der objektive Tatbestand des § 3 S. 2 Nr. 2 lit. c HWG i.V.m. § 14 HWG ist praktisch nicht von § 11 Abs. 1 Nr. 9 HWG i.V.m. § 15 Abs. 1 HWG abzugrenzen.[761] Eine Abgrenzung kann nur über den subjektiven Tatbestand erfolgen.[762] Demnach ist allein die subjektive Tatseite dafür ausschlaggebend, ob der Straftatbestand des § 14 HWG verwirklicht ist oder nur eine Ordnungswidrigkeit gemäß § 15 Abs. 1 HWG vorliegt.[763] Für die Anwendung des § 3 S. 2 Nr. 2 lit. c HWG besteht trotz der Regelung in § 11 Abs. 1 Nr. 9 HWG ein begründetes Bedürfnis, da nur über § 3 S. 2 Nr. 2 lit. c HWG i.V.m. § 14 HWG die Möglichkeit besteht, strafrechtliche Konsequenzen zu ziehen.[764]

---

754 *Buß*, Irreführende Heilmittelwerbung, S. 218.

755 *Doepner/Reese*, HWG, § 11 Abs. 1 S. 1 Nr. 9 Rn. 3.

756 *Doepner/Reese*, HWG, § 11 Abs. 1 S. 1 Nr. 9 Rn. 4.

757 *Buß*, Irreführende Heilmittelwerbung, S. 218; *Doepner/Reese*, HWG, § 11 Abs. 1 S. 1 Nr. 9 Rn. 6.

758 *Buß*, Irreführende Heilmittelwerbung, S. 218.

759 *Buß*, Irreführende Heilmittelwerbung, S. 218.

760 *Ring* in: Bülow/Ring/Artz/Brixius, HWG, § 11 Abs. 1 S. 1 Nr. 9 Rn. 10; *Buß*, Irreführende Heilmittelwerbung, S. 218 m.w.N.; a.A. OLG München PharmR 1995, 341, 345; *Sosnitza* in: Zipfel/Rathke, Lebensmittelrecht, HWG, § 11 Rn. 48: lex specialis.

761 *Gröning* in: Gröning/Mand/Reinhart, Heilmittelwerberecht, Bd. 1, § 3 Rn. 45.

762 *Gröning* in: Gröning/Mand/Reinhart, Heilmittelwerberecht, Bd. 1, § 3 Rn. 45.

763 *Gröning* in: Gröning/Mand/Reinhart, Heilmittelwerberecht, Bd. 1, § 3 Rn. 45.

764 *Buß*, Irreführende Heilmittelwerbung, S. 218.

e. *Irreführung gemäß § 3 S. 2 Nr. 3 HWG*

Schließlich liegt eine Irreführung gemäß § 3 S. 2 Nr. 3 HWG vor, wenn unwahre oder zur Täuschung geeignete Angaben getätigt werden. § 3 S. 2 Nr. 3 lit. a HWG erfasst Angaben, die sich auf das Produkt (Zusammensetzung oder Beschaffenheit) als solches beziehen. Gemäß § 3 S. 2 Nr. 3 lit. b HWG werden diejenigen Angaben erfasst, die sich nicht unmittelbar auf das Heilmittel selbst beziehen, aber dennoch im Zusammenhang mit dem Heilmittel stehen. Dazu gehören die Angaben über Hersteller, Erfinder etc.

aa. Unwahre oder zur Täuschung geeignete Angaben

Gemäß § 3 S. 2 Nr. 3 HWG müssen *„unwahre oder zur Täuschung geeignete Angaben"* getätigt werden. Die Begriffe der unwahren oder zur Täuschung geeigneten Angaben sind als Synonyme für Irreführung zu verstehen.[765] Nach der Auffassung von *Gröning* sollte der Aufspaltung „unwahr" und „zur Täuschung geeignet" keine zu große Bedeutung beigemessen werden, da diese Aufspaltung aus sprachlich-redaktionellen Gründen entstanden sei.[766] Der Gesetzgeber habe eine Umschreibung finden müssen, da der Tatbestand sonst gehießen hätte: *„Eine Irreführung liegt insbesondere vor, wenn irreführende Angaben [...] gemacht werden."*[767] Der Auffassung von *Gröning* ist zuzustimmen. Die Gesetzesbegründung stellt klar, dass keine Angaben über die Beschaffenheit oder die Zusammensetzung des Produkts getätigt werden müssen.[768] Werden dennoch Angaben gemacht, müssen diese der Wahrheit entsprechen und dürfen nicht zur Täuschung geeignet sein.[769] Eine nähere Beschreibung dieser Begrifflichkeiten formuliert der Gesetzgeber nicht, sodass die These *Grönings* gestützt wird.

bb. Irreführende Angaben über die Zusammensetzung beziehungsweise Beschaffenheit des Produkts (Qualität des Heilmittels)

Gemäß § 3 S. 2 Nr. 3 lit. a HWG müssen sich die unwahren oder zur Täuschung geeigneten Angaben auf die *„Zusammensetzung oder Beschaffenheit von Arzneimitteln, Medizinprodukten, Gegenständen oder anderen Mitteln"* oder auf *„die Art*

---

765 *Gröning* in: Gröning/Mand/Reinhart, Heilmittelwerberecht, Bd. 1, § 3 Rn. 49; *Pelchen/Anders* in: Erbs/Kohlhaas, Strafrechtliche Nebengesetze, HWG, § 3 Rn. 25; *Sosnitza* in: Zipfel/Rathke, Lebensmittelrecht, HWG, § 3 Rn. 38.

766 *Gröning* in: Gröning/Mand/Reinhart, Heilmittelwerberecht, Bd. 1, § 3 Rn. 49.

767 *Gröning* in: Gröning/Mand/Reinhart, Heilmittelwerberecht, Bd. 1, § 3 Rn. 49.

768 BT-Drs. IV 1867 S. 5 zu I.

769 BT-Drs. IV 1867 S. 5 zu I.

und Weise der Verfahren und Behandlungen" beziehen. Unter der Zusammensetzung eines Heilmittels ist die chemische Konstitution des Produkts zu verstehen, wohingegen unter der Beschaffenheit die Angaben über die Qualität des Mittels verstanden werden.[770] Durch die Regelung des § 3 S. 2 Nr. 3 lit. b HWG soll dem Verbraucher eine sachgerechte Einschätzung der Heilmittel ermöglicht werden.[771] Gleiches gilt für Verfahren und Behandlungen. Auch dort soll der Verbraucher die Möglichkeit erhalten, sie angemessen zu beurteilen. Durch die Formulierung „Art und Weise" wird alles erfasst, was nach der Verkehrsauffassung relevant ist, um eine solche Analyse vorzunehmen.[772]

cc. Irreführende Angaben über Hersteller oder Erfinder

§ 3 S. 2 Nr. 3 lit. b HWG ist einschlägig, wenn unwahre oder zur Täuschung geeignete Angaben über die „*Person des Herstellers, Erfinders oder der für sie tätigen oder tätig gewesenen Personen*" gemacht werden. Grund dafür ist das besondere Interesse, welches das Publikum an Berufsbezeichnungen, akademischen Titeln, wissenschaftlichen Erfolgen etc. hat, und dass aus irreführenden Angaben oftmals falsche Schlüsse bezüglich spezieller Qualitäten und Eigenschaften gezogen werden.[773] § 3 S. 2 Nr. 3 b HWG soll verhindern, dass eine Werbung durch die irreführenden Angaben ein Vertrauen in Anspruch nimmt, welches nicht gerechtfertigt ist.[774]

(1) Hersteller

Der Begriff des Herstellers ist im Heilmittelwerbegesetz nicht geregelt. Der Begriff des Herstellers ist in § 4 Abs. 14 AMG legal definiert. Nach diesem ist das Herstellen als das Gewinnen, Anfertigen, Zubereiten, das Be- und Verarbeiten, das Umfüllen und Abfüllen, das Abpacken und Kennzeichnen zu verstehen.[775] Eine Anknüpfung an den arzneimittelrechtlichen Herstellerbegriff bietet sich jedoch nicht an, da er sich auf alle genannten Produktionsschritte bezieht.[776] In Bezug auf die Gegenstände und sonstigen Mittel, die durch § 3 S. 2 lit. b HWG erfasst werden, passt der arzneimittelrechtliche Herstellerbegriff daher nicht.[777]

---

770 *Gröning* in: Gröning/Mand/Reinhart, Heilmittelwerberecht, Bd. 1, § 3 Rn. 50.

771 *Buß*, Irreführende Heilmittelwerbung, S. 220.

772 *Buß*, Irreführende Heilmittelwerbung, S. 221 m.w.N.

773 *Doepner/Reese*, HWG, § 3 Rn. 359.

774 *Buß*, Irreführende Heilmittelwerbung, S. 224; *Gröning* in: Gröning/Mand/Reinhart, Heilmittelwerberecht, Bd. 1, § 3 Rn. 56.

775 *Gröning* in: Gröning/Mand/Reinhart, Heilmittelwerberecht, Bd. 1, § 3 Rn. 57.

776 *Gröning* in: Gröning/Mand/Reinhart, Heilmittelwerberecht, Bd. 1, § 3 Rn. 57.

777 *Gröning* in: Gröning/Mand/Reinhart, Heilmittelwerberecht, Bd. 1, § 3 Rn. 57.

Aus diesem Grunde ist eine Anlehnung an den Begriff des pharmazeutischen Unternehmers geboten.[778] Gemäß § 4 Abs. 18 AMG ist pharmazeutischer Unternehmer derjenige, der das Präparat unter seinem Namen in den Verkehr bringt.[779] Als Hersteller im Sinne des § 3 S. 2 Nr. 3 HWG sollte daher diejenige Person angesehen werden, die das Mittel in den Verkehr bringt.[780]

(2) Erfinder

Eine heilmittelwerberechtliche Legaldefinition des Erfinderbegriffs existiert ebenfalls nicht. Die beworbenen Produkte sind regelmäßig gemäß § 1 Abs. 1, Abs. 2 HWG patentfähig. Aus diesem Grunde ist der Erfindungsbegriff des Patentgesetzes auf das Heilmittelwerbegesetz anzuwenden, wenn es sich bei den beworbenen Produkten um patentfähige Produkte handelt.[781] Erfinder ist der Inhaber des Patents für das neu entwickelte Produkt, also diejenige Person, die für die Entwicklung des Heilmittels verantwortlich ist, und derjenige, der mit der Erforschung und Entwicklung der Wirkstoffzusammensetzung eines Heilmittels befasst war.[782]

Wird mit Angaben über einen Erfinder geworben, obwohl es sich nicht um ein patentfähiges Produkt handelt, ist § 3 S. 2 lit. b. HWG grundsätzlich nicht anwendbar.

(3) Sonstige Personen

§ 3 S. 2 Nr. 3b HWG erfasst auch sonstige Personen, die für den Hersteller oder den Erfinder in irgendeiner Art und Weise tätig sind oder tätig waren.[783] Das sind alle Personen, die neben Hersteller und Erfinder bei der Forschung, Entwicklung oder Herstellung des Produktes beteiligt waren, wie zum Beispiel der Leiter eines Klinikums oder eines pharmakologischen Instituts und sonstige Wissenschaftler, die an dem Projekt mitgewirkt haben.[784]

Ergänzt wird die heilmittelwerberechtliche Regelung durch § 8 Abs. 2 AMG. Dieser verbietet es gefälschte Arzneimittel oder gefälschte Wirkstoffe herzustellen,

778 *Gröning* in: Gröning/Mand/Reinhart, Heilmittelwerberecht, Bd. 1, § 3 Rn. 57.

779 *Gröning* in: Gröning/Mand/Reinhart, Heilmittelwerberecht, Bd. 1, § 3 Rn. 57.

780 *Buß*, Irreführende Heilmittelwerbung, S. 225; *Gröning* in: Gröning/Mand/Reinhart, Heilmittelwerberecht, Bd. 1, § 3 Rn. 57; a.A. *Doepner/Reese*, HWG, § 3 Rn. 374.

781 *Gröning* in: Gröning/Mand/Reinhart, Heilmittelwerberecht, Bd. 1, § 3 Rn. 58.

782 *Buß*, Irreführende Heilmittelwerbung, S. 225; *Gröning* in: Gröning/Mand/Reinhart, Heilmittelwerberecht, Bd. 1, § 3 Rn. 58.

783 *Buß*, Irreführende Heilmittelwerbung, S. 225.

784 *Bernhardt*, Gesetz über die Werbung auf dem Gebiete des Heilwesens, S. 48; *Doepner/Reese*, HWG, § 3 Rn. 374.

in den Verkehr zu bringen oder sonst mit ihnen Handel zu treiben. „Inverkehrbringen“ gemäß § 4 Abs. 17 AMG meint das Vorrätighalten zum Verkauf oder zu sonstiger Abgabe, das Feilhalten, das Feilbieten und die Abgabe an andere. Da die Tatbestandsmerkmale des Feilhaltens und des Feilbietens regelmäßig auch Werbemaßnahmen einschließen, kann es zu Überschneidungen kommen.[785] In diesen Fällen besteht Tateinheit zwischen § 3 S. 2 Nr. 3 lit. b HWG und § 8 Abs. 2 AMG.[786]

Gleichzeitig liegt bei Arzneimittelfälschungen gemäß § 8 Abs. 2 AMG stets eine Täuschung der Verbraucher über die Identität des Herstellers sowie die stoffliche Zusammensetzung des Mittels vor, sofern diese vom Original abweicht.[787] § 3 S. 2 Nr. 3 lit. b HWG und § 8 Abs. 2 AMG unterscheiden sich hinsichtlich ihrer Rechtsfolgen.[788] Gemäß 3 S. 2 Nr. 3 lit. b HWG i.V.m. § 14 HWG kann eine Freiheitsstrafe von bis zu einem Jahr verhängt werden. Bei Verstößen gegen § 8 Abs. 2 AMG sieht § 95 Abs. 1 Nr. 3 lit. a AMG hingegen eine Freiheitsstrafe von bis zu drei Jahren vor.

dd. Kasuistik

Auch an dieser Stelle sollen zur Veranschaulichung weitere praktische Beispiele[789] aus der Rechtsprechung folgen.

In einem Fall des Oberlandesgerichts Frankfurt a.M.[790] lehnte das Oberlandesgericht eine Irreführung gemäß § 3 S. 2 Nr. 3 HWG ab.[791] Auf der Verpackung des Präparats war eine Artischocke abgebildet.[792] In dieser Abbildung sah der Antragsteller eine Irreführung der Verbraucher, da der Verkehr schlussfolgere, das Mittel bestehe allein oder jedenfalls überwiegend aus Artischockenblätterextrakt.[793] Die tatsächliche Zusammensetzung eines 100 mg Dragees belief sich auf 50 mg Artischockenblätterextrakt, 30 mg Boldoblätterextrakt und

785 *Buß*, Irreführende Heilmittelwerbung, S. 224; *Brixius* in: Bülow/Ring/Artz/Brixius, HWG, § 1 Rn. 35; *Doepner/Reese*, HWG, § 3 Rn. 25.

786 *Doepner/Reese*, HWG, § 3 Rn. 25; § 14 Rn. 6; a.A. *Sander*, AMG, § 8 Rn. 5.

787 *Buß*, Irreführende Heilmittelwerbung, S. 224.

788 *Buß*, Irreführende Heilmittelwerbung, S. 224.

789 Siehe dazu auch: *Gröning* in: Gröning/Mand/Reinhart, Heilmittelwerberecht, Bd. 1, § 3 Rn. 50 f.

790 OLG Frankfurt PharmR 1995, 176, 178; *Gröning* in: Gröning/Mand/Reinhart, Heilmittelwerberecht, Bd. 1, § 3 Rn. 50.

791 OLG Frankfurt PharmR 1995, 176, 178.

792 OLG Frankfurt PharmR 1995, 176, 178.

793 OLG Frankfurt PharmR 1995, 176, 178.

20 mg Schöllkrautextrakt.[794] Nach Ansicht des Oberlandesgerichts Frankfurt a.M. führe die bloße Abbildung einer Artischocke beim Verbraucher lediglich dazu, dass der Verbraucher davon ausgehe, dass die Artischocke – wie in dem beworbenen Produkt der Fall – der Hauptbestandteil des Präparates sei.[795] Dieser Wertung ist zuzustimmen. Der durchschnittliche Verbraucher schließt nicht von einer auf der Verpackung abgebildeten Artischocke darauf, dass dies der alleinige Bestandteil des Heilmittels ist. Der Verbraucher ist sich dessen bewusst, dass ein Präparat regelmäßig aus einer Vielzahl an unterschiedlichen Stoffen zusammensetzt. Eine solche Abbildung führt lediglich zu der Vorstellung, dass die abgebildete Zutat der Hauptbestandteil des Produktes ist.

In einer Entscheidung des Oberlandesgerichts Hamburg[796] wurden mehrere Erkältungsmittel (Hustenpastillen, Eukalyptus-Heilöl, Hustenheilschnupfenspray, Hustentropfen und Halsdragees) unter anderem mit folgendem Werbeslogan beworben: *„A. Naturmedizin hilft Ihnen, natürlich gesund zu bleiben.“*[797] Das Oberlandesgericht wertete diese Aussage als irreführend, da in den Dragees toxikologisch unbedenkliche, auch in der Natur vorkommende, aber synthetisch hergestellte Farbstoffe verwendet wurden.[798] Die Entscheidung des Oberlandesgerichts Hamburg ist nicht zu beanstanden. Bei dem Begriff der *„Naturmedizin“* geht der durchschnittliche Verbraucher davon aus, dass sich ausschließlich natürliche Inhaltsstoffe in dem Präparat befinden. Bei der Zugabe von synthetisch hergestellten Farbstoffen kann das Produkt nicht mehr als „Naturprodukt“ oder „natürlich“ beworben werden.

II. Subjektiver Tatbestand und Irrtümer des Täters

Neben den objektiven Anforderungen des Tatbestands müssen die subjektiven Voraussetzungen erfüllt sein.

1. Vorsatz

Gemäß § 14 HWG ist nur eine vorsätzliche Zuwiderhandlung gegen das Verbot der irreführenden Werbung mit Strafe bedroht.[799] Der Vorsatz setzt sich nach

---

794 OLG Frankfurt PharmR 1995, 176.

795 OLG Frankfurt PharmR 1995, 176, 178.

796 OLG Hamburg PharmR 1991, 281 ff.; *Gröning* in: Gröning/Mand/Reinhart, Heilmittelwerberecht, Bd. 1, § 3 Rn. 51.

797 OLG Hamburg PharmR 1991, 281.

798 OLG Hamburg PharmR 1991, 281, 283.

799 *Gröning* in: Gröning/Mand/Reinhart, Heilmittelwerberecht, Bd. 1, § 14 Rn. 9; *Kleist/Albrecht/Hoffmann*, HWG, § 14 Rn. 4.

herrschender Meinung aus einem kognitiven und einem voluntativen Element zusammen; die Kurzformel definiert den Vorsatz als das „*Wissen und Wollen der zum gesetzlichen Tatbestand gehörenden Merkmale*“[800]. Das heißt der Täter muss Kenntnis des gesetzlichen Tatbestands und den Willen, diesen Tatbestand zu verwirklichen, besitzen.[801]

Es gibt drei Arten des Vorsatzes: Absicht (dolus directus ersten Grades), direkter Vorsatz (dolus directus zweiten Grades) und bedingter Vorsatz (dolus eventualis).[802] Für dolus directus ersten Grades ist ein zielgerichtetes Handeln des Täters erforderlich.[803] Dem Täter muss es darauf ankommen, den Tatbestand zu verwirklichen.[804] Dolus directus zweiten Grades setzt voraus, dass der Täter sichere Kenntnis davon hat, dass sein Handeln den Tatbestand verwirklicht.[805] Für Eventualvorsatz muss der Täter nach herrschender Meinung die Herbeiführung des tatbestandlichen Erfolgs ernstlich für möglich halten und diesen billigend in Kauf nehmen.[806]

Zur Verwirklichung des § 14 HWG genügt Eventualvorsatz.[807] Der Täter muss es für möglich halten, dass es sich um eine Werbung im Sinne des § 1 HWG handelt und die getätigten Aussagen entweder falsch sind oder von einem nicht unerheblichen Teil der Adressaten missverstanden werden können.[808] Er muss

800 RGSt 58, 247, 249; RGSt 70, 257, 258; BGH NJW 1989, 781, 784; *Fischer*, StGB, § 15 Rn. 3; *Kudlich* in: Beck-OK StGB, § 15 Rn. 3, 11; *Lackner/Kühl*, StGB, § 15 Rn. 3, 27.

801 Siehe z.B.: *Sternberg-Lieben* in: Schönke/Schröder, StGB, § 15 Rn. 11 f.

802 *Kudlich* in: Beck-OK StGB, § 15 Rn. 17; *Lackner/Kühl*, StGB, § 15 Rn. 19 ff.; *Sternberg-Lieben/Schuster* in: Schönke/Schröder, StGB, § 15 Rn. 64 ff.; ausführlich zu den unterschiedlichen Vorsatzarten siehe: *Puppe* in: Nomos Kommentar, StGB, § 15 Rn. 105 ff.

803 *Lackner/Kühl*, StGB, § 15 Rn. 3, 20; *Puppe* in: Nomos Kommentar, StGB, § 15 Rn. 106; *Sternberg-Lieben/Schuster* in: Schönke/Schröder, StGB, § 15 Rn. 70.

804 *Rengier*, Strafrecht AT, § 14 Rn. 7.

805 *Kudlich* in: Beck-OK StGB, § 15 Rn. 17; *Lackner/Kühl*, StGB, § 15 Rn. 3, 21; *Puppe* in: Nomos Kommentar, StGB, § 15 Rn. 111; *Rengier*, Strafrecht AT, § 14 Rn. 9; *Sternberg-Lieben/Schuster* in: Schönke/Schröder, StGB, § 15 Rn. 70.

806 BGHSt 7, 363, 369; *Kudlich* in: Beck-OK, StGB, § 15 Rn. 17; *Lackner/Kühl*, StGB, § 15 Rn. 3, 18, 23; *Merz/Allgayer* in: Graf/Jäger/Wittig, Wirtschafts- und Steuerstrafrecht, StGB, § 15 Rn. 13.

807 *Fritschke* in: Spickhoff, Medizinrecht, HWG, § 14 Rn. 4; *Kleist/Albrecht/Hoffmann*, HWG, § 14 Rn. 5; *Pelchen/Anders* in: Erbs/Kohlhaas, Strafrechtliche Nebengesetze, HWG, § 14 Rn. 4.

808 *Doepner/Reese*, HWG, § 14 Rn. 2; *Fritschke* in: Spickhoff, Medizinrecht, HWG, § 14 Rn. 4; *Pelchen/Anders* in: Erbs/Kohlhaas, Strafrechtliche Nebengesetze, HWG, § 14 Rn. 6.

also die Möglichkeit der Irreführung erkennen und sie billigend in Kauf nehmen.[809]

Fahrlässige Verstöße gegen das Irreführungsverbot des § 3 HWG sind nicht tatbestandsmäßig.[810] Sie stellen lediglich Ordnungswidrigkeiten nach § 15 Abs. 2 HWG dar.[811] Der bedingte Vorsatz ist abzugrenzen von der bewussten Fahrlässigkeit. Die Abgrenzung bereitet häufig Schwierigkeiten.[812] Sowohl beim bedingten Vorsatz als auch bei der bewussten Fahrlässigkeit erkennt der Täter die Möglichkeit der Tatbestandsverwirklichung.[813] Im Unterschied zum bedingten Vorsatz vertraut der Täter bei der bewussten Fahrlässigkeit darauf, dass die Irreführung nicht eintritt.[814]

2. Irrtumskonstellationen

Irrt der Täter, kann er entweder einem Tatbestandsirrtum nach § 16 StGB oder einem Verbotsirrtum gemäß § 17 StGB unterliegen. Ein Irrtum gemäß § 16 Abs. 1 Satz 1 StGB liegt vor, wenn der Täter bei Begehung der Tat einen Umstand nicht kennt, der zum gesetzlichen Tatbestand gehört. In diesem Falle ist der Vorsatz zu verneinen. Das ist zum Beispiel der Fall, wenn der Täter darüber irrt, dass seine Angaben zur Täuschung geeignet sind.[815] Nach § 16 Abs. 1 Satz 2 StGB bleibt eine Strafbarkeit wegen Fahrlässigkeit gemäß § 15 Abs. 2 HGW unberührt. Allerdings ist die Unterscheidung zwischen einem Tatsachen- und einem Rechtsirrtum mitunter schwierig[816]: Kennt der Täter die Tatsachen, die den Verbraucher irrezuführen geeignet sind, besteht kein Tatbestandsirrtum, wenn der Täter lediglich nicht die Schlussfolgerung zieht, dass eine Täuschung der Adressaten erfolgt.[817] Denn der Täter irrt nicht über einen Umstand des gesetzlichen Tatbestandes im Sinne des § 16 Abs. 1 StGB, da er weiß, dass die Angaben geeignet sind, die Verbraucher in die Irre zu führen.

809 *Pelchen/Anders* in: Erbs/Kohlhaas, Strafrechtliche Nebengesetze, HWG, § 14 Rn. 6.

810 *Sosnitza* in: Zipfel/Rathke, Lebensmittelrecht, HWG, § 14 Rn. 2.

811 *Zimmermann* in: Nomos Kommentar, HWG, § 14 Rn. 1.

812 Ausführlich zur Abgrenzung des bedingten Vorsatzes von der bewussten Fahrlässigkeit siehe z.B.: *Rengier*, Strafrecht AT, § 14 Rn. 17 ff.

813 *Gröning* in: Gröning/Mand/Reinhart, Heilmittelwerberecht, § 14 Rn. 9.

814 *Frister*, Strafrecht AT, S. 172.

815 *Pelchen/Anders* in: Erbs/Kohlhaas, Strafrechtliche Nebengesetze, HWG, § 14 Rn. 7.

816 Ausführlich zu der Abgrenzung zwischen Tatsachen- und Rechtsirrtum siehe die Darstellung in: *Roxin*, Strafrecht Allgemeiner Teil, Bd. 1, § 12 Rn. 84 ff.

817 *Gröning* in: Gröning/Mand/Reinhart, Heilmittelwerberecht, Bd. 1, § 14 Rn. 10.

Es handelt sich daher bei einem solchen Irrtum um einen Verbotsirrtum nach § 17 StGB.

Fehlt dem Täter bei Begehung der Tat die Einsicht Unrecht zu tun, liegt ein Verbotsirrtum nach § 17 Satz 1 StGB vor. War der Irrtum unvermeidbar, handelte der Täter ohne Schuld.[818] Hat der Täter ein aktuelles Unrechtsbewusstsein, scheidet ein Verbotsirrtum demzufolge aus.[819] Zur Bestimmung, ob ein Irrtum vermeidbar war oder nicht, wird an bestehende Erkundigungs- beziehungsweise Informationspflichten des Werbenden angeknüpft.[820] Der Werbende ist dazu verpflichtet, sich bei einer kompetenten und zuverlässigen Stelle Informationen zu beschaffen.[821] Nach dem Bundesgerichtshof ist eine Stelle zuverlässig, wenn sie zuständig, sachkundig und unvoreingenommen ist und kein eigenes Interesse verfolgt.[822] Gleichzeitig muss die Stelle gewährleisten, dass eine pflichtgemäße, sorgfältige und verantwortungsbewusste Auskunft erteilt wird.[823] Bei Personen, die regelmäßig werben, ist auch ohne zuvor eingeholte Auskunft davon auszugehen, dass sie erkennen können, ob ihr Verhalten gegen die Rechtsordnung verstößt.[824] Unerfahrene Personen, die das erste Mal in der Öffentlichkeit werben, gelangen eher in den Bereich des § 17 StGB, gleichwohl wird von ihnen erwartet, dass sie sich vorher mit der Gesetzeslage auseinandersetzen.[825] Die Unvermeidbarkeit setzt voraus, dass der Täter dem Irrtum trotz zumutbarer geistig-intellektueller Anstrengung erlegen ist.[826] Nur dann bleibt der Täter straflos. Aufgrund der weitreichenden Sorgfalts- und umfangreichen Informationspflichten im Bereich der Heilmittelwerbung, wird ein Verbotsirrtum kaum anzunehmen

---

818 *Heuchemer* in: Beck-OK StGB, § 17 Rn. 1 ff.; *Joecks* in: Münchener Kommentar zum StGB, Bd. 1, StGB, § 17 Rn. 1 ff.; *Lackner/Kühl*, StGB, § 17 Rn. 6; *Pelchen/Anders* in: Erbs/Kohlhaas, Strafrechtliche Nebengesetze, HWG, § 14 Rn. 7.

819 *Fischer*, StGB, § 17 Rn. 6; *Heuchemer* in: Beck-OK StGB, § 17 Rn. 1 ff.; *Joecks* in: Münchener Kommentar zum StGB, Bd. 1, § 17 Rn. 1 ff.; *Kilian*, Strafbare Werbung, S. 115. Siehe dazu auch die Ausführungen in diesem Kapitel unter 2. b.

820 *Kilian*, Strafbare Werbung, S. 115.

821 BGHSt 2, 194, 202; *Edlinger*, Die Strafbarkeit von Werbung, S. 119; *Kilian*, Strafbare Werbung, S. 115.

822 BGHSt 40, 257, 264; *Kilian*, Strafbare Werbung, S. 115.

823 BGHSt 40, 257, 264; *Kilian*, Strafbare Werbung, S. 115.

824 BGH GRUR 2008, 818, 823; *Edlinger*, Die Strafbarkeit von Werbung, S. 120; *Kilian*, Strafbare Werbung, S. 115.

825 Vgl. dazu z.B.: KG JR 1964, 68, 70 f.; *Edlinger*, Die Strafbarkeit von Werbung, S. 120; *Kilian*, Strafbare Werbung, S. 115.

826 *Gröning* in: Gröning/Mand/Reinhart, Heilmittelwerberecht, Bd. 1, § 14 Rn. 11.

sein.[827] War der Irrtum vermeidbar, besteht die Möglichkeit der Strafmilderung gemäß §§ 17 S. 2, 49 Abs. 1 StGB.[828]

III. Rechtfertigung und Schuld

Für die Bereiche der Rechtfertigung und der Schuld ergeben sich keine Besonderheiten. Es gelten die allgemeinen Grundsätze, die bei einer strafrechtlichen Norm Anwendung finden.

Eine Rechtfertigung nach den allgemeinen Grundsätzen ist theoretisch möglich. Dennoch gelangen die Rechtfertigungsgründe bei § 14 HWG nicht zur Anwendung, da eine in Notwehr (§ 32 StGB) oder Notstand (§ 34 StGB) begangene irreführende Heilmittelwerbung nur schwer vorstellbar ist.[829] Gleiches gilt auch für die Strafnorm des § 16 UWG.[830] In Bezug auf die strafbare Werbung im Wettbewerbsrecht kommt hinzu, dass die Lauterkeit des Wettbewerbs kein notwehr- beziehungsweise notstandsfähiges Rechtsgut darstellt.[831]

Eine Einwilligung seitens der Verbraucher kommt ebenfalls nicht in Betracht. Gleiches gilt auch für die Mitbewerber bei der strafbaren Werbung im Wettbewerbsrecht.[832]

Ferner stellt sich die Frage, ob außerstrafrechtliche Rechtfertigungsgründe für § 14 HWG in Betracht kommen können. Erklärt eine außerstrafrechtliche Norm ein Verhalten ausdrücklich für rechtmäßig beziehungsweise wird jemand durch außerstrafrechtliche Regelungen zu einem Verhalten verpflichtet, wird dieses Verhalten nicht nach anderen (strafrechtlichen) Rechtsvorschriften rechtswidrig.[833] Allerdings sind weder im Heilmittelwerbegesetz noch in verwandten Gesetzen Regelungen enthalten, die eine irreführende Heilmittelwerbung rechtfertigen. Vielmehr beinhaltet § 3 HWG auch ein zivilrechtliches Verbot der irreführenden Werbung.

Für Rechtfertigungsgründe bleibt folglich bei § 14 HWG kein Raum.

Hinsichtlich der Schuld kommt ein Verbotsirrtum nach § 17 StGB in Betracht. Ein solcher liegt vor, wenn dem Täter bei Begehung der Tat die Einsicht

---

827 *Gröning* in: Gröning/Mand/Reinhart, Heilmittelwerberecht, Bd. 1, § 14 Rn. 11.

828 *Gröning* in: Gröning/Mand/Reinhart, Heilmittelwerberecht, Bd. 1, § 14 Rn. 11.

829 *Doepner/Reese*, HWG, Vor §§ 14, 15 Rn. 21.

830 *Edlinger*, Die Strafbarkeit von Werbung, S. 118; *Gribkowsky*, Strafbare Werbung, S. 53.

831 *Edlinger*, Die Strafbarkeit von Werbung, S. 118.

832 *Edlinger*, Die Strafbarkeit von Werbung, S. 118.

833 *Edlinger*, Die Strafbarkeit von Werbung, S. 119.

fehlt, Unrecht zu tun.[834] Bei Unvermeidbarkeit des Irrtums handelt der Täter schuldlos.[835] Besitzt der Täter ein aktuelles Unrechtsbewusstsein, scheidet ein Verbotsirrtum aus.[836] Wegen der weitreichenden Sorgfalts- und umfangreichen Informationspflichten wird ein Verbotsirrtum kaum anzunehmen sein.[837] Ein schuldausschließender Verbotsirrtum nach § 17 StGB kommt daher kaum in Betracht.

Sonstige Entschuldigungsgründe (§§ 33, 35 StGB) greifen im Fall der irreführenden Werbung im Regelfall ebenfalls nicht.

C. Auslegung und Bestimmtheit des § 14 HWG unter besonderer Berücksichtigung der Blankett-Gesetzgebungstechnik

Der Gesetzgeber bedient sich Blankettnormen, um mittels der tatbestandlichen Unvollkommenheit der Blankette den Umständen wechselnder Geschehen und sozialer Vielfältigkeit zu begegnen und auf diese Weise einen auffüllungsbereiten Rahmen zur Verfügung stellen zu können.[838] Zur Erlangung des vollständigen Tatbestandes muss die Blankettnorm mit der verletzten, blankettausfüllenden Norm zusammengelesen werden.[839] Erst das Zusammenspiel von Blankett und Ausfüllungsnorm ergibt die Vollvorschrift.[840] Der Gesetzgeber kann durch Blankette flexibler auf wechselnde zeitliche und örtliche Geschehen reagieren als durch herkömmliche Regelungstechniken.[841]

Der in Art. 103 Abs. 2 GG normierte Grundsatz „*nulla poene sine lege*" legt dem Gesetzgeber die Pflicht auf, Straftatbestände so zu formulieren, dass die Tragweite und der Anwendungsbereich der Norm erkennbar sind oder durch

---

834 *Heuchemer* in: Beck-OK StGB, § 17 Rn. 1 ff.; *Joecks* in: Münchener Kommentar zum StGB, Bd. 1, StGB, § 17 Rn. 1 ff.; *Lackner/Kühl*, StGB, § 17 Rn. 6.

835 *Heuchemer* in: Beck-OK StGB, § 17 Rn. 1 ff.; *Joecks* in: Münchener Kommentar zum StGB, Bd. 1, StGB, § 17 Rn. 1 ff.; *Lackner/Kühl*, StGB, § 17 Rn. 6.

836 *Fischer*, StGB, § 17 Rn. 6; *Heuchemer* in: Beck-OK StGB, § 17 Rn. 1 ff.; *Joecks* in: Münchener Kommentar zum StGB, Bd. 1, § 17 Rn. 1 ff.; *Kilian*, Strafbare Werbung, S. 115. Siehe dazu auch die Ausführungen in diesem Kapitel unter 2. b.

837 *Gröning* in: Gröning/Mand/Reinhart, Heilmittelwerberecht, Bd. 1, § 14 Rn. 11.

838 *Herbst*, Grundprobleme des lebensmittelstrafrechtlichen Irreführungsverbots, S. 47.

839 *Bülte*, JuS 2015, 769, 770; *Puppe* in: Nomos Kommentar, StGB, UWG, § 16 Rn. 60.

840 *Vergho*, Der Maßstab der Verbrauchererwartung im Verbraucherschutzstrafrecht, S. 134; *Welzel*, MDR 1952, 584, 586.

841 *Doepner* in: FS-Köhler, S. 79; *Herbst*, Grundprobleme des lebensmittelstrafrechtlichen Irreführungsverbots, S. 47.

Auslegung ermittelt werden können.[842] Dadurch wird einerseits garantiert, dass die Gewaltenteilung gewahrt bleibt und der Gesetzgeber die Grenzen der Strafbarkeit bestimmt; gleichzeitig wird auf diese Weise sichergestellt, dass dem Normadressat bei der Gesetzeslektüre klar ist, welche Verhaltensweisen strafbewehrt sind.[843] Die strafrechtlichen Auslegungsregeln gelten sowohl für die Strafnorm als auch für die Ausfüllungsnorm.[844] Dasselbe gilt für Ordnungswidrigkeiten.[845] Gleichzeitig müssen beide Normen Art. 103 Abs. 2 GG Rechnung tragen.[846] Die Verfassungsmäßigkeit von Blankettnormen bestimmt sich danach, ob es sich um echte oder unechte Blankette handelt.

§ 14 HWG ist eine Blankettnorm und beschreibt das verbotene Verhalten selbst nicht vollständig, sondern wird erst durch den Verweis auf die Ausfüllungsnorm des § 3 HWG konkretisiert.[847] Zur Erfüllung des Tatbestands der irreführenden Werbung gemäß § 14 HWG muss der Verstoß gegen § 3 HWG in die Strafnorm hineingelesen werden. Beide Normen entstammen dem Heilmittelwerbegesetz. Es liegt ein Verweis innerhalb eines Gesetzes vor. Stammen sowohl die Ausfüllungsnorm als auch die Blankettnorm vom gleichen Gesetzgeber, wird die Gesetzgebungsebene nicht verlassen; es handelt sich um ein unechtes Blankett.[848] Daher kann zunächst festgehalten werden, dass die Ausfüllungsnorm des § 3 HWG einer hinreichenden Legitimation durch den Gesetzgeber unterliegt.

Nach Art. 103 Abs. 2 GG ist der Gesetzgeber angehalten, den Gesetzestext so zu formulieren, dass für den Adressaten klar erkennbar ist, welche Handlungen

---

842 BVerfGE 47, 109, 120; BVerfGE 75, 329, 341; *Doepner*, WRP 1979, 333, 335; *Doepner/Reese*, HWG, Vor §§ 14, 15 Rn. 49; *Frister*, Strafrecht AT, S. 47; *Kratz*, Die Strafbarkeit nicht-konsentierter genetischer Untersuchungen, S. 98.

843 BVerfGE 75, 329, 341; BVerfGE 126, 170, 194; *Kratz*, Die Strafbarkeit nicht-konsentierter genetischer Untersuchungen, S. 98.

844 BVerfGE 48, 48, 60; *Otto*, Jura 2005, 538, 539; *Schmitz* in: Münchener Kommentar zum StGB, Bd. 1, StGB, § 1 Rn. 60.

845 BVerfGE 41, 314, 319; *Doepner*, WRP 1979, 333, 335.

846 BVerfGE 75, 329, 340 ff.; BVerfGE 87, 399, 407; *Dannecker* in: Leipziger Kommentar StGB, Bd. 1, § 1 Rn. 151 f.; *Doepner*, WRP 1979, 333, 335; *Doepner/Reese*, HWG, Vor §§ 14, 15 Rn. 48; *Enderle*, Blankettstrafgesetze, S. 1; *Schmitz* in: Münchener Kommentar zum StGB, Bd. 1, StGB, § 1 Rn. 60.

847 *Schmitz* in: Münchener Kommentar zum StGB, Bd. 1, StGB, § 1 Rn. 60; Der Wortlaut des § 14 HWG verweist auf § 3 HWG: „Wer dem Verbot der irreführenden Werbung (§ 3) zuwiderhandelt".

848 BGHSt 6, 30, 40 f.; *Bülte*, JuS 2015, 769, 770; *Dannecker* in: Leipziger Kommentar StGB, Bd. 1, § 1 Rn. 150; *Doepner* in: FS-Köhler, S. 79; *Kratz*, Die Strafbarkeit nicht-konsentierter genetischer Untersuchungen, S. 99.

strafbar sind.[849] Fraglich ist, ob dieser Anforderung durch § 14 HWG ausreichend Rechnung getragen wurde. Zwar macht der § 14 HWG keine näheren Ausführungen zum strafbaren Verhalten, allerdings verweist er auf die Regelung des § 3 HWG. Die Verwendung von Blanketten als Strafnormen ist zulässig, sofern die Ausfüllungsnorm und die Strafnorm in einer Gesamtschau dem Bestimmtheitsgrundsatz genügen.[850] § 3 HWG setzt sich zusammen aus der Generalklausel in § 3 S. 1 HWG und den Beispieltatbeständen des § 3 S. 2 HWG. Letztere dienen der Orientierung sowie der Konkretisierung und Ausfüllung der Generalklausel.[851] Sie geben die Zielrichtung der Generalklausel vor.[852] Darüber hinaus kann zur Auslegung des § 3 HWG auf gefestigte Rechtsprechung zurückgegriffen werden.[853]

Der Gesetzgeber hat folglich eine Regelung geschaffen, die die genannten Anforderungen an die Bestimmtheit erfüllt.[854] Im Ergebnis bestehen daher gegen § 14 HWG in dieser Hinsicht keine verfassungsrechtlichen Bedenken.

D. Versuch und Vollendung

Die irreführende Heilmittelwerbung gemäß § 14 HWG ist nach §§ 23 Abs. 2, 12 Abs. 2 StGB im Versuch nur strafbar, wenn dieser ausdrücklich geregelt ist. Mangels einer solchen ausdrücklichen Regelung ist der Versuch der irreführenden Heilmittelwerbung straflos.[855] Eine versuchte irreführende Werbung wird auch nicht als Ordnungswidrigkeit geahndet.[856]

Da die Strafbarkeit des § 14 HWG bereits zu einem frühen Zeitpunkt einsetzt und es zur Vollendung des Tatbestandes keines eingetretenen Irrtums bedarf,

---

849 BVerfGE 47, 109, 120; BVerfGE 75, 329, 341; *Doepner*, WRP 1979, 333, 335; *Doepner/Reese*, HWG, Vor §§ 14, 15 Rn. 49; *Frister*, Strafrecht AT, S. 48; *Jäger* in: Systematischer Kommentar StGB, Bd. 1, Vor § 1 Rn. 9.

850 *Doepner*, WRP 1979, 333, 335.

851 *Artz* in: Bülow/Ring/Arzt/Brixius, HWG, § 3 Rn. 2.

852 *Doepner/Reese*, HWG, Vor §§ 14, 15 Rn. 56.

853 *Doepner/Reese*, HWG, § 3 Rn. 13 f.; *Doepner*, WRP 1979, 333, 338; *Sosnitza* in: Zipfel/Rathke, Lebensmittelrecht, HWG, § 3 Rn. 10.

854 Siehe dazu: *Vergho*, Der Maßstab der Verbrauchererwartung im Verbraucherschutzstrafrecht, S. 135.

855 Siehe hierzu: *Doepner/Reese*, HWG, § 14 Rn. 5; *Fritschke* in: Spickhoff, Medizinrecht, HWG, § 14 Rn. 3; *Gröning* in: Gröning/Mand/Reinhart, Heilmittelwerberecht, Bd. 1, § 14 Rn. 6; *Kleist/Albrecht/Hoffmann*, HWG, § 14 Rn. 11.

856 *Riegger*, Heilmittelwerberecht, S. 239.

fällt die fehlende Versuchsstrafbarkeit nicht weiter ins Gewicht.[857] Schon durch die Irreführungseignung ist eine abstrakte Gefahr für das Schutzgut eingetreten. Bereits bei Zugänglichmachung der Werbung kann die Vollendung angenommen werden.[858] Ein Zugang der Werbung beim Adressaten ist für das Zugänglichmachen nicht erforderlich.

Handlungen, wie beispielsweise die Aufgabe eines Zeitungsinserats oder die Zurverfügungstellung von Informationsmaterial sind als straflose Vorbereitung zu qualifizieren.[859] Tritt die Werbung nach außen und kommt ihre Irreführungseignung zum Vorschein, ist bereits Vollendung eingetreten.[860]

E. Täterschaft und Teilnahme

Täterschaft und Teilnahme richten sich nach den allgemeinen Vorschriften des Strafgesetzbuchs (§§ 25–27 StGB).[861]

Bei § 14 HWG handelt es sich um ein Allgemeindelikt.[862] Täter kann jedermann sein, der für die Werbung verantwortlich ist, das heißt derjenige, der die Werbung betreibt, also die Tat selbst begeht und die Tatbestandsmerkmale erfüllt (§ 25 Abs. 1 Alt. 1 StGB), und derjenige, der die Tat durch einen anderen begeht (§ 25 Abs. 1 Alt. 2 StGB).[863] Eine Mittäterschaft gemäß § 25 Abs. 2 StGB ist ebenfalls möglich. Erforderlich dafür ist die funktionelle Tatherrschaft durch bewusstes und gewolltes Zusammenwirken.[864] Die Konsequenz ist wechselseitige Zurechnung der Tatbeiträge der Beteiligten.[865]

Innerhalb des werbenden Unternehmens sind Täter regelmäßig der Inhaber des Unternehmens, der Vertriebsleiter, der Informationsbeauftragte, Organe

---

857 *Doepner/Reese*, HWG, § 14 Rn. 5; *Pelchen/Anders* in: Erbs/Kohlhaas, Strafrechtliche Nebengesetze, HWG, § 14 Rn. 9.

858 *Pelchen/Anders* in: Erbs/Kohlhaas, Strafrechtliche Nebengesetze, HWG, § 14 Rn. 9.

859 *Doepner/Reese*, HWG, § 14 Rn. 5.

860 *Fritschke* in: Spickhoff, Medizinrecht, HWG, § 14 Rn. 3.

861 *Gröning* in: Gröning/Mand/Reinhart, Heilmittelwerberecht, Bd. 1, § 14 Rn. 12; *Pelchen/Anders* in: Erbs/Kohlhaas, Strafrechtliche Nebengesetze, HWG, § 14 Rn. 8.

862 Bei allgemeinen Delikten kann jedermann Täter sein. Im Unterschied dazu kommen bei Sonderdelikten nur bestimmte im Tatbestand bezeichnete Personen als Täter in Betracht. Siehe dazu: *Jescheck/Weigend*, Lehrbuch des Strafrechts, S. 266.

863 *Doepner/Reese*, HWG, Vor §§ 14, 15 Rn. 148; *Gröning* in: Gröning/Mand/Reinhart, Heilmittelwerberecht, Bd. 1, § 14 Rn. 12; *Kleist/Albrecht/Hoffmann*, HWG, § 14 Rn. 16; *Pelchen/Anders* in: Erbs/Kohlhaas, Strafrechtliche Nebengesetze, HWG, § 14 Rn. 8.

864 *Kudlich* in: Beck-OK StGB, § 25 Rn. 45.

865 *Kudlich* in: Beck-OK StGB, § 25 Rn. 52; *Lackner/Kühl*, StGB, § 25 Rn. 11.

und Gesellschafter sowie im Einzelfall auch leitende Angestellte wie beispielsweise Abteilungsleiter, Prokuristen und Außendienstmitarbeiter.[866]

Als möglicher Täter kommt ferner der Inhaber einer Werbeagentur in Frage, wenn er nicht Anstifter oder Gehilfe ist.[867] Die Abgrenzung zwischen Täterschaft und Teilnahme ist umstritten. Die in der Wissenschaft vorherrschende Theorie ist die sogenannte Tatherrschaftslehre.[868] Nach dieser ist derjenige Täter, der die objektive Tatherrschaft besitzt. Die Tatherrschaft ist das vom Vorsatz umfasste „In-den-Händen-Halten" des tatbestandsmäßigen Geschehensablaufs.[869] Liegt keine objektive Tatherrschaft vor, ist der Handelnde lediglich Teilnehmer der Tat. Der Bundesgerichtshof vertritt bei der Abgrenzung von Täterschaft und Teilnahme die subjektive Theorie. Die Abgrenzung erfolgt anhand des Kriteriums des Täterwillens (animus auctoris).[870] Je nachdem, ob der Handelnde Täterwillen (animus auctoris) oder Teilnehmerwillen (animus socii) hat, ist er als Täter oder als Teilnehmer zu qualifizieren. Die Bestimmung, ob Täterwille gegeben ist oder lediglich der Wille zur Teilnahme an der Tat vorliegt, wird durch objektive Kriterien bestimmt.[871]

Die Werbeagenturen haben in der Regel ein eigenes Interesse an dem Erfolg der mitgestalteten Werbung und an der Absatzförderung des beworbenen Produktes.[872] Eine erfolgreiche Werbung hat gleichzeitig positive Wirkung auf die Werbeagentur, da der Kunde die Agentur bei einem weiteren Produkt wieder beauftragt oder weil der Kunde die Werbeagentur weiterempfiehlt. Durch die beratende Funktion, die die Werbeagenturen einnehmen, haben die Werbeagenturen einen erheblichen Einfluss auf die Werbung und die werbenden Unternehmen, sodass in diesen Fällen eine Mittäterschaft gemäß § 25 Abs. 2 StGB angenommen werden kann.[873] Die Gegenauffassung lehnt die Täterschaft des mit

---

866 *Doepner/Reese*, HWG, Vor §§ 14, 15 Rn. 154.

867 *Gröning* in: Gröning/Mand/Reinhart, Heilmittelwerberecht, Bd. 1, § 14 Rn. 16.

868 *Joecks* in: Münchener Kommentar zum StGB, Bd. 1, § 25 Rn. 10 ff.; *Schild* in: Nomos Kommentar, StGB, § 25 Rn. 23.

869 *Schild* in: Nomos Kommentar, StGB, § 25 Rn. 23.

870 *Joecks* in: Münchener Kommentar zum StGB, Bd. 1, StGB, § 25 Rn. 6; *Kleist/Albrecht/Hoffmann*, HWG, § 14 Rn. 26; *Lackner/Kühl*, StGB, § 25 Rn. 5; *Doepner/Reese*, HWG, Vor §§ 14, 15 Rn. 152.

871 Siehe dazu z.B. BGHSt 8, 393, 396; BGHSt 35, 347, 353 f.; BGHSt 40, 218, 235 f.; BGH NStZ 1987, 224, 225; BGH NStZ 2006, 86, 87; BGH NStZ 2019, 341, 342.

872 *Graf Lambsdorff/Skora*, Handbuch des Werbeagenturrechts, S. 280 f.; *Doepner/Reese*, HWG, Vor §§ 14, 15 Rn. 155.

873 *Graf Lambsdorff/Skora*, Handbuch des Werbeagenturrechts, S. 280 f.; *Doepner/Reese*, HWG, Vor §§ 14, 15 Rn. 155.

der Werbung Beauftragten ab. Danach kann der Werbeagent immer nur Beihilfe zur Tat leisten, da die Werbung als Sprachrohr zwischen dem Auftraggeber der Werbung und dem Publikum, an das die Werbung adressiert ist, dient.[874] Anders ist die Situation zu beurteilen, wenn ein unselbständiger Grafiker an dem Design der Werbung mitwirkt.[875] Er ist nur als Gehilfe zu qualifizieren.[876]

Hinsichtlich der Personen, die für die Durchführung der Werbung verantwortlich sind, muss ebenfalls unterschieden werden, ob sie ein Interesse am Erfolg der Werbung haben und welchen Beitrag sie geleistet haben. Verleger und Anzeigenleiter haben ein eigenes Interesse an dem Erfolg der Werbung, da dieser positiv auf sie zurückfällt und der wirtschaftliche Wert des die Werbung durchführenden Unternehmens gesteigert wird.[877]

Wirbt ein Apotheker in seinem Laden für ein spezielles Produkt, um den Absatz dieses Produktes zu fördern, besitzt auch er ein eigenes Interesse am Erfolg der Werbung und handelt als Mittäter gemäß § 25 Abs. 2 StGB.[878]

Eine strafrechtliche Verantwortlichkeit von juristischen Personen, nicht rechtsfähigen Vereinen und Personengesellschaften ist im deutschen Recht nicht vorgesehen.[879] Das birgt die Gefahr, dass die verantwortlichen Personen nicht zur Rechenschaft gezogen werden, da diese in einem Unternehmen nur schwer zu ermitteln sind.[880] Den Nachweis zu führen wird den Staatsanwaltschaften oftmals nur schwer gelingen. Darüber hinaus bedeutet dies einen enormen organisatorischen Aufwand. Dieser steht in keinem Verhältnis zu der geringen Strafandrohung des § 14 HWG, sodass zu vermuten ist, dass nur ein geringes Verfolgungsinteresse von Seiten der Staatsanwaltschaft besteht.

Bei Verstoß gegen § 14 HWG ist jedoch unter den Voraussetzungen des § 30 OWiG die Verhängung einer Verbandsgeldbuße möglich.[881]

---

874 *Schneider*, Heilmittelwerbung, S. 94; ähnlich auch: *Pelchen/Anders* in: Erbs/Kohlhaas, Strafrechtliche Nebengesetze, HWG, § 14 Rn. 8 wonach nur dann eine Täterschaft angenommen wird, wenn erkannt wird, dass es sich um eine unzulässige Werbemaßnahme handelt.

875 *Doepner/Reese*, HWG, Vor §§ 14, 15 Rn. 155.

876 *Doepner/Reese*, HWG, Vor §§ 14, 15 Rn. 155.

877 BayObLGSt 62, 141; *Doepner/Reese*, HWG, Vor §§ 14, 15 Rn. 156; *Kernd'l/Marcetus*, HWG, S. 209; *Kleist/Albrecht/Hoffmann*, HWG, § 14 Rn. 24 ff.

878 *Pelchen/Anders* in: Erbs/Kohlhaas, Strafrechtliche Nebengesetze, HWG, § 14 Rn. 8.

879 *Meyberg* in: Beck-OK OWiG, § 30 Rn. 1.

880 *Hetzer*, wistra 1999, 361; *Meyberg* in: Beck-OK OWiG, § 30 Rn. 2; *Otto*, Jura 1998, 409; *Volk*, JZ 1993, 429, 433; *Weck*, wistra 2017, 169.

881 *Doepner/Reese*, HWG, Vor §§ 14, 15 Rn. 168; *Kleist/Albrecht/Hoffmann*, HWG, § 14 Rn. 22.

F. Rechtsfolgen

I. Strafmaß/Strafverfolgung

Gemäß § 14 HWG wird ein Verstoß gegen das Verbot der irreführenden Werbung (§ 3 HWG) mit Freiheitsstrafe von einem Monat bis zu einem Jahr oder mit Geldstrafe bestraft. Die Geldstrafe reicht gemäß § 40 Abs. 1 S. 2 StGB von fünf Tagessätzen bis zu dreihundertsechzig Tagessätzen zu je einem Euro bis hin zu fünftausend Euro, § 40 Abs. 2 S. 3 StGB. Unter den Voraussetzungen des § 41 StGB kann neben einer Freiheitsstrafe eine Geldstrafe verhängt werden.[882]

Die irreführende Heilmittelwerbung ist kein Antragsdelikt, sie wird von Amts wegen verfolgt.

II. Einziehung

Weiter ist eine Einziehung des Werbematerials und sonstiger Gegenstände nach § 16 HWG möglich.

Grundsätzlich ist die Einziehung für Straftaten in §§ 73 ff. StGB geregelt. Soweit sich aus dem Gesetz nichts Gegenteiliges ergibt, gelten diese Vorschriften. §§ 73 ff. StGB normieren die Einziehung von Taterträgen. Darüber hinaus können gemäß § 74 Abs. 1 StGB alle Gegenstände, die unmittelbar aus der Straftat – hier § 14 HWG – hervorgebracht werden (Tatprodukte) sowie alle Gegenstände, die zur Begehung oder Vorbereitung der Tat gebraucht wurden (Tatmittel), eingezogen werden. Die Einziehung der Gegenstände, auf die sich eine Straftat bezieht, können gemäß § 74 Abs. 2 StGB nur dann eingezogen werden, wenn dies besonders angeordnet ist (Beziehungsgegenstände).[883] Die Einziehung nach § 74 StGB setzt eine vorsätzliche Straftat voraus.

Gemäß § 16 HWG können über die Voraussetzungen des § 74 Abs. 1 StGB hinaus „*Werbematerial und sonstige Gegenstände*" eingezogen werden. Fraglich ist, ob diese ausdrückliche Nennung der Werbematerialien klarstellende Funktion besitzt, oder ob Werbematerialien Beziehungsgegenstände darstellen und ihre Einziehung durch die Regelung des § 16 HWG gesondert angeordnet wird. Eine Klarstellungsfunktion ist anzunehmen, wenn das Werbematerial ein Produkt der Tat ist oder das Tatmittel darstellt.

Unter den Begriff des Werbematerials fällt alles, was eine Werbebotschaft beinhaltet, wie zum Beispiel Werbebriefe, Prospekte, Plakate, Etiketten, Fotos,

---

882 *Pelchen/Anders* in: Erbs/Kohlhaas, Strafrechtliche Nebengesetze, HWG, § 14 Rn. 12.
883 BGH NJW 1957, 351; *Fritzsche* in: Spickhoff, Medizinrecht, HWG, § 16 Rn. 3.

Filme oder Tonbänder.[884] Unter Umständen können auch Geschäftsberichte eine Werbung darstellen.[885]

Tatprodukte im Sinne des § 74 Abs. 1 StGB sind Gegenstände, die aus der Tat hervorgebracht werden, wie beispielweise gefälschte Geldscheine oder Urkunden, die aus der Tat resultieren.[886] Kein Tatprodukt ist das durch die Tat Erworbene wie zum Beispiel das durch den Verkauf des Produkts eingenommene Geld. Dieses kann als Tatertrag über § 73 Abs. 1 StGB eingezogen werden.

Bülow ist der Ansicht, dass die Werbematerialien mit ihrem irreführenden Inhalt ebenfalls durch die Tat (§ 14 HWG) hervorgebracht werden und daher als Tatprodukte zu qualifizieren sind.[887] Da die Werbematerialien aber gleichzeitig zur Begehung einer irreführenden Werbung nach § 14 HWG erforderlich sind, könnte es sich bei den Werbematerialien auch um Mittel zur Tat oder Beziehungsgegenstände handeln.

Tatmittel sind Gegenstände, die zur Begehung der Tat oder der Tatvorbereitung gebraucht worden oder bestimmt gewesen sind.[888] Der Bundesgerichtshof fordert darüber hinaus, dass der Täter die Absicht besitzt *„durch das Mittel einen Tatbestand zu verwirklichen, der über den bloßen Gebrauch des Mittels hinausgeht“*[889]. Diese Absicht fehlt, wenn das Werbematerial lediglich einem potentiellen Abnehmer zugänglich gemacht wird.[890] Im Fall einer irreführenden Heilmittelwerbung werden die Werbematerialien veröffentlicht und dadurch den potentiellen Abnehmern zugänglich gemacht. Die vom Bundesgerichtshof geforderte Absicht liegt nicht vor. Folglich stellen Werbematerialien nicht das Tatmittel dar. Die ausdrückliche Nennung der Werbematerialien in § 16 HWG hat folglich nicht nur klarstellende Funktion, sondern ordnet die Einziehung von Werbematerial als Beziehungsgegenstände gesondert an.

---

884 *Fritzsche* in: Spickhoff, Medizinrecht, HWG, § 16 Rn. 2; *Pelchen/Anders* in: Erbs/Kohlhaas, Strafrechtliche Nebengesetze, HWG, § 16 Rn. 2; *Sosnitza* in: Zipfel/Rathke, Lebensmittelrecht, HWG, § 16 Rn. 3.

885 *Bromm/Sachs*, PharmR 2011, 408, 409; *Fritzsche* in: Spickhoff, Medizinrecht, HWG, § 16 Rn. 2.

886 *Fischer*, StGB, § 74 Rn. 9.

887 *Bülow* in: Bülow/Ring/Artz/Brixius, HWG, § 16 Rn. 4.

888 *Fischer*, StGB, § 74 Rn. 11; *Joecks* in: Münchener Kommentar zum StGB, Bd. 1, StGB, § 74 Rn. 13.

889 BGH NJW 1957, 351.

890 *Doepner/Reese*, HWG, § 16 Rn. 13; *Gröning* in: Gröning/Mand/Reinhart, Heilmittelwerberecht, Bd. 1, § 16 Rn. 8.

Weitergehend stellt sich die Frage, welche Gegenstände als Werbematerial der Einziehung unterliegen. § 16 HWG spricht explizit von Werbematerial, welches sich auf die Straftat nach § 14 HWG „bezieht". Demnach setzt der § 16 HWG eine vollendete Straftat voraus.[891] Daraus ist zu schlussfolgern, dass das Werbematerial bereits benutzt sein muss, damit es der Einziehung nach § 16 HWG unterliegt. Ein Benutzen ist dann zu bejahen, wenn die Werbung bereits veröffentlicht wurde beziehungsweise einem potentiellen Abnehmer zur Kenntnis gebracht wurde.[892] Wurde das Werbematerial nicht benutzt, kann dieses auch nicht nach § 16 HWG eingezogen werden.

Die Entscheidung über die Einziehung liegt im pflichtgemäßen Ermessen des Gerichts.[893]

III. Verjährung

Die Verjährung richtet sich nach § 78 Abs. 3 Nr. 5 StGB und beträgt drei Jahre ab Beendigung der Tat. Eine Tat ist beendet, wenn das gesamte tatbestandliche Unrecht seinen Abschluss gefunden hat.[894] Um den Beendigungszeitpunkt festzulegen, muss zunächst unterschieden werden, ob es sich bei der Werbehandlung um eine Presseinhaltshandlung oder eine sonstige Werbehandlung handelt.[895]

Ein Presseinhaltsdelikt liegt vor, wenn durch die Verbreitung eines Inhalts, der in einem Druckwerk verkörpert ist, eine Straftat begangen wird.[896] Als Druckwerk gelten nicht nur die klassischen Printmedien wie Bücher oder Zeitschriften, sondern sämtliche Formen der Vervielfältigung eines verkörperten Inhalts, d.h. auch Veröffentlichungen über das Internet.[897] Die Verjährungsfrist für die Strafverfolgung richtet sich bei Presseinhaltsdelikten nach den jeweiligen Landespressegesetzen.[898] Die Landespressegesetze setzen die Verjährungsfrist für Presseinhaltsdelikte, die ein Vergehen darstellen, grundsätzlich auf sechs Monate fest.[899] Die Frist beginnt mit Erscheinen des Druckwerks.[900] Handelt es sich um eine fortgesetzte Handlung, beginnt die Frist, anders als üblich, mit Verbreitung

891 So auch: *Gröning* in: Gröning/Mand/Reinhart, Heilmittelwerberecht, Bd. 1, § 16 Rn. 9.
892 *Gröning* in: Gröning/Mand/Reinhart, Heilmittelwerberecht, Bd. 1, § 16 Rn. 5.
893 *Bülow* in: Bülow/Ring/Artz/Brixius, HWG, § 16 Rn. 12.
894 *Fischer*, StGB, § 22 Rn. 6.
895 *Doepner/Reese*, HWG, Vor §§ 14, 15 Rn. 173.
896 BGHSt 26, 40, 43 f.; ähnlich auch *Edlinger*, Die Strafbarkeit von Werbung, S. 135.
897 *Gröning* in: Gröning/Mand/Reinhart, Heilmittelwerberecht, Bd. 1, § 14 Rn. 21.
898 Vgl. z.B. § 25 Abs. 1 S. 1 LPresseG NRW, § 24 Abs. 1 NPresseG und Art. 15 Abs. 1 BayPrG.
899 *Doepner/Reese*, HWG, Vor §§ 14, 15 Rn. 173; *Solf* in: Wabnitz/Janovsky, Kap. 17 Rn. 68.
900 *Bülow* in: Bülow/Ring/Artz/Brixius, HWG, § 14 Rn. 12.

jedes Druckwerks für sich.[901] Begründet wird diese Abweichung zum einen damit, dass sich mit Veröffentlichung des Druckwerkes auch der strafwürdige Inhalt offenbart und die Strafverfolgungsbehörden umgehend darauf reagieren können.[902] Zum anderen ist aufgrund des hohen Stellenwertes der Pressefreiheit eine zügige Klärung geboten, ob ein strafwürdiger Inhalt vorliegt.[903] Folglich lässt sich die kurze Verjährungsfrist bei Presseinhaltsdelikten auf die Besonderheiten des Pressewesens und die Natur der Pressedelikte zurückführen.[904]

Aufgrund des weiten Anwendungsbereichs der presserechtlichen Verjährungsregelungen wird ein Großteil der Heilmittelwerbung von diesen erfasst werden. Gerade im Bereich der Heilmittelwerbung ist ein Verstoß gegen das Irreführungsverbot des § 3 HWG regelmäßig nicht offensichtlich.[905] Andernfalls würde sich wohl kaum jemand irreführen lassen. Wird einem Mittel eine Wirkung beigemessen, die es nicht besitzt, ist dies häufig nicht sofort zu erkennen. Gleiches gilt für schädliche Neben- oder Wechselwirkungen. Sie können gegebenenfalls erst nach längerer Einnahme auftreten. Dazu kommt, dass Heilmittel nicht bei allen Verwendern dieselbe Wirkung erzielen. Es wird daher vermehrt vorkommen, dass die sechsmonatige Verjährungsfrist bereits überschritten ist, bevor die Verbraucher sich der Irreführung bewusst werden.[906]

Haben die Verbraucher schon frühzeitig Zweifel an der Existenz der umworbenen Wirkung des Mittels, muss für die Begründung eines Anfangsverdachts und zur Einleitung der strafrechtlichen Verfolgung regelmäßig auf ein Sachverständigengutachten zurückgegriffen werden.[907] Die Einholung solcher Gutachten wird in der Regel die Frist von sechs Monaten überschreiten.[908] Ohne ein entsprechendes Gutachten wird es häufig nicht gelingen, den erforderlichen Anfangsverdacht ausreichend zu begründen.[909] Eine Unterbrechung der Verjährung nach § 78c StGB kommt in den Fällen, in denen noch kein Anfangsverdacht begründet werden konnte, nicht in Betracht.[910] Dies führt zu dem wenig

901 BGHSt 27, 18, 20 ff.

902 *Schröder* in: FS-Gallas, S. 334.

903 BGHSt 26, 40, 43.

904 *Doepner/Reese*, HWG, Vor §§ 14, 15 Rn. 173.

905 *Doepner/Reese*, HWG, Vor §§ 14, 15 Rn. 179.

906 *Solf* in: Wabnitz/Janovsky, Kap. 17 Rn. 68.

907 *Bülow* in: Bülow/Ring/Artz/Brixius, HWG, § 14 Rn. 12.

908 *Bülow* in: Bülow/Ring/Artz/Brixius, HWG, § 14 Rn. 12; *Doepner/Reese*, HWG, Vor §§ 14, 15 Rn. 179.

909 *Bülow* in: Bülow/Ring/Artz/Brixius, HWG, § 14 Rn. 12; *Doepner/Reese*, HWG, Vor §§ 14, 15 Rn. 179.

910 *Doepner/Reese*, HWG, Vor §§ 14, 15 Rn. 179.

zufriedenstellenden Ergebnis, dass eine Vielzahl der Fälle der irreführenden Werbung nicht gemäß § 14 HWG i.V.m. § 3 HWG strafrechtlich verfolgt werden kann.

Fraglich ist, ob diese kurze Verjährungsfrist im Heilmittelwerberecht angemessen ist. Begründet wird die kurze Verjährungsfrist bei Presseinhaltsdelikten mit dem offenen Verstoß ab dem Veröffentlichungszeitpunkt. Wie dargelegt, trifft das im Bereich der Heilmittelwerbung gerade nicht zu.[911] Ebenfalls nicht in gleichem Maße übertragbar ist das Argument des Schutzes der ungestörten Ausübung der Pressefreiheit.[912] In erster Linie trägt derjenige, der die Werbung inseriert, die Verantwortung für dessen Inhalt und erst in zweiter Linie der Anzeigenleiter.[913] Die Prüfungspflicht des die Werbung Aufgebenden beschränkt sich außerdem auf grobe und eindeutige Verstöße gegen § 3 HWG, wodurch der Werbende entlastet werden soll.[914]

Je nachdem, ob es sich bei der Werbemaßnahme um ein Presseinhaltsdelikt handelt oder nicht, gelten unterschiedliche Verjährungsfristen. Diese Ungleichbehandlung bei ein und demselben Verstoß gegen § 3 HWG in Abhängigkeit vom Vorliegen eines Presseinhaltsdeliktes ist nicht nachvollziehbar. Ein Werbender, der sich zum Beispiel des Fernsehens als Medium bedient, würde gegenüber einem Werbenden, der das Internet nutzt, bevorteilt. Auch wenn dies möglicherweise kaum praktische Auswirkungen hat, da der überwiegende Teil der Werbung heutzutage zumindest auch durch das Internet verbreitet wird, ist eine klare und einheitliche Regelung wünschenswert. Es liegt daher am Gesetzgeber, diesen unbefriedigenden Zustand aufzulösen und eine Regelung für Presseinhaltsdelikte zu schaffen, bei welcher die Besonderheiten der Heilmittelwerbung Berücksichtigung finden. Denkbar wäre eine Geltung der allgemeinen strafrechtlichen Verjährungsfristen für Heilmittelwerbung gemäß § 78 StGB, das hieße, dass irreführende Heilmittelwerbung gemäß § 78 Abs. 3 Nr. 5 StGB erst in drei Jahren verjähren würde, oder eine spezielle Verjährungsregelung im Heilmittelwerbegesetz.[915]

---

911 *Doepner/Reese*, HWG, Vor §§ 14, 15 Rn. 180.

912 *Doepner/Reese*, HWG, Vor §§ 14, 15 Rn. 180.

913 *Doepner/Reese*, HWG, Vor §§ 14, 15 Rn. 180.

914 BGH GRUR 2006, 429, 430 f.; *Gröning in:* Gröning/Mand/Reinhart, Heilmittelwerberecht, Bd. 1, § 14 Rn. 16.

915 Siehe dazu: Kapitel 6. A. I. 2.

G. Strafanwendungsrecht

Nachdem zuvor auf die Strafbarkeitsvoraussetzungen der irreführenden Heilmittelwerbung eingegangen wurde, soll nun die Anwendbarkeit des deutschen Strafrechts auf Sachverhalte des § 14 HWG mit Auslandsbezug erörtert werden. Behandelt werden ausschließlich solche Fälle, in denen kein Körperverletzungserfolg nach § 223 StGB und auch kein Vermögensschaden gemäß § 263 StGB eingetreten ist.

Dabei wird insbesondere auf Werbung, die im Internet veröffentlicht wird, eingegangen werden, da im Internet regelmäßig die nationalen Grenzen überschritten werden. Besonderes berücksichtigt werden die Fälle, bei denen sich der Täter nicht in Deutschland aufhält, die Websites mit der entsprechenden Werbung jedoch in Deutschland abrufbar sind.

I. Anknüpfungspunkte nach deutschem Strafanwendungsrecht

Die Anwendbarkeit des deutschen Strafrechts richtet sich nach den §§ 3 ff. StGB. Bei den §§ 3 ff. StGB handelt es sich um einseitige Kollisionsnormen, da sie lediglich die Geltung des deutschen Strafrechts regeln.[916] Gelangt das deutsche Strafrecht nicht zur Anwendung, liegt ein Prozesshindernis vor, welches zur Einstellung des Verfahrens führt.[917]

Grundsätzlich gilt das Territorialprinzip (Gebietsgrundsatz) gemäß § 3 StGB.[918] Der Gebietsgrundsatz ist fundamentaler Anknüpfungspunkt des internationalen Strafrechts.[919] Durch ihn wird den Grundsätzen der Gebietshoheit, Unabhängigkeit und Gleichheit der souveränen Staaten entsprochen.[920] Nach diesem ist die Geltung des deutschen Strafrechts auf Taten begrenzt, die im Inland begangen wurden.[921] Anknüpfungspunkt ist der Ort, an dem die Tat

916 *Lackner/Kühl*, StGB, Vorbemerkung zu den §§ 3 bis 7 Rn. 1.

917 BGHSt 34, 1, 3; *Miebach*, NStZ 1997, 119; *Volk*, Glücksspiel im Internet, S. 136.

918 *Klengel/Heckler*, CR 2001, 243; *Poenig*, Die strafrechtliche Haftung des Linkanbieters, S. 117; *Satzger*, Internationales und europäisches Strafrecht, § 4 Rn. 11.

919 *Jescheck/Weigend*, Lehrbuch des Strafrechts, S. 167; *Kienle*, Internationales Strafrecht und Straftaten im Internet, S. 29; *Poenig*, Die strafrechtliche Haftung des Linkanbieters, S. 118.

920 *Jescheck/Weigend*, Lehrbuch des Strafrechts, S. 167; *Kienle*, Internationales Strafrecht und Straftaten im Internet, S. 29; *Poenig*, Die strafrechtliche Haftung des Linkanbieters, S. 118 f.

921 *Edlinger*, Die Strafbarkeit von Werbung, S. 141; *Eser/Weißer* in: Schönke/Schröder, StGB, § 3 Rn. 3; *Fischer*, StGB, Vor §§ 3–7 Rn. 3; *Sieber*, NJW 1999, 2065, 2066; *Volk*,

begangen wurde. Die Nationalität des Täters oder des Opfers und das verletzte Rechtsgut sind irrelevant.[922] Wird durch das Territorialprinzip die Anwendung deutschen Strafrechts begründet, kommt eine Berücksichtigung der anderen internationalen Strafrechtsprinzipien nicht mehr in Betracht.[923] Die §§ 4–7 StGB regeln daneben Durchbrechungen des Territorialprinzips. Sie enthalten spezielle Regelungen zur Anwendbarkeit des deutschen Strafrechts.

Maßgeblich für die Begründung des Territorialprinzips ist der Begehungsort der Tat.[924] Die Bestimmung des Tatorts richtet sich nach der in § 9 StGB niedergelegten Ubiquitätstheorie.[925] Gemäß § 9 Abs. 1 StGB ist eine Tat an jedem Ort begangen, an dem der Täter gehandelt hat, im Falle des Unterlassens hätte handeln müssen, an welchem der zum Tatbestand gehörende Erfolg eingetreten ist oder nach der Vorstellung des Täters eintreten sollte. Angeknüpft wird folglich entweder an den Ort der Handlung (Var. 1 und 2) oder an den Ort des Erfolgseintritts (Var. 3 und 4). Diese Grundsätze gelten auch bei der Mittäterschaft und der mittelbaren Täterschaft. Für die Strafbarkeit des Teilnehmers wird gemäß § 9 Abs. 2 S. 1 StGB ebenfalls an den Ort der Handlung beziehungsweise den Erfolgsort angeknüpft.

1. Anknüpfen an den Ort der Tathandlung

Als Anknüpfungspunkt kann gemäß § 9 Abs. 1 Alt. 1 und 2 StGB der Ort der Tathandlung herangezogen werden. Unter einer Handlung wird jedes menschliche Verhalten (aktiv oder passiv) verstanden, welches eine auf die Tatbestandsverwirklichung gerichtete Tätigkeit darstellt.[926] Die tatbestandliche Handlung des § 14 HWG ist die Zuwiderhandlung gegen das Verbot der irreführenden Werbung nach § 3 HWG, also die Veröffentlichung einer Werbung, die geeignet

---

Glückspiel im Internet, S. 144; *Werle/Jeßberger* in: Leipziger Kommentar, StGB, Bd. 1, Vor § 3 Rn. 222.

922 *Doepner/Reese*, HWG, Einleitung, Rn. 245; *Eser/Weißer* in: Schönke/Schröder, StGB, § 3 Rn. 3; *Ipsen*, Völkerrecht, § 37 Rn. 3; *Jescheck/Weigend*, Lehrbuch des Strafrechts, S. 167; *Satzger*, Internationales und europäisches Strafrecht, § 4 Rn. 5.

923 *Poenig*, Die strafrechtliche Haftung des Linkanbieters, S. 118.

924 *Jescheck/Weigend*, Lehrbuch des Strafrechts, S. 177.

925 BGHSt 44, 52, 55; *Ambos* in: Münchener Kommentar zum StGB, Bd. 1, StGB, § 9 Rn. 4 m.w.N.; *Hilgendorf*, ZStW 2001, 650, 660; *Jescheck/Weigend*, Lehrbuch des Strafrechts, S. 178; *Rotsch*, ZIS 2010, 160, 170 f.; *von Heintschel-Heinegg* in: Beck-OK StGB, § 9 Rn. 1.

926 BGHSt 34, 101, 106; *Poenig*, Die strafrechtliche Haftung des Linkanbieters, S. 132; *Volk*, Glücksspiel im Internet, S. 146.

ist, den Adressaten der Werbung zu täuschen. Eine Strafbarkeit nach deutschem Recht ist zu bejahen, wenn der Täter im Inland gehandelt hat. Daher ist zu erörtern, ob die Tathandlung im Inland erfolgt ist.

Unproblematisch ist der Fall, wenn die irreführende Werbung von Deutschland aus veröffentlicht wird. Dann wird die Tathandlung – das Veröffentlichen einer irreführenden Werbung – auf deutschem Boden getätigt, d.h. der Handlungsort liegt im Inland. Der Handlungsort ist der Ort, an dem der Täter körperlich[927] anwesend ist und die auf die Verwirklichung des Tatbestands gerichtete Handlung vornimmt. Wird die Werbung im Inland veröffentlicht, ist es für die Anwendbarkeit des deutschen Strafrechts irrelevant, um welche Art der Werbung, Printwerbung, TV-Werbung oder auch Online-Werbung es sich handelt. Für den Fall der Online-Werbung gilt dies auch, wenn sich die Server im Ausland befinden (www.bayer.it oder www.bayer.fr).[928] Entscheidend ist hier nicht der Ort, an dem die Daten gespeichert werden, sondern die Veröffentlichungshandlung, also das Hochladen der Daten ins Internet. Wird diese in der Bundesrepublik Deutschland getätigt, liegt der Handlungsort eindeutig in der Bundesrepublik, sodass der Tatort ebenfalls im Inland zu lokalisieren ist und die Anwendbarkeit des deutschen Strafrechts nach dem Territorialprinzip gemäß §§ 3 ff. StGB gegeben ist.[929]

Anders liegt der Fall, wenn die Werbung im Ausland veröffentlicht wird und die strafbaren Informationen im Inland abgerufen werden können. Stellt man ausschließlich auf die körperliche Anwesenheit des Täters ab, kann der Handlungsort nicht in Deutschland verortet werden.[930] Wird eine Werbung online veröffentlicht, könnte man darüber nachdenken, ob die Besonderheiten des Internets, insbesondere die Tatsache, dass die Daten von überall auf der Welt ins Netz eingestellt und verbreitet werden können, Berücksichtigung finden sollten. Erwogen wird eine Modifikation des Handlungsbegriffs, sodass nicht mehr nur eine rein körperliche, sondern auch eine virtuelle Anwesenheit ausreichend

927 *Ambos/Ruegenberg* in: Münchener Kommentar zum StGB, Bd. 1, StGB, § 9 Rn. 8; *Böse* in: Nomos Kommentar, StGB, § 9 Rn. 4; *Hecker*, Europäisches Strafrecht, § 2 Rn. 32; *Heinrich* in: FS-Weber, S. 108; *Karaaslan*, Strafbare Werbung bei Online-Auktionen, S. 445; *Klengel/Heckler*, CR 2001, 243, 244; *Leupold/Bachmann/Pelz*, MMR 2000, 648, 652; *Satzger*, NStZ 1998, 112, 113; *Sieber*, NJW 1999, 2065, 2067, 2070.

928 *Karaaslan*, Strafbare Werbung bei Online-Auktionen, S. 445.

929 *Derksen*, NJW 1997, 1880; *Fischer*, StGB, § 9 Rn. 5b; *Karaaslan*, Strafbare Werbung bei Online-Auktionen, S. 445; *Werle/Jeßberger* in: Leipziger Kommentar StGB, Bd. 1, § 9 Rn. 78.

930 *Karaaslan*, Strafbare Werbung bei Online-Auktionen, S. 445.

ist.[931] Der Handlungsort würde sich in diesem Fall auch nach dem Standort des Servers, auf welchem die Inhalte gespeichert werden, richten.[932] Folgt man dieser Auffassung, würde der Handlungsort sowohl durch die körperliche Anwesenheit als auch durch die virtuelle Anwesenheit des Täters bestimmt.[933] Die Ausweitung des Handlungsbegriffs auf die virtuelle Anwesenheit des Täters ist der Sache nach eine Wiederbelebung der „Theorie der langen Hand“[934]. Diese Lösung findet allerdings in der Literatur zu Recht keine Zustimmung, da der Radius einer Handlung beziehungsweise die Wirkung einer Handlung nicht die Handlung selbst sei und daher eine Unterscheidung zwischen der eigentlichen Handlung und ihrer Wahrnehmbarkeit zu erfolgen habe.[935] Das Abstellen auf eine virtuelle Anwesenheit des Täters würde zu einer enormen Ausweitung des Handlungsbegriffs und letztlich zu einer unüberschaubaren Inflation von Handlungsorten führen.[936] Darüber hinaus wäre es dogmatisch nicht korrekt, den Handlungsbegriff allein für den Bereich des Internets auszuweiten.[937]

2. *Anknüpfen an den Ort des Taterfolgs*

Kann durch die Handlung des Täters keine Inlandstat begründet werden, besteht die Möglichkeit, an den Ort des Taterfolgs gemäß § 9 Abs. 1 Var. 3 StGB

---

931 *Hilgendorf*, ZStW 2001, 650, 665; *Karaaslan*, Strafbare Werbung bei Online-Auktionen, S. 445; *Körber*, Rechtsradikale Propaganda im Internet, S. 141; a.A. *Jeßberger*, JR 2001, 432, 433.

932 *Karaaslan*, Strafbare Werbung bei Online-Auktionen, S. 445; *Körber*, Rechtsradikale Propaganda im Internet, S. 141.

933 *Karaaslan*, Strafbare Werbung bei Online-Auktionen, S. 445 f.

934 *Hilgendorf*, ZStW 2001, 650, 665. Die „Theorie der langen Hand“ wurde im 19. Jahrhundert vertreten. Siehe dazu näher: *Häberlein*, GA 1877, 432; zusammenfassend: *Lehle*, Der Erfolgsbegriff und die deutsche Strafrechtzuständigkeit im Internet, S. 50 f. m.w.N.

935 BGH NStZ 2015, 81 ff.; *Collardin*, CR 1995, 618, 620 f.; *Germann*, Gefahrenabwehr und Strafverfolgung im Internet, S. 230; *Hilgendorf*, ZStW 2001, 650, 665; *Jeßberger*, JR 2001, 432, 433; *Kappel*, Das Ubiquitätsprinzip im Internet, S. 113; *Körber*, Rechtsradikale Propaganda im Internet, S. 141 f.; *Kudlich*, StV 2001, 397, 398; *Leupold/Bachmann/Pelz*, MMR 2000, 648, 652; *Poenig*, Die strafrechtliche Haftung des Linkanbieters, S. 174; *Werle/Jeßberger* in: Leipziger Kommentar StGB, Bd. 1, § 9 Rn. 80; *Zöller* in: AnwaltK-StGB, § 9 Rn. 18; a.A. *Karaaslan*, Strafbare Werbung bei Online-Auktionen, S. 446.

936 *Cornils*, JZ 1999, 394, 396; *Hilgendorf*, ZStW 2001, 650, 665; *Körber*, Rechtsradikale Propaganda im Internet, S. 141.

937 *Hilgendorf*, ZStW 2001, 650, 665.

anzuknüpfen. Die Anknüpfung an den Taterfolg bietet sich für Fallkonstellationen an, bei denen die Tathandlung im Ausland ausgeübt wird. In solchen Fällen treten ungeachtet des Handlungsortes die Gefahren für Rechtsgüter der Verbraucher oftmals im Inland ein. Daher könnte ein im Inland eintretender Taterfolg ein hinreichender Bezugspunkt sein, um das deutsche Strafrecht zur Anwendung zu bringen. Im Folgenden wird der Frage nachgegangen, ob es bei im Ausland begangenen Verstößen gegen § 14 HWG einen Inlandserfolg gibt. Gemäß § 9 Abs. 1 Var. 3 StGB bedarf es zur Anwendung deutschen Strafrechts einen „zum Tatbestand gehörenden Erfolg". Der Wortlaut schränkt den Erfolgsbegriff dahingehend ein, dass nicht solche Wirkungen der Tat erfasst sind, die zur Tatbestandsverwirklichung nicht oder nicht mehr erheblich sind.[938]

Problematisch bei § 14 HWG ist allerdings die Tatsache, dass es sich bei der Norm um ein abstrakt-konkretes Gefährdungsdelikt[939] handelt. Abstrakt-konkrete Gefährdungsdelikte stellen eine Untergruppe der abstrakten Gefährdungsdelikte dar.[940] Sie bestrafen eine generell gefährliche Verhaltensweise.[941] Anders als bei konkreten Gefährdungsdelikten hat der Gesetzgeber die Indizien der Gefährlichkeit des Verhaltens bei abstrakten Gefährdungsdelikten bereits selbst festgelegt.[942] Es bedarf also, wie der Name schon nahelegt, keiner konkreten Gefährdung.[943]

Zur Verwirklichung des § 14 HWG ist es ausreichend, dass die veröffentlichte Werbung zur Irreführung geeignet ist. Das heißt, dass die Werbung möglicherweise beim Verbraucher eine falsche Vorstellung hervorruft. Ein Erfolg im Sinne der positiven Feststellung der Täuschung der Adressaten ist nicht erforderlich. Es ist zu untersuchen, ob § 14 HWG als potentielles Gefährdungsdelikt einen Erfolgsort im Sinne des § 9 Abs. 1 Alt. 3 StGB haben kann. Diese Frage stellt sich

938 OLG München StV 1991, 504; OLG Frankfurt NJW 1989, 675, 676; *Heinrich*, GA 1999, 72; *Kunig*, JuS 1978, 594; *Volk*, Glückspiel im Internet, S. 147 m.w.N.

939 Siehe ausführlich zur Deliktsnatur des § 14 HWG: *Buß*, Irreführende Heilmittelwerbung, S. 137 ff.

940 BGHSt 46, 212, 221; *Cramer* in: Schönke/Schröder, StGB, Vor §§ 306 ff. Rn. 4; *Gallas* in: FS-Heinitz, S. 174; *Jeßberger*, JR 2001, 432, 433; *Roxin*, Strafrecht Allgemeiner Teil, Bd. 1, § 10 Rn. 124, § 11 Rn. 127; a.A. *Hoyer*, Die Eignungsdelikte, S. 181 ff.; *Schröder*, JZ 1967, 522, 523 ff.; *Schröder*, ZStW 1981, 7, 18 f.

941 *Fischer*, StGB, Vor § 13 Rn. 19; *Lackner/Kühl*, StGB, Vor § 13 Rn. 32.

942 *Jescheck/Weigend*, Lehrbuch des Strafrechts, S. 264; *Kratz*, Die Strafbarkeit nicht-konsentierter genetischer Untersuchungen, S. 104.

943 *Wolter* in: Systematischer Kommentar, StGB, Bd. 6, Vor § 306 Rn. 3; *Klengel/Heckler*, CR 2001, 243, 244; *Roxin*, Strafrecht Allgemeiner Teil, Bd. 1, § 11 Rn. 119; *Zieschang* in: FS-Wolter, S. 559.

typischerweise bei Straftaten, die im Internet begangen werden, und wird intensiv diskutiert.[944] Beispiele dafür sind die Verbreitung kinderpornographischer Inhalte gemäß § 184b StGB oder die „Unerlaubte Veranstaltung eines Glücksspiels“[945] gemäß § 284 StGB.

Aber auch bei der irreführenden Heilmittelwerbung gemäß § 14 HWG gilt es diese Frage zu erörtern. Ein wesentlicher Unterschied zwischen den oben aufgeführten Straftaten und § 14 HWG ist jedoch, dass man zur Verwirklichung des § 14 HWG nicht auf die neuen Medien wie das Internet angewiesen ist. Dennoch muss der Frage, ob ein Inlandserfolg bei abstrakten Gefährdungsdelikten eintreten kann, eine grundsätzliche Bedeutung beigemessen werden. Zu dieser Thematik werden unterschiedliche Ansichten vertreten.

a. *Auffassungen in der Literatur*

In den ersten Beiträgen, welche die aus der Nutzung des Internets resultierenden Probleme behandelten, wurde die Auffassung vertreten, dass das deutsche Strafrecht wegen des Ubiquitätsgrundsatzes anwendbar sei.[946] Nach der heute herrschenden Meinung in der Literatur ist das Ubiquitätsprinzip jedoch nicht auf abstrakte Gefährdungsdelikte anzuwenden.[947] Bei abstrakten Gefährdungsdelikten könne nicht auf die Gefahrverursachung abgestellt werden, um den Tatort zu begründen.[948] Zur Untermauerung dieser Ansicht verweist *Hilgendorf* auf den Wortlaut des § 9 Abs. 1 Alt. 3 StGB. Dieser fordere einen „zum Tatbestand gehörenden Erfolg“, weshalb nur die rein tatsächlich feststellbaren Veränderungen der Außenwelt maßgeblich seien und unter den Tatbestand der Strafnorm subsumiert werden könnten.[949] Ein inländischer Tatort könne nicht begründet werden, wenn die Tathandlung ausschließlich im Ausland erfolge.[950]

944 *Kappel*, Das Ubiquitätsprinzip im Internet, S. 118.

945 Dazu ausführlich: *Mintas*, Glücksspiele im Internet, S. 137.

946 *Beisel/Heinrich*, CR 1997, 360, 363; *Conradi/Schlömer*, NStZ 1996, 366, 368 f.; *Cornils*, JZ 1999, 394, 395; *Koch*, GA 2002, 703, 704; *Löhnig*, JR 1997, 496; *Sieber*, JZ 1996, 429, 430 (Fn. 10); *Pelz*, ZUM 1998, 530, 531 m.w.N.

947 *Hilgendorf*, NJW 1997, 1873, 1875; *Kappel*, Das Ubiquitätsprinzip im Internet, S. 118; *Poenig*, Die strafrechtliche Haftung des Linkanbieters, S. 152; darstellend dazu siehe: *Schreibauer* in: Kröger/Gimmy, Handbuch zum Internet-Recht, S. 596.

948 *Hilgendorf*, NJW 1997, 1873, 1875; *Karaaslan*, Strafbare Werbung bei Online-Auktionen, S. 448.

949 *Hilgendorf*, NJW 1997, 1873, 1876; *Karaaslan*, Strafbare Werbung bei Online-Auktionen, S. 448; *Zöller* in: AnwaltK-StGB, § 9 Rn. 17.

950 *Jofer*, Strafverfolgung im Internet, S. 104; *Karaaslan*, Strafbare Werbung bei Online-Auktionen, S. 448; *Zöller* in: AnwaltK-StGB, § 9 Rn. 17.

Die Tatsache, dass die Internetseite, auf welcher die Werbung veröffentlicht ist, auch in der Bundesrepublik abrufbar ist, ändere an dieser Tatsache nichts, da der durch den Wortlaut der Vorschrift geforderte Erfolg nicht eingetreten sei.[951] Dieser Auffassung schlossen sich zahlreiche Autoren an.[952]

Die Gegenansicht bejaht auch bei abstrakten Gefährdungsdelikten einen Erfolgsort im Sinne des § 9 Abs. 1 Alt. 3 StGB. Ein Erfolgsort könne immer dann angenommen werden, wenn die Möglichkeit bestehe, dass eine abstrakte Gefahr in eine konkrete Gefahr umschlage.[953] *Martin*[954] ist der Auffassung, allein die abstrakte Gefahr sei der Erfolg eines abstrakten Gefährdungsdeliktes.

Germann zieht eine Parallele zum Produkthaftungsrecht.[955] Die Tatbestände aus dem Bereich der Produkthaftung seien gleichfalls als abstrakte Gefährdungsdelikte ausgestaltet.[956] In diesen Konstellationen knüpfe man regelmäßig an den Ort an, an welchem sich das Produktrisiko verwirkliche.[957] Nach seiner Auffassung sei demnach jede im Inland eintretende Wirkung, die durch eine als abstraktes Gefährdungsdelikt ausgestaltete Strafnorm verhindert werden soll, ein „zum Tatbestand gehörender Erfolg“[958].

Barton zieht als Vergleich die Umweltdelikte heran. Seiner Meinung nach können Umweltstraftaten, die zwar physisch nicht erfahrbar seien, trotzdem

---

951 *Hilgendorf*, NJW 1997, 1873, 1876; *Hilgendorf*, ZStW 2001, 650, 662 f.; *Karaaslan*, Strafbare Werbung bei Online-Auktionen, S. 448.

952 *Ambos/Ruegenberg* in: Münchener Kommentar zum StGB, Bd. 1, StGB, § 9 Rn. 31; *Barton/Gercke/Janssen*, wistra 2004, 321, 322 f.; *Basak* in: Matt/Renzikowski, StGB, § 9 Rn. 9; *Klengel/Heckler*, CR 2001, 243, 248.

953 *Hecker*, ZStW 2003, 880, 886; *Heinrich*, GA 1999, 72, 75 ff.; *Hoyer* in: Systematischer Kommentar StGB, Bd. 1, § 9 Rn. 7; *Karaaslan*, Strafbare Werbung bei Online-Auktionen, S. 449; *Kindhäuser/Hilgendorf*, Lehr- und Praxiskommentar StGB, § 9 Rn. 24; *Lehle*, Der Erfolgsbegriff und die deutsche Strafrechtszuständigkeit im Internet, S. 102 ff.; *Rath*, JA 2006, 435, 438; *Werle/Jeßberger* in: Leipziger Kommentar StGB, Bd. 1, § 9 Rn. 33 f.; *Zöller* in: AnwaltK-StGB, § 9 Rn. 22.

954 *Martin*, ZRP 1992, 19, 20 f.; siehe auch: *Karaaslan*, Strafbare Werbung bei Online-Auktionen, S. 449; *Kappel*, Das Ubiquitätsprinzip im Internet, S. 121; *Lehle*, Der Erfolgsbegriff und die deutsche Strafrechtszuständigkeit im Internet, S. 102 ff.

955 *Germann*, Gefahrenabwehr und Strafverfolgung im Internet, S. 234; siehe auch: *Karaaslan*, Strafbare Werbung bei Online-Auktionen, S. 449.

956 *Germann*, Gefahrenabwehr und Strafverfolgung im Internet, S. 234; siehe auch: *Karaaslan*, Strafbare Werbung bei Online-Auktionen, S. 449.

957 *Germann*, Gefahrenabwehr und Strafverfolgung im Internet, S. 234; siehe auch: *Karaaslan*, Strafbare Werbung bei Online-Auktionen, S. 449.

958 *Germann*, Gefahrenabwehr und Strafverfolgung im Internet, S. 233.

gesundheitsbedrohend sein.[959] Dies sei ebenso auf die Internetdelinquenz übertragbar.[960] Rechtsmissbräuche im internationalen Datenverkehr seien nicht weniger gefährlich.[961] Die Anonymität im Internet, die einfache Handhabung der Datennetze sowie die zum Teil relativ geringe Wahrscheinlichkeit entdeckt zu werden, trügen wesentlich zur Schaffung eines relativ hohen Gefährdungspotentials für Rechtsgüter bei.[962] Daher würden nach der Auffassung von Barton bestimmte Taten ins Ausland verlagert, um der Geltung des deutschen Strafrechts zu entgehen.[963]

b. *Auffassung des Bundesgerichtshofs*

In der Entscheidung „Ausschwitzlüge im Internet“ (BGHSt 46, 212 ff.) aus dem Jahr 2000 behandelte der Bundesgerichtshof die Problematik, ob bei einem abstrakt-konkreten (potentiellen) Gefährdungsdelikt ein Erfolgsort angenommen werden kann.[964] Der Bundesgerichtshof bejahte in dieser Entscheidung einen Erfolgsort bei abstrakt-konkreten Gefährdungsdelikten.[965] Ein solches abstrakt-konkretes Gefährdungsdelikt ist auch § 14 HWG.

In dem Fall „Auschwitzlüge im Internet“ hatte ein in Deutschland geborener, australischer Staatsbürger in den Jahren 1997 bis 1999 mehrfach rassistische und volksverhetzende Inhalte gemäß § 130 StGB im Internet verbreitet. Diese Inhalte waren auf einem australischen Server gespeichert. Er verleugnete unter anderem die Ermordung der Juden im Dritten Reich. Die Inhalte waren auch in Deutschland abrufbar. Dem Angeklagten wurde Beleidigung der überlebenden Juden gemäß § 185 StGB in Tateinheit mit Verunglimpfung Verstorbener nach § 189 StGB und Volksverhetzung gemäß § 130 Abs. 1 Nr. 2 StGB vorgeworfen.

---

959 *Barton*, Multimedia-Strafrecht, S. 141; *Karaaslan*, Strafbare Werbung bei Online-Auktionen, S. 449.

960 *Barton*, Multimedia-Strafrecht, S. 141; *Karaaslan*, Strafbare Werbung bei Online-Auktionen, S. 449.

961 *Barton*, Multimedia-Strafrecht, S. 141; *Karaaslan*, Strafbare Werbung bei Online-Auktionen, S. 449.

962 *Barton*, Multimedia-Strafrecht, S. 141; *Karaaslan*, Strafbare Werbung bei Online-Auktionen, S. 449.

963 *Barton*, Multimedia-Strafrecht, S. 141; *Karaaslan*, Strafbare Werbung bei Online-Auktionen, S. 449.

964 *Kratz*, Strafbarkeit der nicht-konsentierten genetischen Untersuchung, S. 218.

965 Siehe dazu: *Kratz*, Strafbarkeit der nicht-konsentierten genetischen Untersuchung, S. 218 ff.

Ob neben den Zugriffen der ermittelnden Beamten noch weitere Zugriffe aus Deutschland erfolgten, konnte nicht ermittelt werden.

In dieser Entscheidung hat der Bundesgerichtshof die Anwendbarkeit des deutschen Rechts bejaht.[966] In seiner Begründung erklärte er, dass es sich bei dem § 130 StGB um ein „abstrakt-konkretes Gefährdungsdelikt" handle.[967] Er legte dar, dass sowohl abstrakt-konkrete Gefährdungsdelikte als auch abstrakte Gefährdungsdelikte in den Anwendungsbereich des deutschen Strafrechts fielen, da die abstrakt-konkreten Gefährdungsdelikte eine Untergruppe der abstrakten Gefährdungsdelikte darstellten.[968] Nach Auffassung des Bundesgerichtshofs trete bei abstrakt-konkreten Gefährdungsdelikten der Erfolg im Sinne des § 9 StGB dort ein, „wo die konkrete Tat ihre Gefährlichkeit im Hinblick auf das im Tatbestand umschriebene Rechtsgut entfalten"[969] könne.[970] Der Bundesgerichtshof stellte in dieser Entscheidung ebenfalls auf den Gefahrerfolg als Anknüpfungspunkt für § 9 Abs. 1 Var. 3 StGB ab. Weiter legte er dar, dass beim Tatbestand der Volksverhetzung nach § 130 StGB ein besonderes Interesse an der Begründung der deutschen Strafgewalt bestehe, sobald ein gewichtiges inländisches Rechtsgut betroffen sei.[971] Der Bundesgerichtshof bejahte in diesem Fall den objektiven Bezug aufgrund der nationalsozialistischen Vergangenheit und der in dieser Zeit an den Juden begangenen Verbrechen.[972] Ob generell ein Erfolgsort bei abstrakten Gefährdungsdelikten angenommen werden könne, ließ der Bundesgerichtshof offen.[973]

966 *Kratz*, Strafbarkeit der nicht-konsentierten genetischen Untersuchung, S. 219.

967 BGHSt 46, 212, 221; *Hilgendorf*, ZStW 2001, 650, 671; *Klengel/Heckler*, CR 2001, 243, 246; *Poenig*, Die strafrechtliche Haftung des Linkanbieters, S. 182; *Volk*, Glücksspiel im Internet, S. 209.

968 BGHSt 46, 212, 221; *Kappel*, Das Ubiquitätsprinzip im Internet, S. 122; *Karaaslan*, Strafbare Werbung bei Online-Auktionen, S. 450; *Klengel/Heckler*, CR 2001, 243, 246; *Kratz*, Strafbarkeit der nicht-konsentierten genetischen Untersuchung, S. 219; *Roxin*, Strafrecht Allgemeiner Teil, Bd. 1, § 10 Rn. 124; § 11 Rn. 162; *Volk*, Glücksspiel im Internet, S. 209.

969 BGHSt 46, 212, 221.

970 *Karaaslan*, Strafbare Werbung bei Online-Auktionen, S. 450; *Klengel/Heckler*, CR 2001, 243, 246; *Kratz*, Strafbarkeit der nicht-konsentierten genetischen Untersuchung, S. 219; *Poenig*, Die strafrechtliche Haftung des Linkanbieters, S. 183; *Volk*, Glücksspiel im Internet, S. 209.

971 BGHSt 46, 212, 224; *Kratz*, Strafbarkeit der nicht-konsentierten genetischen Untersuchung, S. 219.

972 BGHSt 46, 212, 224; *Mintas*, Glücksspiele im Internet, S. 151.

973 BGHSt 46, 212, 222 f.; *Jeßberger*, JR 2001, 432, 433; *Volk*, Glücksspiele im Internet, S. 211.

Auch wenn der Bundesgerichtshof die Frage, ob generell ein Erfolgsort für abstrakte Gefährdungsdelikte anzuerkennen ist, offenlässt, bezieht er jedenfalls eindeutig Stellung zu der Anerkennung eines Erfolgsortes bei abstrakt-konkreten Gefährdungsdelikten. Nach Auffassung des Bundesgerichtshofs stellt die durch abstrakt-konkrete Gefährdungsdelikte vorausgesetzte Gefährlichkeit einen Erfolg im Sinne des § 9 StGB dar.[974] § 14 HWG ist ein abstrakt-konkretes Gefährdungsdelikt, sodass die Entscheidung des Bundesgerichtshofs auf § 14 HWG übertragbar ist. Eine irreführende Heilmittelwerbung begründet eine potentielle Gefahr für die gesundheitlichen und finanziellen Interessen der Verbraucher, die mit dieser Werbung in Berührung kommen. Der Gefährdungserfolg tritt bei deutschen Staatsbürgern in der Bundesrepublik ein. Demzufolge liegt der Erfolgsort bei § 14 HWG in der Bundesrepublik, sodass das deutsche Strafrecht nach Auffassung des Bundesgerichtshofs anwendbar ist.

c. *Stellungnahme*

Der Ansicht des Bundesgerichtshofs bei abstrakt-konkreten Gefährdungsdelikten und jener Literaturansicht, die einen Erfolgsort grundsätzlich auch bei abstrakten Gefährdungsdelikten anerkennt, ist zu folgen[975]:

Nach Auffassung von *Karaaslan* ist die Gefährdung eines Rechtsguts nicht sinnlich wahrnehmbar und daher nur schwer als Erfolg zu begreifen.[976] Die Ausgestaltung der Regelung und der Rechtsgüterschutzgedanke sprechen jedoch für eine Anerkennung eines Erfolgsortes nach § 9 Abs. 1 Alt. 3 StGB bei abstrakten Gefährdungsdelikten.[977] Der Gesetzgeber möchte einen umfassenden Rechtsgüterschutz gewährleisten, weshalb er auf den Eintritt einer Rechtsgutsverletzung verzichtet hat.[978] Zur Verwirklichung des Tatbestands genügt die tatbestandliche Handlung allein, sodass der Anwendungsbereich des deutschen Strafrechts vorverlagert wird.[979] Es wäre demnach widersprüchlich, wenn man einerseits durch die Wahl des Deliktstypus die Strafbarkeit vorverlagert und andererseits das deutsche Strafrecht aufgrund der engen Auslegung der strafanwendungsrechtlichen Regelungen, hier insbesondere des Erfolgsbegriffes, nicht zur Anwendung käme. Auf diese Weise entstünden Strafbarkeitslücken, die dem

974 BGHSt 46, 212, 221; *Mand* in: Prütting, Medizinrecht, HWG, Einleitung, Rn. 66.

975 Ausführlich dazu siehe: *Karaaslan*, Strafbare Werbung bei Online-Auktionen, S. 450 ff.

976 *Jofer*, Strafverfolgung im Internet, S. 106.

977 *Karaaslan*, Strafbare Werbung bei Online-Auktionen, S. 450.

978 *Karaaslan*, Strafbare Werbung bei Online-Auktionen, S. 450 f.; *Roxin*, Strafrecht Allgemeiner Teil, Bd. 1, § 10 Rn. 122 f.; § 11 Rn. 127.

979 *Karaaslan*, Strafbare Werbung bei Online-Auktionen, S. 451.

gesetzgeberischen Willen zuwiderliefen.[980] Zutreffenderweise führt *Karaaslan* an, dass bei den konkreten Gefährdungsdelikten kaum mehr bestritten wird, dass der Eintritt einer „konkreten Gefahr" als „ein zum Tatbestand gehörender Erfolg" angesehen werden kann.[981] Dies lässt sich auf abstrakt-konkrete Gefährdungsdelikte übertragen, da der Unterschied zwischen einem konkreten und einem abstrakten Gefährdungsdelikt lediglich in der Intensität der Gefährdung liegt.[982] Bei abstrakt-konkreten Gefährdungsdelikten genügt eine potentielle Gefahr. Weiter ist darauf hinzuweisen, dass die Einordnung als konkretes oder abstraktes Gefährdungsdelikt teilweise austauschbar ist, je nachdem, wie konkret man das geschützte Rechtsgut interpretiert.[983] Zu Recht weist *Karaaslan* darauf hin, dass für die Anerkennung eines Erfolgsortes bei abstrakten Gefährdungsdelikten ebenfalls der Wortlaut des § 13 StGB spricht.[984] Demnach begeht jemand eine Tat durch Unterlassen, wenn er es unterlässt, einen zum Tatbestand gehörenden Erfolg abzuwenden. Nach einhelliger Auffassung ist es gleichsam möglich, ein abstraktes Gefährdungsdelikt durch Unterlassen zu begehen.[985] Verneint man also jedweden Erfolg bei den abstrakten Gefährdungsdelikten, schiede eine Begehung durch Unterlassen aus.[986] Der Begriff des Erfolgsortes in § 9 StGB kann folglich nicht im Sinne der allgemeinen Tatbestandslehre zu verstehen sein, sodass auch bei § 14 HWG ein Erfolgsort angenommen werden kann.[987]

Weiter führt *Karaaslan* die zu § 78a StGB ergangene Rechtsprechung[988] als Argument für die Annahme eines Erfolgs bei abstrakten Gefährdungsdelikten

980 Vgl. *Germann*, Gefahrenabwehr und Strafverfolgung im Internet, S. 233; vgl. *Hilgendorf*, NJW 1997, 1873, 1877; *Karaaslan*, Strafbare Werbung bei Online-Auktionen, S. 451.

981 BGH NJW 1991, 2498 m.w.N.; *Heinrich*, GA 1999, 72, 78; *Karaaslan*, Strafbare Werbung bei Online-Auktionen, S. 451.

982 *Karaaslan*, Strafbare Werbung bei Online-Auktionen, S. 451.

983 *Kudlich*, StV 2001, 397, 398; *Sieber*, NJW 1999, 2065, 2069 f.

984 *Karaaslan*, Strafbare Werbung bei Online-Auktionen, S. 451.

985 BGHSt 38, 325, 331; *Fischer*, StGB, § 13 Rn. 3; *Heinrich*, GA 1999, 72, 77 f.; *Karaaslan*, Strafbare Werbung bei Online-Auktionen, S. 451; *Martin*, Die Strafbarkeit grenzüberschreitender Umweltbeeinträchtigungen, S. 111; *Poenig*, Die strafrechtliche Haftung des Linkanbieters, S. 183.

986 *Heinrich*, GA 1999, 72, 77; *Karaaslan*, Strafbare Werbung bei Online-Auktionen, S. 451.

987 BGH NJW 2001, 624, 627; *Heinrich*, GA 1999, 72, 77 f.; *Karaaslan*, Strafbare Werbung bei Online-Auktionen, S. 451; *Poenig*, Die strafrechtliche Haftung des Linkanbieters, S. 182.

988 BGHSt 36, 255, 257.

an.[989] Gemäß § 78a StGB beginnt die Verjährung, sobald die Tat beendet ist. Demzufolge reicht die Vollendung der Tat nicht aus, um die Verjährung in Gang zu setzen. Bei abstrakten Gefährdungsdelikten fallen die Vollendung und die Beendigung des Delikts aufgrund der Vorverlagerung der Strafbarkeit regelmäßig auseinander. Zur Vollendung eines Delikts genügt es, wenn der Tatbestand verwirklicht wurde. Zur Beendigung der Tat hingegen ist entweder der Eintritt einer Rechtsgutverletzung oder der Wegfall der Gefahr erforderlich.[990] Grund für das Auseinanderfallen von Vollendung und Beendigung kann nur die fortdauernde abstrakte Gefährdung der Rechtsgüter sein, da nur diese nach Vollendung noch weiter besteht.[991] Das Argument, § 5 Nr. 10 StGB, der die Anwendung deutschen Strafrechts für die Delikte gemäß §§ 153–156 StGB regelt, sei bei der Annahme eines Erfolgsorts überflüssig, kann nicht überzeugen. Dieser systematische Einwand ist lediglich deklaratorischer Natur.[992] Zwar handelt es sich bei den aufgeführten Delikten ebenfalls um abstrakte Gefährdungsdelikte, jedoch beinhaltet § 5 Nr. 10 StGB einen eigenständigen Anwendungsbereich.[993] Durch § 5 Nr. 10 StGB werden auch Straftaten gegen die Rechtspflege erfasst, bei denen keine konkrete Gefahr eingetreten ist.[994] Ebenfalls kann die Entstehungsgeschichte des § 9 StGB angeführt werden. In der bis 1975 geltenden Fassung des § 3 Abs. 3 StGB a.F.[995] wurden als Anknüpfungspunkte für das deutsche Strafrecht nur der Handlungsort und der Erfolgsort aufgeführt.[996] Im Gegensatz dazu stellt § 9 Abs. 1 Alt. 3 StGB auf den „zum Tatbestand gehörenden Erfolg" ab.[997] Bis zu der Änderung im Jahr 1975 nahm man an, dass bei abstrakten Gefährdungsdelikten der Erfolgsort gleichzeitig auch der Ort sei, an welchem die durch die abstrakt gefährliche Handlung entstehende Gefahr eintritt.[998] Die Formulierung des § 9 Abs. 1 Alt. 3 StGB führt jedoch nicht zu einer anderen Beurteilung. Es

---

989 *Karaaslan*, Strafbare Werbung bei Online-Auktionen, S. 452.

990 *Karaaslan*, Strafbare Werbung bei Online-Auktionen, S. 452.

991 *Karaaslan*, Strafbare Werbung bei Online-Auktionen, S. 452.

992 *Karaaslan*, Strafbare Werbung bei Online-Auktionen, S. 452; *Rath*, JA 2006, 435, 438.

993 *Karaaslan*, Strafbare Werbung bei Online-Auktionen, S. 452.

994 *Karaaslan*, Strafbare Werbung bei Online-Auktionen, S. 452; *Werle/Jeßberger* in: Leipziger Kommentar StGB, Bd. 1, § 9 Rn. 34.

995 § 3 Abs. 3 StGB wurde durch das 2. StrRG vom 4.7.1969, BGBl. I v. 10.7.1969, S. 717 geändert mit Gültigkeit ab dem 1.1.1975.

996 *Karaaslan*, Strafbare Werbung bei Online-Auktionen, S. 452.

997 *Karaaslan*, Strafbare Werbung bei Online-Auktionen, S. 452.

998 OLG Köln NJW 1968, 954; *Heinrich*, GA 1999, 72, 77 f.; *Karaaslan*, Strafbare Werbung bei Online-Auktionen, S. 452.

liegen keine Anhaltspunkte dafür vor, dass der Gesetzgeber mit der geänderten Formulierung den Anwendungsbereich auf Erfolgsdelikte beschränken wollte.[999] Im Gegenteil: Laut Gesetzesbegründung verdeutlicht § 9 Abs. 1 StGB geltendes Recht.[1000] Der alleinige Zweck der Gesetzesänderung lag in der Klarstellung, dass der Erfolgseintritt in enger Beziehung zu der Straftat stehen muss.[1001]

Demzufolge ist eine Anwendung des deutschen Strafrechts, wenn der Täter aus dem Ausland irreführende Angaben in das Internet eingestellt hat, prinzipiell möglich. Entscheidend ist, dass durch das Einstellen der irreführenden Angaben eine abstrakte Gefährdung innerhalb der Bundesrepublik besteht. Diese abstrakte Gefahr reicht aus, um einen Erfolgsort im Sinne des § 9 Abs. 1 StGB zu begründen. Unbedeutend für die Anwendbarkeit deutschen Rechts ist, ob der Täter die irreführende Werbung auf inländische oder auf ausländische Internetseiten hochlädt und in welchem Land sich der Server dieser Webseiten befindet.

3. *Durchbrechungen des Territorialprinzips*

Neben den sich aus dem Territorialprinzip ergebenden Anknüpfungspunkten normieren die §§ 4–7 StGB weitere spezielle Regelungen zum Strafanwendungsrecht. § 4 StGB normiert die Geltung des deutschen Rechts für Taten auf deutschen Schiffen und Luftfahrzeugen. § 5 StGB regelt die Anwendung deutschen Strafrechts auf Taten mit besonderem Handlungsbezug zur Bundesrepublik. § 6 StGB bezieht sich auf Auslandstaten, die sich gegen inländisch geschützte Rechtsgüter richten. Diese Spezialtatbestände gelangen nur dann zur Anwendung, wenn durch den Territorialitätsgrundsatz keine Zuständigkeit der deutschen Jurisdiktion begründet wird und überwiegende kriminalpolitische Erwägungen eine Erweiterung des Anwendungsbereichs erfordern.[1002] §§ 5, 6 StGB beinhalten eine abschließende Aufzählung der Fälle, in denen das deutsche Strafrecht zur Anwendung gelangt.[1003] Eine nähere Auseinandersetzung im Rahmen dieser Arbeit erfolgt mit dem Flaggenprinzip, welches in § 4 StGB

999 Vgl. BT-Drs. 4/650, S. 113; *Karaaslan*, Strafbare Werbung bei Online-Auktionen, S. 452 f.

1000 Vgl. BT-Drs. 4/650, S. 113.

1001 *Karaaslan*, Strafbare Werbung bei Online-Auktionen, S. 453.

1002 *Lackner/Kühl*, StGB, Vor §§ 3–7 Rn. 3; *Poenig*, Die strafrechtliche Haftung des Linkanbieters, S. 118.

1003 *Finke*, Die strafrechtliche Verantwortung von Internet-Providern, S. 34; *Poenig*, Die strafrechtliche Haftung des Linkanbieters, S. 118.

normiert ist und § 7 StGB, der das aktive und passive Personalitätsprinzip sowie das Prinzip der stellvertretenden Strafrechtspflege regelt.

a. *Flaggenprinzip*

§ 4 StGB kodifiziert das völkerrechtlich anerkannte Flaggenprinzip.[1004] Er erstreckt das deutsche Strafrecht auf Taten, die nicht auf deutschem Hoheitsgebiet begangen wurden. Durch das Flaggenprinzip wird sichergestellt, dass jeder, der ein deutsches Schiff oder Flugzeug betritt, auch deutschen Strafrechtsschutz beanspruchen kann.[1005]

Voraussetzung dafür ist, dass die Tat an Bord eines Schiffes oder Luftfahrzeuges begangen wird, welches berechtigt ist die Bundesflagge oder das Staatszugehörigkeitszeichen der Bundesrepublik Deutschland zu führen, und dass das deutsche Strafrecht nicht bereits durch das Territorialprinzip anwendbar ist.[1006] Dies ist der Fall, wenn sich das Gefährt zur Zeit der Tat in deutschen Gewässern oder im deutschen Luftraum befindet.

Unter den Begriff des Schiffs fallen alle zur See- oder Binnenschifffahrt bestimmten Wasserfahrzeuge, soweit sie nach §§ 1, 2, 3, 8, 10, 11, 14 FlRG zur Führung der Bundesflagge berechtigt sind.[1007] Berechtigt die deutsche Flagge zu führen sind alle Wassergefährte, die entweder im Inland gebaut, von einem Inländer erworben oder gechartert worden sind.[1008]

Nach § 1 Abs. 2 LuftVG sind Luftfahrzeuge alle Flugzeuge, Drehflügler, Luftschiffe, Segelflugzeuge, Motorsegler, Frei- und Fesselballons, Rettungsfallschirme, Flugmodelle, Luftsportgeräte sowie sonstige für die Benutzung des Luftraums bestimmte Geräte, die in einer Höhe von mehr als dreißig Metern über dem Grund oder Wasser betrieben werden können. Luftfahrzeuge, die zum Verkehr zugelassenen sind, haben gemäß § 2 Abs. 5 LuftVG das Staatszugehörigkeitszeichen und eine besondere Kennzeichnung zu führen.

Denkbar wäre eine irreführende Werbung auf Kreuzfahrtschiffen oder in Passagierflugzeugen. Denkbar wäre zudem eine irreführende Werbung des Herstellers bei Flügen oder Kreuzfahrten. Ebenso wäre eine irreführende Werbung

---

1004 *Ambos* in: Münchener Kommentar, StGB, Bd. 1, StGB, § 4 Rn. 1; *Eser/Weißer* in: Schönke/Schröder, StGB, § 4 Rn. 1; *Heintschel-Heinegg* in: Beck-OK StGB, § 4 Rn. 1.

1005 *Eser/Weißer* in: Schönke/Schröder, StGB, § 4 Rn. 1.

1006 *Ambos* in: Münchener Kommentar, StGB, Bd. 1, § 4 Rn. 1; *Heintschel-Heinegg* in: Beck-OK StGB, § 4 Rn. 1.

1007 *Ambos* in: Münchener Kommentar, StGB, Bd. 1, § 4 Rn. 1.

1008 *Ambos* in: Münchener Kommentar, StGB, Bd. 1, § 4 Rn. 1.

durch das Personal wie beispielsweise durch den Schiffsarzt nicht ausgeschlossen. Fährt oder fliegt das Schiff beziehungsweise das Flugzeug unter deutscher Flagge, gelangt das deutsche Strafrecht über § 4 StGB zur Anwendung. Dies gilt unabhängig davon, ob sich deutsche Staatsbürger auf dem Schiff oder in dem Flugzeug befinden. Handelt es sich bei dem Schiff oder Flugzeug um ein ausländisches Gefährt, ist der Geltungsbereich des deutschen Strafrechts nicht eröffnet. In den Fällen, in denen auf einem ausländischen Schiff oder Flugzeug irreführend geworben wurde und sich dieses Gefährt nicht auf deutschem Hoheitsgebiet befunden hat, ist das deutsche Strafrecht nicht anwendbar.

b. Passives Personalitätsprinzip

Gemäß § 7 Abs. 1 StGB gilt das deutsche Strafecht für Taten, die im Ausland gegen einen deutschen Staatsbürger begangen werden, sofern die Tat am Tatort mit Strafe bedroht ist oder der Tatort keiner Strafgewalt unterliegt.[1009] Die Tat muss sich gegen einen einzelnen oder einen bestimmbaren Personenkreis richten.[1010] Das deutsche Strafrecht gelangt bei Anknüpfung an das passive Personalitätsprinzip zur Anwendung, wenn sich eine Tat im Ausland unmittelbar gegen die (Individual-) Rechtsgüter (Menschenwürde, Ehre, Leben, Gesundheit, Freiheit, Persönlichkeitsrecht, Vermögen, Eigentum und Besitz) eines deutschen Staatsbürgers richtet.[1011] Es wird daher auch als (Individual-)Schutzprinzip bezeichnet.[1012] Grund für das passive Personalitätsprinzip ist das Interesse des Staates, seine Bürger auch im Ausland zu schützen. Die Staatsangehörigkeit des Täters ist für die Begründung der Strafgewalt irrelevant.[1013]

Wird also im Ausland irreführend für Heilmittel geworben und nimmt ein deutscher Staatsbürger Kenntnis von dieser Werbung, liegt grundsätzlich ein Fall des passiven Personalitätsprinzips vor, da es sich bei der durch § 14 HWG geschützten Gesundheit um ein Individualrechtsgut handelt. Dies wäre zum Beispiel der Fall, wenn in Russland irreführend für Heilmittel geworben wird und

---

1009 Das passive Personalitätsprinzip ist in der Literatur sehr umstritten. Siehe dazu: *Ambos* in: Münchener Kommentar zum StGB, Bd. 1, StGB, Vor §§ 3–7 Rn. 38 ff. m.w.N.; *Eser* in: FS-Jescheck, S. 1371 ff.; *Oehler*, Internationales Strafrecht, Vor Rn. 657; *Poenig*, Die strafrechtliche Haftung des Linkanbieters, S. 122.

1010 BGHSt 18, 283, 284; *Heintschel-Heinegg* in: Beck-OK StGB, § 7 Rn. 3.

1011 *Ambos*, Internationales Strafrecht, § 3 Rn. 72 ff.; *Heintschel-Heinegg* in: Beck-OK StGB, § 7 Rn. 3; *Kratz*, Die Strafbarkeit nicht-konsentierter genetischer Untersuchungen, S. 224 f.; *Satzger*, Jura 2010, 190, 191.

1012 *Thorhauer*, Jurisdiktionskonflikte im Rahmen transnationaler Kriminalität, S. 212.

1013 *Kratz*, Die Strafbarkeit nicht-konsentierter genetischer Untersuchungen, S. 225.

ein Deutscher mit dieser Werbung in Kontakt kommt. Darüber hinaus fordert § 7 StGB, dass die Tat am Tatort mit Strafe bedroht ist oder der Tatort keiner Strafgewalt unterliegt. Da diese Voraussetzung gleichermaßen für das passive und aktive Personalitätsprinzip (dazu später unter 3. c.) und das Prinzip der stellvertretenen Strafrechtspflege (dazu später unter 3. d.) gilt, erfolgt eine ausführliche Auseinandersetzung sogleich unter 3. e.

c. *Aktives Personalitätsprinzip*

Im Unterschied zum passiven Personalitätsprinzip, welches an die Staatsangehörigkeit des Opfers anknüpft, zieht das aktive Personalitätsprinzip als Anknüpfungspunkt die Staatangehörigkeit des Täters heran. Nach dem aktiven Personalitätsprinzip kommt die Anwendung des deutschen Strafrechts bei einer Auslandstat in Betracht, wenn der Täter zum Tatzeitpunkt Deutscher war oder es nach der Tat geworden ist (Neubürgerklausel). § 7 Abs. 2 Nr. 1 StGB regelt die Ausweitung des deutschen Rechts auf Taten von deutschen Staatsbürgern und Neubürgern, wenn diese am Tatort mit Strafe bedroht sind oder keiner Strafgewalt unterliegen.[1014] Grund für die Erstreckung des deutschen Strafrechts in solchen Fällen ist die Annahme einer nationalen Treuepflicht gegenüber dem Heimatstaat, weshalb der Staat von seinen Bürgern die Achtung der gesetzlichen Regelungen der nationalen Rechtsordnung fordern kann.[1015]

Um das deutsche Strafrecht über § 7 Abs. 2 Nr. 1 StGB zur Anwendung zu bringen, muss der Täter Staatsangehöriger der Bundesrepublik Deutschland sein. Regelmäßig werden bei im Ausland verübten Taten die Täter jedoch keine deutschen Staatsbürger sein, sodass in diesen Fällen der irreführenden Werbung das deutsche Strafrecht nicht über § 7 Abs. 2 Nr. 1 StGB angewendet werden kann. Handelt es sich bei dem Täter jedoch um einen deutschen Staatsbürger, ist weitere Voraussetzung, dass die irreführende Heilmittelwerbung nach dem Recht des Tatorts mit Strafe belegt ist oder der Tatort keiner Strafgewalt unterliegt.[1016] Eine ausführliche Auseinandersetzung mit dem Erfordernis der Tatortstrafbarkeit erfolgt am Ende dieses Kapitels unter 3e.

1014 *Ipsen*, Völkerrecht, § 37 Rn. 4.

1015 *Collardin*, CR 1995, 618, 620; *Finke*, Die strafrechtliche Verantwortung von Internet-Providern, S. 35; *Poenig*, Die strafrechtliche Haftung des Linkanbieters, S. 121; *Satzger*, Internationales und europäisches Strafrecht, § 4 Rn. 7; *Volk*, Glücksspiel im Internet, S. 138; *Werle/Jeßberger*, JuS 2001, 35, 37. Nach *Thorhauer* trägt ein Staatsbürger seine Heimatrechtsordnung mit sich. Siehe dazu: *Thorhauer*, Jurisdiktionskonflikte im Rahmen transnationaler Kriminalität, S. 196.

1016 Dazu ausführlich in diesem Kapitel: 3. e.

d. Prinzip der stellvertretenden Strafrechtspflege

§ 7 Abs. 2 Nr. 2 StGB normiert den Fall, dass ein Ausländer, wenn er im Inland betroffen wird, das heißt, wenn seine Anwesenheit im Inland festgestellt wurde, der deutschen Strafgewalt unterstellt wird.[1017] Die Ausdehnung der deutschen Strafgewalt erfolgt dann, wenn der ausländische Staat, dem der Täter angehört und der nach dem Territorialprinzip zur Strafverfolgung berechtigt wäre, aus tatsächlichen oder rechtlichen Gründen von der Verfolgung der Tat absieht oder kein Interesse an der Strafverfolgung hat.[1018]

Um die Strafgewalt auf einen ausländischen Staatsbürger zu erstrecken muss feststehen, dass keine Auslieferung in sein Heimatland stattfindet, obgleich eine solche zulässig wäre.[1019] Bei dem Grundsatz der stellvertretenen Strafrechtspflege tritt der Gedanke der internationalen Solidarität bei der Bekämpfung von Kriminalität am deutlichsten hervor.[1020]

e. Gemeinsames Erfordernis der Tatortstrafbarkeit

Für die Fälle, in denen der Tatort einer Strafgewalt unterliegt, ist das Vorliegen einer identischen Strafnorm im Staat der Auslandstat Voraussetzung für die Anwendung des § 7 StGB.[1021] Nicht ausreichend ist nur eine ähnliche Regelung in dem Tatortstaat. Eine identische Strafnorm liegt vor, wenn die Tat am Tatort eine mit dem Unwert der Tat vergleichbare Bestrafung erfährt.[1022] Gemeint ist damit die Verhängung einer Kriminalstrafe.[1023] Die Ausgestaltung als Ordnungswidrigkeit oder als Verwaltungsunrecht ist nicht ausreichend.[1024] Nach deutschem Recht werden unter der „Tat“ im Sinne des deutschen Strafgesetzbuchs

---

1017 *Kratz*, Die Strafbarkeit nicht-konsentierter genetischer Untersuchungen, S. 225.

1018 *Collardin*, CR 1995, 618, 620; *Volk*, Glücksspiel im Internet, S. 142; *Werle/Jeßberger*, JuS 2001, 35, 37.

1019 *Hoyer* in: Systematischer Kommentar StGB, Bd. 1, § 7 Rn. 12; *Kratz*, Die Strafbarkeit nicht-konsentierter genetischer Untersuchungen, S. 225; *Werle/Jeßberger* in: Leipziger Kommentar StGB, Bd. 1, § 7 Rn. 95 ff.

1020 *Volk*, Glücksspiel im Internet, S. 142.

1021 *Ambos*, Internationales Strafrecht, § 3 Rn. 79; *Hoyer* in: Systematischer Kommentar StGB, Bd. 1, § 7 Rn. 4; *Jescheck/Weigend*, Lehrbuch des Strafrechts, S. 171; *Kratz*, Die Strafbarkeit nicht-konsentierter genetischer Untersuchungen, S. 225; *Volk*, Glücksspiel im Internet, S. 140, 142; krit. dazu: *Schroeder*, NJW 1969, 81.

1022 *Kratz*, Die Strafbarkeit nicht-konsentierter genetischer Untersuchungen, S. 225 f.

1023 *Satzger*, Jura 2010, 190, 191.

1024 BGHSt 27, 5; *Heintschel-Heinegg* in: Beck-OK StGB, § 7 Rn. 2; *Satzger*, Jura 2010, 190, 191.

Verbrechen und Vergehen gemäß § 12 StGB verstanden. Bereits eine Ordnungswidrigkeit und ebenso eine Verwaltungsvorschrift lassen sich nicht unter den deutschen Begriff der Tat subsumieren. Gleichzeitig wird einer Handlung, wenn sie nur als Ordnungswidrigkeit oder Verwaltungsunrecht geahndet wird, nur ein geringerer Unwert beigemessen, als einer Tat, die als Straftat verfolgt wird, was wiederrum zu einer milderen Bestrafung führt. Nicht erforderlich ist, dass der ausländische Straftatbestand eine ähnliche Schutzrichtung besitzt.[1025]

Ob der jeweilige Staat eine mit § 14 HWG vergleichbare Tatnorm besitzt, muss jeweils im konkreten Fall geprüft werden. Ein Beispiel für einen Staat, in dem keine identische Strafnorm existiert, stellt der georgische Staat dar.

In Art. 201 des georgischen StGB[1026] ist geregelt:

> *„Wer vorsätzlich als Auftraggeber der Werbung, Produzent oder derjenige, der sie verbreitet, den Verbraucher täuscht und dadurch einen erheblichen Schaden verursacht, wird mit Geldstrafe, Besserungsarbeit, Hausarrest bis zu 6 Monaten oder mit Freiheitsstrafe bis zu einem Jahr bestraft.“*[1027]

Die georgische Norm besitzt eine der deutschen Regelung entsprechende Strafandrohung. Nach beiden Normen können eine Geldstrafe oder eine Freiheitsstrafe bis zu einem Jahr verhängt werden. Im Unterschied zur deutschen Regelung wird durch die georgische Norm jedoch erst dann eine Strafbarkeit begründet, wenn ein „erheblicher Schaden“ eingetreten ist. Die georgische Regelung ist im Gegensatz zu § 14 HWG kein abstraktes Gefährdungsdelikt, sondern ein Erfolgsdelikt, dessen Voraussetzungen erst vorliegen, wenn ein Vermögensschaden eingetreten ist. Darüber hinaus setzt die georgische Regelung eine Täuschung des Adressaten voraus. Auch in diesem Punkt unterscheidet sie sich von § 14 HWG, da dieser nur eine Täuschungseignung fordert. Art. 201 gStGB besitzt zwar eine ähnliche Schutzrichtung wie § 14 HWG, dennoch kann Art. 201 gStGB aufgrund der unterschiedlichen Anforderungen nicht als identische Tatnorm angesehen werden.

Da Art. 14 RL 92/28/EWG ausdrücklich anordnet, dass die Mitgliedstaaten der Europäischen Union Bestimmungen erlassen müssen, um Verstöße gegen die Richtlinie zur Werbung von Humanarzneimitteln zu sanktionieren, kann davon ausgegangen werden, dass die Mitgliedsstaaten in der Europäischen Union die Richtlinie umgesetzt haben und Regelungen die irreführende

---

1025 *Heintschel-Heinegg* in: Beck-OK StGB, § 7 Rn. 2.

1026 In Georgien gibt es kein Nebenstrafrecht, daher sind alle Strafnormen im georgischen StGB geregelt.

1027 Art. 201 gStGB.

Heilmittelwerbung betreffend getroffen haben. Die Richtlinie schreibt allerdings nicht vor, wie genau die Sanktionierung der irreführenden Heilmittelwerbung zu erfolgen hat. Im deutschen Recht erfolgt eine Sanktionierung durch die Strafnorm des § 14 HWG und die Ordnungswidrigkeitsnorm § 15 Abs. 2 HWG. Je nachdem, für welche Art der Sanktionierung sich die anderen Mitgliedstaaten entschieden haben, existiert eine entsprechende Tatnorm im Sinne des § 7 StGB oder nicht.

Als Beispiel für eine Regelung eines anderen Mitgliedsstaates ist die österreichische Regelung anzuführen. § 6 des österreichischen Arzneimittelgesetzes normiert ein Irreführungsverbot für Arzneimittel.

> „*(1) Es ist verboten, Arzneimittel oder Wirkstoffe in Verkehr zu bringen, die den Tatsachen nicht entsprechende Angaben oder sonst zur Irreführung geeignete Bezeichnungen oder Aufmachungen aufweisen.*
> *(2) Es ist ferner verboten, im Zusammenhang mit dem Inverkehrbringen von Arzneimitteln oder Wirkstoffen über diese den Tatsachen nicht entsprechende oder zur Irreführung geeignete Angaben zu machen.*
> *(3) Eine Irreführung liegt insbesondere dann vor, wenn*
>
> 1. *den Arzneimitteln eine Wirksamkeit oder den Wirkstoffen eine Eigenschaft beigemessen wird, die nach dem jeweiligen Stand der wissenschaftlichen Erkenntnisse oder nach den praktischen Erfahrungen nicht hinreichend belegt ist, oder*
> 2. *fälschlich der Eindruck erweckt wird, dass ein Erfolg mit Sicherheit zu erwarten ist oder dass nach bestimmungsgemäßem oder längerem Gebrauch keine schädlichen Wirkungen eintreten, oder*
> 3. *die Bezeichnung oder Aufmachung zur Verwechslung geeignet ist.*“

§ 6 Abs. 1 öAMG verbietet das Inverkehrbringen von Arzneimitteln mit irreführenden Angaben oder Bezeichnungen. § 6 Abs. 2 öAMG untersagt darüber hinaus auch irreführende Angaben, die im Zusammenhang mit dem Inverkehrbringen von Arzneimitteln stehen. Darunter fallen auch Werbeangaben. Bei Verstoß gegen das aufgezeigte Irreführungsverbot des § 6 öAMG macht sich der Täter gemäß § 84 Abs. 1 Nr. 4 öAMG i.V.m. § 6 öAMG einer Verwaltungsübertretung schuldig. Diese Verwaltungsübertretung wird mit einer Geldstrafe von bis zu 25.000 Euro und im Wiederholungsfalle mit Geldstrafe bis zu 50.000 Euro bestraft. Eine Verwaltungsübertretung ist eine Sanktionierung, die im Rahmen des in Österreich existierenden Verwaltungsstrafrechts erfolgt. Bei dem österreichischen Verwaltungsstrafrecht handelt es sich um reine Behördenentscheidungen, sodass das österreichische Verwaltungsstrafrecht dem deutschen Ordnungswidrigkeitenrecht entspricht, da keine gerichtliche Entscheidung – wie bei einer strafrechtlichen Verurteilung – getroffen wird. Die Verhängung einer Verwaltungsgeldstrafe stellt somit keine identische Tatnorm im Sinne des § 7 StGB dar.

Zusammenfassend lässt sich sagen, dass sowohl im georgischen als auch im österreichischen Recht Normen existieren, deren Zielrichtung und Ausgestaltung der deutschen Regelung ähneln. Gleichwohl stellen diese keine identische Tatnorm im Sinne des § 7 StGB dar. Die georgische Regelung sanktioniert nicht die in § 14 HWG strafbewährte Verhaltensweise, sondern verlangt eine Täuschung und den Eintritt eines Schadens. Die Tathandlung des § 14 HWG – das irreführende Werben – ist in Georgien folglich nicht strafbewehrt. Die österreichische Regelung hingegen sanktioniert zwar die konkrete Verhaltensweise, das irreführende Werben für Heilmittel. Diese Norm ist jedoch als Verwaltungsunrecht ausgestaltet. Eine Ausgestaltung als Verwaltungsvorschrift genügt jedoch nicht, um als eine identische Tatnorm im Sinne des § 7 StGB gewertet zu werden.

II. Zusammenfassung/Ergebnis

Eine vorsätzliche Veröffentlichung einer irreführenden Werbung aus dem Ausland heraus, um der deutschen Strafgewalt zu entgehen, ist nicht möglich. Das deutsche Strafrecht gelangt über das Territorialprinzip zur Anwendung, wenn die potentielle Gefahr in Deutschland eintritt.[1028] Wird die Werbung im Internet veröffentlicht und ist diese Internetseite auch in der Bundesrepublik abrufbar, tritt die Gefährdung in Deutschland ein, sodass das deutsche Strafrecht über das Territorialprinzip anwendbar ist. Bei Werbung, die nur in dem Tatortstaat abrufbar ist oder bei Werbung, die nicht im Internet veröffentlicht wurde, kommt eine Ausdehnung des deutschen Rechts über § 7 StGB in Betracht. Der Erstreckung des deutschen Strafrechts über § 7 StGB kann jedoch das Erfordernis des Vorliegens einer identischen Tatnorm entgegenstehen. Dies zeigen die Beispiele von Georgien und Österreich. An Bord von Schiffen oder Flugzeugen, die unter deutscher Flagge fahren beziehungsweise fliegen, ist deutsches Strafrecht über das Flaggenprinzip des § 4 StGB anwendbar.

1028 Siehe dazu in diesem Kapitel unter: G. I. 2.

III. Völkerrechtliche Vereinbarkeit der Strafrechtserstreckung auf im Ausland veröffentlichte irreführende Werbung gemäß § 14 HWG

Zur Vermeidung einer universellen Geltung des deutschen Strafrechts fordert das Völkerrecht ein begrenzendes Korrektiv für die Begründung nationaler Strafgewalt.[1029]

Der Rechtsprechung des Bundesgerichtshofs können nur wenige Aussagen zur Anwendbarkeit des deutschen Strafrechts entnommen werden.[1030] In der soeben dargelegten Entscheidung (BGHSt 46, 212 ff.) zu § 130 Abs. 1 StGB machte der Bundesgerichtshof deutlich, dass zur Annahme eines Inlandserfolgs ein „völkerrechtlich legitimierender Anknüpfungspunkt" erforderlich ist.[1031] Nach Auffassung des Bundesgerichtshofs schützt § 130 StGB ein gewichtiges inländisches Rechtsgut und weist gleichzeitig einen besonderen Bezug zur Bundesrepublik Deutschland auf.[1032] Es handele sich daher um ein besonderes Delikt, weil es den Schutz eines historisch bedeutsamen Rechtsgutes bezwecke.[1033] Aus der historischen Bedeutung resultiere wiederrum ein erhöhtes Verfolgungsinteresse derartiger Verhaltensweisen, sodass § 130 StGB eine besondere Stellung im Rahmen der deutschen Strafverfolgung zukomme.[1034] § 14 HWG schützt im Unterschied zu § 130 StGB jedoch kein historisch bedeutsames Rechtsgut. Nach dem Wortlaut der Entscheidung ist der Schutz eines historisch bedeutsamen Rechtsguts

---

1029 BGHSt 44, 52, 55 f.; 46, 212, 224; *Ambos* in: Münchener Kommentar zum StGB, Bd. 1, StGB, Vor § 3 Rn. 9 m.w.N.; *Derksen*, NJW 1997, 1878, 1880; *Kappel*, Das Ubiquitätsprinzip im Internet, S. 199; *Kratz*, Die Strafbarkeit nicht-konsentierter genetischer Untersuchungen, S. 230; *Kuner*, CR 1996, 453, 456; *Martin*, Strafbarkeit grenzüberschreitender Umweltbeeinträchtigungen, S. 135, 140; *Oehler* in: FS-Grützner, S. 110, 111; *Poenig*, Die strafrechtliche Haftung des Linkanbieters, S. 115; *Rotsch* in: Graf/Jäger/Wittig, Wirtschafts- und Steuerstrafrecht, StGB, Vor §§ 3 ff. Rn. 12; *Volk*, Glücksspiel im Internet, S. 228.

1030 *Kratz*, Die Strafbarkeit nicht-konsentierter genetischer Untersuchungen, S. 230.

1031 BGHSt 46, 212, 224; *Kappel*, Das Ubiquitätsprinzip im Internet, S. 199; *Kratz*, Die Strafbarkeit nicht-konsentierter genetischer Untersuchungen, S. 230; *Rotsch* in: Graf/Jäger/Wittig, Wirtschafts- und Steuerstrafrecht, StGB, Vor §§ 3 ff. Rn. 12.

1032 BGHSt 46, 212, 224; *Kratz*, Die Strafbarkeit nicht-konsentierter genetischer Untersuchungen, S. 230.

1033 BGHSt 46, 212, 224; *Kratz*, Die Strafbarkeit nicht-konsentierter genetischer Untersuchungen, S. 230.

1034 BGHSt 46, 212, 224; *Kratz*, Die Strafbarkeit nicht-konsentierter genetischer Untersuchungen, S. 230.

nicht Voraussetzung für die Erstreckung der Strafgewalt, sodass die aus der Entscheidung gewonnenen Ergebnisse zu § 130 StGB grundsätzlich auf § 14 HWG übertragbar sind. Es bleibt daher festzuhalten, dass für eine völkerrechtskonforme Auslegung des § 9 Abs. 1 Var. 3 StGB ein legitimierender Anknüpfungspunkt zur Anwendung des deutschen Strafrechts erforderlich ist.[1035]

Grundsätzlich ist die Bundesrepublik dazu befugt, das deutsche Strafrecht auf Auslandstaten zu erstrecken.[1036] Allerdings muss dem völkerrechtlichen Interventionsverbot aus Art. 2 Abs. 1 UN-Charta und Art. 25 S. 1 GG Rechnung getragen werden. Dieses regelt das verbindliche Gebot der Nichteinmischung in fremde Souveränität.[1037] Daraus folgt, dass einfachgesetzliche Normen völkerrechtskonform sein müssen oder jedenfalls eine Auslegung dieser Regelungen im Lichte des Völkerrechts erfolgen muss.[1038] Ein Verstoß führt nicht etwa zur Nichtigkeit der Norm, sondern zur Nichtanwendung dieser Regelung auf transnationale Sachverhalte.[1039] Es ist daher zu prüfen, ob es zu einer Nichtanwendung des innerstaatlichen Rechts kommt.

Bei Auslandsermittlungen der deutschen Strafverfolgungsbehörden aufgrund irreführender Heilmittelwerbung kommt es zwangsläufig zu einer Involvierung des Drittstaates, da sich die Tathandlung in dem Drittstaat ereignet hat. Wie bereits für den georgischen Staat und für die Republik Österreich dargelegt, ist davon auszugehen, dass in einigen Staaten keine Strafbarkeit der irreführenden Heilmittelwerbung geregelt ist. Bei Aufnahme von Ermittlungen im Ausland bestünde die Gefahr, ausländische Staaten in ihrer völkerrechtlich abgesicherten

---

1035 *Hilgendorf*, ZStW 2001, 650, 669; *Kappel*, Das Ubiquitätsprinzip im Internet, S. 199; *Kratz*, Die Strafbarkeit nicht-konsentierter genetischer Untersuchungen, S. 230.

1036 StIGHE 5, 71 ff. (Lotus); *Kratz*, Die Strafbarkeit nicht-konsentierter genetischer Untersuchungen, S. 231; *Körber*, Rechtsradikale Propaganda im Internet, S. 161; *Werle/Jeßberger*, JuS 2001, 35, 36.

1037 BVerfGE 75, 1, 18 f.; *Ambos*, Internationales Strafrecht, § 2 Rn. 3; *Jeßberger*, Der transnationale Geltungsbereich des deutschen Strafrechts, S. 215; *Kappel*, Das Ubiquitätsprinzip im Internet, S. 199; *Kratz*, Die Strafbarkeit nicht-konsentierter genetischer Untersuchungen, S. 231; *Kunig*, JuS 1978, 594, 595; *Oehler* in: FS-Grützner, S. 111.

1038 BVerfGE 64, 1, 19 f.; *Hilgendorf*, ZStW 2001, 650, 660; *Jeßberger*, Der transnationale Geltungsbereich des deutschen Strafrechts, S. 215; *Kratz*, Die Strafbarkeit nicht-konsentierter genetischer Untersuchungen, S. 231; *Ziegenhain*, Extraterritoriale Rechtsanwendung, S. 31.

1039 *Jeßberger*, Der transnationale Geltungsbereich des deutschen Strafrechts, S. 215; *Kratz*, Die Strafbarkeit nicht-konsentierter genetischer Untersuchungen, S. 231.

Souveränität zu verletzen.[1040] Die Folge wäre ein Zuständigkeitskonflikt zwischen den Staaten.[1041]

Die Souveränität der anderen Staaten sowie das Einmischungsverbot können einer Erstreckung des deutschen Strafrechts unter Umständen entgegenstehen.[1042] Das Gebot der Nichteinmischung wird aus der souveränen Gleichheit aller Staaten abgeleitet.[1043] Die Souveränität der Staaten wird in Art. 2 Ziff. 1 der UN-Charta sowie in der „Friendly Relations Declaration"[1044] vom 24.10.1970 erwähnt.[1045] Nach dieser kann von extraterritorialer Strafgewalt nur restriktiv Gebrauch gemacht werden.[1046] Da das Völkerrecht keine konkreten Vorgaben zur Bestimmung der Grenzen nationaler Strafgewalt beinhaltet, liegt die Schwierigkeit in derartigen Fällen in der Festlegung einer genauen Grenze der zulässigen Strafrechtserstreckung.[1047] Innerhalb des deutschen Strafrechts existieren keinerlei Kollisionsnormen.[1048] Auch die §§ 3 ff. StGB helfen nicht weiter. Sie beinhalten lediglich einseitige strafanwendungsrechtliche Regelungen.[1049]

Aus diesem Grunde wird nachfolgend unter Rückgriff auf allgemeine völkerrechtliche Grundsätze untersucht, ob durch die Erstreckung des deutschen

---

1040 *Kratz*, Die Strafbarkeit nicht-konsentierter genetischer Untersuchungen, S. 232.

1041 *Kratz*, Die Strafbarkeit nicht-konsentierter genetischer Untersuchungen, S. 232; *Pappas*, Stellvertretende Strafrechtspflege, S. 77; *Ziegenhain*, Extraterritoriale Rechtsanwendung, S. 31.

1042 BGHSt 44, 52, 57 f.; BGH StV 1999, 240; *Ambos*, Internationales Strafrecht, § 2 Rn. 3; *Ambos* in: Münchener Kommentar zum StGB, Bd. 1, StGB, Vor §§ 3–7 Rn. 19; *Kratz*, Die Strafbarkeit nicht-konsentierter genetischer Untersuchungen, S. 232; *Oehler* in: FS-Grützner, S. 110 m.w.N.; *Werle/Jeßberger* in: Leipziger Kommentar, StGB, Bd. 1, Vor § 3 Rn. 21.

1043 *Ambos*, Internationales Strafrecht, § 2 Rn. 3; *Ambos* in: Münchener Kommentar zum StGB, Bd. 1, StGB, Vor §§ 3–7 Rn. 11; *Kratz*, Die Strafbarkeit nicht-konsentierter genetischer Untersuchungen, S. 232.

1044 Resolution 2625 (XXV) Declaration on Priciples of International Law concerning Friendly Relation and Cooperation among States in accordance with the Charter of the United Nation.

1045 *Jeßberger*, Der transnationale Geltungsbereich des deutschen Strafrechts, S. 193; *Kratz*, Die Strafbarkeit nicht-konsentierter genetischer Untersuchungen, S. 232.

1046 *Jeßberger*, Der transnationale Geltungsbereich des deutschen Strafrechts, S. 193; *Kratz*, Die Strafbarkeit nicht-konsentierter genetischer Untersuchungen, S. 232.

1047 *Ambos* in: Münchener Kommentar zum StGB, Bd. 1, StGB, Vor §§ 3–7 Rn. 13; *Kratz*, Die Strafbarkeit nicht-konsentierter genetischer Untersuchungen, S. 232; ähnlich auch: *Volk*, Glücksspiel im Internet, S. 229.

1048 *Kratz*, Die Strafbarkeit nicht-konsentierter genetischer Untersuchungen, S. 232.

1049 *Kratz*, Die Strafbarkeit nicht-konsentierter genetischer Untersuchungen, S. 232.

Strafrechts auf Auslandsachverhalte bei § 14 HWG eine Verletzung der Interessen von Drittstaaten eintritt.[1050] Vordergründig sind dabei völkerrechtliche Übereinkommen zu berücksichtigen.[1051] Jedoch ist die exterritoriale Geltung strafrechtlicher Normen regelmäßig völkerrechtlich nicht geregelt.[1052] Es verbleibt daher – wie im vorliegenden Fall – bei der Anwendung der allgemeingültigen Prinzipien.[1053]

Der Internationale Gerichtshof befasste sich nur in wenigen Entscheidungen mit der Reichweite des transnationalen Geltungsbereichs staatlichen Strafrechts.[1054] In der Lotus-Entscheidung erkannte der Internationale Gerichtshof die Befugnis eines Staates an, seine Regelungen auf Auslandsachverhalte zu erstrecken.[1055] Weiter stellte er fest, dass bei Beachtung des Nichteinmischungsgebots die Erstreckung nationalen Strafrechts auf ausländische Sachverhalte keiner Ermächtigung bedürfe.[1056] Er forderte jedoch einen „genuine link" des Staates, der seine Strafgewalt erstrecken möchte.[1057] Der Begriff des „genuine link" wird in der deutschsprachigen Kommentarliteratur als sinnvoller oder

1050 *Ambos* in: Münchener Kommentar zum StGB, Bd. 1, StGB, Vor §§ 3–7 Rn. 10 ff.; *Kratz*, Die Strafbarkeit nicht-konsentierter genetischer Untersuchungen, S. 232 f.

1051 *Kratz*, Die Strafbarkeit nicht-konsentierter genetischer Untersuchungen, S. 233.

1052 *Ambos*, Internationales Strafrecht, § 2 Rn. 5; *Habscheid/Rudolf*, Territoriale Grenzen der staatlichen Rechtsetzung, S. 17; *Kratz*, Die Strafbarkeit nicht-konsentierter genetischer Untersuchungen, S. 233; *Volk*, Glücksspiel im Internet, S. 229.

1053 *Kratz*, Die Strafbarkeit nicht-konsentierter genetischer Untersuchungen, S. 233; *Volk*, Glücksspiel im Internet, S. 229.

1054 StIGHE 5, 89 ff. (Lotus); ICJ Reports 2002 (Haftbefehl); ICJ Reports 1970 (Barcelono Traction); ICJ Reports 1955 (Nottebohm); *Kratz*, Die Strafbarkeit nicht-konsentierter genetischer Untersuchungen, S. 233.

1055 StIGHE 5, 71, 89 ff. insb. 90 f., 93, 97, 103 f.; *Ambos* in: Münchener Kommentar zum StGB, Bd. 1, StGB, Vor §§ 3–7 Rn. 9; *Karaaslan*, Strafbare Werbung bei Online-Auktionen, S. 454; *Martin*, Strafbarkeit grenzüberschreitender Umweltbeeinträchtigungen, S. 141 f.

1056 StIGH, 5, 71, 91; *Kratz*, Die Strafbarkeit nicht-konsentierter genetischer Untersuchungen, S. 233.

1057 *Geiger*, Staatsrecht III, S. 291; *Karaaslan*, Strafbare Werbung bei Online-Auktionen, S. 454; *Kuner*, CR 1996, 453, 456; *Kolb/Neumann/Salomon*, ZaöRV 2011, 191, 214; *Rotsch* in: Graf/Jäger/Wittig, Wirtschafts- und Steuerstrafrecht, StGB, Vor §§ 3 ff. Rn. 12; *Satzger*, Internationales und europäisches Strafrecht, § 4 Rn. 2; *Stein/von Buttlar*, Völkerrecht, S. 227; *Werle/Jeßberger*, JuS 2001, 35, 36.
Allgemein zum Erfordernis des „genuine link" siehe: IGH ICJR 1955, 4, 24, 26 – Nottebohm; IGH ICJR 1970, 3, 42 – Barcelona Traction.

legitimierender Anknüpfungspunkt übersetzt.[1058] Das Vorliegen eines sinnvollen Anknüpfungspunktes allein genügt allerdings nicht zur abschließenden Regelung der Anwendbarkeit deutschen Strafrechts. Besitzen mehrere Staaten einen solchen Anknüpfungspunkt, vermag auch das „genuine link"-Erfordernis keine Abhilfe zu schaffen.[1059] In diesen Fällen müssen die unterschiedlichen Interessen der beteiligten Staaten in Ausgleich gebracht werden.[1060]

Bei der Lösung von Zuständigkeitskonflikten ist Zweierlei zu beachten: Die Erstreckung der Strafgewalt darf nicht rechtsmissbräuchlich erfolgen.[1061] Darüber hinaus muss eine Abwägung der Interessen der beteiligten Staaten vorgenommen werden.[1062]

1. Keine rechtsmissbräuchliche Ausübung von Strafgewalt

Die Ausübung der deutschen Strafgewalt ist völkerrechtlich unzulässig, wenn sie gegen das Willkür- oder Rechtsmissbrauchsverbot verstößt.[1063] Eine rechtsmissbräuchliche Erstreckung der Strafgewalt liegt vor, wenn ein Staat sein Recht mit dem Ziel anwendet, die Souveränität eines anderen Staates zu verletzen.[1064] Besitzt der deutsche Staat ein begründetes sachliches Interesse, ist der Rechtsmissbrauch auszuschließen.[1065] Der Wille der Bundesrepublik, die deutsche

---

1058 *Geiger*, Staatsrecht III, S. 291.

1059 *Kratz*, Die Strafbarkeit nicht-konsentierter genetischer Untersuchungen, S. 233.

1060 *Ambos*, Internationales Strafrecht, § 2 Rn. 9; *Kratz*, Die Strafbarkeit nicht-konsentierter genetischer Untersuchungen, S. 233.

1061 *Ambos*, Internationales Strafrecht, § 2 Rn. 8; *Kratz*, Die Strafbarkeit nicht-konsentierter genetischer Untersuchungen, S. 233.

1062 *Ambos*, Internationales Strafrecht, § 2 Rn. 9; *Kratz*, Die Strafbarkeit nicht-konsentierter genetischer Untersuchungen, S. 233. Teilweise wird darüber hinaus in der Literatur diskutiert, ob die einzelnen Anknüpfungsprinzipien in ein hierarchisches Verhältnis zu setzen wären, um für den Kollisionsfall eine Art Rangfolge zu bestimmen. Siehe dazu: *Ambos*, Internationales Strafrecht, § 4 Rn. 10 ff.; *Ambos* in: Münchener Kommentar zum StGB, Bd. 1, StGB, Vor §§ 3–7 Rn. 56 (befürwortend); *Zieher*, Das sog. Internationale Strafrecht, S. 67 (ablehnend).

1063 *Ambos*, Internationales Strafrecht, § 2 Rn. 8; *Delbrück/Wolfrum/Dahm*, Völkerrecht, Bd. I/3, S. 194 ff.; *Jescheck/Weigend*, Lehrbuch des Strafrechts, S. 165; *Kratz*, Die Strafbarkeit nicht-konsentierter genetischer Untersuchungen, S. 234; *Zieher*, Das sog. Internationale Strafrecht nach der Reform, S. 67.

1064 *Delbrück/Wolfrum/Dahm*, Völkerrecht, Bd. I/3, S. 197; *Kratz*, Die Strafbarkeit nicht-konsentierter genetischer Untersuchungen, S. 234.

1065 *Delbrück/Wolfrum/Dahm*, Völkerrecht, Bd. I/3, S. 197; *Zieher*, Das sog. Internationale Strafrecht nach der Reform, S. 67.

Strafgewalt auf Auslandssachverhalte der irreführenden Heilmittelwerbung auszudehnen, ist weder rechtsmissbräuchlich noch unvernünftig. Vielmehr kommt der deutsche Staat durch eine Strafverfolgung im Ausland seinen Schutzpflichten gegenüber seinen Bürgern nach.[1066] Es kommt somit nicht zu einer vorsätzlichen Verletzung der Souveränitätsrechte des Drittstaates.

2. *Legitimierender Anknüpfungspunkt*

Besitzen mehrere Staaten einen legitimierenden Anknüpfungspunkt wird das Recht des Staates angewendet, welches den engsten Bezug zum Fall aufweist.[1067] Dies wird im Rahmen einer Interessenabwägung der beteiligten Staaten an der Strafverfolgung einerseits und der Erhaltung der staatlichen Souveränität andererseits ermittelt.[1068] Bei Vorliegen einer solchen Interessenkollision erfolgt die Auflösung im Wege der praktischen Konkordanz.[1069] Das Interesse des Staates, der eine extraterritoriale Strafrechtsanwendung begehrt, muss das Interesse des Staates überwiegen, dessen Souveränität durch die Erstreckung der Strafgewalt verletzt wird.[1070] Andernfalls liegt ein Verstoß gegen den Nichteinmischungsgrundsatz vor.[1071]

Bei der irreführenden Werbung, die im Ausland veröffentlicht wird, ist der Handlungsort im Ausland zu lokalisieren. Obwohl der Handlungsort im Ausland

---

1066 *Kratz*, Die Strafbarkeit nicht-konsentierter genetischer Untersuchungen, S. 234.

1067 ICJ Reports 1970, 1 (Barcelona Traction), S. 42: „*However, in the particular field of the diplomatic protection of corporate entities, no absolute test of the 'genuine connection' has found general acceptance. Such tests as have been applied are of a relative nature, and sometimes links with one State have had to be weighed against those with another.*"; *Ambos* in: Münchener Kommentar zum StGB, Bd. 1, StGB, Vor §§ 3–7 Rn. 63; *Kratz*, Die Strafbarkeit nicht-konsentierter genetischer Untersuchungen, S. 234.

1068 *Ambos*, Internationales Strafrecht, § 2 Rn. 9; *Ambos* in: Münchener Kommentar zum StGB, Bd. 1, StGB, Vor §§ 3–7 Rn. 15, 61; *Kratz*, Die Strafbarkeit nicht-konsentierter genetischer Untersuchungen, S. 235; *Stein/von Buttlar*, Völkerrecht, S. 234.

1069 *Ambos*, Internationales Strafecht, § 2 Rn. 9; *Ambos* in: Münchener Kommentar zum StGB, Bd. 1, StGB, Vor §§ 3–7 Rn. 15; *Kratz*, Die Strafbarkeit nicht-konsentierter genetischer Untersuchungen, S. 235; *Ziegenhain*, Extraterritoriale Rechtsanwendung, S. 36 f.

1070 *Ambos*, Internationales Strafrecht, § 2 Rn. 9; *Ambos* in: Münchener Kommentar zum StGB, Bd. 1, StGB, Vor §§ 3–7 Rn. 15; *Kratz*, Die Strafbarkeit nicht-konsentierter genetischer Untersuchungen, S. 235.

1071 *Ambos*, Internationales Strafrecht, § 2 Rn. 9; *Ambos* in: Münchener Kommentar zum StGB, Bd. 1, StGB, Vor §§ 3–7 Rn. 15; *Kratz*, Die Strafbarkeit nicht-konsentierter genetischer Untersuchungen, S. 235.

liegt, tritt dennoch eine Gefährdung der Rechtsgüter im Inland ein. Diese Gefährdung begründet einen inländischen Erfolgsort gemäß § 9 Abs. 1 Alt. 3 StGB, sodass das deutsche Strafrecht über das Territorialprinzip zur Anwendung gelangt. Folglich kommt es bei abstrakt-konkreten Gefährdungsdelikten wie § 14 HWG – bei denen der Gefährdungserfolg im Inland eintritt – zu einem Kompetenzkonflikt zwischen den beteiligten Staaten.

Der deutsche Staat kann folglich nicht gegen den Täter vorgehen, ohne gleichzeitig die Souveränität des Drittstaates zu verletzen, auch wenn die Erstreckung der Strafgewalt weder willkürlich noch missbräuchlich erfolgt ist.[1072] Aus diesem Grunde muss der Kompetenz-Konflikt durch eine Interessenabwägung aufgelöst werden. Fällt die Interessenabwägung zulasten des deutschen Staates aus, ist eine Erstreckung der Strafgewalt trotz eines legitimierenden Anknüpfungspunktes zu versagen, da eine extraterritoriale Anwendung deutschen Strafrechts bei negativer Interessenabwägung einen Verstoß gegen das Einmischungsverbot darstellt.[1073] Eine solche Interessenabwägung beinhaltet jedoch immer eine Einzelfallentscheidung. Daher werden nun die Argumente für und gegen eine Erstreckung der deutschen Strafgewalt dargelegt.

a. *Interesse des deutschen Staates an der Erstreckung der Strafgewalt*

Eindeutig für die Anwendung des deutschen Strafrechts auf Auslandssachverhalte spricht der Rechtsgüterschutz.[1074] Der deutsche Staat verfolgt Verstöße gegen das Verbot der irreführenden Werbung gemäß § 14 HWG i.V.m. § 3 HWG unter Zuhilfenahme des Strafrechts, um auf diese Weise die Rechtsgüter seiner Bevölkerung zu bewahren. Die Rechtsgüter der individuellen Gesundheit und der öffentlichen Gesundheit, die vordergründig durch § 14 HWG geschützt werden sollen, stellen hochrangige Rechtsgüter dar. Die Tatsache, dass eine Werbung im Ausland ins Internet eingestellt wird, macht die Bürger nicht weniger schutzwürdig, sofern die Werbung auch im Inland abrufbar ist. Unabhängig vom Ort der Tathandlung tritt der Gefährdungserfolg dort ein, wo eine Kenntnisnahme der irreführenden Werbung möglich ist. Jede irreführende Werbung beinhaltet eine potentielle Gefährdung für die Rechtsgüter ihrer Adressaten. Verneint man

---

1072 *Kratz*, Die Strafbarkeit nicht-konsentierter genetischer Untersuchungen, S. 235.

1073 *Ambos*, Internationales Strafrecht, § 2 Rn. 9; *Kratz*, Die Strafbarkeit nicht-konsentierter genetischer Untersuchungen, S. 236.

1074 Vgl. zu den Interessen des deutschen Staates an der Erstreckung der Strafgewalt sowie des ausländischen Staates an der Nichteinmischung bei nicht konsentierten genetischen Untersuchungen hier und im Folgenden: *Kratz*, Die Strafbarkeit nicht-konsentierter genetischer Untersuchungen, S. 236.

die Anwendbarkeit des deutschen Strafrechts, wäre der Täter in der Lage, durch die Wahl des Handlungsortes einer Strafbarkeit zu entgehen, indem er die Tathandlung in einem Staat vornimmt, der die irreführende Werbung nicht strafrechtlich ahndet. Auf diese Weise könnte der Täter die nationalen Strafnormen umgehen.

b. Interesse des ausländischen Staates an der Nichteinmischung

Gegen eine Anwendbarkeit des deutschen Strafrechts spricht das Abwehrinteresse des Drittstaates aufgrund der Einmischung in dessen Angelegenheiten. Ein solches liegt regelmäßig vor, wenn die Handlung in dem Drittstaat nicht mit Strafe bedroht ist. Ob eine Verhaltensweise als Straftat geahndet wird oder nicht, liegt in der Regel eine gesetzgeberische Entscheidung zugrunde. Erfolgt keine Strafverfolgung, gewährt der ausländische Staat seinen Bürgern in diesem Punkt ein Mehr an Freiheit als der deutsche Staat. Versucht ein anderer Staat diese Freiheiten durch Ausübung von Strafgewalt zu begrenzen, stellt dies einen Eingriff in die Souveränität des Staates dar.

Ebenfalls gegen eine Erstreckung der deutschen Strafgewalt ist die geringe Intensität der Rechtsgutsverletzung anzuführen. Handelt es sich lediglich um kleinere Rechtsgutsverletzungen, fällt das Interesse an einer Strafverfolgung geringer aus.

Bei § 14 HWG handelt es sich um einen Vorfeldtatbestand, dessen Schutz zu einem sehr frühen Zeitpunkt beginnt. § 14 HWG ist als potentielles Gefährdungsdelikt ausgestaltet, sodass nicht jede irreführende Werbung zu einer erheblichen Gefährdung führen wird. Je nach Art der Heilmittelwerbung wird die Gesundheitsgefährdung unterschiedlich ausfallen. Diesen Schwankungen unterliegt auch das staatliche Interesse an einer Strafgewaltserstreckung. Bei einer erheblichen Gefährdung der Gesundheit der Bürger und auch der allgemeinen Gesundheit besteht ein größeres Interesse als bei einer nur geringen Rechtsgutsgefährdung.

c. Auswertung

Dem Argument, dass im Einzelfall nur eine geringe Rechtsgutsbeeinträchtigung vorliegt, ist die gesetzgeberische Entscheidung, die irreführende Heilmittelwerbung als potentielles Gefährdungsdelikt auszugestalten, entgegenzuhalten. Der Gesetzgeber hat durch die Ausgestaltung des § 14 HWG als abstrakt-konkretes Gefährdungsdelikt bereits über die Strafwürdigkeit des Täterverhaltens entschieden und der Bedeutsamkeit des geschützten Rechtsguts Rechnung getragen. Gleichwohl darf nicht übersehen werden, dass auf der anderen Seite ein Eingriff in die Souveränitätsrechte eines Staates erfolgt. Ob das Strafverfolgungsinteresse oder das Interesse an der Erhaltung der staatlichen Souveränität überwiegt, kann nur für den konkreten Einzelfall geprüft werden. Bei schweren Verstößen wird das Strafverfolgungsinteresse das Interesse des Drittstaates an der Erhaltung der staatlichen Souveränität überwiegen.

Eine abschließende und generelle Bewertung ist jedoch nicht möglich.

3. *Zusammenfassung/Ergebnis*

Die völkerrechtliche Konformität einer Strafgewaltserstreckung ist durch eine einzelfallbezogene Interessensabwägung der beteiligten Staaten zu ermitteln. Bei Verstößen mit geringer Eingriffsintensität fällt das Verfolgungsinteresse weniger groß aus als bei Verstößen mit hoher Eingriffsintensität. Wählt der Täter vorsätzlich den Weg über das Ausland, kann das Interesse der Strafgewalterstreckung das Interesse des Drittstaates an der Erhaltung seiner Souveränität überwiegen.

Trotz der Tatsache, dass eine Strafgewalterstreckung potentiell möglich ist, wird eine solche in der Praxis auf Schwierigkeiten stoßen. Wenn sich der Täter im Ausland aufhält, hat die Bundesrepublik kaum eine Möglichkeit, diesem habhaft zu werden. Die Fälle würden sich auf solche Taten beschränken, in denen der Täter freiwillig wieder in die Bundesrepublik einreist. Eine Auslieferung des Täters ist zwar möglich, scheint jedoch mangels völkerrechtlicher Vereinbarungen im Hinblick auf die irreführende Heilmittelwerbung unwahrscheinlich.

5. Kapitel: Ordnungswidrigkeitentatbestand gemäß § 15 Abs. 2 HWG

Im Anschluss an die Untersuchung des § 14 HWG erfolgt eine Auseinandersetzung mit § 15 Abs. 2 HWG, der die fahrlässige irreführende Heilmittelwerbung als Ordnungswidrigkeit ahndet. Die Verfolgung einer fahrlässigen Irreführung als Ordnungswidrigkeit stellt im deutschen Rechtssystem eine Besonderheit dar. Auf diese Problematik sowie auf die Besonderheiten des Ordnungswidrigkeitstatbestands wird im Folgenden eingegangen.

A. Die fahrlässige Irreführung

Die fahrlässige Zuwiderhandlung gegen das Verbot der irreführenden Werbung stellt eine Ordnungswidrigkeit gemäß § 15 Abs. 2 HWG dar. § 15 Abs. 2 HWG ist ebenso wie § 14 HWG als Blankettnorm ausgestaltet. Das bußgeldbewehrte Verhalten wird in § 15 Abs. 2 HWG nicht ausdrücklich normiert.[1075] § 15 Abs. 2 HWG verweist ebenfalls auf das Irreführungsverbot des § 3 HWG, der die tatbestandlichen Voraussetzungen festlegt.[1076] Der einzige Unterschied zwischen dem Ordnungswidrigkeitentatbestand des § 15 Abs. 2 HWG und der Strafnorm des § 14 HWG ist, dass § 15 Abs. 2 HWG die fahrlässige irreführende Werbung ahndet.

B. Das Legitimationsproblem

Die deutsche Rechtsordnung stuft vorsätzliche Zuwiderhandlungen gegen das heilmittelrechtliche Irreführungsverbot als Straftat und fahrlässige Verstöße als Ordnungswidrigkeit ein.[1077] Ein Vergleich mit anderen Rechtsgebieten zeigt, dass neben der heilmittelwerberechtlichen Regelung im Lebensmittelrecht ein Bußgeldtatbestand existiert, der die fahrlässige Irreführung sanktioniert. Aber auch dieser Tatbestand stellt eine Ausnahme im Gesamtsystem dar.[1078] § 263 Abs. 1 StGB und § 16 Abs. 1 UWG zum Beispiel ahnden ausschließlich

1075 *Gröning* in: Gröning/Mand/Reinhart, Heilmittelwerberecht, Bd. 1, § 15 Rn. 2; *Ring* in: Bülow/Ring/Artz/Brixius, HWG, § 15 Rn. 1.

1076 *Doepner/Reese*, HWG, § 15 Rn. 1 f.

1077 *Hecker*, Strafbare Produktwerbung im Lichte des Gemeinschaftsrechts, S. 183.

1078 § 60 Abs. 1 LFGB; siehe dazu: *Hecker*, Strafbare Produktwerbung im Lichte des Gemeinschaftsrechts, S. 183 f.

einen vorsätzlichen Verstoß. Dieser gesetzgeberischen Wertung kann entnommen werden, dass ein fahrlässiger Angriff auf das Vermögen oder die Dispositionsfreiheit der Verbraucher grundsätzlich nicht sanktionsbedürftig ist.[1079]

Bei einem Vergleich der Strafandrohung des § 15 Abs. 2 HWG mit § 16 Abs. 1 UWG ergibt sich allerdings ein Wertungswiderspruch, den *Hecker* im Bereich des Lebensmittelrechts als „Legitimationsproblem" bezeichnet.[1080] Die Höchststrafe bei einem vorsätzlichen Verstoß gegen § 16 Abs. 1 UWG liegt bei zwei Jahren Freiheitsstrafe. Die vorsätzliche Zuwiderhandlung gegen § 14 HWG hingegen wird nur mit einer Freiheitsstrafe von maximal einem Jahr bestraft. Dieser gesetzlichen Wertung ist zu entnehmen, dass dem vorsätzlichen Verstoß gegen § 16 Abs. 1 UWG ein größerer Unrechtsgehalt zuzuschreiben ist als dem vorsätzlichen Verstoß gegen § 14 HWG. Wenn allerdings der schwerwiegendere Verstoß gegen die wettbewerbsrechtliche Regelung bei fahrlässiger Begehung nicht verfolgt wird, müsste das Gleiche auch für fahrlässige Verstöße gegen das heilmittelwerberechtliche Irreführungsverbot gelten, da die Strafandrohung des § 14 HWG geringer ist, als bei der lauterkeitsrechtlichen Regelung in § 16 Abs. 1 UWG.[1081] Die gleiche Problematik der widersprüchlichen Behandlung bei fahrlässigen Täuschungsdelikten findet sich im Lebensmittelrecht. Dort unterliegt dieser Wertungswiderspruch einer regen Diskussion. *Freund* schlägt zur Lösung des Legitimationsproblems vor, die Lebensmitteldelikte durch eine allgemeine Produktverantwortlichkeit zu ersetzen.[1082] Seiner Meinung nach sollte ein neuer produktunspezifischer Fahrlässigkeitstatbestand § 121a im Ordnungswidrigkeitengesetz geschaffen werden.[1083]

§ 121 a OWiG (Vorschlag *Freund*):
„Ordnungswidrig handelt, wer durch Fahrlässigkeit verursacht (oder nicht verhindert), daß ein für den Verkehr bestimmter Gegenstand eine Eigenschaft aufweist oder unter Bedingungen in den Verkehr gelangt oder zum Inverkehrbringen bereitgehalten wird,

---

1079 *Hecker*, Strafbare Produktwerbung im Lichte des Gemeinschaftsrechts, S. 184.

1080 *Hecker*, Strafbare Produktwerbung im Lichte des Gemeinschaftsrechts, S. 184.

1081 Vergleiche zu dieser Thematik im Lebensmittelrecht: *Dannecker*, Entsanktionierung, S. 81; *Hecker*, Strafbare Produktwerbung im Lichte des Gemeinschaftsrechts, S. 184.

1082 *Freund*, ZLR 1994, 261, 297 f.; *Hecker*, Strafbare Produktwerbung im Lichte des Gemeinschaftsrechts, S. 184; *Sammer*, Die Sorgfaltspflichten im Lebensmittelstraf- und Ordnungswidrigkeitenrecht, S. 93.

1083 *Dannecker*, Entsanktionierung, S. 58; *Freund*, ZLR 1994, 261, 298; *Hecker*, Strafbare Produktwerbung im Lichte des Gemeinschaftsrechts, S. 184; *Sammer*, Die Sorgfaltspflichten im Lebensmittelstraf- und Ordnungswidrigkeitenrecht, S. 94 f.

aufgrund deren mit einer Fehlvorstellung oder der Unkenntnis anderer in Bezug auf eine verkehrswesentliche Eigenschaft des Gegenstandes gerechnet werden muß.“[1084]

Freunds Vorschlag ließe sich grundsätzlich auch auf das Heilmittelwerberecht übertragen. Würde ein allgemeiner Fahrlässigkeitstatbestand im Ordnungswidrigkeitenrecht geschaffen, könnte der Wertungswiderspruch, dass im Heilmittelwerberecht eine Fahrlässigkeitsstrafbarkeit geregelt ist, im Lauterkeitsrecht hingegen trotz höherer Strafandrohung eine fahrlässige Irreführung nicht sanktioniert wird, beseitigt werden. Vorteilhaft an *Freunds* Vorschlag wäre, dass auf diese Weise die Zahl der Sanktionsvorschriften erheblich verringert werden könnte.[1085] Gleichzeitig entfiele die Erforderlichkeit der Blankettgesetzgebungstechnik.[1086] *Freunds* Vorschlag ist jedoch harscher Kritik ausgesetzt. Kritisiert wird zu Recht, dass dieser Lösungsansatz zu Rechtsunsicherheit führt, da bei vielen Produkten keine eindeutige Verbrauchererwartung existiert.[1087] Durch die Einführung eines solchen allgemeinen Fahrlässigkeitstatbestandes ist darüber hinaus eine Ausuferung der Sanktionierung von unerwünschten Verhaltensweisen zu befürchten.[1088] Die daraus resultierende Unattraktivität der Bundesrepublik als wirtschaftlicher Standort ist für die Wirtschaft nicht zuträglich.[1089] Auch kriminalpolitische Erwägungen sprechen gegen die Einführung eines produktunspezifischen Fahrlässigkeitstatbestandes im Ordnungswidrigkeitengesetz.[1090]

Dannecker versucht das Legitimationsproblem auf andere Weise zu lösen. Er schlägt vor, dass im Bereich des lebensmittelrechtlichen Täuschungsschutzes ausschließlich vorsätzliche Verstöße strafrechtliche Sanktionen zur Folge haben

---

1084 *Freund*, ZLR 1994, 261, 290, 298.

1085 *Dannecker*, Entsanktionierung, S. 58; *Geerds*, ZStW 1962, 245, 255 ff.; *Sammer*, Die Sorgfaltspflichten im Lebensmittelstraf- und Ordnungswidrigkeitenrecht, S. 93.

1086 Kritisch mit verfassungsrechtlichen Bedenken bezüglich der Blankettgesetzgebungstechnik: *Sammer*, Die Sorgfaltspflichten im Lebensmittelstraf- und Ordnungswidrigkeitenrecht, S. 95.

1087 *Hammerl*, ZLR 1998, 299, 300 ff. zitiert nach: *Hecker*, Strafbare Produktwerbung im Lichte des Gemeinschaftsrechts, S. 185.

1088 *Dannecker*, Entsanktionierung, S. 62 ff.; *Hecker*, Strafbare Produktwerbung im Lichte des Gemeinschaftsrechts, S. 185; *Sammer*, Die Sorgfaltspflichten im Lebensmittelstraf- und Ordnungswidrigkeitenrecht, S. 95 f. Ebenfalls gegen eine Kriminalisierung der fahrlässigen Irreführung spricht sich *Schricker* aus in: *Schricker*, GRUR Int 1973, 694, 698.

1089 *Hecker*, Strafbare Produktwerbung im Lichte des Gemeinschaftsrechts, S. 185.

1090 *Hecker*, Strafbare Produktwerbung im Lichte des Gemeinschaftsrechts, S. 185.

sollen.[1091] Er fordert eine Abschaffung der Fahrlässigkeitstatbestände.[1092] Ohne eine durch den Gesetzgeber vorgenommene Entsanktionierung der lebensmittelrechtlichen Vorschriften seien die bestehenden Tatbestände restriktiv auszulegen.[1093] Zwar kann dieser Gedanke *Danneckers* grundsätzlich auf das Heilmittelwerberecht übertragen werden. Um den beschriebenen Wertungswiderspruch aufzulösen, wäre eine Entsanktionierung der fahrlässigen Irreführung gemäß § 15 Abs. 2 HWG denkbar. Gegen diesen Ansatz und damit gegen eine Abschaffung der fahrlässigen Irreführung im Heilmittelwerberecht sprechen aber die Schutzgüter des § 15 Abs. 2 HWG. Bei genauerer Betrachtung entpuppt sich deshalb der von *Hecker* im Lebensmittelrecht als Legitimationsproblem bezeichnete Umstand, dass die Sanktionierung einer fahrlässigen Irreführung im deutschen Strafrecht die Ausnahme darstellt, als Scheinproblematik. Denn diese ausnahmsweise statuierte Sanktionierung findet ihre Legitimation in der besonderen Schutzwürdigkeit der Rechtsgüter. Primär sollen die individuelle und allgemeine Gesundheit geschützt werden. Der Gesundheitsschutz ist ein überragend wichtiges und besonders schutzwürdiges Gut[1094], welches die Existenz eines Fahrlässigkeitstatbestandes rechtfertigt. Dies gilt gleichermaßen für das Lebensmittel- und Futtermittelgesetzbuch wie für das Heilmittelwerbegesetz. So ist der Schutzzweck des Gesundheitsschutzes im LFGB in § 1 Abs. 1 S. 1 LFGB betont. Im Falle des HWG wird der Gesundheitsschutz in der amtlichen Begründung des Regierungsentwurfes prägnant hervorgehoben.[1095] Der Gesetzgeber hat durch die Sanktionierung der fahrlässigen Irreführung im Lebensmittelrecht und im Heilmittelwerberecht zur Erreichung eines umfassenden Verbraucherschutzes die bewusste Entscheidung getroffen, fahrlässige Irreführungen, die dem Gesundheitsschutz dienen, mit Strafe zu belegen. Die Differenzierung nach Art des Schutzgutes, wonach auch fahrlässige Irreführungen, wenn sie dem Gesundheitsschutz dienen, sanktioniert werden, sollte aus oben genannten Gründen auch weiterhin aufrechterhalten werden. Von einer Entsanktionierung der fahrlässigen Irreführung im Bereich der Heilmittelwerbung ist also trotz der eher geringen Praxisrelevanz der Regelung abzusehen.

1091 *Dannecker*, Entsanktionierung, S. 82 ff.; *Hecker*, Strafbare Produktwerbung im Gemeinschaftsrecht, S. 185.

1092 *Dannecker*, Entsanktionierung, S. 82 ff.

1093 *Dannecker*, Entsanktionierung, S. 82 ff.

1094 BGHZ 180, 355, 365; *Dannecker*, Entsanktionierung, S. 69.

1095 BT-Drucks. IV/1867, 5 ff.; vgl. dazu: *Zimmermann* in: Fuhrmann/Klein/Fleischfresser, § 28 Rn. 8.

C. Versuch und Vollendung

Da es sich bei § 15 Abs. 2 HWG um einen Fahrlässigkeitstatbestand handelt, ist kein Versuch möglich, weil ein Versuch vorsätzliches Handeln voraussetzt.

D. Täterschaft und Teilnahme

Im Ordnungswidrigkeitenrecht gilt die sogenannte Einheitstäterschaft nach § 14 OWiG.[1096] Im Unterschied zum Strafrecht wird nicht zwischen Mittäterschaft, Anstiftung und Beihilfe unterschieden, sondern jeder der einen Mitwirkungsbeitrag leistet, wird als Täter bestraft.[1097]

E. Rechtsfolgen

I. Verfolgung und Ahndung

Das Verfahren wegen Ordnungswidrigkeiten nach § 15 Abs. 2 HWG richtet sich nach dem Ordnungswidrigkeitengesetz. Sachlich zuständig ist gemäß §§ 35, 36 OWiG die zuständige Verwaltungsbehörde. Gemäß § 47 OWiG gilt das Opportunitätsprinzip, d.h. die Verfolgung einer Ordnungswidrigkeit steht im pflichtgemäßen Ermessen der zuständigen Behörde.

Ein Verstoß gegen § 15 Abs. 2 HWG kann gemäß § 15 Abs. 3 HWG mit einer Geldbuße von bis zu zwanzigtausend Euro geahndet werden.

Bei Verwirklichung mehrerer Ordnungswidrigkeiten gelten die §§ 19 ff. OWiG. Werden durch eine Handlung mehrere Gesetze verletzt oder wird durch eine Handlung mehrmals gegen ein Gesetz verstoßen, besteht Tateinheit gemäß § 19 OWiG. Es wird nur eine einzige Geldbuße festgesetzt. Die Geldbuße bestimmt sich gemäß § 19 Abs. 2 OWiG nach dem Gesetz mit der höchsten Strafandrohung. Gleichzeitig können die Nebenfolgen des nicht angewandten Gesetzes angeordnet werden.[1098]

1096 *Blum* in: Blum/Gassner/Seith, OWiG, § 14 Rn. 1; *Coen* in: Beck-OK OWiG, § 14 Rn. 1; *Doepner/Reese*, HWG, § 15 Rn. 5; *Göhler*, OWiG, § 14 Rn. 1; *Ring* in: Bülow/Ring/Artz/Brixius, HWG, § 15 Rn. 13.

1097 *Blum* in: Blum/Gassner/Seith, OWiG, § 14 Rn. 1; *Coen* in: Beck-OK OWiG, § 14 Vor Rn. 1; *Ring* in: Bülow/Ring/Artz/Brixius, HWG, § 15 Rn. 13.

1098 *Blum* in: Blum/Gassner/Seith, OWiG, § 19 Rn. 15; *Mitsch* in: Karlsruher Kommentar zum OWiG, § 19 Rn. 78; *Ring* in: Bülow/Ring/Artz/Brixius, HWG, § 15 Rn. 14; *Sackreuther* in: Beck-OK OWiG, § 19 Rn. 29.

Werden mehrere Geldbußen verwirkt, liegt nach § 20 OWiG Tatmehrheit vor und es werden alle Geldbußen gesondert festgesetzt.[1099]

II. Einziehung

§§ 22 ff. OWiG regeln die Einziehung von Gegenständen im Ordnungswidrigkeitenrecht. Gemäß § 16 HWG i.V.m. § 22 OWiG unterliegen Werbematerial und sonstige Gegenstände, auf die sich eine Tat nach § 15 HWG bezieht, der Einziehung; insofern ist die Einziehung des Werbematerials auch bei einer Ordnungswidrigkeit nach § 15 Abs. 2 HWG möglich. Im Unterschied zu der strafrechtlichen Regelung, bei der gemäß § 74 Abs. 1 StGB die Produkte der Tat und die Tatmittel immer der Einziehung unterliegen, bedarf es im Ordnungswidrigkeitenrecht auch hinsichtlich der einzuziehenden Gegenstände einer ausdrücklichen Regelung. Da in Bezug auf die Ordnungswidrigkeit nach § 15 Abs. 2 HWG keine weitergehende Anordnung existiert, ist eine Einziehung der Tatprodukte und des Tatmittels bei § 15 Abs. 2 HWG unzulässig.[1100] Auch die Einziehung der Taterträge ist bei einer Ordnungswidrigkeit nach § 15 Abs. 2 HWG nicht möglich.

III. Verjährung

Die Verjährung richtet sich ebenfalls nach den allgemeinen Regelungen des Ordnungswidrigkeitengesetzes. Die Verjährung ist in § 31 OWiG geregelt und beginnt nach § 31 Abs. 3 OWiG nach Beendigung der Tat. Gemäß § 31 Abs. 2 Nr. 1 OWiG verjähren Ordnungswidrigkeiten, die im Höchstmaß mit mehr als fünfzehntausend Euro bedroht sind, in drei Jahren. Folglich gilt für § 15 Abs. 2 HWG i.V.m. § 31 Abs. 2 Nr. 1 OWiG eine dreijährige Verjährungsfrist.

Liegt ein Presseinhaltsdelikt vor, richtet sich die Verjährung nach den jeweiligen Landespressegesetzen.[1101] Die Landespressegesetze setzen die Verjährungsfrist für Presseinhaltsdelikte, die eine Ordnungswidrigkeit darstellen, grundsätzlich auf drei Monate fest.[1102] Die Frist beginnt mit Erscheinen des

1099 *Blum* in: Blum/Gassner/Seith, OWiG, § 20 Rn. 1 f.; *Göhler*, OWiG, § 20 Rn. 2; *Mitsch* in: Karlsruher Kommentar zum OWiG, § 20 Rn. 1; *Ring* in: Bülow/Ring/Artz/Brixius, HWG, § 15 Rn. 14.

1100 *Doepner/Reese*, HWG, § 16 Rn. 15.

1101 Vgl. z.B. § 25 Abs. 2 LPresseG NRW, § 24 Abs. 2 NPresseG und Art. 15 Abs. 2 BayPrG.

1102 Vgl. z.B. § 25 Abs. 2 LPresseG NRW, § 24 Abs. 2 NPresseG und Art. 15 Abs. 2 BayPrG.

Druckwerks.[1103] Wird das Druckwerk in Teilen verbreitet, handelt es sich um eine fortgesetzte Handlung und die Frist beginnt anders als üblich mit Verbreitung jedes Druckwerks für sich.[1104] Begründet wird diese Abweichung zum einen damit, dass sich mit Veröffentlichung des Druckwerkes auch der deliktische Inhalt offenbart und die Strafverfolgungsbehörden umgehend auf den Verstoß reagieren können.[1105]

1103 *Bülow* in: Bülow/Ring/Artz/Brixius, HWG, § 14 Rn. 12.
1104 BGHSt 27, 18, 20 ff.
1105 *Schröder* in: FS-Gallas, S. 334.

6. Kapitel: Zur Reformbedürftigkeit der §§ 14, 15 Abs. 2 HWG

Wie bereits im ersten Kapitel unter Punkt A dargestellt, ist die irreführende Heilmittelwerbung schon seit 1965 durch das Heilmittelwerbegesetz mit Strafe belegt.[1106] Die Werbung für Heilmittel war aber bereits vor Einführung des Heilmittelwerbegesetzes durch Verordnungen untersagt. Die ersten Werbeverbote für Heilmittel enthielten die Verordnungen über den Verkehr mit Geheimmitteln, die von den Bundesstaaten im Jahr 1903 infolge eines Bundesratsbeschlusses erlassen wurden. Trotz der langen Gültigkeit des Verbots der irreführenden Heilmittelwerbung findet die Regelung des § 14 HWG in der Praxis kaum Anwendung.[1107]

Grundsätzlich geben die Häufigkeitszahlen der polizeilichen Kriminalstatistik Aufschluss über die der Polizei bekannt gewordenen Straftaten.

Die polizeiliche Kriminalstatistik beinhaltet eine Auflistung der Straftaten einschließlich der mit Strafe bedrohten Versuche von Taten von denen die Polizei Kenntnis erlangt hat.[1108] Nicht enthalten sind Delikte, die bei der Staatsanwaltschaft zur Anklage gebracht wurden sowie Staatsschutzdelikte, Verkehrsdelikte und Delikte, die außerhalb der polizeilichen Zuständigkeit liegen wie Finanz- und Steuerdelikte.[1109] Auch Ordnungswidrigkeiten werden von der polizeilichen Kriminalstatistik nicht erfasst.[1110] Eine in der polizeilichen Kriminalstatistik aufgeführte Kategorie stellen die Straftaten auf dem Gebiet des Umwelt- und Verbraucherschutzsektor dar.[1111] Diese Kategorie wird weiter untergliedert in Straftaten im Zusammenhang mit Lebens- und Arzneimitteln und Straftaten gegen strafrechtliche Nebengesetze auf dem Umwelt- und Verbraucherschutzsektor.[1112] Zu den Straftaten im Zusammenhang mit Lebens- und Arzneimitteln gehören zum Beispiel Verstöße gegen das Lebensmittel- und Futtermittelgesetzbuch, das Arzneimittelgesetz und Weingesetz.[1113] Das Heilmittelwerbegesetz ist

1106 Hier und im Folgenden siehe Kapitel 1 unter Punkt A.
1107 *Rolfes*, Internetapotheken, S. 25.
1108 PKS 2018 Jahrbuch, Band 4, S. 5.
1109 PKS 2018 Jahrbuch, Band 4, S. 5.
1110 PKS 2018 Jahrbuch, Band 4, S. 5.
1111 PKS 2018 – Summenschlüssel, S. 7.
1112 PKS 2018 – Summenschlüssel, S. 7.
1113 PKS 2018 – Summenschlüssel, S. 7.

nicht explizit aufgeführt.[1114] Dennoch ist zu vermuten, dass auch Verstöße gegen das Heilmittelwerbegesetz unter diesen Summenschlüssel fallen. Aufgrund der Seltenheit der heilmittelwerberechtlichen Verstöße werden sie aber nicht detailliert ausgewiesen, sodass nicht genau nachvollzogen werden kann, wie hoch die polizeilich registrierte Kriminalität bei § 14 HWG ist.

Die Kategorie der Straftaten auf dem Umwelt- und Verbraucherschutzsektor machen ca. 0,5 Prozent der Gesamtkriminalität aus.[1115] Davon handelte es sich im Jahr 2018 bei 5969 Taten um Taten aus dem Bereich der Lebens- oder Arzneimittel.[1116] Zieht man die Verstöße gegen das Lebensmittel- und Futtermittelgesetzbuch, sowie dem Arzneimittelgesetz und dem Weingesetz ab, verbleiben 1422 Taten (dies entspricht 0,0002 Prozent der Gesamtkriminalität), die möglicherweise Verstöße gegen das Heilmittelwerbegesetz sein könnten.[1117]

Darüber hinaus veröffentlicht das Statistische Bundesamt jährlich eine Strafverfolgungsstatistik. In dieser sind die Verstöße gegen das Heilmittelwerbegesetz, bei denen es zu einem gerichtlichen Verfahren gekommen ist, aufgeführt. Nach den Zahlen des Statistischen Bundesamtes wurden seit 2009 einundzwanzig Personen wegen Verstößen gegen das Heilmittelwerbegesetz abgeurteilt.[1118] In fünfzehn der einundzwanzig Fälle endeten die Verfahren mit einer Verurteilung des Täters zu einer Geldstrafe.[1119] In sechs Fällen endete das Verfahren mit einem Freispruch oder einer Einstellung.[1120]

Eine mögliche Ursache für die geringe praktische Bedeutung des § 14 HWG und auch des § 15 Abs. 2 HWG könnte sein, dass bei den Sachverhalten regelmäßig auch § 263 StGB, § 223 StGB oder § 16 Abs. 1 UWG einschlägig sind. Liegt gleichzeitig ein Betrug, eine Körperverletzung oder ein Verstoß gegen wettbewerbsrechtliche Vorschriften vor, liegt die Vermutung nahe, dass der heilmittelwerberechtliche Verstoß aus Gründen der Verfahrensvereinfachung gar nicht zur Anklage gebracht wird.

Darüber hinaus ist das Heilmittelwerbegesetz und die dort geregelte Strafnorm beziehungsweise Ordnungswidrigkeitennorm in der Bevölkerung nicht

---

1114 PKS 2018 – Summenschlüssel.

1115 PKS 2018 Jahrbuch, Band 4, S. 186.

1116 PKS 2018 Jahrbuch, Band 4, S. 187.

1117 PKS 2018 Jahrbuch, Band 4, S. 187.

1118 Siehe dazu: *Statistisches Bundesamt*, Fachserie 10, Rechtspflege, Reihe 3, abrufbar unter: https://www.destatis.de/GPStatistik/receive/DESerie_serie_00000107 (7.2.2020).

1119 Ebenda.

1120 Ebenda.

geläufig, sodass ein solches Verhalten nicht oder nur selten zur Anzeige gebracht wird. Ebenso könnte der gut ausgestaltete zivilrechtliche Schutz vor irreführender Heilmittelwerbung ausreichend sein, sodass eine darüberhinausgehende Sanktionierung nicht für erforderlich gehalten wird.

Im diesem Kapitel sollen daher die Gründe für die geringe Praxisrelevanz des § 14 HWG herausgearbeitet werden. In diesem Kontext erfolgt eine Erörterung des sogenannten „Heilerfalles" des Amtsgericht Meldorf und des Falles „Galavit", über den der Bundesgerichtshof zu entscheiden hatte. Letzterer ist ein Beispiel dafür, dass trotz Vorliegens der tatbestandlichen Voraussetzungen des § 14 HWG die Norm in der Praxis nicht angewendet wird. Nachfolgend wird die Notwendigkeit der Norm untersucht. Abschließend wird eine etwaige Reformbedürftigkeit der Regelung diskutiert und ein Reformvorschlag unterbreitet.

A. Praktische Bedeutung des § 14 HWG

Die Verbraucher haben durch zivilrechtliche Schadensersatz- und Unterlassungsansprüche ein gewichtiges Mittel zur Durchsetzung ihrer Rechte zur Verfügung. Im Vergleich zu den zivilrechtlichen Möglichkeiten ist die praktische Anwendung der strafrechtlichen Norm äußerst gering.[1121] Einer im Jahr 1975 von *Höpker* vorgenommenen Auswertung der Rechtssprechungssammlungen aus den Jahren 1966 und 1973 lässt sich entnehmen, dass Strafurteile nur 13 Prozent, zivilrechtliche Entscheidungen jedoch 84 Prozent der Urteile im Heilmittelwerberecht ausmachten.[1122] In den folgenden Jahren hat sich dieser Trend der Dominanz der zivilrechtlichen Urteile verstärkt.[1123] In der Praxis dominiert die zivilrechtliche Durchsetzung der heilmittelwerberechtlichen Vorschriften.[1124] Bis heute findet sich keine strafrechtliche Gerichtsentscheidung, die als Leitentscheidung für § 14 HWG dienen könnte.[1125] Dass § 3 HWG eine große praktische Bedeutung zukommt, während § 14 HWG zumeist unberücksichtigt bleibt, ist insoweit verwunderlich. Die einzige veröffentlichte Entscheidung, in der § 14 HWG Gegenstand des Verfahrens war, ist der „Heilerfall" des Amtsgerichts Meldorf aus dem Jahr 2010. Dieser Entscheidung lag der folgende Sachverhalt[1126] zugrunde:

1121 Vergleiche dazu auch die Ausführungen von *Doepner* in: *Doepner*, PharmR 1984, 5.

1122 *Höpker*, WRP 1975, 330, 331. Bei den übrigen 3 % handelt es sich um Verwaltungsentscheidungen.

1123 *Doepner/Reese*, HWG, Einleitung, Rn. 211; *Doepner*, PharmR 1984, 5.

1124 *Mand* in: Prütting, Medizinrecht, HWG, Einleitung, Rn. 11.

1125 *Doepner/Reese*, HWG, Einleitung, Rn. 211.

1126 Siehe ausführlich zum Sachverhalt: AG Meldorf NStZ 2012, 458.

Am 12.9.2009 hatte der Angeklagte auf einem Wochenmarkt einen Stand aufgebaut und warb mittels eines großflächigen Plakats für seine Dienste als Heiler. Die Behandlung des Angeklagten erschöpfte sich darin, dass er sich vor seine „Patienten" stellte, seine Hände hob und zu Gott betete, der dann seinerseits tätig werden würde. Der Angeklagte wurde unter anderem wegen Verstoßes gegen das Verbot der irreführenden Werbung gemäß § 14 HWG i.V.m. § 3 HWG angeklagt. Das Amtsgericht Meldorf sprach den Angeklagten von diesem Vorwurf frei. Nach Auffassung des Gerichts reichten die getroffenen Tatsachenfeststellungen nicht aus, um eine Verurteilung wegen des Verstoßes gegen § 14 HWG i.V.m. § 3 HWG zu stützen. In der Beweisaufnahme konnte der genaue Wortlaut der Plakataufschrift nicht geklärt werden, sodass kein eindeutiger Nachweis erbracht werden konnte, dass der Angeklagte tatsächlich für eine Behandlung geworben hatte, der entgegen der Werbeaussage keine Wirkung zukam.

I. Ursachen für die mangelnde Anwendung des § 14 HWG

Die bisherigen Untersuchungen haben gezeigt, dass die praktische Anwendung der heilmittelwerberechtlichen Regelung trotz des relativ weiten Anwendungsbereichs der Norm äußerst gering ist.[1127] Daher gilt es nun, die Ursachen für die geringe praktische Anwendung des § 14 HWG herauszuarbeiten.

1. Unkenntnis der Bevölkerung/Strafverfolgungsbehörden

Getreu dem Sprichwort: „Wo kein Kläger, da kein Richter" könnte die Unkenntnis der Bevölkerung ein Grund für die mangelnde praktische Anwendung des § 14 HWG sein.

§ 14 HWG ist im Nebenstrafrecht geregelt und bezieht sich auf den speziellen Fall der Heilmittelwerbung. Für die Teile der Bevölkerung, die keine Bezugspunkte zum medizinischen oder juristischen Bereich haben, kann davon ausgegangen werden, dass ihnen die Regelungen des Heilmittelwerbegesetzes unbekannt sind. Demzufolge wissen sie nicht, dass die Möglichkeit einer Strafanzeige einer irreführenden Heilmittelwerbung bei der Polizeibehörde besteht. Bei kleineren Fällen, wie beispielsweise einem Plakat auf dem Wochenmarkt, fällt das Interesse an einer Strafanzeige gering aus, wenn weder eine Körperverletzung noch ein finanzieller Nachteil eingetreten ist. Dies ändert sich erst, wenn eine Körperverletzung beziehungsweise ein Betrug im Raume stehen – wenn

1127 Siehe dazu: Kapitel 6 unter A.

also ein Erfolg eingetreten ist. Bei Ausbleiben eines solchen Erfolges gehen überwiegend Mitbewerber, Verbraucherverbände[1128] oder Vereine[1129], die sich der Überwachung der Heilmittelwerbung verschrieben haben, solchen Fällen weiter nach – üblicherweise auf zivilrechtlichem Wege.[1130]

2. *Kurze Verjährung*

Wie bereits dargelegt, unterliegt die Heilmittelwerbung regelmäßig einer kurzen Verjährung, wenn es sich bei der Werbung um ein Pressinhaltsdelikt handelt.[1131] Dann beträgt die Verjährungsfrist nur sechs Monate. Gerechtfertigt wird die Sechsmonatsfrist mit der Pressefreiheit und der freien Berichterstattung. Bei der Verbreitung von Druckwerken handelt es sich in den meisten Fällen um Pressedelikte mit ebendieser verkürzten Verjährungsfrist, sodass ein Großteil der Werbung für Heilmittel der verkürzten Verjährung unterfällt. Abgemildert wird dieses Problem lediglich dadurch, dass der Beginn der Verjährungsfrist für jeden Täters unabhängig zu laufen beginnt.

Zur Begründung dieser kurzen Verjährungsfrist wird häufig angeführt, dass die Verstöße im Rahmen einer Veröffentlichung offen zu Tage treten würden.[1132] Dies ist bei der Heilmittelwerbung jedoch nicht der Fall, da Heilmittel nicht bei jedem Patienten dieselbe Wirkung erzielen und es nicht immer sofort ersichtlich ist, ob ein Mittel die beworbene Wirkung besitzt oder ob unerwünschte Nebenwirkungen auftreten. Der Verstoß wird daher teilweise erst nach Ablauf der Verjährungsfrist aufgedeckt, oder es muss zur Begründung eines Anfangsverdachts ein Sachverständigengutachten eingeholt werden, um im Anschluss ein Strafverfahren einzuleiten. Eine Verfolgung der Tat ist in der Praxis dann unter Umständen nicht mehr möglich, weil die sechsmonatige Verjährungsfrist

---

1128 So z.B. der Verbraucherzentrale Bundesverband. Er ist Dachverband der sechszehn Verbraucherzentralen der Länder und 26 Verbraucherschutzorganisationen.

1129 Ein solcher Verein ist z.B. INTEGRITAS – Verein für unlautere Heilmittelwerbung e.V. mit Sitz in Bonn. Er überwacht die Heilmittelwerbung und die Werbung verwandter Gebiete, überprüft diese auf ihre Lauterkeit und Vereinbarkeit mit den bestehenden gesetzlichen Bestimmungen sowie mit den für sie ergangenen Wettbewerbsregeln. Bei Verstößen geht der Verein gegen diese vor. Auf der Vereinsseite können die erwirkten Urteile im Archiv eingesehen werden.

1130 Zu diesem Thema ausführlich siehe: *Doepner/Reese*, HWG, Einleitung, Rn. 211 ff.; *Höpker*, WRP 1975, 330 ff; siehe dazu auch das Urteilsarchiv des Vereins Integritas abrufbar unter: https://www.integritas-hwg.de/urteile/archiv.php (27.11.2019).

1131 Siehe dazu das 4. Kapitel unter Punkt F. III. sowie das 5. Kapitel unter Punkt E. III.

1132 Siehe dazu das 4. Kapitel unter Punkt F. III.

für die Durchführung von Tests oder die Einholung von Gutachten nicht ausreicht.[1133] Die verkürzte Verjährungsfrist trägt im Ergebnis maßgeblich dazu bei, dass manche Fälle der irreführenden Werbung nicht gemäß § 14 HWG i.V.m. § 3 HWG strafrechtlich verfolgt werden können.[1134]

Aus den oben genannten Gründen liegt es nahe, die Verjährungsfrist für Heilmittelwerbung anzupassen und den heilmittelrechtlichen Besonderheiten – wie beispielsweise der fehlenden Offenkundigkeit der Verstöße oder den Nachweisschwierigkeiten – Rechnung zu tragen. Unter Berücksichtigung der Pressefreiheit und dem Recht auf freie Berichterstattung erscheint eine Verjährung von achtzehn Monaten angemessen. Dies entspricht der Hälfte der Regelverjährung. Bei einer achtzehnmonatigen Verjährungsfrist bleibt hinreichend Zeit, um auf den Verstoß aufmerksam zu werden und Tests durchzuführen beziehungsweise Gutachten einzuholen, deren Durchführung oder Anfertigung wiederrum eine gewisse Zeit in Anspruch nimmt. Gleichzeitig wird bei einer Frist von achtzehn Monaten berücksichtigt, dass es sich bei Fällen der Heilmittelwerbung in der Regel um Presseinhaltsdelikte handelt, die grundsätzlich einer kürzeren Verjährung unterliegen. Die hohen Schutzgüter, die Gesundheit des Einzelnen und der Allgemeinheit rechtfertigen eine Abweichung von der üblichen Sechsmonatsfrist bei Pressedelikten aus dem Bereich der Heilmittelwerbung.

3. *Zu geringe Strafandrohung/Verfolgungsbeschränkung*

Ist ein tatbestandlicher Erfolg in Form einer Körperverletzung oder eines Vermögensschadens eingetreten und gleichzeitig auch der Tatbestand der irreführenden Werbung erfüllt, liegt Idealkonkurrenz gemäß § 52 StGB vor. Das Gleiche gilt auch im Verhältnis von § 16 Abs. 1 UWG zu § 14 HWG. Dennoch wird § 14 HWG in der Regel nicht angeklagt, obwohl die Verwirklichung mehrerer Tatbestände durch eine Handlung auf Ebene der Konkurrenzen zu lösen ist.

Ein weiterer Grund für die mangelnde Praxisanwendung der Norm könnte die geringe Strafandrohung sowie die Möglichkeit der Verfolgungsbeschränkung nach § 154a Abs. 1 Nr. 1 StPO sein. Gemäß § 154a Abs. 1 Nr. 1 StPO besteht für die Staatsanwaltschaft die Möglichkeit von der Verfolgung einer Tat abzusehen, wenn die Strafe zu der die Verfolgung führen kann, neben einer Strafe, die gegen den Beschuldigten wegen einer anderen Tat rechtskräftig verhängt worden ist oder die er wegen einer anderen Tat zu erwarten hat, nicht beträchtlich ins Gewicht fällt. Diese Regelung gibt der Staatsanwaltschaft die Möglichkeit, sich

---

1133 *Grunewald*, Die Vollzugsdefizite des Heilmittelwerberechts, S. 238.

1134 *Solf* in: Wabnitz/Janovsky, Kap. 17 Rn. 68.

bei ihren Ermittlungen auf das schwerste Delikt zu konzentrieren und auf diese Weise das Verfahren zu verschlanken. Die Möglichkeiten der Einstellung wegen Geringfügigkeit nach § 153 StPO beziehungsweise der Verfolgungsbeschränkung gemäß § 154a Abs. 1 Nr. 1 StPO werden aufgrund der hohen Arbeitsbelastung der Staatsanwaltschaften immer stärker genutzt.[1135] Nach Zahlen des Statistischen Bundesamtes kam es im Jahr 2017 zu 133.700 Verfahrenseinstellungen.[1136] Die geringe Strafandrohung, die Überlastung der Staatsanwaltschaften sowie die Anwendung von § 153 StPO und § 154a Abs. 1 Nr. 1 StPO führen dazu, dass auch bei eindeutigen Fallgestaltungen regelmäßig keine strafrechtliche Verfolgung stattfindet. Im Falle der Heilmittelwerbung erscheint es plausibel, dass in Konstellationen, in denen bereits ein Erfolg in Form einer körperlichen Misshandlung beziehungsweise einer Gesundheitsschädigung oder eines Vermögensschadens eingetreten ist, lediglich die Körperverletzung beziehungsweise der Betrug verfolgt wird. Bezüglich des Verstoßes gegen das Verbot der irreführenden Heilmittelwerbung könnte gemäß § 154a Abs. 1 Nr. 1 StPO von der Verfolgung abgesehen werden, da die irreführende Heilmittelwerbung mit einer Strafandrohung von bis zu einem Jahr im Vergleich zu der Strafandrohung des § 263 Abs. 3 StGB nicht weiter ins Gewicht fällt, sodass sich die Staatsanwaltschaften ausschließlich auf das schwerste Delikt konzentrieren. Ist kein Erfolg eingetreten, besteht für die Staatsanwaltschaften darüber hinaus die Möglichkeit, das Verfahren wegen Geringfügigkeit nach § 153 StPO einzustellen.

Als Beispiel kann der Fall „Galavit" angeführt werden. Bei diesem Fall lagen die Voraussetzungen für eine Verurteilung nach § 14 HWG eindeutig vor. Gleichwohl erfolgte lediglich eine Verurteilung gemäß § 263 Abs. 3 StGB wegen gewerbsmäßigen Bandenbetrugs in 132 tateinheitlich zusammentreffenden Fällen. Mangels Ausführungen zum Heilmittelwerbegesetz im Beschluss des Bundesgerichtshofs ist davon auszugehen, dass der Verstoß gegen das Heilmittelwerbegesetz nicht zur Anklage gebracht wurde.

Der Sachverhalt[1137] im Fall „Galavit" lautete wie folgt:

In der Zeit vom 1. Juni 2000 bis Ende Mai 2001 veräußerten die Angeklagten das aus Russland stammende und in Deutschland nicht zugelassene

1135 *Dowideit*, Staatsanwaltschaften überlastet, veröffentlicht auf: welt.de; ähnlich auch: *Roth*, Strafbare Werbung und die Neuen Medien, S. 43.

1136 https://www.destatis.de/DE/Themen/Staat/Justiz-Rechtspflege/_inhalt.html (27.5.2019).

1137 Zum Sachverhalt siehe: BGH NStZ 2010, 88 ff.

Präparat „Galavit“[1138] an Krebspatienten, die sich überwiegend im Endstadium ihrer Erkrankung befanden, sodass konventionelle Therapien regelmäßig keine Erfolgsaussichten mehr besaßen. Die Kosten für die Anschaffung einer Ampulle des Präparates betrugen für die Angeklagten 42 DM. Die Angeklagten verlangten von ihren Abnehmern pro Behandlungseinheit, welche die Verabreichung von fünfzehn Ampullen umfasste, einen Preis von 16.800 DM. Sie gaben an, dass sich die 16.800 DM aus den Medikamentenkosten, welche sie mit 9.000 DM ansetzten, einem Apothekenzuschlag von ca. 2.700 DM und der Mehrwertsteuer in Höhe von rund 2.317 DM zusammensetzten sowie einem nicht näher bezifferten Anteil für ärztliche Nebenleistungen, sonstige Gebühren und Zuschläge. Hinzu kamen weitere Kosten für den mit der Behandlung regelmäßig verbundenen stationären Aufenthalt in der Klinik, die in dem Betrag von 16.800 DM nicht enthalten waren.

In einer Werbebroschüre, die die Angeklagten herausgaben, wurde wahrheitswidrig behauptet, der Importpreis des Medikaments beliefe sich auf 600 DM je Ampulle. Dabei gaben sie vor, dass das Präparat in Deutschland nicht günstiger erhältlich sei, obwohl ihnen bekannt war, dass jeder Arzt das Medikament per Individualverordnung verschreiben konnte und sich die Patienten das Präparat zum Preis von 42 DM pro Ampulle in einer internationalen Apotheke hätten beschaffen können. Weiter wurde in den Werbebroschüren behauptet, dass der Wirkstoff in Russland an Krebspatienten experimentell und klinisch getestet worden sei und bei diesen klinischen Tests sowohl positive Effekte wie Verkleinerung der Tumore als auch eine Verbesserung der Lebensqualität nachgewiesen worden seien. Diese Behauptungen über angeblich vorliegende Wirknachweise wurden von den Angeklagten darüber hinaus in Anzeigen im Internet und einem Beitrag für die Sat-1-Sendung „Akte 2000“ veröffentlicht. Zusätzlich wurde ein Schauspieler dafür bezahlt, dass er in der Öffentlichkeit wahrheitswidrig erklärte, er sei durch die Behandlung mit „Galavit“ in einer Moskauer Klinik von seiner Prostatakrebserkrankung geheilt worden.

Nachdem die Medien kritisch über „Galavit“ berichtet hatten, wurde in die Werbebroschüren der Hinweis aufgenommen, dass es sich bei „Galavit“ um einen Immunmodulator und nicht um ein Krebsmittel handle. Es sei aber nachgewiesen, dass durch das Präparat die Nebenwirkungen von Strahlen- und Chemotherapie reduziert, die Makrophagen stimuliert und aktiviert sowie die

1138 Galavit ist ein in Russland zugelassenes Arzneimittel zur immunmodulierenden Behandlung einer Vielzahl von entzündlichen und infektiösen Erkrankungen des Magen-Darm-Traktes, der Atemwege und anderer Organe sowie Folgezuständen nach Operationen. In Deutschland ist Galavit nicht zugelassen.

Basalzellmembran moduliert würde. Den Angeklagten war bekannt, dass für die behaupteten positiven Wirkungen von „Galavit" bei Krebserkrankungen keine wissenschaftlichen Nachweise existierten. Zwar wurden in Russland Studien zur Wirkweise des Präparats durchgeführt, allerdings handelte es sich dabei nicht um klinische Studien.

Die Angeklagten wurden in diesem Fall gemäß § 263 Abs. 3 StGB wegen gewerbsmäßigen Bandenbetrugs in 132 tateinheitlich zusammentreffenden Fällen zu langjährigen Freiheitsstrafen verurteilt. Die Voraussetzungen des § 14 HWG lagen eindeutig vor. Die oben angeführten Werbeaussagen verstoßen unzweifelhaft gegen das Irreführungsverbot aus § 3 S. 2 Nr. 1 HWG. Folglich ist der Fall „Galavit" ein anschauliches Beispiel, um aufzuzeigen, dass trotz Vorliegens der tatbestandlichen Voraussetzungen des § 14 HWG die Tat nicht zur Anklage gebracht wird.

Eine zeitnahe Lösung dieses Dilemmas ist jedoch nicht absehbar, da hierbei unterschiedliche Aspekte zu berücksichtigen sind: Die geringe Strafandrohung könnte der Gesetzgeber durch eine Gesetzesänderung anheben. Eine Anhebung der Strafandrohung ist – obwohl es sich „nur" um eine Irreführung handelt – dringend geboten, da die allgemeine Gesundheit und die Gesundheit des Einzelnen ein hohes und schützenswertes Gut darstellen. Die Anzahl der Werbeanzeigen steigt darüber hinaus stetig an, sodass die Verbraucher immerzu mit Werbung konfrontiert werden. Gerade im Bereich der Heilmittelwerbung besteht darüber hinaus ein erhöhtes Schutzbedürfnis, da die Verbraucher die beworbenen Waren oft als letzten Ausweg empfinden. Das erhöhte Strafbedürfnis ergibt sich folglich aus dem hohen Schutzgut, der allgegenwärtigen Konfrontation der Verbraucher mit Werbung und dem besonderen Schutzbedürfnis der Verbraucher.

Die stetige Arbeitsüberlastung der Staatsanwaltschaften und der Gerichte und die damit einhergehenden Verfahrenseinstellungen sind hingegen ein gesamtgesellschaftliches Problem, welches nur durch vermehrte Personaleinstellungen zu lösen ist. Unter dem Gesichtspunkt eines funktionsfähigen Rechtssystems sollten die Länder ein Interesse daran haben, Verfahren nicht wegen Arbeitsüberlastung einzustellen.

4. *Vorherige Prüfverfahren/wirtschaftliche Selbstkontrolle*

Große Pharmakonzerne wie Bayer oder Novartis besitzen eigene Rechtsabteilungen, die eine Werbung vor ihrer Veröffentlichung rechtlich prüfen und mit den Anforderungen des Heilmittelwerbegesetzes abgleichen. Es kommt daher nur selten zu Verstößen durch große Unternehmen. In der Praxis kommt es häufiger zu Verstößen durch kleinere Unternehmen oder Einzelpersonen.[1139]

Darüber hinaus hat die Werbewirtschaft ein großes Interesse an der wirtschaftlichen Selbstkontrolle, um ihre Freiheiten nicht einbüßen zu müssen und gleichzeitig, um den Erhalt des fairen Wettbewerbs zu gewährleisten.[1140] Aus diesem Grunde gibt es einige Ansätze, um irreführender Werbung entgegenzuwirken.[1141] So wurden zum Beispiel durch die Internationale Handelskammer in Paris Verhaltensregeln ausgearbeitet, die missbräuchliche und irreführende Werbung verhindern und gleichzeitig die freiwillige Selbstkontrolle fördern sollen.[1142] Diese Verhaltensregeln wurden seitdem mehrfach neu gefasst.[1143] Diese Verhaltensregeln der Internationalen Handelskammer in Paris könnten als Beispiel dienen, um etwaige Richtlinien auch in der Bundesrepublik festzulegen. Die Bereitschaft der Werbewirtschaft und der Konzerne zur Selbstkontrolle ist jedoch auch zu großen Teilen auf die gesetzlichen Interventionen zurückzuführen.[1144] Die Vorschriften zur Sanktionierung der irreführenden Heilmittelwerbung besitzen somit gleichfalls einen präventiven Charakter und fördern die wirtschaftliche Selbstkontrolle.

5. *Zivilrechtlicher Schutz*

Heilmittelwerbung ist häufig Gegenstand zivilrechtlicher Prozesse. Das Zivilrecht gewährt sowohl Schadensersatz- als auch Unterlassungsansprüche, um gegen den Werbenden vorzugehen. Der flächendeckende zivilrechtliche Schutz ist ein Faktor, der wesentlichen Anteil an der geringen praktischen Bedeutung des § 14 HWG hat. Im Unterschied zum Strafverfahren können zivilrechtliche Unterlassungsansprüche innerhalb kürzester Zeit mittels Eilverfahren durchgesetzt werden.[1145] Eine Folge dieser Entwicklung ist, dass regelmäßig keine strafrechtliche Verfolgung stattfindet, und dass die Zivilgerichte im Vergleich zu den

1139 Siehe z.B. den *„Heilerfall"* des AG-Meldorf und den Fall *„Galavit"*.

1140 *Christiansen*, MA 1979, 444 f.; *Rost*, WRP 1973, 12, 14; *von Hippel*, Verbraucherschutz, S. 99 f.

1141 *von Hippel*, Verbraucherschutz, S. 99 f.

1142 *von Hippel*, Verbraucherschutz, S. 99 f.

1143 *Zentralausschuss der Werbewirtschaft*, WRP 1973, 391 ff.; *von Hippel*, Verbraucherschutz, S. 99 f.

1144 *von Hippel*, Verbraucherschutz, S. 100.

1145 *Nill*, Der strafrechtliche Täuschungsschutz gegen irreführende Werbung, S. 83.

Strafverfolgungsbehörden und Strafgerichten eine größere Sachkenntnis im Bereich des Heilmittelwerberechts aufweisen.[1146]

II. Notwendigkeit des § 14 HWG

Nachdem zuvor die Ursachen der geringen Praxisrelevanz erörtert wurden, ist nun, bevor auf eine etwaige Reformbedürftigkeit der Regelungen eingegangen wird, zu prüfen, ob das strafbewehrte Verhalten weiterhin untersagt werden soll und die Strafbarkeit der irreführenden Heilmittelwerbung gemäß § 14 HWG beibehalten werden soll. Aus diesem Grunde sind die Strafwürdigkeit und die Strafbedürftigkeit des sanktionierten Verhaltens zu untersuchen.

1. Strafwürdigkeit

Ein Verhalten ist strafwürdig, wenn durch dieses Verhalten ein Rechtsgut empfindlich verletzt oder gefährdet wird.[1147] Durch die irreführende Heilmittelwerbung müsste folglich eine Rechtsgut empfindlich verletzt oder gefährdet werden. Die Werbung ist ein elementarer Bestandteil der modernen Wirtschaft.[1148] Sie ist das Bindeglied zwischen den werbenden Unternehmern und den interessierten Kunden.[1149] Sie dient einerseits der Bekanntmachung der Ware gegenüber dem Verbraucher um *„ihn über ihr Vorhandensein, ihre Eigenschaften und Vorzüge zu unterrichten, seine Aufmerksamkeit und sein Interesse zu erwecken und ihm eine rationale Kaufentscheidung zu ermöglichen"*[1150]. Andererseits zielt sie darauf ab, Motive, Wunschbilder und Bedürfnisse des Verbrauchers hervorzurufen und für den konkreten Bedarf nutzbar zu machen.[1151] Eine Werbemaßnahme stellt ein strafwürdiges Unrecht dar, wenn sie auf Irreführung des potentiellen Kunden angelegt ist[1152] und dadurch Schutzgüter der §§ 14, 15 Abs. 2 HWG gefährdet werden. In diesem Fall ist eine vorsätzliche irreführende Werbung dazu geeignet, die allgemeine rechtliche Ordnung erheblich zu gefährden. Das

---

1146 *Nill*, Der strafrechtliche Täuschungsschutz gegen irreführende Werbung, S. 83 f.

1147 *Kilian*, Strafbare Werbung, 153 f.; *Otto*, GRUR 1982, 274, 276; Günther fordert darüber hinaus noch einen besonderen Unwertgehalt. Er verlangt, dass das Maß an Sozialschädlichkeit besonders gravierend ist siehe dazu: *Günther*, JuS 1978, 8, 12.

1148 *Edlinger*, Die Strafbarkeit von Werbung, S. 5 f.; *Otto*, GRUR 1982, 274, 278.

1149 *Otto*, GRUR 1982, 274, 276.

1150 *Otto*, GRUR 1982, 274, 278; ähnlich auch: *Edlinger*, Die Strafbarkeit von Werbung, S. 6.

1151 *Otto*, GRUR 1982, 274, 278.

1152 *Otto*, GRUR 1982, 274, 278.

Schädigungspotential (hohe gesundheitliche Risiken) ist im Bereich der Heilmittelwerbung derart hoch, dass bei Vorliegen bestimmter Voraussetzungen die Strafbewehrung des heilmittelwerberechtlichen Verbots unverzichtbar erscheint. Dies wird zum einen damit begründet, dass die Verbraucher ein großes Interesse an der eigenen Gesundheit besitzen.[1153] Zum anderen sind die Verbraucher aufgrund mangelnder medizinischer Kenntnisse nicht dazu befähigt, die getätigten Werbeaussagen hinreichend zu überprüfen.[1154] Das vorsätzliche irreführende Werben mit dem Ziel, die Verbraucher zu täuschen, ist als sozialethisch und moralisch verwerfliches Verhalten einzustufen und kann von der Gesellschaft nicht hingenommen und toleriert werden.[1155] Das Rechtsgut der öffentlichen Gesundheit, insbesondere aber auch die Gesundheit des Einzelnen, ist vor ebendiesen Gefahren zu schützen. Das irreführende Werben stellt ein strafwürdiges Verhalten dar.[1156]

2. *Strafbedürftigkeit*

Die Strafbedürftigkeit eines Verhaltens ist zu bejahen, wenn die sozialschädliche Verhaltensweise nur durch eine Kriminalstrafe unterbunden werden kann.[1157] Es dürfen keine weniger einschneidenden oder wirksameren Maßnahmen zur Verfügung stehen, die dem Zweck ebenso umfassend gerecht werden würden.[1158] Als mildere Mittel kommen die wirtschaftliche Selbstkontrolle, die zivilrechtlichen Schutzvorschriften sowie die Einstufung der irreführenden Heilmittelwerbung als Ordnungswidrigkeit in Betracht.

a. *Wirtschaftliche Selbstkontrolle*

Die wirtschaftliche Selbstkontrolle stellt keine genauso wirksame Alternative zur strafrechtlichen Sanktionierung der irreführenden Heilmittelwerbung dar. Die Bereitschaft der Werbewirtschaft und der Konzerne ist zu großen Teilen auf die

---

1153 *Grunewald*, Die Vollzugsdefizite des Heilmittelwerberechts, S. 142.

1154 *Grunewald*, Die Vollzugsdefizite des Heilmittelwerberechts, S. 142.

1155 *Kilian*, Strafbare Werbung, S. 154; *Schwarz*, Die strafrechtliche Erfassung irreführender Werbung, S. 128; *Otto*, GRUR 1982, 274, 277 f.

1156 *Kilian*, Strafbare Werbung, S. 154; *Schwarz*, Die strafrechtliche Erfassung irreführender Werbung, S. 128; *Otto*, GRUR 1982, 274, 277 f.

1157 *Kilian*, Strafbare Werbung, S. 154; *Jescheck/Weigend*, Lehrbuch des Strafrechts, S. 50; *Otto* in: GS-Schröder, S. 56; *Schwarz*, Die strafrechtliche Erfassung von irreführender Werbung, S. 129.

1158 *Kilian*, Strafbare Werbung, S. 154; *Otto*, GRUR 1982, 274, 276.

gesetzlichen Interventionen zurückzuführen.[1159] Entfielen diese, würde der Anreiz für die Durchführung einer solchen wirtschaftlichen Selbstkontrolle fehlen. Die Rechtsordnung kann daher schon aus generalpräventiven Gesichtspunkten nicht auf ein strafrechtliches Instrument gegen sozialschädliche Werbehandlungen, die gegen das Verbot der irreführenden Heilmittelwerbung verstoßen, verzichten.

b. Zivilrechtlicher Schutz

Das Gleiche gilt für die zivilrechtlichen Schutzmöglichkeiten. Auch sie werden dem Zweck nicht in derselben Weise gerecht, wie die strafrechtliche Sanktionierung der irreführenden Heilmittelwerbung. Die Hersteller generieren im Bereich der Gesundheitswerbung erheblichen Umsatz. Die Ausgaben für Arzneimittelwerbung beliefen sich im Jahr 2017 auf 1410,7 Millionen Euro.[1160] Es besteht eine erhöhte Gefahr, dass die Hersteller versuchen, ihre Umsätze durch irreführende Werbemaßnahmen zu steigern.[1161] Allein durch zivilrechtliche Sanktionen würden sich die Täter nicht abschrecken lassen, da selbst Ordnungsgelder – wie beispielweise bei Verstößen gegen Unterlassungsverfügungen – in die Preisbildung einkalkuliert werden.[1162] Trotz des umfangreichen zivilrechtlichen Schutzes ist daneben eine strafrechtliche Sanktionierung besonders schwerwiegender Verstöße erforderlich. Nicht zuletzt auch aus Gründen der Generalprävention. Für kleinere Verstöße hingegen ist der zivilrechtliche Schutz ausreichend.

c. Einstufung als Ordnungswidrigkeit

Eine Einstufung der vorsätzlichen irreführenden Werbung als Ordnungswidrigkeit ist ebenfalls abzulehnen. Als ordnungswidrig werden solche Verhaltensweisen eingestuft, die eine geringere Sozialgefährlichkeit und Sozialschädlichkeit aufweisen als Verhaltensweisen, die mit einer Strafe geahndet werden.[1163] In diesen Fällen erachtet es der Gesetzgeber als ausreichend, die Verhaltensweise ausschließlich als Ordnungswidrigkeit zu verfolgen. Eine Ausgestaltung der

---

1159 *von Hippel*, Verbraucherschutz, S. 100.

1160 https://de.statista.com/statistik/daten/studie/863588/umfrage/ausgaben-fuer-arzneimittelwerbung-in-deutschland-nach-werbemedien/ (4.12.2019).

1161 Selbiges gilt auch für § 16 Abs. 1 UWG. Siehe dazu: *Lettl*, Der lauterkeitsrechtliche Schutz vor irreführender Werbung in Europa, S. 102; *Ruhs*, Strafbare Werbung, S. 197.

1162 *Ohly/Sosnitza*, UWG, § 16 Rn. 14; *Roth*, Strafbare Werbung und die Neuen Medien, S. 9, 43.

1163 *Kilian*, Strafbare Werbung, S. 156; *Schwarz*, Die strafrechtliche Erfassung irreführender Werbung, S. 136.

vorsätzlichen irreführenden Werbung als Ordnungswidrigkeit würde aber der besonderen Verwerflichkeit der Handlung nicht gerecht.[1164] In Bezug auf die verhängten Ordnungsgelder gilt das bereits Gesagte. Diese genügen nicht zur Abschreckung des Täters.

3. *Zwischenergebnis*

Das irreführende Werben für Heilmittel stellt ein strafwürdiges und gleichzeitig auch ein strafbedürftiges Unrecht dar.

Eine Werbemaßnahme, die auf Irreführung des potentiellen Kunden angelegt ist, ist dazu geeignet, die allgemeine rechtliche Ordnung erheblich zu gefährden. Das Ziel, die irreführenden Heilmittelwerbung zu unterbinden, ist weder durch die wirtschaftliche Selbstkontrolle, noch durch die zivilrechtlichen Schutzvorschriften oder die Einstufung als Ordnungswidrigkeit zu erreichen. Trotz der geringen Anwendungszahlen der Norm in der Praxis besteht daher ein Regelungsbedürfnis.

Zudem rechtfertigt die Natur der beworbenen Waren eine Sonderregelung, da im Verhältnis zu gewöhnlichen Gebrauchsgütern Heilmittel eine besondere Ware darstellen.[1165] Regelmäßig wird bei Heilmittelwerbung eine spezifische psychische Notlage der Betroffenen ausgenutzt, in der sie sich aufgrund ihres teilweise lang anhaltenden Leidensdrucks befinden.[1166] Wegen dieses Leidensdrucks neigen die Verbraucher regelmäßig dazu, Aussagen weniger kritisch zu hinterfragen, da eine Heilung sehnlichst herbeigewünscht wird.

B. Ausgestaltung des Tatbestandes de lege ferenda

Nachdem festgestellt wurde, dass das durch § 14 HWG strafbewehrte Verhalten sowohl strafbedürftig als auch strafwürdig ist und eine Regelung der irreführenden Heilmittelwerbung trotz der geringen praktischen Anwendung erforderlich ist, stellt sich die Frage nach der zukünftigen Ausgestaltung der Norm. Die Ergebnisse aus der Untersuchung der einzelnen Tatbestandsmerkmale, der praktischen Anwendung sowie den Problemen bei der Strafverfolgung sollen nun in einem nächsten Schritt für etwaige Reformvorschläge genutzt werden.

1164 *Kilian*, Strafbare Werbung, S. 157 m.w.N.

1165 *Strunz*, Heilmittelwerbegesetz, Wettbewerbsrecht und Verbraucherschutz, S. 25.

1166 BT-Drs. IV 1867 S. 6 zu II.; *Strunz*, Heilmittelwerbegesetz, Wettbewerbsrecht und Verbraucherschutz, S. 25.

I. Umstellung der Norm ins StGB

Bezüglich der Norm des § 14 HWG besteht folgendes Dilemma:[1167] Aufgrund der Stellung in einer sonst zivilrechtlichen Kodifikation wird § 14 HWG nicht richtig wahrgenommen. Daneben wird die Regelung in der zivilrechtlichen Literatur lediglich als Anhängsel in sehr kurzen Kommentierungen erläutert.[1168] Die irreführende Heilmittelwerbung nach § 14 HWG spielt nur eine untergeordnete Rolle.

Zu Beginn dieses Kapitels unter A. wurde bereits die geringe praktische Bedeutung des § 14 HWG erörtert. Möglicherweise liegt die Lösung in der Integration der Norm ins Kernstrafrecht. Durch eine Verortung im Kernstrafrecht könnte das Bewusstsein der Existenz sowohl bei Strafverfolgungsbehörden als auch bei den potentiellen Tätern gesteigert werden, wodurch die Norm an kriminalpolitischer Bedeutung gewänne.[1169] Auf diese Weise würde gleichzeitig die generalpräventive Funktion des Tatbestands gestärkt. Dies wäre für den Tatbestand und für das Strafrecht insgesamt förderlich. Eine Eingliederung der Regelung ins Strafgesetzbuch hätte eine ausführlichere Auseinandersetzung mit der Norm in der strafrechtlichen Kommentarliteratur zur Folge. Ebenso könnte eine Eingliederung ins Strafgesetzbuch eine intensivere Befassung mit der Norm im juristischen Studium bedeuten. Im Hinblick auf den stetigen Anstieg von Werbung im Alltag und des bedeutenden Schutzgutes der Regelung – dem Gesundheitsschutz – ist eine verstärkte Auseinandersetzung mit der Regelung sinnvoll.

Die tatbestandlichen Überschneidungen sowie die ähnlichen Schutzgüter von § 14 HWG mit den §§ 223 ff. StGB sowie den §§ 263 ff. StGB legen ebenfalls eine Neusystematisierung der Norm nahe.

Ein erfolgreiches Beispiel einer solchen Umstrukturierung stellt die §§ 299 StGB dar. § 299 StGB wurde durch Art. 1 Nr. 3 KorruptionsbG[1170] im Jahr 1997 in das Strafgesetzbuch aufgenommen und entspricht weitestgehend § 12 UWG a.F.[1171] Die Bedeutung der Regelung ist durch die Eingliederung ins Strafgesetzbuch merklich

---

1167 Vgl. zu § 16 UWG: *Kilian*, Strafbare Werbung, S. 159 f.

1168 Vgl. dazu z.B. die Kommentare: *Bülow/Ring/Arzt/Brixius*, HWG; *Gröning/Mand/Reinhart*, Heilmittelwerberecht, Bd. 1; vgl. zum selben Problem im Lauterkeitsrecht: *Nill*, Der strafrechtliche Täuschungsschutz gegen irreführende Werbung, S. 84.

1169 Vergleiche zu § 16 UWG: *Kilian*, Strafbare Werbung, S. 161.

1170 Gesetz zur Bekämpfung der Korruption vom 13. August 1997.

1171 *Bannenberg* in: Dölling/Duttge/König/Rössner, Gesamtes Strafrecht, § 299 Rn. 1; *Krick* in: Münchener Kommentar zum StGB, Bd. 5, StGB, § 299 Rn. 1; *Mommsen* in: Beck-OK StGB, § 299 Rn. 1.

gestiegen.[1172]

Zunächst stellt sich jedoch die Frage, an welcher Stelle im Strafgesetzbuch die Norm einzufügen wäre.

Vorrangige Schutzgüter des § 14 HWG sind die Gesundheit des Einzelnen und der Allgemeinheit. Daher käme eine Verortung des § 14 HWG im siebzehnten Abschnitt des Strafgesetzbuches – Straftaten gegen die körperliche Unversehrtheit (§§ 223 ff. StGB) – in Betracht. Der siebzehnte Abschnitt beinhaltet jedoch nur Delikte, die allesamt einen Körperverletzungserfolg voraussetzen. Die irreführende Heilmittelwerbung ist kein Erfolgsdelikt und fordert lediglich eine Irreführungseignung, mit der eine potentielle Gefährdung für die Gesundheit einhergeht. Somit passt die Regelung der irreführenden Heilmittelwerbung als abstrakt-konkretes Gefährdungsdelikt nicht in den siebzehnten Abschnitt des Strafgesetzbuches, da dieser ausschließlich Erfolgsdelikte und Erfolgsqualifikationen beinhaltet.

Da § 14 HWG die Verbraucher auch vor finanziellen Einbußen schützen soll, käme eine Integration in den zweiundzwanzigsten Abschnitt des Strafgesetzbuches – Betrug und Untreue (§§ 263 ff. StGB) – in Betracht. Die Regelungen des zweiundzwanzigsten Abschnitts schützen das Vermögen. Primärer Schutzzweck des § 14 HWG ist jedoch die Gesundheit des Einzelnen und der Allgemeinheit. Der Schutz der finanziellen Interessen wird zwar durch § 14 HWG auch bezweckt, eine Verortung im zweiundzwanzigsten Abschnitt würde aber den Eindruck erwecken, dass es sich bei § 14 HWG um ein Vermögensdelikt handele, was nicht der Fall ist.[1173] Aus diesem Grunde ist eine Verortung im zweiundzwanzigsten Abschnitt des Strafgesetzbuches ebenfalls abzulehnen.

Zuletzt wäre eine Integration der Regelung in den fünfundzwanzigsten Abschnitt – Strafbarer Eigennutz (§§ 284 ff. StGB) – möglich. Im fünfundzwanzigsten Abschnitt werden alle Tatbestände erfasst, die kein einheitliches Schutzobjekt haben.[1174] Dort ist auch der Wuchertatbestand des § 291 StGB normiert. Vergleicht man den Tatbestand der irreführenden Heilmittelwerbung mit dem Wuchertatbestand, fällt auf, dass in beiden Konstellationen eine besondere

---

Siehe ausführlich zu den Übereinstimmungen und Unterschieden von § 299 StGB und § 12 UWG a.F. *Fischer*, StGB, § 299 Rn. 1.

1172 *Borutta*, Der Pflichtverletzungstatbestand des § 299 StGB, S. 19; *Tiedemann* in: Leipziger Kommentar StGB, Bd. 10, Vor § 298 ff.; *Möhrenschläger*, JZ 1996, 822, 827 f. m.w.N.

1173 Siehe dazu das 4. Kapitel unter A. II.

1174 *Borutta*, Der Pflichtverletzungstatbestand des § 299 StGB, S. 66; *Stanitzek*, Die Bedeutung von Criminal Compliance, S. 131.

Schwächeposition des Opfers ausgenutzt wird.[1175] Bei § 291 StGB muss der Täter eine Zwangslage, die Unerfahrenheit, den Mangel an Urteilsvermögen oder die erhebliche Willensschwäche eines anderen ausbeuten. § 14 HWG verlangt, dass der Täter irreführend für ein Heilmittel wirbt. In der Gesetzesbegründung stellt der Gesetzgeber klar, dass sich die Erforderlichkeit der Norm einerseits aus der Natur der beworbenen Waren und Leistungen und andererseits der spezifischen Notlage, in der sich die Verbraucher befänden, ergebe.[1176] Beiden Regelungen ist gemein, dass der Täter eine Zwangs- beziehungsweise eine Notlage zu seinem Vorteil ausnutzt. Fügt man das Verbot der irreführenden Heilmittelwerbung in den fünfundzwanzigsten Abschnitt des Strafgesetzbuches ein, wäre ein Einschub hinter den Wuchertatbestand als § 291a StGB sinnvoll. Eine Verortung der irreführenden Heilmittelwerbung im fünfundzwanzigsten Abschnitt des Strafgesetzbuches wäre also möglich.

Gegen eine Integration der irreführenden Heilmittelwerbung im Strafgesetzbuch bestehen jedoch systematische Bedenken. Das Kernstrafrecht beinhaltet keine Regelung zur strafbaren Werbung. Regelungen, welche die strafbare Werbung betreffen, sind grundsätzlich im Nebenstrafrecht normiert.[1177] Eine Verortung wirtschaftsstrafrechtlicher Regelungen im Nebenstrafrecht ergibt auch deswegen Sinn, weil solche Vorschriften regelmäßig nur zeitbedingt sind und an die sich verändernden Umstände angepasst werden müssen.[1178] Eine Eingliederung dieser Tatbestände in den besonderen Teil des Strafgesetzbuches hätte häufige Änderungen des Kernstrafrechts zur Folge. Da das Strafgesetzbuch anders als die Regelungen im Bereich des Wirtschaftsstrafrechts auf Dauer gedacht ist, müssten erhebliche Einbußen an Praktikabilität, Übersichtlichkeit und Stetigkeit in Kauf genommen werden.[1179] Dies wäre jedenfalls im Hinblick auf die hohe Bedeutung des Schutzgutes nachteilig.

Durch den Verweis des § 14 HWG auf § 3 HWG besteht zudem eine begriffliche und terminologische Abhängigkeit zum Heilmittelwerbegesetz. Eine Umstellung ins Strafgesetzbuch würde dazu führen, dass die Norm aus ihrem begrifflichen Umfeld gerissen würde und die begriffliche und terminologische

1175 Siehe dazu auch die Gesetzesbegründung: BT-Drs. IV 1867 S. 6 zu II.

1176 BT-Drs. IV 1867 S. 5 zu I.

1177 Vergleiche zum Beispiel: § 16 UWG oder § 25 Abs. 1 WeinG.

1178 *Nestoruk*, Strafrechtliche Aspekte des unlauteren Wettbewerbs, S. 72; *Tiedemann*, Tatbestandsfunktionen im Nebenstrafrecht, S. 65.

1179 *Nestoruk*, Strafrechtliche Aspekte des unlauteren Wettbewerbs, S. 73.

Abhängigkeit der Norm zu der außerstrafrechtlichen Materie beseitigt würde.[1180] Aus diesen Gründen ist von einer Integration der irreführenden Heilmittelwerbung ins Strafgesetzbuch abzusehen und eine Reform innerhalb des bestehenden Tatbestandes anzustreben.

II. Reform des Tatbestandes

Nachdem festgestellt wurde, dass eine Eingliederung der Norm in das Kernstrafrecht ausscheidet, soll nun über einen möglichen Reformbedarf innerhalb des bestehenden Tatbestandes nachgedacht werden, um dadurch die praktische Bedeutung der Norm zu erhöhen.

1. Individualtäuschungen

Damit im Rahmen des § 14 HWG oder des § 15 Abs. 2 HWG eine Irreführungseignung angenommen werden kann, muss die Werbung geeignet sein, einen nicht unerheblichen Teil der Adressaten irrezuführen. Es muss folglich eine bestimmte Irreführungsquote erreicht sein. Vor dem Hintergrund, den individuellen Gesundheitsschutz zu stärken, ist zu fragen, ob es sinnvoll wäre, auch individuelle Täuschungen von Verbrauchern im Tatbestand des § 14 HWG und des § 15 Abs. 2 HWG zu berücksichtigen. In diesem Falle könnte die Sanktionierung bei individuell feststellbaren Täuschungen angepasst werden und die Irreführungen von Verbrauchern strafrechtlich beziehungsweise ordnungsrechtlich geahndet werden, die nicht dem Verbraucherleitbild entsprechen. Dafür spricht, dass die Heilmittelwerbung auch besondere Gefahren für unerfahrene, unwissende und leichtgläubige Verbraucher birgt. In Anbetracht des Schutzgutes der Gesundheit sollte der Gesetzgeber einen hohen Schutzstandard gewährleisten. Andererseits werden Individualtäuschungen auch durch § 263 StGB teilweise abgedeckt.[1181] Der Anwendungsbereich des § 263 StGB ist jedoch erst bei Eintritt eines Vermögensschadens eröffnet. Liegt lediglich eine Verletzung der Dispositionsfreiheit der Verbraucher vor und ist es noch nicht

---

1180 *Kilian*, Strafbare Werbung, S. 160; so auch in der Diskussion zu § 298 StGB: *Tiedemann* in: FS-Müller-Dietz, S. 915 f.

1181 Siehe zum individuellen Schadenseinschlag: z.B. *Kudlich*, Die Lehre vom individuellen Schadenseinschlag oder *Perron* in: Schönke/Schröder, StGB, § 263 Rn. 121 ff. Nach dem Grundsatz des persönlichen Schadenseinschlags liegt ein Schaden vor, wenn einer Leistung zwar abstrakt gesehen eine gleichwertige Gegenleistung gegenübersteht, die Leistung für den Betroffenen jedoch nicht oder jedenfalls nicht in vollem Umfang brauchbar ist.

zu einem Vermögensschaden gekommen, greift der Schutz des § 263 StGB nicht. Es besteht eine Regelungslücke. Es ist daher zu fragen, ob die individuelle Täuschung eines Verbrauchers in Bezug auf eine Heilmittelwerbung in den Straftatbestand des § 14 HWG beziehungsweise in den Bußgeldtatbestand des § 15 Abs. 2 HWG aufgenommen werden sollte. Zu bedenken ist dabei, dass das Strafrecht immer nur das letzte Mittel darstellen darf (ultima-ratio-Grundsatz), eine unerwünschte Verhaltensweise zu bekämpfen.[1182] Die Erweiterung des Anwendungsbereichs des § 14 HWG auf Individualtäuschungen würde aufgrund der Vielzahl an Adressaten, die eine Werbemaßnahme regelmäßig besitzt, zu einer ausufernden Strafbarkeit führen. Zwar sind die Betreiber der Werbung in den meisten Fällen professionelle Werbetreibende von denen erwartet werden kann, dass sie eine Werbeanzeige vor Veröffentlichung eingehend prüfen, um eine Irreführung der Verbraucher zu vermeiden. Eine strafrechtliche Erfassung der Irreführung in Bezug auf unerfahrene, unwissende und leichtgläubige Verbraucher in Form eines abstrakten Gefährdungstatbestandes tritt jedoch letztlich mit dem Verhältnismäßigkeitsgrundsatz in Konflikt. Durch das Verbraucherleitbild wird ein angemessenes und interessengerechtes Schutzniveau gewährleistet. Daher ist eine solche inflationäre Strafbarkeit, die durch die Berücksichtigung der Individualtäuschungen entstünde, abzulehnen. Der Werbende würde sich permanent dem Risiko aussetzen, einen leichtgläubigen Verbraucher durch die Werbung irrezuführen. Die Irreführung eines jeden Einzelnen liegt aber nicht in der Risikosphäre des Werbenden. Die Einbeziehung von Individualtäuschungen im Rahmen der Sanktionierung der irreführenden Werbung würde ferner zu großer Rechtsunsicherheit führen. Voraussetzung einer Strafvorschrift ist es, für den Adressaten deutlich erkennbar zu machen, wann strafbares Verhalten vorliegt.[1183] Dies wird durch die Anwendung des Verbraucherleitbildes sichergestellt. Darüber hinaus besteht bei der irreführenden Heilmittelwerbung im Unterschied zum Betrug keinerlei Näheverhältnis zwischen dem Täter und seinem Opfer. Beim Betrug kommt es zu einer Kommunikation zwischen Täter und Opfer. Dies ist bei der irreführenden Werbung nicht der Fall. Da es sich bei § 14 HWG und § 15 Abs. 2 HWG um Vorfeldtatbestände handelt, sollten sie restriktiv ausgelegt werden und enge Grenzen gesetzt werden. Eine Ausweitung des § 14 HWG auf Individualtäuschungen ist abzulehnen und der Maßstab des

1182 Siehe zum Ultima ratio Grundsatz das Urteil des Bundesverfassungsgerichts zur Sicherungsverwahrung: BVerfG NJW 2011, 1931, 1938.

1183 Vgl. dazu: *Jescheck/Weigend*, Lehrbuch des Strafrechts, S. 136 f.

durchschnittlich informierten, situationsadäquat aufmerksamen und verständigen Verbrauchers sollte daher weiterhin bestehen bleiben.

2. Änderungen des § 3 S. 2 Nr. 1 HWG

Sowohl durch den Straftatbestand des § 14 HWG als auch für den Bußgeldtatbestand des § 15 Abs. 2 HWG werden die Tatbestandsvoraussetzungen durch § 3 HWG festgelegt. Die an den Nachweis der Wirkungen beziehungsweise der therapeutischen Wirksamkeit gestellten Anforderungen werden durch § 3 HWG nicht näher präzisiert. Der Gesetzeswortlaut des § 3 S. 2 Nr. 1 HWG ist dahingehend unbestimmt:

> „ *[...] wenn Arzneimitteln, Medizinprodukten, Verfahren, Behandlungen, Gegenständen oder anderen Mitteln eine therapeutische Wirksamkeit oder Wirkungen beigelegt werden, die sie nicht haben [...]* “

Durch die unbestimmte Formulierung *„die sie nicht haben“* besteht für die Tatgerichte ein gewisser Bewertungsspielraum. Es gab bereits in der Vergangenheit Bestrebungen, den § 3 S. 2 Nr. 1 HWG zu präzisieren, um auf diese Weise mehr Rechtssicherheit zu gewährleisten.[1184] Zwar verstößt § 14 HWG i.V.m. § 3 HWG nicht gegen den Bestimmtheitsgrundsatz, gleichwohl ist es wünschenswert, die bestehenden Unsicherheiten zu beheben.

Im damaligen Gesetzgebungsverfahren wurden im Hinblick auf die konkrete Ausgestaltung des § 3 S. 2 Nr. 1 HWG bereits mehrere Vorschläge unterbreitet. Die folgende Formulierung ähnelt dem damaligen Vorschlag des Bundesrats:

> „ *[...] wenn Arzneimitteln, Medizinprodukten, Verfahren, Behandlungen, Gegenständen oder anderen Mitteln [eine therapeutische Wirksamkeit] oder Wirkungen beigelegt werden, die ihnen nicht nach den Erkenntnissen der medizinischen Wissenschaft oder nach allgemeinen praktischen Erfahrungen zukommen [...]* “[1185]

Durch die Formulierung *„die ihnen nach den Erkenntnissen der medizinischen Wissenschaft oder nach allgemeinen praktischen Erfahrungen zukommen“*[1186] wird zum einen ausgeschlossen, dass wissenschaftliche Erkenntnisse aus anderen Fachbereichen zum Nachweis der Wirksamkeit vorgebracht werden können. Gleichzeitig wird auf diese Weise verhindert, dass Behauptungen einzelner

---

1184 *Doepner*, WRP 1979, 333 ff.

1185 Ein ähnlicher Vorschlag wurde bereits vom Bundesrat beim Gesetzgebungsverfahren zum Heilmittelwerberecht unterbreitet. Siehe dazu: *Doepner*, WRP 1979, 333; *Kernd'l/Marcetus*, HWG, S. 64.

1186 *Doepner*, WRP 1979, 333; *Kernd'l/Marcetus*, HWG, S. 64.

Wissenschaftler für den Beweis der Wirksamkeit dargetan werden.[1187] Gleiches gilt für die praktischen Erfahrungen: auch diese genügen nur den Anforderungen, wenn sie von einem größeren Personenkreis bestätigt werden können.[1188]

Die vorgeschlagene Präzisierung des § 3 S. 2 Nr. 1 HWG erlaubt Werbung mit Angaben zu Wirkungen des Produkts nur, wenn diese Wirkung nach den jeweils geltenden medizinischen Standards nachgewiesen wurde oder auf praktischen Erfahrungen eines größeren Personenkreises beruht.[1189] Der damalige Vorschlag des Bunderates wurde jedoch nicht angenommen.[1190] Grund dafür könnte der Druck seitens der Pharmaindustrie gewesen sein. Diese befürchtete seinerzeit, dass bei dem Vorschlag des Bundesrates lediglich die herrschende Meinung innerhalb der medizinischen Wissenschaft genügen würde mit der Folge, dass Außenseitermethoden durch die Beschränkung des § 3 S. 2 Nr. 1 HWG vom Markt verbannt würden.[1191] Diese Sorge der Pharmaindustrie war nicht ganz unberechtigt. Durch die Beschränkung auf Mittel und Methoden, die nach den Erkenntnissen der medizinischen Wissenschaft oder allgemeinen praktischen Erfahrungen nachgewiesen sind, sind die Voraussetzungen, die an die Heilmittel gestellt werden, höher. Außenseitermethoden, die nicht in ausreichender Weise geprüft werden, dürften auch nicht beworben werden. Auf der einen Seite wird auf diese Weise verhindert, dass unzureichend geprüfte Mittel oder Methoden bekannt gemacht werden, auf der anderen Seite kann der Staat so auch eine gewisse Qualität gewährleisten. Besitzen Außenseitermethoden eine hohe Erfolgstauglichkeit, kann dies mithilfe von medizinischen Prüfverfahren untersucht und bestätigt werden, sodass auch diese Heilmittel oder Methoden im Anschluss daran beworben und bekannt gemacht werden können. Gerade im Hinblick auf solche Außenseitermethoden sollte jedoch zwischen Publikums- und Fachkreiswerbung unterschieden werden. Bei der Publikumswerbung sollten höhere Anforderungen an den Nachweis der Wirkung gelten als bei Werbung innerhalb der Fachkreise. Richtet sich die Werbung an Angehörige der Fachkreise, sind die Adressaten der Werbemaßnahme dazu befähigt, zwischen der herrschenden Meinung innerhalb der medizinischen Wissenschaft und Außenseitermethoden zu differenzieren. Demzufolge erscheint es sinnvoll, bei Werbung, die für die Öffentlichkeit bestimmt ist, die wissenschaftlichen

---

1187 *Doepner*, WRP 1979, 333; *Kernd'l/Marcetus*, HWG, S. 64.

1188 *Doepner*, WRP 1979, 333; *Kernd'l/Marcetus*, HWG, S. 64.

1189 *Doepner*, WRP 1979, 333; *Kernd'l/Marcetus*, HWG, S. 64.

1190 *Doepner*, WRP 1979, 333.

1191 *Doepner*, WRP 1979, 333; vgl. dazu die Kritik von *Höpker* in Bezug auf den Antrag des Bundesrates: *Höpker*, WRP 1965, 424, 426.

Erkenntnisse an der herrschenden Meinung zu messen. Dieser Einschränkung bedarf es bei Fachkreiswerbung nicht. In diesen Fällen sollten auch Außenseitermethoden weiterhin zur Begründung einer Wirkung herangezogen werden dürfen.

Einen weiteren Vorschlag beinhaltete der Referentenentwurf des Gesetzes zur Neuordnung des Arzneimittelrechts.[1192] Der Referentenentwurf sah die folgende Formulierung des § 3 S. 2 Nr. 1 HWG vor:

> „ *[…] wenn Arzneimitteln, Medizinprodukten, Verfahren, Behandlungen, Gegenständen oder anderen Mitteln [eine therapeutische Wirksamkeit oder] Wirkungen beigelegt werden, die nach dem jeweiligen Stand der wissenschaftlichen Erkenntnisse nicht hinreichend gesichert sind […]* “[1193]

Auch dieser Vorschlag wurde von der Werbewirtschaft und der Pharmaindustrie vehement abgelehnt.[1194] Der Verzicht auf den Nachweis von Wirkungen durch praktische Erfahrungen hätte unvertretbare wirtschaftliche Konsequenzen.[1195] Es sei ferner zu befürchten, dass dem Verbraucher nützliche Informationen vorenthalten würden.[1196] Erwogen wurde weiter, dass die vorgeschlagene Formulierung *„durch belegbare praktische Erfahrungen“* ergänzt wird. Die Gesetzesbegründung forderte jedoch, dass in dem Falle der praktischen Erfahrungen kenntlich gemacht werden muss, dass es sich um nicht hinreichend gesicherte Wirkungen handele.[1197]

Man einigte sich schlussendlich auf die bis heutige gültige Fassung des § 3 S. 2 Nr. 1 HWG.[1198]

Gleichwohl ist eine Präzisierung des Tatbestands des § 3 S. 2 Nr. 1 HWG entgegen der Auffassung der Werbewirtschaft und der Pharmaindustrie geboten und dem Vorschlag des Referentenentwurfs des Gesetzes zur Neuordnung des Arzneimittelrechts Vorzug zu gewähren und § 3 HWG teilweise zu ergänzen.

> „ *[…] wenn Arzneimitteln, Medizinprodukten, Verfahren, Behandlungen, Gegenständen oder anderen Mitteln [eine therapeutische Wirksamkeit oder] Wirkungen beigelegt*

1192 Siehe dazu: *Doepner*, WRP 1979, 333, 334 m.w.N.

1193 Referentenentwurf des Gesetzes zur Neuordnung des Arzneimittelrechts; siehe dazu: *Doepner*, WRP 1979, 333; *Kernd'l/Marcetus*, HWG, S. 64.

1194 *Doepner*, WRP 1979, 333, 334.

1195 *Doepner*, WRP 1979, 333, 334.

1196 *Albrecht*, MA 1974, 118, 120; *Doepner*, WRP 1979, 333, 334 m.w.N.

1197 BT-Drucks. 7/3060 S. 46; *Doepner*, WRP 1979, 333, 334.

1198 BT-Drucks. 7/5025, S. 84; *Doepner*, WRP 1979, 333, 334.

werden, die nach dem jeweiligen Stand der wissenschaftlichen Erkenntnisse oder durch belegbare praktische Erfahrungen gesichert sind [...]“[1199]

Durch diese Formulierung wird deutlich, dass die Wirkungen oder die therapeutische Wirksamkeit durch wissenschaftliche Erkenntnisse nachgewiesen werden müssen. Neben der Möglichkeit des wissenschaftlichen Nachweises besteht ebenso die Möglichkeit, Wirkungen oder die therapeutische Wirksamkeit durch praktische Erfahrungen nachzuweisen. Diese praktischen Erfahrungen müssen allerdings belegbar sein. Nur dann kann von einer hinreichenden Sicherung der Ergebnisse gesprochen werden.

3. Eigene Regelung zum Unterlassen

Durch die UWG-Reform wurde im Jahr 2004 § 5a UWG in das Gesetz gegen den unlauteren Wettbewerb eingefügt.[1200] § 5a UWG normiert eine eigenständige Regelung zur Irreführung durch Unterlassen. Durch die Schaffung dieses Paragraphen wurde erstmals ein lauterkeitsrechtliches Informationsgebot begründet, welches die Strafbarkeit der Irreführung durch Unterlassen mit sich bringt.[1201] Die Irreführung durch Unterlassen ist, sofern eine Aufklärungspflicht nach dem Heilmittelwerbegesetz besteht, bereits durch die aktuelle Regelung mit Strafe bedroht. Eine solche Pflicht stellt jedoch eine Ausnahme dar, da die Adressaten sich zwar auf die in der Werbung getätigten Aussagen verlassen, aber keine in allen Einzelheiten vollständige und in allen Punkten neutrale Darstellung erwarten.[1202] Die Einführung eines allgemeinen heilmittelwerberechtlichen Informationsgebots vergleichbar mit der Regelung im Gesetz gegen unlauteren Wettbewerb wird vom Gesetzgeber nicht gewünscht. Im Heilmittelwerberecht ist lediglich die gesetzliche Kennzeichnungspflicht gemäß § 4 HWG geregelt.

Eine Erweiterung der Strafbarkeit aufgrund einer eigenständigen Regelung zur Irreführung durch Unterlassen ist insbesondere aufgrund der Tatsache, dass es sich bei den heilmittelwerberechtlichen Tatbeständen um Vorfeldtatbestände handelt, abzulehnen. Die Strafbarkeit sollte klar begrenzt sein.

1199 Referentenentwurf des Gesetzes zur Neuordnung des Arzneimittelrechts; siehe dazu: *Doepner*, WRP 1979, 333; *Kernd'l/Marcetus*, HWG, S. 64.

1200 *Alexander* in: Münchener Kommentar zum Lauterkeitsrecht, Bd. 2, UWG, § 5a Rn. 8.

1201 *Obergfell* in: Fezer/Büscher/Obergfell, UWG, § 5a Rn. 1.

1202 *Strunz*, Heilmittelwerbegesetz, Wettbewerbsrecht und Verbraucherschutz, S. 79 f. m.w.N.

4. Konkretisierung des § 3 HWG (gemäß dem Anhang bei § 3 UWG)

§ 3 UWG normiert ein allgemeines Verbot für unlautere geschäftliche Handlungen. Er stellt die zentrale Norm im Lauterkeitsrecht dar.[1203] § 3 UWG beinhaltet vier Absätze. § 3 Abs. 1 UWG bildet die „große Generalklausel"[1204]. Sie gilt für alle unlauteren geschäftlichen Handlungen.[1205] Die folgenden Absätze zwei bis vier sind nur auf geschäftliche Handlungen gegenüber Verbrauchern anwendbar.[1206] Im Anhang zu § 3 Abs. 3 UWG werden Handlungen erläutert, die unlautere geschäftliche Handlungen darstellen und daher verboten sind. Durch Nennung der Handlungen im Anhang wird die Generalklausel des § 3 Abs. 1 UWG konkretisiert. Daran anknüpfend ist zu fragen, ob eine solche Konkretisierung der Irreführung auch im Heilmittelwerberecht zweckmäßig ist. Die zentrale Norm des Heilmittelwerberechts, § 3 HWG, beinhaltet ebenfalls in § 3 S. 1 HWG eine umfassende Generalklausel.[1207] Diese wird jedoch durch die Beispieltatbestände des § 3 S. 2 HWG und die zu § 3 HWG ergangene Rechtsprechung hinreichend konkretisiert. Zwar sind die in § 3 S. 2 HWG aufgeführten Beispiele nicht abschließend.[1208] Dennoch verbleibt nur ein geringer Anwendungsbereich für die Generalklausel des § 3 S. 1 HWG, da die Beispieltatbestände bereits den Großteil an Irreführungstatbeständen abdecken.[1209] Demzufolge ist keine weitere Konkretisierung, wie sie im Gesetz gegen den unlauteren Wettbewerb erfolgte, notwendig.

5. Erhöhung des Strafrahmens

Zuwiderhandlungen gegen das Irreführungsverbot des § 3 HWG werden mit Geldstrafe oder Freiheitsstrafe bis zu einem Jahr bestraft. Im Gegensatz zum Heilmittelwerbegesetz wird ein Verstoß gegen § 16 Abs. 1 UWG mit zwei Jahren Freiheitsstrafe geahndet. Dies erscheint wertungswidersprüchlich, da § 14 HWG empfindliche Rechtsgüter[1210] schützt. Die Tatsache, dass in § 15 Abs. 2 HWG

1203 *Köhler* in: Köhler/Bornkamm/Feddersen, UWG, § 3 Rn. 1.1.

1204 *Köhler* in: Köhler/Bornkamm/Feddersen, UWG, § 3 Rn. 1.2.

1205 *Köhler* in: Köhler/Bornkamm/Feddersen, UWG, § 3 Rn. 1.2.

1206 *Köhler* in: Köhler/Bornkamm/Feddersen, UWG, § 3 Rn. 1.2.

1207 Siehe dazu das 4. Kapitel unter B. V. 1. a.

1208 *Doepner/Reese*, HWG, § 3 Rn. 20, 256; *Sosnitza* in: Zipfel/Rathke, Lebensmittelrecht, HWG, § 3 Rn. 18.

1209 *Gröning* in: Gröning/Mand/Reinhart, Heilmittelwerberecht, Bd. 1, § 3 Rn. 9.

1210 *Bülow* in: FS-Piper, S. 121. Nach *Piper* gebietet das hohe Rechtsgut die Bevormundung durch den Gesetzgeber, ähnlich auch *Dannecker* im Lebensmittelstrafrecht: *Dannecker*, Entsanktionierung, S. 69.

der fahrlässige Verstoß gegen das Irreführungsverbot normiert ist, legt ebenfalls nahe, dass der Gesetzgeber das Schutzgut der Gesundheit als besonders hochrangig und schützenswert betrachtet. Um dieser gesetzgeberischen Bewertung ausreichend Rechnung zu tragen, ist eine Anpassung des Strafrahmens des § 14 HWG erforderlich. Der Strafrahmen sollte von einem Jahr auf drei Jahre Freiheitsstrafe erhöht werden. Durch die Erhöhung des Strafrahmens auf drei Jahre würde der Strafrahmen des § 14 HWG mit dem Strafrahmen des § 16 Abs. 1 UWG in Einklang gebracht. Die Tatsache, dass § 14 HWG empfindliche Rechtsgüter wie die Gesundheit des Einzelnen und die allgemeine Gesundheit schützt, § 16 Abs. 1 UWG hingegen „nur" den fairen Wettbewerb, sollte auch in der Bemessung des Strafrahmens eine Rolle spielen. Aus diesem Grunde sollte § 14 HWG eine höhere Strafandrohung besitzen als § 16 Abs. 1 UWG, sodass eine Freiheitsstrafe von bis zu drei Jahren angemessen erscheint.

6. *Beibehaltung der Blankettgesetzgebungstechnik*

Zuletzt ist auf die Ausgestaltung der Norm als Blankettnorm einzugehen. In diesem Kontext ist zu klären, ob eine Ausgestaltung der irreführenden Heilmittelwerbung als Blankettgesetz beibehalten werden soll. Wie bereits erörtert, handelt es sich bei § 14 HWG i.V.m. § 3 HWG um ein unechtes Blankett.[1211] Die Ausgestaltung von Strafnormen als Blankette ist sowohl nach höchstrichterlicher Rechtsprechung als auch nach herrschender Meinung zulässig.[1212] Der Vorteil der Blankettgesetzgebungstechnik liegt in der Vereinfachung der Tatbestände sowie darin, auf Veränderungen flexibler reagieren zu können.[1213] Durch die Blankettgesetzgebungstechnik wird vermieden, dass Straf- und Ordnungswidrigkeitentatbestände über das gesamte Gesetz hinweg verstreut sind, da keine Verbindung der Normen notwendig ist.[1214] Neben der Vereinfachung ermöglicht dies auch eine bessere Übersichtlichkeit.[1215] Darüber hinaus kann der Gesetzgeber durch die Blankettgesetzgebungstechnik einfach und schnell auf neue Entwicklungen reagieren und die Straf- und Ordnungswidrigkeitenvorschriften

---

1211 Siehe dazu das 4. Kapitel unter B. II.

1212 BVerfGE 5, 25, 31; BVerfGE 22, 330, 346; BVerfGE 47, 285, 311 ff.; *Dannecker*, Entsanktionierung, S. 85; *Schneider*, Gesetzgebung, § 4 Rn. 76; *Tiedemann*, Tatbestandsfunktionen im Nebenstrafrecht, S. 241 m.w.N.

1213 BGHSt 6, 30, 40 f.; *Dannecker*, Entsanktionierung, S. 85 m.w.N.

1214 *Dannecker*, Entsanktionierung, S. 86.

1215 *Dannecker*, Entsanktionierung, S. 86; *Karpen*, Die Verweisung als Mittel der Gesetzgebungstechnik, S. 88 f.; *Lohberger*, Blankettstrafrecht und Grundgesetz, S. 20 ff.; *Weidenbach*, Die Verfassungsrechtliche Problematik der Blankettstrafgesetze, S. 5 ff.

anpassen.[1216] Bei der Ausgestaltung als Blankett wird also ein Strafbarkeitsrahmen geschaffen, der den aktuellen Entwicklungen Rechnung tragen kann.[1217]

Im Hinblick auf den wachsenden Einfluss der europäischen Union sollte der nationale Gesetzgeber weiterhin die Möglichkeit besitzen, schnell und unkompliziert auf etwaige Entwicklungen einzugehen und diese im nationalen Recht zu berücksichtigen. Aus diesem Grunde sollte die Blankettgesetzgebungstechnik in Bezug auf die heilmittelwerberechtlichen Straf- und Ordnungswidrigkeitenregelungen weiterhin beibehalten werden.

C. Sanktionierung der irreführenden Heilmittelwerbung de lege ferenda

Die vorangegangene Untersuchung zeigt deutlich, dass eine Reform der Sanktionierung der irreführenden Heilmittelwerbung notwendig ist. Aufgrund der vorangegangenen Ausführungen erscheint es sinnvoll, die Strafandrohung des § 14 HWG von einem Jahr auf drei Jahre anzuheben.

Der Bußgeldtatbestand des § 15 Abs. 2 HWG ist in seiner jetzigen Formulierung beizubehalten. Die Rechtfertigung der Sanktionierung einer fahrlässigen Irreführung als Ordnungswidrigkeit ergibt sich aus der Gewichtigkeit der Rechtsgüter. Die Gesundheit des Einzelnen und der Allgemeinheit besitzen einen hohen Stellenwert, sodass von einer Entsanktionierung der fahrlässigen irreführenden Werbung abzusehen ist.[1218]

Der Wortlaut der Regelung des § 3 S. 2 Nr. 1 HWG sollte teilweise geändert werden, um auf diese Weise Unklarheiten zu vermeiden und den Schutzstandard für Verbraucher auszuweiten.

§ 3 HWG (Vorschlag):

Unzulässig ist eine irreführende Werbung. Eine Irreführung liegt insbesondere dann vor,

1. ***wenn Arzneimitteln, Medizinprodukten, Verfahren, Behandlungen, Gegenständen oder anderen Mitteln eine therapeutische Wirksamkeit oder Wirkungen beigelegt werden, die nach dem jeweiligen Stand der wissenschaftlichen Erkenntnisse oder durch belegbare praktische Erfahrungen nicht gesichert sind,***
2. *wenn fälschlich der Eindruck erweckt wird, dass*
   a) *ein Erfolg mit Sicherheit erwartet werden kann,*
   b) *bei bestimmungsgemäßem oder längerem Gebrauch keine schädlichen Wirkungen eintreten,*

1216 *Dannecker*, Entsanktionierung, S. 86.
1217 *Dannecker*, Entsanktionierung, S. 86.
1218 Siehe dazu das 4. Kapitel unter C. V.

c) die Werbung nicht zu Zwecken des Wettbewerbs veranstaltet wird,

3. wenn unwahre oder zur Täuschung geeignete Angaben

a) über die Zusammensetzung oder Beschaffenheit von Arzneimitteln, Medizinprodukten, Gegenständen oder anderen Mitteln oder über die Art und Weise der Verfahren oder Behandlungen oder

b) über die Person, Vorbildung, Befähigung oder Erfolge des Herstellers, Erfinders oder der für sie tätigen oder tätig gewesenen Personen

gemacht werden.

7. Kapitel: Darstellung der wesentlichen Erkenntnisse in Thesen

Im Rahmen einer Schlussbetrachtung sollen die wesentlichen Ergebnisse dargelegt werden.

- Das im Jahr 1965 in Kraft getretene Heilmittelwerbegesetz geht seinem Inhalt nach im Wesentlichen auf die vorausgehende „Polizeiverordnung auf dem Gebiete des Heilwesens" aus dem Jahre 1941 zurück. Das Heilmittelwerbegesetz ist das Resultat der gesetzgeberischen Reaktion auf die Fortentwicklung der Pharmaindustrie und den damit einhergehenden Anstieg der Werbung für Heilmittel, der zu Beginn des 20. Jahrhunderts einsetzte.
- Die Schutzgüter des § 14 HWG sind die Gesundheit des Einzelnen, die öffentliche Gesundheit und die finanziellen Interessen der Verbraucher. Ziel des Heilmittelwerbegesetzes ist der Schutz der Verbraucher vor Gesundheitsgefahren, die mittelbar aus der Beeinflussung durch irreführende Werbung resultieren und zu einer unkontrollierten und unsachgemäßen Anwendung der Heilmittel führen. Zur Erreichung dieses Ziels normiert das Heilmittelwerbegesetz eine Reihe von Verbotstatbeständen.
- Ohne die Regelung des § 14 HWG existierte im Kern- und Nebenstrafrecht keine Regelung, durch die irreführende Heilmittelwerbung hinreichend erfasst wird. Die Körperverletzungstatbestände und der Betrugstatbestand setzen einen Taterfolg voraus. Auch die Regelung der strafbaren Werbung nach § 16 Abs. 1 UWG bietet aufgrund der divergierenden Schutzgüter nur einen lückenhaften Schutz. Lebensmittelrechtliche Vorschriften gelangen nicht zur Anwendung, da es sich bei Heilmitteln nicht um Lebensmittel handelt.
- Die irreführende Heilmittelwerbung gemäß § 14 HWG ist ein abstrakt-konkretes Gefährdungsdelikt (potentielles Gefährdungsdelikt).
  Erforderlich ist eine potentielle Gefährdung, d.h. eine generelle Eignung der Handlung, einen Verletzungserfolg herbeizuführen. Diese potentielle Gefährdung liegt bei § 14 HWG in der Irreführungseignung.
- Die Ausgestaltung des § 14 HWG als Blankettnorm ist verfassungsgemäß. § 14 HWG verweist auf § 3 HWG. Es handelt sich um einen Verweis innerhalb eines Gesetzes – ein unechtes Blankett, da sowohl die Ausfüllungsnorm als auch die Blankettnorm vom gleichen Gesetzgeber stammen und die Gesetzgebungsebene nicht verlassen wird. Auch der Bestimmtheitsgrundsatz

wird durch die Regelung des § 14 HWG gewahrt, da das strafbare Verhalten der Generalklausel in § 3 S. 1 HWG und den Beispieltatbeständen des § 3 S. 2 HWG, die der Orientierung sowie der Konkretisierung und Ausfüllung der Generalklausel dienen, entnommen und darüber hinaus zur Auslegung des § 3 HWG auf gefestigte Rechtsprechung zurückgegriffen werden kann.

- In der jüngeren Vergangenheit galt für die Beurteilung, ob eine Irreführung vorliegt, der Maßstab eines flüchtigen Betrachters. Aufgrund des europarechtlichen Einflusses gilt nunmehr das Leitbild eines durchschnittlich informierten und verständigen Verbrauchers, der das fragliche Werbeverhalten mit einer der Situation angemessenen Aufmerksamkeit verfolgt. Das Leitbild des durchschnittlich informierten und verständigen Verbrauchers wurde erstmals in dem Urteil „Gut-Springenheide" durch den Europäischen Gerichtshof festgelegt.
  Das Wort „durchschnittlich" bezieht sich auch auf die Verständigkeit und die Aufmerksamkeit des Verbrauchers. Zwar legt der Wortlaut der deutschen Fassung des Urteils die Annahme nahe, die Durchschnittlichkeit beziehe sich ausschließlich auf die Informiertheit. Dies resultiert allerdings aus einem Übersetzungsfehler und war nicht beabsichtigt. Das Verbraucherleitbild geht nicht von einem allseits informierten, sehr verständigen und stets aufmerksamen Verbraucher aus, da das Wort „durchschnittlich" ebendiese Kriterien relativiert.
- Die Anwendbarkeit des deutschen Strafrechts ist unproblematisch, wenn die Veröffentlichung der Werbung im Inland erfolgt ist, da der Handlungsort im Inland zu lokalisieren ist. Das deutsche Strafrecht ist dann gemäß § 9 Abs. 1 Var. 1 StGB anwendbar.
- Bei Veröffentlichung der irreführenden Werbung im Ausland ist kein inländischer Handlungsort gegeben. Die Erstreckung der deutschen Strafgewalt auf Auslandssachverhalte ist in diesen Fällen komplizierter. Kann die Werbung auch in der Bundesrepublik abgerufen werden, tritt die Gefährdung des Rechtsguts in Deutschland ein. Gemäß § 9 Abs. 1 Var. 3 StGB liegt dann ein inländischer Erfolgsort vor.
- Ist eine im Ausland veröffentlichte Werbung ausschließlich im Ausland abrufbar, kommt eine Anwendung deutschen Rechts gemäß § 4 StGB oder § 7 StGB in Betracht. An Bord von Schiffen oder Flugzeugen, die unter deutscher Flagge fahren oder fliegen, gilt das Flaggenprinzip des § 4 StGB. Eine Erstreckung der deutschen Strafgewalt ist grundsätzlich auch gemäß § 7 StGB möglich, sofern das Erfordernis der identischen Strafnorm erfüllt ist. In den Staaten, in denen keine solche Regelung existiert, scheidet eine Erstreckung der deutschen Strafgewalt über § 7 StGB aus.

- Zur Vermeidung einer universellen Geltung des deutschen Strafrechts fordert das Völkerrecht ein begrenzendes Korrektiv für die Begründung deutscher Strafgewalt. Eine Erstreckung der deutschen Strafgewalt ist möglich, solange nicht gegen den Grundsatz der Nichteinmischung des Art. 25 Abs. 2 GG verstoßen wird. Gemäß Art. 25 Abs. 2 GG darf keine rechtsmissbräuchliche Rechtsanwendung erfolgen und es muss ein legitimierender Anknüpfungspunkt gegeben sein. Besitzen mehrere Staaten einen legitimierenden Anknüpfungspunkt, besteht ein Jurisdiktionskonflikt, der nur durch eine Interessenabwägung aufzulösen ist. Nur wenn die Abwägung zugunsten des Staates ausfällt, der eine Ausdehnung seiner Strafgewalt anstrebt, ist die Erstreckung der Strafgewalt völkerrechtskonform.
- § 15 Abs. 2 HWG ahndet die fahrlässige Irreführung mit einem Bußgeld. Die Sanktionierung einer fahrlässigen Irreführung stellt im deutschen Strafrecht eine seltene Ausnahme dar, die aufgrund der hochrangigen Schutzgüter des § 15 Abs. 2 HWG gerechtfertigt ist.
- Die strafrechtliche Sanktionierung der vorsätzlichen irreführenden Heilmittelwerbung ist trotz des geringen praktischen Anwendungsbereichs des § 14 HWG erforderlich. Dies ergibt sich vordergründig aus dem hohen Schädigungspotential (hohe gesundheitliche Risiken) der irreführenden Heilmittelwerbung. Aber auch aus generalpräventiven Gesichtspunkten kann die Rechtsordnung nicht auf ein strafrechtliches Instrument gegen sozialschädliche Werbehandlungen, die gegen das heilmittelwerberechtliche Werbeverbot verstoßen, verzichten. Eine Einstufung der irreführenden Werbung als Ordnungswidrigkeit ist ebenfalls abzulehnen, da dies der besonderen Verwerflichkeit der Handlung nicht gerecht würde.
- Um die praktische Bedeutung der Regelung zu erhöhen, ist eine Reform des § 14 HWG erforderlich. Eine Eingliederung der irreführenden Heilmittelwerbung ins Kernstrafrecht, um dadurch eine höhere kriminalpolitische Bedeutung zu erreichen, ist abzulehnen. Gegen die Eingliederung in den siebzehnten Abschnitt (Körperverletzungsdelikte) bestehen systematische Bedenken. Die Delikte im siebzehnten Abschnitt sind als Erfolgsdelikte oder Erfolgsqualifikationen ausgestaltet. § 14 HWG hingegen ist ein potentielles Gefährdungsdelikt und passt nicht in den siebzehnten Abschnitt. Die Integration der Regelung in den zweiundzwanzigsten Abschnitt würde fälschlicherweise den Anschein erwecken, dass § 14 HWG ein Vermögensdelikt darstellt. Eine Verortung im fünfundzwanzigsten Abschnitt erscheint ebenfalls nicht sinnvoll, da alle Regelungen, welche die strafbare Werbung betreffen, im Nebenstrafrecht normiert sind. Eine Integration in das Strafgesetzbuch würde folglich der allgemeinen Gesetzessystematik zuwiderlaufen. Die Verortung

der irreführenden Heilmittelwerbung im Nebenstrafrecht ermöglicht dem Gesetzgeber schneller auf Veränderungen zu reagieren. Der Gesetzgeber besitzt also eine größere Flexibilität. Darüber hinaus spricht auch die terminologische Abhängigkeit der Regelung zum Heilmittelwerbegesetz gegen eine Integration der Norm ins Kernstrafrecht.

- Da eine Integration der irreführenden Heilmittelwerbung ins Kernstrafrecht ausscheidet, ist eine Reform innerhalb des Tatbestandes geboten. Bei einem Vergleich mit dem Wettbewerbsrecht und vor dem Hintergrund der gewichtigen Schutzgüter erscheint eine Anhebung der Strafandrohung von einem Jahr auf drei Jahre angemessen. Darüber hinaus sollte die Verjährungsfrist bei Presseinhaltsdelikten aus dem Bereich der Heilmittelwerbung auf achtzehn Monate angehoben werden. Um Rechtsunsicherheit zu vermeiden, sollte § 3 HWG weiter konkretisiert werden.

Literaturverzeichnis

Albrecht, Uwe: Neuordnung der Heilmittelwerbung mit vielen Fragezeichen, erschienen in: Markenartikel 1974, S. 118–122 [zitiert: *Albrecht*, MA 1974, 118, Fundstelle]

Alexander, Christian: Die strafbare Werbung in der UWG-Reform, erschienen in: Wettbewerb in Recht und Praxis 2004, S. 407–421 [zitiert: *Alexander*, WRP 2004, 407, Fundstelle]

Ambos, Kai: Internationales Strafrecht, 5. Auflage, München 2018 [zitiert: *Ambos*, Internationales Strafrecht, Paragraph, Randnummer]

Arias, Ingrid: Im Dienste der Volksgesundheit: Frauen – Gesundheitswesen – Nationalsozialismus, Wien 2006 [zitiert: *Arias*, Im Dienste der Volksgesundheit: Frauen – Gesundheitswesen – Nationalsozialismus, Seite]

Assies, Paul H. / Beule, Dirk / Heise, Julia / Strube, Hartmut: Handbuch des Fachanwalts Bank- und Kapitalmarktrecht, 5. Auflage, Köln 2019 [zitiert: *Bearbeiter* in: Bank- und Kapitalmarktrecht, Kapitel, Randnummer]

Ast, Stephan / Lorenz, Henning: Körperverletzung und Tötung durch Therapietäuschung? Überlegungen zu aktuellen medizinstrafrechtlichen Problemen anlässlich des Bottroper Apothekerfalls, erschienen in: Zeitschrift für Medizinstrafrecht 2018, S. 135–143 [zitiert: *Ast/Lorenz*, medstra 2018, 135, Fundstelle]

Axel Springer Verlag / Nielsen Company: Werbeausgaben für Arzneimittel in Deutschland in den Jahren 2000 bis 2016 (in Millionen Euro), Statista, https://de.statista.com/statistik/daten/studie/182801/umfrage/werbeausgaben-fuer-arzneimittel-seit-2000/ (letzter Abruf: 17. Juli 2017) [zitiert: URL]

Backmann, Leonhard: Die Abgrenzung des Betrugs von Diebstahl und Unterschlagung, Köln 1974 [zitiert: *Backmann*, Die Abgrenzung des Betrugs, Seite]

Baier, Helmut: Die versuchte Tötung durch Einsatz einer Giftfalle – BGHSt 43, 177, erschienen in: Juristische Arbeitsblätter 1999, S. 771–775 [zitiert: *Baier*, JA 1999, 771, Fundstelle]

Baierl, Marion / Kellermann, Andreas: Arzneimittelrecht, München 2011 [zitiert: *Baierl/Kellermann*, Arzneimittelrecht, Seite]

Barton, Dirk-Michael / Gercke, Björn / Janssen, Gerhard: Die Veranstaltung von Glückspielen durch ausländische Anbieter per Internet unter besonderer Berücksichtigung der Rechtsprechung des EuGH, erschienen in: Zeitschrift für Wirtschafts- und Steuerstrafrecht 2004, S. 321–326 [zitiert: *Barton/Gercke/Janssen*, wistra 2004, 321, Fundstelle]

Barton, Dirk: Multimedia-Strafrecht, Neuwied 1999 [zitiert: *Barton*, Multimedia-Strafrecht, Seite]

Baumann, Jürgen (Begr.) / Weber, Ulrich (Hrsg.) / Mitsch, Wolfgang (Hrsg.) / Eisele, Jörg (Hrsg.): Strafrecht Allgemeiner Teil, 12. Auflage, Bielefeld 2016 [zitiert: *Baumann/Weber/Mitsch/Eisele*, Strafrecht AT, Paragraph, Randnummer]

Becker, Christian / Rönnau, Thomas: Grundwissen – Strafrecht: Der objektiv individuelle Schadensbegriff beim Betrug (§ 263 StGB), erschienen in: Juristische Schulung 2017, S. 975–979 [zitiert: *Beckerl/Rönnau*, JuS 2017, 975, Fundstelle]

Beisel, Daniel / Heinrich, Bernd: Die Zulässigkeit der Indizierung von Internet-Angeboten und ihre strafrechtliche Bedeutung, erschienen in: Computer und Recht 1997, S. 360–363 [zitiert: *Beisel/Heinrich*, CR 1997, 360, Fundstelle]

Beling, Ernst: Die Lehre vom Verbrechen, Tübingen 1906, Nachdruck von 1999 [zitiert: *Beling*, Die Lehre vom Verbrechen, Seite]

Bergmann, Karl Otto (Hrsg.) / Pauge, Burkhard (Hrsg.) / Steinmeyer, Heinz Dietrich (Hrsg.): Nomos Kommentar, Gesamtes Medizinrecht, 3. Auflage, Baden Baden 2018 [zitiert: *Bearbeiter(in)* in: Nomos Kommentar, Gesamtes Medizinrecht, Gesetz, Paragraph, Randnummer]

Bernhardt, Fritz: Gesetz über die Werbung auf dem Gebiete des Heilwesens Kommentar, Berlin 1966 [zitiert: *Bernhardt*, Gesetz über die Werbung auf dem Gebiete des Heilwesens, Seite]

Binder, Reinhart (Hrsg.) / Vesting, Thomas (Hrsg.): Beck´scher Kommentar zum Rundfunkrecht, 4. Auflage, München 2018 [zitiert: *Bearbeiter(in)* in: Binder/Vesting, Beck-OK zum Rundfunkrecht, Paragraph, Randnummer]

Bitzilekis, Nikolaos: Der Tatsachenbegriff im Strafrecht, in: Weigend, Thomas / Küpper, Georg: Festschrift zum 70. Geburtstag von Joachim Hirsch, Berlin 1999, S. 29–43 [zitiert: *Bitzilekis* in: FS-Hirsch, Seite]

Bleckmann, Albert: Europarecht: Das Recht der Europäischen Union und der Europäischen Gemeinschaft, 6. Auflage, Köln 1997 [zitiert: *Bleckmann*, Europarecht, Randnummer]

Blei, Hermann: Strafrecht Allgemeiner Teil, 18. Auflage, München 1983 [zitiert: *Blei*, Strafrecht AT, Paragraph, Ziffer]

Blum, Heribert / Gassner, Kathi / Seith, Sebastian: Ordnungswidrigkeitengesetz, Handkommentar, 1. Auflage, Baden-Baden 2016 [zitiert: *Bearbeiter(in)* in: Blum/Gassner/Seith, OWiG, Paragraph, Randnummer]

Bongartz, Eva Maria: Korruptionsstrafbarkeit niedergelassener (Vertrags-) Ärzte wegen bevorzugender Verordnung von Arznei-, Heil- und Hilfsmitteln,

Frankfurt am Main 2017 [zitiert: *Bongartz*, Korruptionsstrafbarkeit niedergelassener (Vertrags-)Ärzte wegen bevorzugender Verordnung von Arznei-, Heil- und Hilfsmitteln, Seite]

Borutta, Nadine: Der Pflichtverletzungstatbestand des § 299 StGB, Berlin 2019 [zitiert: *Borutta*, Der Pflichtverletzungstatbestand des § 299 StGB, Seite]

Bottke, Wilfried: Probleme der Suizidbeteiligung, erschienen in: Goltdammer´s Archiv für Strafrecht 1983, S. 22–37 [zitiert: *Bottke*, GA 1983, 22, Fundstelle]

Brand, Christian: Marktübliches Verhalten und Betrugsstrafbarkeit deutscher Kraftfahrzeughersteller, erschienen in: Zeitschrift für Wirtschafts- und Steuerstrafrecht 2019, S. 169–174 [zitiert: *Brand*, wistra 2019, 169, Fundstelle]

Brandts, Ricarda / Schlehofer, Horst: Die täuschungsbedingte Selbsttötung im Lichte der Einwilligungslehre, erschienen in: Juristenzeitung (JZ) 1987, S. 442–448 [zitiert: *Brandts/Schlehofer*, JZ 1987, 442, Fundstelle]

***Brauer, Klaus G.* (Hrsg.) / Ditzel, Peter (Hrsg.) / Wessinger, Benjamin (Hrsg.)**: Immunologie: Bewährte und neue Immunsuppressiva bei Organtransplantationen, DAZ 2001, 34 abrufbar unter: https://www.deutsche-apotheker-zeitung.de/daz-az/2001/daz-7-2001/uid-243 (7.2.2020) [zitiert: *o.V*, DAZ 2001, 34]

Braun, Julian: Wissenschaftlicher Nachweis von Wirksamkeitsaussagen in der Medizinproduktewerbung – Anforderungen der Rechtsprechung, erschienen in: Medizin Produkte Recht 2014, S. 193–197 [zitiert: *Braun*, MPR 2014, 193, Fundstelle]

Bromm, Boris / Sachs, Joachim: Werbung für ein (noch) nicht zugelassenes Arzneimittel in Kapitalmarktinformationen, erschienen in: Pharma Recht 2011, S. 408–412 [zitiert: *Bromm/Sachs*, PharmR 2011, 408, Fundstelle]

Brüning, Janique: Anmerkung zu BGH, Beschl. v. 14.5.2013 – 3 StR 69/13, erschienen in: Zeitschrift für das juristische Studium 2014, S. 454–457 [zitiert: *Brüning*, ZJS 2014, 454, Fundstelle]

Buddendiek, Hans (Begr.) / Rutkowski, Jörg (Hrsg.): Lexikon des Nebenstrafrechts, 42. Ergänzungslieferung, Stand: Januar 2019, München 2019 [zitiert: *Buddendiek/Ruthkowski*, Lexikon des Nebenstrafrechts, Stichwort]

Bülow, Peter / Ring, Gerhard / Artz, Markus / Brixius, Kerstin: Heilmittelwerbegesetz Kommentar, 5. Auflage, Köln 2016 [zitiert: *Bearbeiter(in)* in: Bülow/Ring/Artz/Brixius, HWG, Paragraph, Randnummer]

Bülow, Peter: Das Heilmittelwerbegesetz im Wettbewerbsprozeß, erschienen in: Wettbewerb in Recht und Praxis 1995, S. 897–901 [zitiert: *Bülow*, WRP 1995, 897, Fundstelle]

Bülow, Peter: Das Tatbestandsmerkmal der zumindest mittelbaren Gesundheitsgefährdung im Heilmittelwerberecht – Verfassungskonforme und richtlinienkonforme Auslegung, erschienen in: Gewerblicher Rechtsschutz und Urheberrecht 2005, S. 482–487 [zitiert: *Bülow*, GRUR 2005, 482, Fundstelle]

Bülow, Peter: Werbung gegenüber Kindern und Jugendlichen – nationales und europäisches Recht, in: Erdmann, Willi / Gloy, Wolfgang / Herber, Rolf (Hrsg.), Festschrift zum 65. Geburtstag von Henning Piper, München 1996, S. 121–131 [zitiert: *Bülow* in: FS-Piper, Seite]

Bülte, Jens: Blankette und normative Tatbestandsmerkmale: Zur Bedeutung von Verweisungen in Strafgesetzen, erschienen in: Juristische Schulung 2015, S. 769–777 [zitiert: *Bülte*, JuS 2015, 769, Fundstelle]

Bundeszentrale für politische Bildung: Lexikon Stichwort: Sozialstaat, abrufbar unter: https://www.bpb.de/nachschlagen/lexika/pocket-politik/16561/sozialstaat (7.2.2020) [zitiert: *Bundeszentrale für politische Bildung*, Stichwort: Sozialstaat]

Bung, Jochen: Abgebremstes Wandlungsinteresse, erschienen in: Juristische Arbeitsblätter 2007, S. 868–872 [zitiert: *Bung*, JA 2007, 868, Fundstelle]

Buß, Frederik: Irreführende Heilmittelwerbung, Hamburg 2012 [zitiert: *Buß*, Irreführende Heilmittelwerbung, Seite]

Büttner, Hermann: Die Irreführungsquote im Wandel – Folgen eines sich ändernden Normverständnisses, erschienen in: Gewerblicher Rechtsschutz und Urheberrecht 1996, S. 533–541 [zitiert: *Büttner*, GRUR 1996, 533, Fundstelle]

Charalambakis, Aristotelis: Selbsttötung aufgrund Irrtums und mittelbare Täterschaft, erschienen in: Goltdammer´s Archiv für Strafrecht (GA) 1986, S. 485–507 [zitiert: *Charalambakis*, GA 1986, 485, Fundstelle]

Christians, Annemone: Amtsgewalt und Volksgesundheit – das öffentliche Gesundheitswesen im nationalsozialistischen München, Göttingen 2013 [zitiert: *Christians*, Amtsgewalt und Volksgesundheit – das öffentliche Gesundheitswesen im nationalsozialistischen München, Seite]

Christiansen, Carl Friedrich: Werbung ein unverzichtbares Recht, erschienen in: Markenartikel 1979, S. 444–445 [zitiert: *Christiansen*, MA 1979, 444, Fundstelle]

Collardin, Marcus: Straftaten im Internet, Fragen zum internationalen Strafrecht, erschienen in: Computer und Recht 1995, S. 618–622 [zitiert: *Collardin*, CR 1995, 618, Fundstelle]

Conradi, Ulrich / Schlömer, Uwe: Die Strafbarkeit der Internet-Provider, erschienen in: Neue Zeitschrift für Strafrecht 1996, S. 366–369 [zitiert: *Conradi/Schlömer*, NStZ 1996, 366, Fundstelle]

Cornils, Karin: Der Begehungsort von Äußerungsdelikten im Internet, erschienen in: Juristenzeitung 1999, S. 394–398 [zitiert: *Cornils*, JZ 1999, 394, Fundstelle]

Dannecker, Gerhard: Die Dynamik des materiellen Strafrechts unter dem Einfluss europäischer und internationaler Entwicklungen, erschienen in: Zeitschrift für die gesamte Strafrechtswissenschaft 2005, S. 697–748 [zitiert: *Dannecker*, ZStW 2005, 697, Fundstelle]

Dannecker, Gerhard: Entsanktionierung der Straf- und Bußgeldvorschriften des Lebensmittelrechts, Baden-Baden 1996 [zitiert: *Dannecker*, Entsanktionierung, Seite]

Dehlfing, Thomas: Das Recht der irreführenden Werbung in Deutschland, Großbritannien und Frankreich, Frankfurt am Main 1999 [zitiert: *Dehlfing*, Das Recht der irreführenden Werbung in Deutschland, Großbritannien und Frankreich, Seite]

Delbrück, Jost / Wolfrum, Rüdiger / Dahm, Georg: Völkerrecht, Band I/3, Die Formen des völkerrechtlichen Handelns, Die inhaltliche Ordnung der internationalen Gemeinschaft, 2. Auflage, Berlin 2002 [zitiert: *Delbrück/Wolfrum/Dahm*, Völkerrecht, Bd. I/3, Seite]

Derksen, Roland: Strafrechtliche Verantwortung für in internationalen Computernetzen verbreitete Daten mit strafbarem Inhalt, erschienen in: Neue juristische Wochenschrift 1997, S. 1878–1885 [zitiert: *Derksen*, NJW 1997, 1878, Fundstelle]

Dieners, Peter / Reese, Ulrich: Handbuch des Pharmarechts, München 2010 [zitiert: *Bearbeiter(in)* in: Dieners/Reese, Handbuch des Pharmarechts, Paragraph, Randnummer]

Dietmeier, Frank: Blankettstrafrecht, Ein Beitrag zur Lehre vom Tatbestand, Marburg 2003 [zitiert: *Dietmeier*, Blankettstrafrecht, Seite]

Doepner, Ulf / Reese, Ulrich: Auswirkungen von EG-Richtlinien auf die innerstaatliche Anwendung wettbewerbsregelnden Nebenstrafrechts – dargestellt an Beispielen des Heilmittelwerberechts –, erschienen in: Gewerblicher Rechtsschutz und Urheberrecht 1998, S. 761–767 [zitiert: *Doepner/Reese*, GRUR 1998, 761, Fundstelle]

Doepner, Ulf / Reese, Ulrich: Heilmittelwerbegesetz Kommentar, 3. Auflage, München 2018 [zitiert: *Doepner/Reese*, HWG, Paragraph, Randnummer]

Doepner, Ulf: § 3 Nr. 1 HWG n.F. – ein sinnvoller Beitrag zur Ausgestaltung von § 3 HWG?, erschienen in: Wettbewerb in Recht und Praxis 1979, S. 333–340 [zitiert: *Doepner*, WRP 1979, 333, Fundstelle]

Doepner, Ulf: Abgrenzung produktspezifischer Absatzwerbung von allgemeiner Unternehmenswerbung (Urteilsbesprechung), erschienen in: Wettbewerb in Recht und Praxis 1993, S. 445–448 [zitiert: *Doepner*, WRP 1993, 445, Fundstelle]

Doepner, Ulf: Heilmittelwerbung in der Praxis aus wettbewerbsrechtlicher Sicht, erschienen in: Pharmarecht 1984, S. 5–10 [zitiert: *Doepner*, PharmR 1984, 5, Fundstelle]

Doepner, Ulf: Unlauterer Wettbewerb durch Rechtsbruch im Nebenstrafrecht – Geltung des Gesetzlichkeitsprinzips?, in: Lettl, Tobias / Fritzsche, Jörg / Buchner, Benedikt / Alexander, Christian (Hrsg.), Festschrift für Helmut Köhler zum 70. Geburtstag, München 2014, S. 77–84 [zitiert: *Doepner* in: FS-Köhler, Seite]

Doepner, Ulf: Verbraucherleitbild zur Auslegung des wettbewerbsrechtlichen Irreführungsverbots, erschienen in: Wettbewerb in Recht und Praxis 1997, S. 999–1011 [zitiert: *Doepner*, WRP 1997, 999, Fundstelle]

Dölling, Dieter / Duttge, Gunnar / König, Stefan /Rössner, Dieter: Gesamtes Strafrecht, 4. Auflage, Baden-Baden 2017 [zitiert: *Bearbeiter(in)* in: Dölling/Duttge/König/Rössner, Gesamtes Strafrecht, Paragraph, Randnummer]

Dominicus, Richard: Der Schutz des Verbrauchers vor irreführender Werbung, Baden-Baden 1990 [zitiert: *Dominicus*, Der Schutz des Verbrauchers vor irreführender Werbung, Seite]

Dong-mao, Lin: Abstrakte Gefährdungstatbestände im Wirtschaftsstrafrecht, München 1992 [zitiert: *Dong-mao*, Abstrakte Gefährdungstatbestände im Wirtschaftsstrafrecht, Seite]

Dowideit, Anette: Staatsanwaltschaften so überlastet wie nie, in: Welt-online, veröffentlicht am 26.3.2017, abrufbar unter: https://www.welt.de/politik/deutschland/article163154096/Staatsanwaltschaften-so-ueberlastet-wie-noch-nie.html (letzter Abruf: 7.2.2020) [zitiert: URL]

Eckert, Dieter: Die allgemeinen Täuschungsschutz- und Werberegelungen des LMBG für Lebensmittel, erschienen in: Zeitschrift für das gesamte Lebensmittelrecht 1977, S. 153–185 [zitiert: *Eckert*, ZLR 1977, 153, Fundstelle]

Edlinger, Sabine: Die Strafbarkeit von Werbung, Bochum 2002 [zitiert: *Edlinger*, Die Strafbarkeit von Werbung, Seite]

Eichhorn, Gerhard: Anstiftung zum Selbstmord, Würzburg 1935 [zitiert: *Eichhorn*, Anstiftung zum Selbstmord, Seite]

Eichler, Alexander: Arzneimittel im Internet, erschienen in: Kommunikation und Recht 2001, S. 144–149 [zitiert: *Eichler*, K&R 2001, 144, Fundstelle]

Eisele, Jörg / Bechtel, Alexander: Der Schadensbegriff bei den Vermögensdelikten, erschienen in: Juristische Schulung 2018, S. 97–103 [zitiert: *Eisele/Bechtel*, Jus 2018, 97, Fundstelle]

Eisele, Jörg: Strafrecht – Besonderer Teil II, Eigentums- und Vermögensdelikte, 5. Auflage, Stuttgart 2019 [zitiert: *Eisele*, Strafrecht BT II, Randnummer]

Ekey, Friedrich L. (Hrsg.) / Klippel, Diethelm (Hrsg.) / Kotthoff, Jost (Hrsg.): Heidelberger Kommentar Wettbewerbsrecht, 2. Auflage, Heidelberg 2005 [zitiert: *Bearbeiter(in)* in: Heidelberger Kommentar Wettbewerbsrecht, UWG, Paragraph, Randnummer]

Enderle, Bettina: Blankettstrafgesetze, Verfassungs- und strafrechtliche Probleme von Wirtschaftsstraftatbeständen, Frankfurt 2000 [zitiert: *Enderle*, Blankettstrafgesetze, Seite]

Engländer, Armin: Revitalisierung der materiellen Rechtsgutslehre durch das Verfassungsrecht?, erschienen in: Zeitschrift für die gesamte Strafrechtswissenschaft 2015, S. 616–634 [zitiert: *Engländer*, ZStW 2015, 616, Fundstelle]

Epping, Volker (Hrsg.) / Hillgruber, Christian (Hrsg.): Beck´scher Online Kommentar Grundgesetz, 42. Edition, Stand: 1.12.2019, München 2019 [zitiert: *Bearbeiter(in)* in: Beck-OK GG, Artikel, Randnummer]

Erbs, Georg (Begr.) / Kohlhaas, Max (Begr.) / Häberle, Peter (Hrsg.): Strafrechtliche Nebengesetze Kommentar, 227. Ergänzungslieferung, Stand: November 2019, München 2019 [zitiert: *Bearbeiter(in)* in: Erbs/Kohlhaas, Strafrechtliche Nebengesetze, Gesetz, Paragraph, Randnummer]

Ernst, Elmar: Das „industrielle“ Geheimmittel und seine Werbung – Arzneifertigwaren in der zweiten Hälfte des 19. Jahrhunderts in Deutschland, Würzburg 1969 [zitiert: *Ernst*, Das „industrielle“ Geheimmittel und seine Werbung, Seite]

Eschenbach, Jürgen: Zurechnungsnormen im Strafrecht – BGH v. 11.7.1991 – 1 StR 357/91, erschienen in: Juristische Ausbildung 1992, S. 637–645 [zitiert: *Eschenbach*, Jura 1992, 637, Fundstelle]

Eser, Albin: Die Entwicklung des Internationalen Strafrechts im Lichte des Werkes von Hans-Heinrich Jescheck, in: Vogler, Theo / Herrmann, Joachim / Krümpelmann, Justus / Moos, Reinhard / Triffterer, Otto / Leibinger, Rudolf / Schaffmeister, Dieter / Meyer, Jürgen / Hüne, Peter: Festschrift für Hans-Heinrich Jescheck zum 70. Geburtstag, Berlin 1985 [zitiert: *Eser* in: FS-Jescheck, Seite]

Eser, Albin: Medizin und Strafrecht: Eine schutzgutorientierte Problemübersicht, erschienen in: Zeitschrift für die gesamte Strafrechtswissenschaft 1997, S. 3–46 [zitiert: *Eser*, ZStW 1997, 3, Fundstelle]

Feddersen, Jörn: Wissenschaftliche Absicherung von Wirkungsangaben im Heilmittelwerbeprozess, erschienen in: Gewerblicher Rechtsschutz und Urheberrecht 2013, S. 127–134 [zitiert: *Feddersen*, GRUR 2013, 127, Fundstelle]

Fezer, Karl-Heinz (Hrsg.) / Büscher, Wolfgang (Hrsg.) / Obergfell, Eva Inés (Hrsg.): Lauterkeitsrecht, Kommentar zum Gesetz gegen den unlauteren Wettbewerb, 3. Auflage, München 2016 [zitiert: *Bearbeiter(in)* in: Fezer/Büscher/Obergfell, UWG, Paragraph, Randnummer]

Finke, Thorsten: Die Strafrechtliche Verantwortung von Internet-Providern, Thübingen 1998 [zitiert: *Finke*, Die Strafrechtliche Verantwortung von Internet-Providern, Seite]

Fischer, Thomas: Strafgesetzbuch mit Nebengesetzen Kommentar, 67. Auflage, München 2020 [zitiert: *Fischer*, Gesetz, Paragraph, Randnummer]

Freund, Georg: Täuschungsschutz und Lebensmittelstrafrecht – Grundlagen und Perspektiven, erschienen in: Zeitschrift für das gesamte Lebensmittelrecht 1994, S. 261–304 [zitiert: *Freund*, ZLR 1994, 261, Fundstelle]

Frister, Helmut: Strafrecht Allgemeiner Teil, 8. Auflage, München 2018 [zitiert: *Frister*, Strafrecht AT, Seite]

Fuhrmann, Stefan / Klein, Bodo / Fleischfresser, Andreas: Arzneimittelrecht, Handbuch für die pharmazeutische Rechtspraxis, 2. Auflage, Baden-Baden 2014 [zitiert: *Bearbeiter(in)* in: Fuhrmann/Klein/Fleischfresser, Paragraph, Randnummer]

Gaede, Karsten: Die objektive Täuschungseignung als Ausprägung der objektiven Zurechnung beim Betrug, in: Heinrich, Manfred / Jäger, Christian / Achenbach, Hans / Amelung, Knut / Bottke, Wilfried / Hafke, Bernhard / Schünemann, Bernd / Wolter, Jürgen, Festschrift für Claus Roxin zum 80. Geburtstag am 15. Mai 2011, S. 967–988 [zitiert: *Gaede*, FS-Roxin II, Seite]

Gallas, Wilhelm: Abstrakte und konkrete Gefährdung, in: Lüttger, Hans / Blei, Herrmann / Hanau, Peter: Festschrift für Ernst Heinitz zum 70. Geburtstag am 1. Januar 1972, S. 171–184 [zitiert: *Gallas* in: FS-Heinitz, Seite]

Gassner, Ulrich M.: Das Zweite Gesetz zur Änderung des Medizinproduktegesetzes, erschienen in: Neue Juristische Wochenschrift 2002, S. 863–866 [zitiert: *Gassner*, NJW 2002, 863, Fundstelle]

Geerds, Friedrich: Warenfälschung – Sammelbezeichnung oder einheitliche Wirtschaftsstraftat? Ein Beitrag zur Problematik des Wirtschaftsstrafrechts, erschienen in: Zeitschrift für die gesamte Strafrechtswissenschaft 1968, S. 245–294 [zitiert: *Geerds*, ZStW 1968, 245, Fundstelle]

Geiger, Rudolf: Staatsrecht III, 7. Auflage, München 2018 [zitiert: *Geiger*, Staatsrecht III, Seite]

Gellißen, Georg: Arzneimittelwerbung im Internet, Hamburg 2008 [zitiert: *Gellißen*, Arzneimittelwerbung im Internet, Seite]

Germann, Michael: Gefahrenabwehr und Strafverfolgung im Internet, Berlin 2000 [zitiert: *Germann*, Gefahrenabwehr und Strafverfolgung im Internet, Seite]

Göhler, Erich: Gesetz über Ordnungswidrigkeiten, 17. Auflage, München 2017 [zitiert: *Göhler*, OWiG, Paragraph, Randnummer]

Goldbaum, Wenzel: Gesetz zur Bekämpfung der Geschlechtskrankheiten, Berlin 1927 [zitiert: *Goldbaum*, Gesetz zur Bekämpfung der Geschlechtskrankheiten, Seite]

Gössel, Karl-Heinz: Anmerkung zu BGH, Urt. v. 16.9.1975 – 1 StR 264/75 (BGHSt 26, 201 ff.), erschienen in: Juristische Rundschau 1976, S. 249–251 [zitiert: *Gössel*, JR 1976, 249, Fundstelle]

Gössel, Karl-Heinz: Zum Versuchsbeginn eines Opfers als Tatmittler gegen sich selbst, erschienen in: Juristische Rundschau 1998, S. 293–297 [zitiert: *Gössel*, JR 1998, 293, Fundstelle]

Götting, Horst-Peter / Nordemann, Axel: UWG Kommentar, 3. Auflage, Baden-Baden 2016 [zitiert: *Bearbeiter* in: Nomos Kommentar, UWG, Paragraph, Randnummer]

Graf, Jürgen-Peter (Hrsg.) / Jäger, Markus (Hrsg.) / Wittig, Petra (Hrsg.): Wirtschafts- und Steuerstrafrecht, 2. Auflage, München 2017 [zitiert: *Bearbeiter(in)* in: Graf/Jäger/Wittig, Gesetz, Paragraph, Randnummer]

Graf, Jürgen-Peter (Hrsg.): Beck'scher Online Kommentar OWiG, 24. Edition, München 2019 [zitiert: *Bearbeiter(in)* in: Beck-OK OWiG, Paragraph, Randnummer]

Grebing, Gerhardt: Strafrecht und unlauterer Wettbewerb – zur Reform des § 4 UWG, erschienen in: Zeitschrift für Wirtschafts- und Steuerstrafrecht 1982, S. 83–91 [zitiert: *Grebing*, wistra 1982, 83, Fundstelle]

Gribkowsky, Gerhard: Strafbare Werbung (§ 4 UWG), Pfaffenweiler 1989 [zitiert: *Gribkowsky*, Strafbare Werbung, Seite]

Gröning, Jochem (Begr.) / Mand, Elmar (Hrgs.) / Reinhart, Andreas (Hrsg.): Heilmittelwerberecht Kommentar, Band 1, Loseblattwerk mit 5. Aktualisierung 2015, Stuttgart 2015 [zitiert: *Bearbeiter(in)* in: Gröning/Mand/Reinhart, Heilmittelwerberecht, Bd. 1, Paragraph, Randnummer]

Grunewald, Benno: Die Vollzugsdefizite des Heilmittelwerberechts und ihre privatrechtliche Kompensation am Beispiel der Publikumswerbung, Frankfurt am Main 1991 [zitiert: *Grunewald*, Die Vollzugsdefizite des Heilmittelwerberechts, Seite]

Gsell, Beate / Herresthal, Carsten: Vollharmonisierung im Privatrecht, Heidelberg 2009 [zitiert: *Bearbeiter(in)* in: Gsell/Herresthal, Vollharmonisierung im Privatrecht, Seite]

Günther, Hans-Ludwig: Die Genese eines Straftatbestandes. Eine Einführung in Fragen der Strafgesetzgebungslehre, erschienen in: Juristische Schulung 1978, S. 8–14 [zitiert: *Günther*, JuS 1978, 8, Fundstelle]

Haas, Volker: Die Theorie der Tatherrschaft und ihre Grundlagen: zur Notwendigkeit einer Revision der Beteiligungslehre, Berlin 2008 [zitiert: *Haas*, Theorie der Tatherrschaft und ihre Grundlagen, Seite]

Haberl, Gunther: Die Strafbarkeit des Umgangs mit „nicht geringen Mengen" im Betäubungsmittelgesetz, Sinzheim 1998 [zitiert: *Haberl*, Die Strafbarkeit des Umgangs mit „nicht geringen Mengen", Seite]

Häberlein, Karl-Franz: Ueber den Gerichtsstand der begangenen That, erschienen in: Goltdammer´s Archiv für Strafrecht 1877, S. 432–440 [zitiert: *Häberlein*, GA 1877, 432, Seite]

Habscheid, Walther J. / Rudolf, Walter: Territoriale Grenzen der staatlichen Rechtsetzung, Referate und Diskussion der 12. Tagung der Deutschen Gesellschaft für Völkerrecht in Bad Godesberg vom 14. bis 16. Juni 1971, Karlsruhe 1973 [zitiert: *Habscheid/Rudolf*, Territoriale Grenzen der staatlichen Rechtsetzung, Seite]

Hamm, Ludwig / Bücker, Joseph: Gesetz über die Werbung auf dem Gebiet des Heilwesens (Heilmittelwerbegesetz), Köln 1966 [zitiert: *Hamm/Bücker*, Gesetz über die Werbung auf dem Gebiet des Heilwesens, Seite]

Hammerl, Christoph: Produktsicherheit – Der Standort des Lebensmittelrechts, erschienen in: Zeitschrift für das gesamte Lebensmittelrecht 1998, S. 299–306 [zitiert: *Hammerl*, ZLR 1998, 299, Fundstelle]

Hasselblatt, Gordian N. (Hrsg.): Münchener Anwaltshandbuch, Gewerblicher Rechtsschutz, 5. Auflage, München 2017 [zitiert: *Bearbeiter(in)* in: Münchener Anwaltshandbuch, Gewerblicher Rechtsschutz, Seite]

Hassemer, Winfried: Kennzeichen und Krisen des modernen Strafrechts, erschienen in: Zeitschrift für Rechtspolitik 1992, S. 378–383 [zitiert: *Hassemer*, ZRP 1992, 378, Fundstelle]

Hassemer, Winfried: Symbolisches Strafrecht und Rechtsgüterschutz, erschienen in: Neue Zeitschrift für Strafrecht 1989, S. 553–559 [zitiert: *Hassemer*, NStZ 1989, 553, Fundstelle]

Hecker, Bernd: Die Strafbarkeit grenzüberschreitender Luftverunreinigungen im deutschen und europäischen Umweltstrafrecht, erschienen in: Zeitschrift für die gesamte Strafrechtswissenschaft 2003, S. 880–905 [zitiert: *Hecker*, ZStW 2003, 880, Fundstelle]

Hecker, Bernd: Europäisches Strafrecht, 5. Auflage, Heidelberg 2015 [zitiert: *Hecker*, Europäisches Strafrecht, Paragraph, Randnummer]

Hecker, Bernd: Strafbare Produktwerbung im Lichte des Gemeinschaftsrechts, Tübingen 2001 [zitiert: *Hecker*, Strafbare Produktwerbung im Lichte des Gemeinschaftsrechts, Seite]

Heckler, Andreas: Versuchsbeginn bei Erforderlichkeit der Mitwirkung des Opfers – Giftfalle, Anmerkung zu BGH, Urt. v. 12.8.1997 – 1 StR 234/97, erschienen in: Neue Zeitschrift für Strafrecht S. 79–80 [zitiert: *Heckler*, NStZ 1999, 79, Fundstelle]

Heermann, Peter W. (Hrsg.) / Schlingloff, Jochen (Hrsg.): Münchener Kommentar zum Lauterkeitsrecht, Band 2, 3. Auflage, München 2019 [zitiert: *Bearbeiter(in)* in: Münchener Kommentar zum Lauterkeitsrecht, Bd. 2, Gesetz, Paragraph, Randnummer]

Heinrich, Bernd: Der Erfolgsort beim abstrakten Gefährdungsdelikt, erschienen in: Goltdammer's Archiv für Strafrecht 1999, S. 72–84 [zitiert: *Heinrich*, GA 1999, 72, Fundstelle]

Heinrich, Bernd: Handlung und Erfolg bei Distanzdelikten, in: Heinrich, Bernd / Hilgendorf, Eric / Mitsch, Wolfgang / Sternberg-Lieben, Detlev (Hrsg.), Festschrift für Ulrich Weber zum 70. Geburtstag, Bielefeld 2004, S. 91–108 [zitiert: *Heinrich* in: FS-Weber, Seite]

Hellwig, Albert: Gesetz zur Bekämpfung der Geschlechtskrankheiten, 1928 [zitiert: *Hellwig*, GeschlKG, Ziffer]

Helm, Horst: Das Verbraucherleitbild des Europäischen Gerichtshofs und des Bundesgerichtshofs im Vergleich, in: Keller, Erhard / Plassmann, Clemens / von Falk, Frank (Hrsg.), Festschrift zum 65. Geburtstag von Winfried Tilmann, Köln 2003, S. 135–147 [zitiert: *Helm* in: FS-Tilmann, Seite]

Herbst, Christoph: Grundprobleme des lebensmittelstrafrechtlichen Irreführungsverbots, Bayreuth 2000 [zitiert: *Herbst*, Grundprobleme des lebensmittelstrafrechtlichen Irreführungsverbots, Seite]

Herzberg, Rolf Dietrich: Der Versuch beim unechten Unterlassungsdelikt, erschienen in: Monatsschrift für deutsches Recht 1973, S. 89–96 [zitiert: *Herzberg*, MDR 1973, 89, Fundstelle]

Herzberg, Rolf Dietrich: Mittelbare Täterschaft bei rechtmäßig oder unverboten handelndem Werkzeug, Berlin 1967 [zitiert: *Herzberg*, Mittelbare Täterschaft bei rechtmäßig oder unverboten handelndem Werkzeug, Seite]

Hetzer, Wolfgang: Schuldlose Sanktionssubjekte? – Unternehmenskriminalität und Verbandsstrafe, erschienen in: Zeitschrift für Wirtschafts- und Steuerstrafrecht 1999, S. 361–367 [zitiert: *Hetzer*, wistra 1999, 361, Fundstelle]

Hilgendorf, Eric: Die neuen Medien und das Strafrecht, erschienen in: Zeitschrift für die gesamte Strafrechtswissenschaft 2001, S. 650–680 [zitiert: *Hilgendorf*, ZStW 2001, 650, Fundstelle]

Hilgendorf, Eric: Überlegungen zur strafrechtlichen Interpretation des Ubiquitätsprinzips im Zeitalter des Internets, erschienen in: Neue Juristische Wochenschrift 1997, S. 1873–1878 [zitiert: *Hilgendorf*, NJW 1997, 1873, Fundstelle]

Hohmann, Ralf / Matt, Holger: Ist die Strafbarkeit der Selbstschädigung verfassungswidrig?, erschienen in: Juristische Schulung 1993, S. 370–374 [zitiert: *Hohmann/Matt*, JuS 1993, 370, Fundstelle]

Höpker, Jost: Das neue Heilmittelwerbegesetz, erschienen in: Wettbewerb in Recht und Praxis 1965, S. 424–427 [zitiert: *Höpker*, WRP 1965, 424, Fundstelle]

Höpker, Jost: Die Selbstkontrolle der Heilmittel – ihre Organisation und Wirksamkeit, erschienen in: Wettbewerb in Recht und Praxis 1975, S. 330–332 [zitiert: *Höpker*, WRP 1975, 330, Fundstelle]

Hoyer, Andreas: Anmerkung zu BGH, Urt. v. 1.7.1992 – 2 StR 191/92, erschienen in: Strafverteidiger 1993, S. 128–130 [zitiert: *Hoyer*, StV 1993, 128, Fundstelle]

Hoyer, Andreas: Die Eignungsdelikte, Berlin 1987 [zitiert: *Hoyer*, Die Eignungsdelikte, Seite]

Hühnerfeld, Peter: Mittelbare Täterschaft und Anstiftung im Kriminalstrafrecht der Bundesrepublik Deutschland, erschienen in: Zeitschrift für die gesamte Strafrechtswissenschaft 1987, S. 228–250 [zitiert: *Hühnerfeld*, ZStW 2001, 228, Fundstelle]

Ipsen, Knut: Völkerrecht – Ein Studienbuch, 7. Auflage, München 2018 [zitiert: *Ipsen*, Völkerrecht, Seite]

Jäger, Christian: Die drei Unmittelbarkeitsprinzipien beim Betrug, erschienen in: Juristische Schulung 2010, S. 761–766 [zitiert: *Jäger*, JuS 2010, 761, Fundstelle]

Jäger, Herbert: Strafgesetzgebung und Rechtsgüterschutz bei Sittlichkeitsdelikten, Erlangen 1957 [zitiert: *Jäger*, Strafgesetzgebung und Rechtsgüterschutz bei Sittlichkeitsdelikten, Seite]

Jahn, Matthias / Ziemann, Sascha: Die Frankfurter Schule des Strafrechts, erschienen in: Juristenzeitung 2014, S. 943–947 [zitiert: *Jahn/Ziemann*, JZ 2014, 943, Fundstelle]

Jescheck, Hans-Heinrich / Weigend, Thomas: Lehrbuch des Strafrechts, 5. Auflage, Berlin 1996 [zitiert: *Jescheck/Weigend*, Lehrbuch des Strafrechts, Seite]

Jeßberger, Florian: Äußerungen (Volksverhetzung) eines Ausländers auf einem ausländischen Server, erschienen in: Juristische Rundschau 2001, S. 432–435 [zitiert: *Jeßberger*, JR 2001, 432, Fundstelle]

Jeßberger, Florian: Der transnationale Geltungsbereich des deutschen Strafrechts, Tübingen 2011 [zitiert: *Jeßberger*, Der transnationale Geltungsbereich des deutschen Strafrechts, Seite]

Joecks, Wolfgang (Hrsg.) / Miebach, Klaus (Hrsg.): Münchener Kommentar zum StGB, §§ 1–37 StGB, Band 1, 3. Auflage, München 2017 [zitiert: *Bearbeiter(in)* in: Münchener Kommentar zum StGB, Bd. 1, Gesetz, Paragraph, Randnummer]

Joecks, Wolfgang (Hrsg.) / Miebach, Klaus (Hrsg.): Münchener Kommentar zum StGB, §§ 185–262 StGB, Band 4, 3. Auflage, München 2017 [zitiert: *Bearbeiter(in)* in: Münchener Kommentar zum StGB, Bd. 4, Gesetz, Paragraph, Randnummer]

Joecks, Wolfgang (Hrsg.) / Miebach, Klaus (Hrsg.): Münchener Kommentar zum StGB, §§ 263–358 StGB, Band 5, 3. Auflage, München 2019 [zitiert: *Bearbeiter(in)* in: Münchener Kommentar zum StGB, Bd. 5, Gesetz, Paragraph, Randnummer]

Joecks, Wolfgang (Hrsg.) / Miebach, Klaus (Hrsg.): Münchener Kommentar zum StGB, Nebenstrafrecht I, Band 6, 3. Auflage, München 2018 [zitiert: *Bearbeiter(in)* in: Münchener Kommentar zum StGB, Bd. 6, Gesetz, Paragraph, Randnummer]

Joecks, Wolfgang (Hrsg.) / Miebach, Klaus (Hrsg.): Münchener Kommentar zum StGB, Nebenstrafrecht II, Band 7, 3. Auflage, München 2019 [zitiert: *Bearbeiter(in)* in: Münchener Kommentar zum StGB, Bd. 7, Gesetz, Paragraph, Randnummer]

Joecks, Wolfgang / Jäger, Christian: Studienkommentar StGB, 12. Auflage, München 2018 [zitiert: *Joecks/Jäger*, Studienkommentar StGB, Paragraph, Randnummer]

Jofer, Robert: Strafverfolgung im Internet – Phänomenologie und Bekämpfung kriminellen Verhaltens in internationalen Computernetzen, Berlin 1999 [zitiert: *Jofer*, Strafverfolgung im Internet, Seite]

Johannes, Hartmut: Mittelbare Täterschaft bei rechtmäßigem Handeln des Werkzeugs ein Scheinproblem, Frankfurt am Main 1962 [zitiert: *Johannes*, Mittelbare Täterschaft bei rechtmäßigem Handeln des Werkzeugs ein Scheinproblem, Seite]

Kadel, Bertold: Versuchsbeginn bei mittelbarer Täterschaft – versuchte mittelbare Täterschaft, erschienen in: Goltdammer´s Archiv 1983, S. 299–309 [zitiert: *Kadel*, GA 1983, 299, Fundstelle]

Kaiser, Andreas: Werbung – Theorie und Praxis werblicher Beeinflussung, München 1980 [zitiert: *Kaiser*, Werbung – Theorie und Praxis werblicher Beeinflussung, Seite]

Kappel, Jan: Das Ubiquitätsprinzip im Internet – Wie weit reicht das deutsche Strafrecht, Hamburg 2007 [zitiert: *Kappel*, Das Ubiquitätsprinzip im Internet, Seite]

Karaaslan, Resit: Strafbare Werbung bei Online-Auktion, Hamburg 2016 [zitiert: *Karaaslan*, Strafbare Werbung bei Online-Auktionen, Seite]

Karpen, Hans-Ulrich: Die Verweisung als Mittel der Gesetzgebungstechnik, Berlin 1970 [zitiert: *Karpen*, Die Verweisung als Mittel der Gesetzgebungstechnik, Seite]

Kernd'l, Alfred / Marcetus, Karl: Heilmittelwerbegesetz Kommentar, Stuttgart 1965 [zitiert: *Kernd'l/Marcetus*, HWG, Seite]

Kienle, Michael: Internationales Strafrecht und Straftaten im Internet, Konstanz 1998 [zitiert: *Kienle*, Internationales Strafrecht und Straftaten im Internet, Seite]

Kilian, Robert: Strafbare Werbung (§ 16 UWG), Baden-Baden 2011 [zitiert: *Kilian*, Strafbare Werbung, Seite]

Kindhäuser, Urs (Hrsg.) / Neumann, Ulfrid (Hrsg.) / Paeffgen, Hans-Ulrich (Hrsg.): Strafgesetzbuch Kommentar, 5. Auflage, Baden-Baden 2017 [zitiert: *Bearbeiter(in)* in: Nomos Kommentar, StGB, Paragraph, Randnummer]

Kindhäuser, Urs / Hilgendorf, Eric: Lehr- und Praxiskommentar Strafgesetzbuch, 8. Auflage, Baden-Baden 2020 [zitiert: *Kindhäuser/Hilgendorf*, Lehr- und Praxiskommentar StGB, Paragraph, Randnummer]

Kindhäuser, Urs: Betrug als vertypte mittelbare Täterschaft, in: Schulz, Joachim / Vormbaum, Thomas: Festschrift für Günter Bemmann zum 70. Geburtstag, Baden-Baden 1997, S. 339–361 [zitiert: *Kindhäuser* in: FS-Bemmann, Seite]

Kingreen, Thorsten / Poscher, Ralf: Staatsrecht II, 35. Auflage, Heidelberg 2019 [zitiert: *Kingreen/Poscher*, Staatsrecht II, Paragraph, Randnummer]

Kleist, Holde / Albrecht, Uwe / Hoffmann, Hans-Georg: Heilmittelwerbegesetz Kommentar, Frankfurt am Main 1979 [zitiert: *Kleist/Albrecht/Hoffmann*, HWG, Paragraph, Randnummer]

Klengel, Jürgen Detlef W. / Heckler, Andreas: Geltung des deutschen Strafrechts für vom Ausland aus dem Internet gebotenes Glücksspiel, Ein Beitrag zur Frage des Erfolgsorts bei abstrakten Gefährdungsdelikten und zugleich eine Besprechung der Entscheidung des BGH v. 12.12.2000 - 1 StR 184/00, erschienen in: Computer und Recht 2001, S. 243–249 [zitiert: *Klengel/Heckler*, CR 2001, 243, Fundstelle]

Kloss, Ingomar: Werbung, 3. Auflage, München 2016 [zitiert: *Kloss*, Werbung, Seite]

Klug, Ulrich: Zur Strafbarkeit irreführender Werbeangaben, Teil 1, erschienen in: Gewerblicher Rechtsschutz und Urheberrecht 1975, S. 217–229 [zitiert: *Klug*, GRUR 1975, 217, Fundstelle]

Koch, Arndt: Nationales Strafrecht und globale Internet-Kriminalität, Zur Reform des Strafanwendungsrechts bei Kommunikationsdelikten im Internet, erschienen in: Goltdammer's Archiv für Strafrecht 2002, S. 703–713 [zitiert: *Koch*, GA 2002, 703, Fundstelle]

Köhler, Helmut / Bornkamm, Joachim / Feddersen, Jörn (begr. v. Baumbach): Gesetz gegen den unlauteren Wettbewerb Kommentar, 38. Auflage, München 2020 [zitiert: *Köhler/Bornkamm/Feddersen*, UWG, Paragraph, Randnummer]

Köhler, Michael: Strafrecht Allgemeiner Teil, Heidelberg 1996 [zitiert: *Köhler*, Strafrecht AT, Seite]

Kohlhaas, Max: Das neue Heilmittelwerbegesetz, erschienen in: Deutsche Apotheker-Zeitung 1965, S. 1041–1047 [zitiert: *Kohlhaas*, DAZ 1965, 1041, Fundstelle]

Kolb, Andreas / Neumann, Thilo / Salomon, Tim René: Die Entführung deutscher Seeschiffe: Flaggenrecht, Strafanwendungsrecht und diplomatischer Schutz, erschienen in: Zeitschrift für ausländisches öffentliches Recht und Völkerrecht 2011, S. 191–246 [zitiert: *Kolb/Neumann/Salomon*, ZaöRV 2011, 191, Fundstelle]

Könen, Annika: Grenzüberschreitender Versandhandel mit Humanarzneimitteln, Rechtliche Aspekte des Versands aus dem europäischen Ausland an Endverbraucher in Deutschland, Hamburg 2008 [zitiert: *Könen*, Grenzüberschreitender Versandhandel mit Humanarzneimitteln, Seite]

Körber, Florian: Rechtsradikale Propaganda im Internet – der Fall Töben, Berlin 2003 [zitiert: *Körber*, Rechtsradikale Propaganda im Internet, Seite]

Krack, Ralf: Der Versuchsbeginn bei Mittäterschaft und mittelbarer Täterschaft, erschienen in: Zeitschrift für das gesamte Strafrecht 1998, S. 611–639 [zitiert: *Krack*, ZStW 1998, 611, Fundstelle]

Kratz, Martina: Nicht-konsentierte gendiagnostische Untersuchungen – Analyse des Straftatbestandes § 25 Abs. 1 Nr. 1 GenDG, Berlin 2017 [zitiert: *Kratz*, Nicht-konsentierte gendiagnostische Untersuchungen, Seite]

Krell, Paul: Lebensgefährliche Operationen zwischen Heilversuch und Humanexperiment (Teil I), erschienen in: Zeitschrift für Medizinstrafrecht 2017, S. 3–9 [zitiert: *Krell*, medstra 2017, 3, Fundstelle]

Kröger, Detlef / Gimmy, Marc A.: Handbuch zum Internet-Recht, Electronic Commerce, Informations-, Kommunikations- und Mediendienste, 2. Auflage, Osnabrück/Düsseldorf 2002 [zitiert: *Bearbeiter(in)* in: Kröger/Gimmy, Handbuch zum Internet-Recht, Seite]

Krüger, Sven: Der Versuchsbeginn bei mittelbarer Täterschaft, Frankfurt am Main 1994 [zitiert: *Krüger*, Der Versuchsbeginn bei mittelbarer Täterschaft, Seite]

Kudlich, Hans: Anmerkung zu BGH, Beschl. v. 9.6.2004 – 5 StR 136/04, erschienen in: Juristische Schulung 2005, S. 81–84 [zitiert: *Kudlich*, JuS 2005, 81, Fundstelle]

Kudlich, Hans: Anmerkung zu BGH, Urt. v. 12.12.2000 – 1 StR 184/00, erschienen in: Strafverteidiger 2001, S. 397–399 [zitiert: *Kudlich*, StV 2001, 379, Fundstelle]

Kudlich, Hans: Die Lehre vom individuellen Schadenseinschlag, erschienen in: Fischer, Thomas / Hoven, Elisa / Huber, Hans-Peter / Raum, Rolf / Rönnau, Thomas / Saliger, Frank / Trüg, Gerson, Dogmatik und Praxis des strafrechtlichen Vermögensschadens, Baden-Baden 2015, S. 123–132 [zitiert: *Kudlich*, Die Lehre vom individuellen Schadenseinschlag, Seite]

Kudlich, Hans: Ein Schnäpschen in Ehren – die Giftfalle des Apothekers – BGH NJW 1997, 3453, erschienen in: Juristische Schulung 1998, S. 596–601 [zitiert: *Kudlich*, JuS 1998, 596, Fundstelle]

Kügel, Wilfried / Müller, Rolf-Georg / Hofmann, Hans-Peter (Hrsg.): Arzneimittelgesetz Kommentar, 2. Auflage, München 2016 [zitiert: *Bearbeiter(in)* in: Kügel/Müller/Hofmann, AMG, Paragraph, Randnummer]

Kühl, Kristian: Versuch in mittelbarer Täterschaft, erschienen in: Juristische Schulung 1983, S. 180–182 [zitiert: *Kühl*, JuS 1983, 180, Fundstelle]

Kuner, Christoph: Internationale Zuständigkeitskonflikte im Internet, erschienen in: Computer und Recht 1996, S. 453–458 [zitiert: *Kuner*, CR 1996, 453, Fundstelle]

Kunig, Philip: Die Bedeutung des Nichteinmischungsprinzips für das Internationale Strafrecht der Bundesrepublik Deutschland – BGHSt 27, 30, erschienen in: Juristische Schulung 1978, S. 594–596 [zitiert: *Kunig*, JuS 1978, 594, Fundstelle]

Küper, Wilfried: Der Versuchsbeginn bei mittelbarer Täterschaft, erschienen in: Juristenzeitung 1983, S. 361–372 [zitiert: *Küper*, JZ 1983, 361, Fundstelle]

Küpper, Georg: Anspruch und wirkliche Bedeutung des Theorienstreits über die Abgrenzung von Täterschaft und Teilnahme, erschienen in: Goltdammer´s Archiv für Strafrecht 1986, S. 437–449 [zitiert: *Küpper*, GA 1986, 437, Fundstelle]

Küpper, Georg: Zur Abgrenzung der Täterschaftsformen, erschienen in: Goltdammer´s Archiv für Strafrecht 1998, S. 519–529 [zitiert: *Küpper*, GA 1998, 519, Fundstelle]

Lackner, Karl / Kühl, Christian: Strafgesetzbuch, 29. Auflage, München 2018 [zitiert: *Lackner/Kühl*, StGB, Paragraph, Randnummer]

Lambsdorff, Hans Georg Graf von / Skora, Bernd: Handbuch des Werbeagenturrechts, Frankfurt am Main 1975 [zitiert: *Graf Lambsdorff/Skora*, Handbuch des Werbeagenturrechts, Seite]

Lampe, Ernst-Joachim: Strafrechtlicher Schutz gegen irreführende Werbung, in: Warda, Günter / Waider, Heribert / Hippel, Reinhard von / Meurer, Dieter (Hrsg.), Festschrift für Richard Lange zum 70. Geburtstag, Berlin 1976, S. 455–475 [zitiert: *Lampe* in: FS-Lange, Seite]

Laufhütte, Heinrich Wilhelm / Rissing-van Saan, Ruth / Tiedemann, Klaus: Leipziger Kommentar Strafgesetzbuch: StGB, Band 1, 12. Auflage, Berlin 2007 [zitiert: *Bearbeiter(in)* in: Leipziger Kommentar StGB, Bd. 1, Paragraph, Randnummer]

Laufhütte, Heinrich Wilhelm / Rissing-van Saan, Ruth / Tiedemann, Klaus: Leipziger Kommentar Strafgesetzbuch: StGB, Band 9, 12. Auflage, Berlin 2012 [zitiert: *Bearbeiter(in)* in: Leipziger Kommentar StGB, Bd. 9, Paragraph, Randnummer]

Laufhütte, Heinrich Wilhelm / Rissing-van Saan, Ruth / Tiedemann, Klaus: Leipziger Kommentar Strafgesetzbuch: StGB, Band 10, 12. Auflage, Berlin 2008 [zitiert: *Bearbeiter(in)* in: Leipziger Kommentar StGB, Bd. 10, Paragraph, Randnummer]

Laufs, Adolf / Kern, Bernd-Rüdiger /Rehborn, Martin: Handbuch des Arztrechts, 5. Auflage, München 2019 [zitiert: *Bearbeiter(in)* in: Handbuch des Arztrechts, Paragraph, Randnummer]

Lehle, Thomas: Der Erfolgsbegriff und die deutsche Strafrechtszuständigkeit im Internet, Konstanz 1999 [zitiert: *Lehle*, Der Erfolgsbegriff und die deutsche Strafrechtszuständigkeit im Internet, Seite]

Leible, Stefan: EuGH: Irreführung von Verbrauchern, erschienen in: Europäische Zeitschrift für Wirtschaftsrecht 1998, S. 526–529 [zitiert: *Leible*, EuZW 1998, 526, Fundstelle]

Leipold, Klaus (Hrsg.) / Tsambikakis, Michael (Hrsg.) / Zöller, Mark A. (Hrsg.): AnwaltKommentar StGB, 2. Auflage, Heidelberg 2015 [zitiert: *Bearbeiter(in)* in: AnwaltK-StGB, Paragraph, Randnummer]

Leisner, Walter / Goerlich, Helmut: Das Recht auf Leben, Hannover 1976 [zitiert: *Leisner/Goerlich*, Das Recht auf Leben, Seite]

Leitner, Werner (Hrsg.) / Rosenau, Henning (Hrsg.): Wirtschafts- und Steuerstrafrecht, Baden-Baden 2017 [zitiert: *Bearbeiter(in)* in: Leitner/Rosenau, Wirtschaft- und Steuerstrafrecht, Gesetz, Paragraph, Randnummer]

Lemke, Svenja Kathrin: Die Wirkung von Richtlinien und Rahmenbeschlüssen im nationalen Recht der Mitgliedstaaten, Berlin 2011 [zitiert: *Lemke*, Die Wirkung von Richtlinien, Seite]

Lettl, Tobias: Das neue UWG, München 2004 [zitiert: *Lettl*, Das neue UWG, Seite]

Lettl, Tobias: Der lauterkeitsrechtliche Schutz vor irreführender Werbung in Europa, München 2004 [zitiert: *Lettl*, Der lauterkeitsrechtliche Schutz vor irreführender Werbung in Europa, Seite]

Lettl, Tobias: Der lauterkeitsrechtliche Schutz vor irreführender Werbung in Europa, erschienen in: Gewerblicher Rechtsschutz und Urheberrecht International 2004, S. 85–96 [zitiert: *Lettl*, GRUR Int 2004, 85, Fundstelle]

Lettl, Tobias: Der Schutz der Verbraucher nach der UWG-Reform, erschienen in: Gewerblicher Rechtsschutz und Urheberrecht International 2004, S. 449–461 [zitiert: *Lettl*, GRUR Int 2004, 449, Fundstelle]

Leupold, Andreas / Bachmann, Peter / Pelz, Christian: Russisches Roulette im Internet? – Zulässigkeit von Glückspielen im Internet unter gewerbe- und strafrechtlichen Gesichtspunkten, erschienen in: MultiMedia und Recht 2000, S. 648–655 [zitiert: *Leupold/Bachmann/Pelz*, MMR 2000, 648, Fundstelle]

Lohberger, Ingram K.: Blankettstrafrecht und Grundgesetz, München 1968 [zitiert: *Lohberger*, Blankettstrafrecht und Grundgesetz, Seite]

Löhnig, Martin: „Verbotene Schriften" im Internet, erschienen in: Juristische Rundschau 1997, S. 496–498 [zitiert: *Löhnig*, JR 1997, 496, Fundstelle]

Mähling, Friedrich W.: Werbung, Wettbewerb und Verbraucherpolitik, München 1983 [zitiert: *Mähling*, Werbung, Wettbewerb und Verbraucherpolitik, Seite]

Martens, Werner: Weitergeltung der Polizeiverordnung über Werbung auf dem Gebiete des Heilwesens, erschienen in: Die Pharmazeutische Industrie, S. 138–140 [zitiert: *Martens*, Die Pharmazeutische Industrie 1951, 138, Fundstelle]

Martin, Jörg: Grenzüberschreitende Umweltbeeinträchtigungen im deutschen Strafrecht, erschienen in: Zeitschrift für Rechtspolitik 1992, S. 19–27 [zitiert: *Martin*, ZRP 1992, 19, Fundstelle]

Martin, Jörg: Strafbarkeit grenzüberschreitender Umweltbeeinträchtigungen, Freiburg 1989 [zitiert: *Martin*, Strafbarkeit grenzüberschreitender Umweltbeeinträchtigungen, Seite]

Martin, Sigmund P.: Versuchsbeginn bei Erforderlichkeit der Mitwirkung des Opfers – Giftfalle, erschienen in: Juristische Schulung 1998, S. 273–274 [zitiert: *Martin*, JuS 1998, 273, Fundstelle]

Matt, Holger / Renzikowski, Joachim: Strafgesetzbuch, Kommentar, München 2013 [zitiert: *Matt/Renzikowski*, StGB, Paragraph, Randnummer]

Maunz, Theodor / Dürig, Günter (hrsg. v. Herdegen, Matthias / Herzog, Roman / Klein Hans H. / Scholz, Rupert): Grundgesetz-Kommentar, Loseblattwerk mit 85. Aktualisierung, Stand: November 2018, München 2018 [zitiert: *Bearbeiter(in)* in: Maunz/Dürig, GG, Artikel, Randnummer]

Meyer, Klaus / Möhrenschläger, Manfred: Möglichkeiten des Straf- und Ordnungswidrigkeitenrechts zur Bekämpfung unlauteren Wettbewerbs, erschienen in: Wirtschaft und Verwaltung 1982, S. 21–40 [zitiert: *Meyer/Möhrenschläger*, WiVerw 1982, 21, Fundstelle]

Miebach, Klaus: Aus der Rechtsprechung des BGH zu materiell-rechtlichen Fragen des Sexualstrafrechts, erschienen in: Neue Zeitschrift für Strafrecht 1997, S. 119–120 [zitiert: *Miebach*, NStZ 1997, 119, Fundstelle]

Mintas, Laila: Glücksspiele im Internet – Insbesondere Sportwetten mit festen Gewinnquoten (Oddset-Wetten) unter strafrechtlichen, verwaltungsrechtlichen und europarechtlichen Gesichtspunkten, Berlin 2009 [zitiert: *Mintas*, Glücksspiele im Internet, Seite]

Mitsch, Wolfgang (Hrsg.): Karlsruher Kommentar zum Gesetz über Ordnungswidrigkeiten, 5. Auflage, München 2018 [zitiert: *Bearbeiter(in)* in: Karlsruher Kommentar zum OWiG, Paragraph, Randnummer]

Möhrenschläger, Manfred: Strafrechtliche Vorhaben zur Bekämpfung der Korruption auf nationaler und internationaler Ebene, erschienen in: Juristenzeitung 1996, S. 822–831 [zitiert: *Möhrenschläger*, JZ 1996, 822, Fundstelle]

Möller, Carola: Gesellschaftliche Funktionen der Konsumwerbung, Stuttgart 1970 [zitiert: *Möller*, Die Gesellschaftliche Funktionen der Konsumwerbung, Seite]

Mühlbauer, Tilo: Ablisten und Verwenden von Geldautomatenkarten als Betrug und Computerbetrug – zugleich Besprechung BGH vom 17.12.2002 – 1 StR 412/02, erschienen in: Neue Zeitschrift für Strafrecht 2003, S. 650–655 [zitiert: *Mühlbauer*, NStZ 2003, 650, Fundstelle]

Nestler-Tremel, Cornelius: Anmerkung zu BGH, Beschl. v. 25.9.1990 – 4 StR 359/90, erschienen in: Strafverteidiger 1992, S. 273–130 [zitiert: *Nestler-Tremel*, StV 1992, 273, Fundstelle]

Nestoruk, Igor B.: Strafrechtliche Aspekte des unlauteren Wettbewerbs, Heidelberg 2003 [zitiert: *Nestoruk*, Strafrechtliche Aspekte des unlauteren Wettbewerbs, Seite]

Neumann, Ulfrid: Die Strafbarkeit der Suizidbeteiligung als Problem der Eigenverantwortlichkeit des „Opfers“, erschienen in: Juristische Ausbildung 1987, S. 244–256 [zitiert: *Neumann*, JA 1987, 244, Fundstelle]

Nielsen-Company: Ranking der Top 20-Branchen mit den höchsten Werbeausgaben in Above-the-line-Medien in Deutschland von Januar bis Dezember 2016 (in Millionen Euro), Statista, abrufbar unter: https://de.statista.com/statistik/daten/studie/77649/umfrage/branchen-mit-den-hoechsten-werbeausgaben-in-above-the-line-medien/ (letzter Abruf: 17. Juli 2017) [zitiert: URL]

Nill, Björn Erik: Der strafrechtliche Täuschungsschutz gegen irreführende Werbung, München 2001 [zitiert: *Nill*, Der strafrechtliche Täuschungsschutz gegen irreführende Werbung, Seite]

Nitsche, Myriam: Zulässigkeit und Grenzen der Werbung und Information für Humanarzneimittel vor und außerhalb der Zulassung vor dem Hintergrund des Werberechts unter besonderer Berücksichtigung der pharmazeutischen Unternehmen, Münster 2014 [zitiert: *Nitsche*, Zulässigkeit und Grenzen der Werbung, Seite]

Oehler, Dietrich: Internationales Strafrecht, 2. Auflage, Köln 1983 [zitiert: *Oehler*, Internationales Strafrecht, Randnummer]

Oehler, Dietrich: Theorie des Strafanwendungsrechts, in: Oehler, Dietrich (Hrsg.) / Pötz, Paul-Günther (Hrsg.): Aktuelle Probleme des internationalen Strafrechts, Festschrift für Heinrich Grützner zum 65. Geburtstag, Hamburg 1970, S. 110–126 [zitiert: *Oehler* in: FS-Grützner, Seite]

Oğlakcıoğlu, Mustafa Temmuz: Der Allgemeine Teil des Betäubungsmittelstrafrechts, Zugleich eine Analyse der höchstrichterlichen Rechtsprechung zum Betäubungsmittelstrafrecht seit 1982, Berlin 2013 [zitiert: *Oğlakcıoğlu*, Der allgemeine Teil des Betäubungsmittelstrafrechts, Seite]

Ohly, Ansgar / Sosnitza, Olaf: Gesetz gegen den unlauteren Wettbewerb mit Preisangabenverordnung Kommentar, 7. Auflage, München 2016 [zitiert: *Ohly/ Sosnitza*, UWG, Paragraph, Randnummer]

Otto, Harro: Die Auslegung von Blankettstraftatbeständen, erschienen in: Juristische Ausbildung 2005, S. 538–539 [zitiert: *Otto*, Jura 2005, 538, Fundstelle]

Otto, Harro: Die Haftung für kriminelle Handlungen im Unternehmen, erschienen in: Juristische Ausbildung 1998, S. 409–418 [zitiert: *Otto*, Jura 1998, 409, Fundstelle]

Otto, Harro: Die Reform des strafrechtlichen Schutzes gegen irreführende Werbung, erschienen in: Gewerblicher Rechtsschutz und Urheberrecht 1982, S. 274–283 [zitiert: *Otto*, GRUR 1982, 274, Fundstelle]

Otto, Harro: Kritische Anmerkungen zur Bestimmung der Irreführungsgefahr, erschienen in: Gewerblicher Rechtsschutz und Urheberrecht 1982, S. 274–282 [zitiert: *Otto*, GRUR 1982, 274, Fundstelle]

Otto, Harro: Strafwürdigkeit und Strafbedürftigkeit als eigenständige Deliktskategorien?, erschienen in: Stree, Walter / Lenckner, Theodor / Cramer, Peter / Eser, Albin: Gedächtnisschrift für Horst Schröder, München 1978, S. 53–71 [zitiert: *Otto* in: GS-Schröder, Seite]

Papageorgiou-Gonatas, Stylianos: Wo liegt die Grenze zwischen Vorbereitungshandlungen und Versuch? Zugleich eine theoretische Auseinandersetzung mit dem Strafgrund des Versuchs, München 1988 [zitiert: *Papageorgiou-Gonatas*, Wo liegt die Grenze zwischen Vorbereitungshandlungen und Versuch?, Seite]

Pappas, Claudia: Stellvertretende Strafrechtspflege, Freiburg 1996 [zitiert: *Pappas*, Stellvertretende Strafrechtspflege, Seite]

Pelz, Christian: Die strafrechtliche Verantwortlichkeit von Internet-Providern, erschienen in: Zeitschrift für Urheber- und Medienrecht 1998, S. 530–534 [zitiert: *Pelz*, ZUM 1998, 530, Fundstelle]

Poenig, Andreas: Die strafrechtliche Haftung des Linkanbieters im Ausland nach deutschem Recht, Göttingen 2006 [zitiert: *Poenig*, Die strafrechtliche Haftung des Linkanbieters, Seite]

Poschenrieder, Angela: Werbebeschränkungen für Arzneimittel, Berlin 2008 [zitiert: *Poschenrieder*, Werbebeschränkungen für Arzneimittel, Seite]

Poser, Maren: Das Werbe- und Informationsverbot für verschreibungspflichtige Arzneimittel – Optionen einer Neuregulierung, Hamburg 2013 [zitiert: *Poser*, Das Werbe- und Informationsverbot für verschreibungspflichtige Arzneimittel, Seite]

Prütting, Dorothea (Hrsg.): Medizinrecht Kommentar, 5. Auflage, Köln 2019 [zitiert: *Bearbeiter(in)* in: Prütting, Medizinrecht, Gesetz, Paragraph, Randnummer]

Puchinger, Yvonne: Irreführung durch Informationspflichtverletzung, Konstanz 2010 [zitiert: *Puchinger*, Irreführung durch Informationspflichtverletzung, Seite]

Puppe, Ingeborg: Die Architektur der Beteiligungsformen, erschienen in: Goltdammer´s Archiv für Strafrecht 2013, S. 514–536 [zitiert: *Puppe*, GA 2013, 514, Fundstelle]

Raisch, Peter: Gefahrenvorbeugung – Einige Überlegungen zur Verbesserung des Schutzes des Verbrauchers, erschienen in: Duden, Konrad / Külz, Helmut / Ramm, Thilo: Gerechtigkeit in der Gesellschaft, Karlsruhe 1972, S. 97–106 [zitiert: *Raisch*, Gefahrenvorbeugung, Seite]

Rath, Jürgen: Internationales Strafrecht (§§ 3 ff. StGB) – Prüfungsschemata, Auslandsbezug, Tatortbestimmung, erschienen in: Juristische Arbeitsblätter 2006, S. 435–439 [zitiert: *Rath*, JA 2006, 435, Fundstelle]

Ratzel, Rudolf / Luxenburger, Bernd (Hrsg.): Handbuch Medizinrecht, 3. Auflage, Heidelberg 2015 [zitiert: *Bearbeiter(in)* in: Ratzel/Luxenburger, Handbuch Medizinrecht, Kapitel, Randnummer]

Rehmann, Wolfgang A. / Wagner, Susanne A.: Medizinproduktegesetz, 3. Auflage, München 2018 [zitiert: *Rehmann/Wagner*, MPG, Paragraph, Randnummer]

Rehmann, Wolfgang A.: Arzneimittelgesetz Kommentar, 4. Auflage, München 2014 [zitiert: *Rehmann*, AMG, Paragraph, Randnummer]

Reinhart, Andreas: Anwendbarkeit des HWG auf Medizinprodukte – Änderung des HWG aufgrund des zweiten MPG-Änderungsgesetzes, erschienen in: Wettbewerb in Recht und Praxis 2001, S. 627–629 [zitiert: *Reinhart*, WRP 2001, 627, Fundstelle]

Reinhart, Andreas: Klarstellung des Anwendungsbereichs des Heilmittelwerbegesetzes Änderung des HWG aufgrund des 2. MPG-Änderungsgesetzes, erschienen in: Pharmarecht 2002, S. 16–19 [zitiert: *Reinhart*, PharmR 2002, 16, Fundstelle]

Rengier, Rudolf: Strafbare Werbung durch Unterlassen, in: Dannecker, Gerhard (Hrsg.) / Langer, Winrich (Hrsg.) / Ranft, Ottfried (Hrsg.) / Schmitz, Roland (Hrsg.), Festschrift für Harro Otto zum 70. Geburtstag, Köln 2007 [zitiert: *Rengier* in: FS-Otto, Seite]

Rengier, Rudolf: Strafrecht Allgemeiner Teil, 11. Auflage, München 2019 [zitiert: *Rengier*, Strafrecht AT, Paragraph, Randnummer]

Rengier, Rudolf: Strafrecht Besonderer Teil I, 21. Auflage, München 2019 [zitiert: *Rengier*, Strafrecht BT, Paragraph, Randnummer]

Richter, Hans: Strafbare Werbung beim Vertrieb von Kapitalanlagen, erschienen in: Zeitschrift für Wirtschafts- und Steuerstrafrecht 1987, S. 117–120 [zitiert: *Richter*, wistra 1987, 117, Fundstelle]

Riegger, Hans-Georg: Heilmittelwerberecht, München 2009 [zitiert: *Riegger*, Heilmittelwerberecht, Seite]

Rolfes, Marcus: Internetapotheken – Rechtliche Probleme der Heilmittelwerbung im Internet und die Zulässigkeit des E Commerce mit Arzneimitteln, München 2003 [zitiert: *Rolfes*, Internetapotheken, Seite]

Rönnau, Thomas: Grundwissen – Strafrecht: Der strafrechtliche Rechtsgutsbegriff, erschienen in: Juristische Schulung 2009, S. 209–211 [zitiert: *Rönnau*, JuS 2009, 209, Fundstelle]

Rost, Dankwart: Wirtschaftswerbung in einer freien Gesellschaft – Rechtspolitische Entwicklungstendenzen, erschienen in: Wettbewerb und Recht 1973, S. 12–15 [zitiert: *Rost*, WRP 1973, 12, Fundstelle]

Roth, Alexander: Strafbare Werbung und die Neuen Medien – Sanktionen gegen irreführende Werbung nach deutschem und US-amerikanischem Recht im Zeitalter des E-Commerce, Berlin 2004 [zitiert: *Roth*, Strafbare Werbung und die Neuen Medien, Seite]

Rotsch, Thomas: Der Handlungsort i.S.d. § 9 Abs. 1 StGB, Zur Anwendung deutschen Strafrechts im Falle des Unterlassens und der Mittäterschaft, erschienen in: Zeitschrift für internationale Strafrechtsdogmatik 2010, S. 160–174 [zitiert: *Rotsch*, ZIS 2010, 160, Fundstelle]

Roxin, Claus / Schroth, Ulrich: Handbuch des Medizinstrafrechts, 4. Auflage, Stuttgart 2010 [zitiert: *Bearbeiter(in)* in: Roxin/Schroth, Handbuch des Medizinstrafrechts, Seite]

Roxin, Claus: Der Anfang des beendeten Versuchs, in: Schroeder, Friedrich-Christian (Hrsg.), Festschrift für Reinhart Maurach, Karlsruhe 1972 [zitiert: *Roxin* in: FS-Maurach, Seite]

Roxin, Claus: Strafrecht Allgemeiner Teil, Band 1, 4. Auflage, München 2006 [zitiert: *Roxin*, Strafrecht Allgemeiner Teil, Bd. 1, Paragraph, Randnummer]

Roxin, Claus: Straftaten im Rahmen organisatorischer Machtapparate, erschienen in: Goltdammer´s Archiv für Strafrecht 1963, S. 193–207 [zitiert: *Roxin*, GA 1963, 193, Fundstelle]

Roxin, Claus: Täterschaft und Tatherrschaft, 10. Auflage, Berlin 2019 [zitiert: *Roxin*, Täterschaft und Tatherrschaft, Seite]

Rudolphi, Hans Joachim / Wolter, Jürgen: Systematischer Kommentar zum Strafgesetzbuch, 9. Auflage, Köln 2017 [zitiert: *Bearbeiter(in)* in: Systematischer Kommentar StGB, Band, Paragraph, Randnummer]

Ruhs, Svenja: Strafbare Werbung – Die strafbare Werbung nach § 16 Abs. 1 UWG im Spiegel nationaler Reformbedürfnisse und europarechtlicher Einflüsse, Baden-Baden 2006 [zitiert: *Ruhs*, Strafbare Werbung, Seite]

Sammer, Elisabeth: Die Sorgfaltspflichten im Lebensmittelstraf- und Ordnungswidrigkeitenrecht unter besonderer Berücksichtigung der europarechtlichen Überlagerung: eine Untersuchung über die Möglichkeiten einer Einschränkung der lebensmittelstrafrechtlichen Verantwortung, Frankfurt am Main 1998 [zitiert: *Sammer*, Die Sorgfaltspflichten im Lebensmittelstraf- und Ordnungswidrigkeitenrecht, Seite]

Samson, Erich: Zur Strafbarkeit der klinischen Arzneimittelprüfung, erschienen in: Neue juristische Wochenschrift 1978, S. 1182–1187 [zitiert: *Samson*, NJW 1978, 1182, Fundstelle]

Sander, Axel: Arzneimittelrecht, Loseblatt-Kommentar, 58. Ergänzungslieferung, Stand: Oktober 2017, Stuttgart 2018 [zitiert: *Sander*, Gesetz, Paragraph, Randnummer]

Satzger, Helmut: Das deutsche Strafanwendungsrecht (§§ 3 ff. StGB) – Teil 2, erschienen in: Juristische Ausbildung 2010, S. 190–196 [zitiert: *Satzger*, Jura 2010, 190, Fundstelle]

Satzger, Helmut: Die Anwendung des deutschen Strafrechts auf grenzüberschreitende Gefährdungsdelikte, erschienen in: Neue Zeitschrift für Strafrecht 1998, S. 112–117 [zitiert: *Satzger*, NStZ 1998, 112, Fundstelle]

Satzger, Helmut: Internationales und europäisches Strafrecht, 8. Auflage, Baden-Baden 2018 [zitiert: *Satzger*, Internationales und europäisches Strafrecht, Paragraph, Randnummer]

Satzger, Helmut: Probleme des Schadens beim Betrug, erschienen in: Juristische Ausbildung 2009, S. 518–528 [zitiert: *Satzger*, Jura 2009, 518, Fundstelle]

Schäfer, Leopold / Lehmann, Rudolf: Gesetz zur Bekämpfung der Geschlechtskrankheiten, Mannheim 1927 [zitiert: *Schäfer/Lehmann*, Gesetz zur Bekämpfung der Geschlechtskrankheiten, Seite]

Scharrenbroich, Wilhelm: Irreführende und strafbare Werbeanzeigen, Lübeck 1958 [zitiert: *Scharrenbroich*, Irreführende und strafbare Werbeanzeigen, Seite]

***Scherer,* Inge**: Privatrechtliche Grenzen der Verbraucherwerbung, Berlin 1996 [zitiert: *Scherer*, Privatrechtliche Grenzen der Verbraucherwerbung, Seite]

Schild, Wolfgang: Täterschaft als Tatherrschaft, Berlin 1994 [zitiert: *Schild*, Täterschaft als Tatherrschaft, Seite]

Schilling, Georg: Der Verbrechensversuch des Mittäters und des mittelbaren Täters, Köln 1975 [zitiert: *Schilling*, Der Verbrechensversuch des Mittäters und des mittelbaren Täters, Seite]

Schmidt, Christoph: Die Zulassung von Arzneimitteln nach dem Heilmittelgesetz, Basel 2008 [zitiert: *Schmidt*, Die Zulassung von Arzneimitteln nach dem Heilmittelgesetz, Seite]

Schneider, Hans: Gesetzgebung: Ein Lehrbuch, Heidelberg 1982 [zitiert: *Schneider*, Gesetzgebung, Paragraph, Randnummer]

Schneider, Horst: Grundsätze für eine Neuregelung der Heilmittelwerbung, erschienen in: Wettbewerb in Recht und Praxis 1962, S. 385–388 [zitiert: *Schneider*, WRP 1962, 385, Fundstelle]

Schneider, Horst: Heilmittelwerbung – Erläuterungen des Gesetzes über die Werbung auf dem Gebiete des Heilwesens, Essen 1965 [zitiert: *Schneider*, Heilmittelwerbung, Seite]

Schönke, Adolf (Begr.) / Schröder, Horst: Strafgesetzbuch Kommentar, 30. Auflage, München 2019 [zitiert: *Bearbeiter(in)* in: Schönke/Schröder, Gesetz, Paragraph, Randnummer]

Schricker, Gerhard: Die Rolle des Zivil-, Straf- und Wettbewerbsrechts bei der Bekämpfung unlauteren Wettbewerbs, erschienen in: Gewerblicher Rechtsschutz und Urheberrecht International 1973, S. 694–700 [zitiert: *Schricker*, GRUR Int 1973, 694, Fundstelle]

Schröder, Horst: Abstrakt-konkrete Gefährdungsdelikte, erschienen in: Juristenzeitung 1967, S. 522–525 [zitiert: *Schröder*, JZ 1967, 522, Fundstelle]

Schröder, Horst: Die Gefährdungsdelikte im Strafrecht, erschienen in: Zeitschrift für die gesamte Strafrechtswissenschaft 1981, S. 7–28 [zitiert: *Schröder*, ZStW 1981, 7, Fundstelle]

Schröder, Horst: Probleme strafrechtlicher Verjährung, in: Lackner, Karl / Leferenz, Heinz / Schmidt, Eberhard / Welp, Jürgen / Wolff, Ernst Amadeus (Hrsg.), Festschrift für Wilhelm Gallas zum 70. Geburtstag, Berlin 1973 [zitiert: *Schröder* in: FS-Gallas, Seite]

Schroeder, Friedrich-Christian: Schranken für den räumlichen Geltungsbereich des Strafrechts, erschienen in: Neue juristische Wochenschrift 1969, S. 81–85 [zitiert: *Schroeder*, NJW 1969, 81, Fundstelle]

Schroth, Ulrich: Die Einwilligung in eine nicht-indizierte Körperbeeinträchtigung zur Selbstverwirklichung – insbesondere die Einwilligung in Lebendspende, Schönheitsoperation und Piercing, in: Hassemer, Winfried / Kempf, Eberhard / Dörr, Felix. G. / Moccia, Sergio (Hrsg.), Festschrift für Klaus Volk zum 65. Geburtstag, München 2009, S. 719–741 [zitiert: *Schroth* in: FS-Volk, Seite]

Schumann, Kay H.: Der Täter und sein Opferwerkzeug, in: Paeffgen, Hans-Ullrich / Böse, Martin / Kindhäuser, Urs / Stübinger, Stephan / Verrel, Torsten / Zaczyk, Rainer (Hrsg.), Strafrechtswissenschaft als Analyse und Konstruktion, Festschrift für Ingeborg Puppe zum 70. Geburtstag, Berlin 2010, S. 971–988 [zitiert: *Schumann* in: FS-Puppe, Seite]

Schünemann, Bernd: Das System des strafrechtlichen Unrechts: Rechtsgutsbegriff und Viktimodogmatik als Brücke zwischen dem System des Allgemeinen Teils und dem Besonderen Teil in: Strafrechtssystem und Betrug, Herbolzheim 2002, S. 51–87 [zitiert: *Schünemann*, Das System des strafrechtlichen Unrechts, Seite]

Schünemann, Bernd: Unternehmenskriminalität und Strafrecht, Köln 1979 [zitiert: *Schünemann*, Unternehmenskriminalität und Strafrecht, Seite]

Schünemann, Bernd: Zur Stellung des Opfers im System der Strafrechtspflege, erschienen in: Neue Zeitschrift für Strafrecht 1986, S. 193–199 [zitiert: *Schünemann*, NStZ 1986, 193, Fundstelle]

Schünemann, Bernd: Zur Stellung des Opfers im System der Strafrechtspflege, erschienen in: Neue Zeitschrift für Strafrecht 1986, S. 439–443 [zitiert: *Schünemann*, NStZ 1986, 439, Fundstelle]

Schwarz, Volker: Die strafrechtliche Erfassung irreführender Werbung, Tübingen 2001 [zitiert: *Schwarz*, Die strafrechtliche Erfassung irreführender Werbung, Seite]

Schwarze, Jürgen: EU-Kommentar, 4. Auflage, Baden-Baden 2019 [zitiert: *Bearbeiter(in)* in: Schwarze, EU-Kommentar, Paragraph, Randnummer]

Schwarze, Jürgen: Richtlinienumsetzung „eins zu eins“ in: Pitschas, Rainer / Uhle, Arnd / Aulehner, Josef, Festschrift für Rupert Scholz zum 70. Geburtstag, Berlin 2007, S. 167–178 [zitiert: *Schwarze* in: FS-Scholz, Seite]

Seidl Collier, Julia: Das heilmittelwerberechtliche Wertreklameverbot, Rechtliche und praktische Probleme bei der Handhabung von § 7 HWG, Hamburg 2008 [zitiert: *Seidl Collier*, Das heilmittelwerberechtliche Wertreklameverbot, Seite]

Sieber, Ulrich: Internationales Strafrecht im Internet – Das Territorialitätsprinzip der §§ 3, 9 StGB im globalen Cyberspace, erschienen in: Neue Juristische Wochenschrift 1999, S. 2065–2073 [zitiert: *Sieber*, NJW 1999, 2065, Fundstelle]

Sieber, Ulrich: Strafrechtliche Verantwortlichkeit für den Datenverkehr in internationalen Computernetzen, erschienen in: Juristen Zeitung 1996, S. 429–442 [zitiert: *Sieber*, JZ 1996, 429, Fundstelle]

Sodan, Helge / Zimmermann, Markus: Das Spannungsfeld zwischen Patienteninformierung und dem Werbeverbot für verschreibungspflichtige Arzneimittel, Eine Studie zur verfassungskonformen Auslegung von § 10 Abs. 1 des Heilmittelwerbegesetzes, Berlin 2008 [zitiert: *Sodan/Zimmermann*, Das Spannungsfeld zwischen Patienteninformierung und dem Werbeverbot für verschreibungspflichtige Arzneimittel, Seite]

Spendel, Günter: Actio libera in causa und Verkehrsstraftaten, erschienen in: Juristische Rundschau 1997, S. 133–137 [zitiert: *Spendel*, JR 1997, 133, Fundstelle]

Spendel, Günter: Fahrlässige Teilnahme an Selbst- und Fremdtötung, erschienen in: Juristische Schulung 1974, S. 749–756 [zitiert: *Spendel*, JuS 1974, 749, Fundstelle]

Spendel, Günter: Zum Begriff der Täterschaft, in: Prittwitz, Cornelius / Baumann, Michael / Klaus, Günther, Festschrift für Klaus Lüderssen zum 70. Geburtstag, S. 605–611 [zitiert: *Spendel* in: FS-Lüderssen, Seite]

Spickhoff, Andreas (Hrsg.): Medizinrecht Kommentar, 3. Auflage, München 2018 [zitiert: *Bearbeiter(in)* in: Spickhoff, Medizinrecht, HWG, Paragraph, Randnummer]

Spindler, Gerald / Schuster, Fabian: Recht der elektronischen Medien, 4. Auflage, München 2019 [zitiert: *Bearbeiter(in)* in: Spindler/Schuster, Recht der elektronischen Medien, Paragraph, Randnummer]

Springer Gabler Verlag (Hrsg.): Gabler Wirtschaftslexikon, online im Internet, abrufbar unter: https://wirtschaftslexikon.gabler.de/ [zitiert: *Bearbeiter* in: Gabler Wirtschaftslexikon, Seite]

Stanitzek, Rebekka: Die Bedeutung von Criminal Compliance für das Strafrecht bei der Bekämpfung von Wirtschaftskorruption, Hamburg 2013 [zitiert: *Stanitzek*, Die Bedeutung von Criminal Compliance, Seite]

Stebner, Frank A.: Aufklärende Hinweise beseitigen Irreführung – oder? Rechtsprechung und rechtspolitische Betrachtung, erschienen in: Pharmarecht 2011, S. 126–132 [zitiert: *Stebner*, PharmR 2011, 126, Fundstelle]

Stein, Torsten / von Buttlar, Christian: Völkerrecht, 14. Auflage, München 2017 [zitiert: *Stein/von Buttlar*, Völkerrecht, Seite]

Steindorff, Ernst: EG-Vertrag und Privatrecht, 1. Auflage, Baden-Baden 1996 [zitiert: *Steindorff*, EG-Vertrag und Privatrecht, Seite]

Streinz, Rudolf: EUV/AEUV, 3. Auflage, München 2018 [zitiert: *Bearbeiter(in)* in: Streinz, EUV/AEUV, Artikel, Randnummer]

Strunz, Heinrich: Heilmittelwerbegesetz, Wettbewerbsrecht und Verbraucherschutz, München 1987 [zitiert: *Strunz*, Heilmittelwerbegesetz, Wettbewerbsrecht und Verbraucherschutz, Seite]

Stuckenberg, Carl-Friedrich: Zur Strafbarkeit von Phishing, erschienen in: Zeitschrift für die gesamte Strafrechtswissenschaft 2006, S. 878–912 [zitiert: *Stuckenberg*, ZStW 2006, 878, Fundstelle]

Teplitzky, Otto / Peifer, Karl-Nikolaus / Leistner, Matthias: UWG, Großkommentare der Praxis, Band 3, 3. Auflage, Berlin 2019 (im Erscheinen) [zitiert: *Bearbeiter(in)* in: Teplitzky/Peifer/Leistner, Bd. 3, UWG, Paragraph, Randnummer]

Teplitzky, Otto: Zur Methodik der Interessenabwägung in der neueren Rspr. des Bundesgerichtshofs zu § 3 UWG, in: Baur, Jürgen F. / Jacobs, Rainer / Lieb, Manfred / Müller-Graff, Peter-Christian, Festschrift für Ralf Vieregge zum 70. Geburtstag, Berlin 1995 [zitiert: *Teplitzky* in: FS-Vieregge, Seite]

Thorhauer, Nathalie Isabelle: Jurisdiktionskonflikte im Rahmen transnationaler Kriminalität, Zur Koordination der Strafgewalten über natürliche Personen und Unternehmen in der Europäischen Union, Baden-Baden 2019 [zitiert: *Thorhauer*, Jurisdiktionskonflikte im Rahmen transnationaler Kriminalität, Seite]

Tiedemann, Klaus: Tatbestandsfunktionen im Nebenstrafrecht. Untersuchungen zu einem rechtsstaatlichen Tatbestandsbegriff, entwickelt am Problem des Wirtschaftsstrafrechts, Tübingen 1969 [zitiert: *Tiedemann*, Tatbestandsfunktionen im Nebenstrafrecht, Seite]

Tiedemann, Klaus: Wettbewerb als Rechtsgut des Strafrechts, in: Britz, Guido / Jung, Heike / Koriath, Heinz / Müller, Egon: Festschrift für Heinz Müller-Dietz zum 70. Geburtstag, München 2001 [zitiert: *Tiedemann* in: FS-Müller-Dietz, Seite]

Tiedemann, Klaus: Wettbewerb und Strafrecht, Karlsruhe 1976 [zitiert: *Tiedemann*, Wettbewerb und Strafrecht, Seite]

Tiedemann, Klaus: Wirtschaftsstrafrecht und Wirtschaftskriminalität, Band 2, Hamburg 1976 [zitiert: *Tiedemann*, Wirtschaftsstrafrecht und Wirtschaftskriminalität, Seite]

Többens, Hans W.: Die Straftaten nach dem Gesetz gegen den unlauteren Wettbewerb (§§ 16–19), erschienen in: Wettbewerb in Recht und Praxis 2005, S. 552–561 [zitiert: *Többens*, WRP 2005, 552, Fundstelle]

Ullmann, Eike: juris Praxiskommentar zum UWG, 4. Auflage, Saarbrücken 2016 [zitiert: *Bearbeiter(in)* in: juris Praxiskommentar UWG, Paragraph, Randnummer]

Vergho, Raphael: Das Leitbild eines verständigen Durchschnittsverbrauchers und das Strafrecht – ein inkongruentes Verhältnis, erschienen in: Zeitschrift für Wirtschafts- und Steuerstrafrecht 2010, S. 86–92 [zitiert: *Vergho*, wistra 2010, 86, Fundstelle]

Vergho, Raphael: Der Maßstab der Verbrauchererwartung im Verbraucherschutzstrafrecht, Freiburg 2009 [zitiert: *Vergho*, Der Maßstab der Verbrauchererwartung im Verbraucherschutzstrafrecht, Seite]

Volk, Annete: Glücksspiel im Internet, Köln 2005 [zitiert: *Volk*, Glücksspiel im Internet, Seite]

Volk, Klaus: Zur Bestrafung von Unternehmen, erschienen in: Juristenzeitung 1993, S. 429–435 [zitiert: *Volk*, JZ 1993, 429, Fundstelle]

von der Groeben, Hans / Schwarze, Jürgen / Hatje, Armin: Europäisches Unionsrecht, 7. Auflage, Baden-Baden 2015 [zitiert: *Bearbeiter(in)* in: von der Groeben/Schwarze/Hatje, Artikel, Randnummer]

von Heintschel-Heinegg, Bernd: Beck'scher Online Kommentar StGB, 44. Edition, Stand: 1.11.2019, München 2019 [zitiert: *Bearbeiter(in)* in: Beck-OK StGB, Paragraph, Randnummer]

von Hippel, Eike: Verbraucherschutz, 3. Auflage, Heidelberg 1986 [zitiert: *von Hippel*, Verbraucherschutz, Seite]

Wabnitz, Heinz-Bernd / Janovsky, Thomas: Handbuch des Wirtschafts- und Steuerstrafrechts, 5. Auflage, München 2020 [zitiert: *Bearbeiter(in)* in: Wabnitz/Janovsky, Kapitel, Randnummer]

Weber, Klaus: Betäubungsmittelgesetz: BtMG, 5. Auflage, München 2017 [zitiert: *Weber*, BtMG, Paragraph, Randnummer]

Weck, Thomas: Sanktionen für Unternehmen: Theorie und Praxis, erschienen in: Zeitschrift für Wirtschafts- und Steuerstrafrecht 2017, S. 169–174 [zitiert: *Weck*, wistra 2007, 169, Fundstelle]

Weddig, Jörg: Mittelbare Täterschaft und Versuchsbeginn bei der Giftfalle, Frankfurt am Main 2007 [zitiert: *Weddig*, Mittelbare Täterschaft und Versuchsbeginn bei der Giftfalle, Seite]

Weidenbach, Peter: Die verfassungsrechtliche Problematik der Blankettstrafgesetze, Tübingen 1965 [zitiert: *Weidenbach*, Die verfassungsrechtliche Problematik der Blankettstrafgesetze, Seite]

Weidner, Michael / Karle, Christian: Das Gintec-Urteil des EUGH und die Folgen für das HWG, erschienen in: Pharmarecht 2010, S. 391–397 [zitiert: *Weidner/Karle*, PharmR 2010, 391, Fundstelle]

Welzel, Hans: Zur Abgrenzung des Tatbestandsirrtums vom Verbotsirrtum, erschienen in: Monatsschrift für deutsches Recht 1952, S. 584–590 [zitiert: *Welzel*, MDR 1952, 584, Fundstelle]

Wenzel, Frank: Handbuch des Fachanwalts Medizinrecht, 4. Auflage, Köln 2019 [zitiert: *Bearbeiter(in)* in: Wenzel, Handbuch des Fachanwalts Medizinrecht, Kapitel, Randnummer]

Werle, Gerhard / Jeßberger, Florian: Grundfälle zum Strafanwendungsrecht, erschienen in: Juristische Schulung 2001, S. 35–39 [zitiert: *Werle/Jeßberger*, JuS 2001, 35, Fundstelle]

Wessels, Johannes / Beulke, Werner / Satzger, Helmut: Strafrecht Allgemeiner Teil, 49. Auflage, Heidelberg 2019 [zitiert: *Wessels/Beulke/Satzger*, Strafrecht AT, Randnummer]

Wittig, Petra: Wirtschaftsstrafrecht, 4. Auflage, München 2017 [zitiert: *Wittig*, Wirtschaftsstrafrecht, Paragraph, Randnummer]

Zentralausschuss der Werbewirtschaft: Bericht internationale Werberegeln, erschienen in: Wettbewerb und Recht 1973, S. 391–395 [zitiert: Zentralausschuss der Werbewirtschaft, WRP 1973, 391, Fundstelle]

Ziegenhain, Hans-Jörg: Extraterritoriale Rechtsanwendung und die Bedeutung des Genuine-Link-Erfordernisses. Eine Darstellung der deutschen und amerikanischen Staatenpraxis, München 1992 [zitiert: *Ziegenhain*, Extraterritoriale Rechtsanwendung, Seite]

Zieher, Wolfgang: Das sog. Internationale Strafrecht nach der Reform, Rechtsgrund bei Straftaten im Ausland nach den §§ 5 und 6 StGB, Berlin 1977 [zitiert: *Zieher*, Das sog. Internationale Strafrecht nach der Reform, Seite]

Zieschang, Frank: Das „potentielle Gefährdungsdelikt" in der Rechtsprechung des BGH, in: Zöller, Mark A. / Hilger, Hans / Küper, Winfried / Roxin, Claus, Festschrift für Jürgen Wolter zum 70. Geburtstag, Berlin 2013 [zitiert: *Zieschang* in: FS-Wolter, Seite]

Zimmermann, Markus: Nomos Kommentar Heilmittelwerbegesetz, Baden-Baden 2012 [zitiert: *Bearbeiter(in)* in: Nomos Kommentar, HWG, Paragraph, Randnummer]

Zipfel, Walter (Begr.) / Rathke, Kurt-Dietrich (Hrsg.) / Sosnitza, Olaf (Hrsg.): Lebensmittelrecht, Loseblatt-Kommentar, Band I, 174. Ergänzungslieferung, Stand: Juli 2019, München 2019 [zitiert: *Bearbeiter(in)* in: Zipfel/Rathke, Lebensmittelrecht, Gesetz, Paragraph, Randnummer]

www.ingramcontent.com/pod-product-compliance
Ingram Content Group UK Ltd.
Pitfield, Milton Keynes, MK11 3LW, UK
UKHW021126041026
8980IPUK00026B/640

9 783631 828274